经济管理类应用型基础课系列规划教材

浙江省普通高校"十三五"新形态教材

U0590704

Basics and Practice of Futures Investment

期货投资基础与实训

李义龙◎编

ZHEJIANG UNIVERSITY PRESS
浙江大学出版社

前　言

　　期货投资基础与实训是国内金融证券期货投资等专业根据行业实践需要开设的专业课程,目前教材版本不多,且存在着诸多不足,这与当前我国高校应用型实践教学的迫切需要有很大的差距。

　　本书汇集全国东、中部地区四省多所高校的既有丰富教学经验,又有多年期货市场实际操盘经历的一线教师,组成强大的编写团队。编写团队广泛借鉴20多年来各地各类期货投资教材等书籍,汲取其精华,经过反复沟通,多次交流,并于2012年在共同研讨商定下,确定了最后的编写规划及详细大纲;经过六年的精心写作、几次修改,终于完成书稿。

　　本书由浙江越秀外国语学院、辽宁现代服务职业技术学院、山东农业工程学院、辽宁金融职业学院、大连职业技术学院、武汉外语外事职业学院等多所高校的教师合作完成。本书由李义龙制定编写大纲并最后总纂定稿,课件亦由李义龙负责。李义龙担任主编,赵宏、刘铁、崔丹、吴金娇担任副主编。编写团队具体写作分工如下:李义龙负责编写第1、3、5、6、9、10章,赵宏负责编写第2、4章,刘铁负责编写第11、12章,崔丹负责编写第7、8章,吴金娇负责编写第13、14章。

　　本书编写主要有如下特色。

　　(1)体系新颖,国内独创。本书分为基础篇和实训篇两大部分,结构新颖,尤其实训篇内容属创新部分。同时,两部分各包含七个小部分,多数内容两两对应,全书结构整齐,理论与实践前后呼应。

　　(2)深入浅出。本书既适合本科院校学生,也适合高职高专学生,具有应用型教育特色。期货投资是市场经济的高级形式,期货投资理论高深,操作难度大。本书针对本科以及高职高专学生,力求将期货投资这门高深的理论,深入浅出地呈现给读者。基础知识浅显易懂,实践技能重点突出,可操作性强,充分体现应用型教育的特色。

　　(3)贴近中国期货市场实际。当前国内期货投资方面的教材照搬国外教材的现象比较普遍,与我国期货市场的实际脱节严重。本书从我国期货市场的实际出发,重点讲述中国当前期货市场的现实,具有贴近中国实际、贴近当今现状的特点。

　　(4)理论与实际结合紧密。传统的教材或者只有理论,或者理论与实践结合生硬。本书的一个鲜明特色就是将理论与实践有机地结合在一起,实现理论教学与实践教学的一体化。如介绍完套利理论，后面还有相应的大篇幅的实践内容，而且实践内容多于理论讲述。一线丰富鲜活的实际案例，厚重的理论底蕴，保证了案例分析的实用性和针对性，大大缩短了教学与实践的距离。

（5）反映新知识、新方法，解决教学急需。随着我国市场经济的不断推进，改革开放的不断深入，期货市场投资作为当代经济的最高形式，其变化日新月异，当前高校的应用型教育急需适应新形势的特色教材。本书引入了大量的新知识、新方法，如股指期货、国债期货、外汇期货等金融期货品种，白银、煤炭、鸡蛋、原油等诸多新的商品期货品种等，以解决应用型教育缺少期货方面特色教学用书的问题。

同时，本书还提供配套的电子教学课件。

本书也可作为期货公司培训用书，或广大期货投资者的参考用书。由于作者的水平有限，尚有诸多不足之处，敬请各位读者不吝赐教。

李义龙

2019 年 5 月

目　录

第二部分　实训篇

第一部分

基础篇

第一章　期货市场概述

【知识目标】　了解期货市场的产生与发展、中国期货市场的产生与发展；熟悉期货交易的概念、期货市场的功能与作用；重点掌握期货市场的基本特征、期货市场的功能与作用。

【技能目标】　熟悉中外期货市场产生与发展的过程与脉络；掌握期货交易与现货交易、远期交易的联系与区别；区分期货交易与股票交易以及期货市场的基本特征、期货市场的功能；了解期货交易的高收益与高风险。

【案例导入】

德国金属公司为何惨败

一、起　因

德国金属公司(Metallgesellschaft，MG)是德国最大的工业公司之一，德国最大的两家银行——德意志银行和德累斯顿银行拥有其 33.8% 的股份。德国金属精炼和营销公司(Metallgesellschaft Refining and Marketing，MGRM)是 MG 在美国的子公司，其主要业务是从事油品贸易。

1993 年，MGRM 出售了大量远期供货合同，合同内容基本上是，在未来 5～10 年以固定价格向需求方供应原油、加热油和汽油，不管合约的长度如何，这些固定价格比合约协商时的现货市场价格每桶高 3～5 美元；此外，远期供货合同还给了对方在现货价格上升到合约规定的固定价格之上时以现金结算的选择权，具体规定为对方支付主导的近期月份期货价格和合同规定的供应价格之间价差的一半。比如，合同价格为 20 美元，几个月后，近期月份期货价格上升到 24 美元，对方可以要求 MGRM 中止合同，并由 MGRM 支付 2 美元的差价。

多数远期供货合同是在 1993 年夏天石油价格低迷(17～19 美元/桶)并且继续下跌时商定的。终端用户认为这是锁定低价以保障未来供货的好机会，因此愿意支付 3～5 美元的溢价，幅度为 20% 或更多一些。就这样，MGRM 陆陆续续签订了约 1.6 亿桶供应原油、加热油和汽油合同，合同总价值为 40 亿美元。

不难理解，固定价格远期交割使得 MGRM 面临油价上涨的风险，如果价格上涨 3～5 美元，溢价就会被吞噬；如果价格上涨得更多，会导致巨额亏损。因此公司决定运用石油期货和互换进行避险。如果 MGRM 能够成功地规避价格风险，将可能产生约 6 亿美元以上的利润(4 美元×1.6 亿桶)。

应该说,进行套期保值的理由是很充分的。

二、避险方案

由于 MGRM 和客户的合同长达 5 年或 10 年,而期货合约最长只有 36 个月,而且远期的期货合约流动性很差。因此 MGRM 交易的多数是近期月份。在这种情况下,MGRM 不得不采用转期策略来应付。一开始持有较近月份合约的多头,随着交割日的来临,将这些头寸平仓的同时再买入后面的合约。当然,在数量上应该减去已经交割给客户的数量。然而,不难想到的是,这种集中滚动策略只有在即期石油期货价格等于远期期货价格的情况下才是没有成本的;如果近期合约价格高于远期合约价格,即现货升水(backwardation)市场时,连续滚动方式将会产生额外赢利,因为到期合约会被更便宜的新合约代替;如果近期合约价格低于远期合约价格,即现货贴水(contango)市场时,转期就会引起亏损。从历史上看,石油市场有时候是现货升水市场,有时候是现货贴水市场,但更多的是现货升水市场。因而,从概率平均的意义上而言,MGRM 可以预计通过转期还将获得额外的利润。总之,过去的数据提供了对预期转期赢利的合理支持。

MGRM 通过期货市场和互换交易进行保值。在期货市场上,到 1993 年第四季度,MGRM 持有的期货多头头寸为 5500 万桶;而在互换方面有 1 亿~1.1 亿桶,互换的对方都是大的互换交易商如银行。两者合计几乎和远期供货承诺的 1.6 亿桶相等(套期保值比为 1)。

然而,接下来发生的事情完全出乎人们的意料。

三、结 局

1993 年年末,石油现货价格从 6 月时的每桶 19 美元下跌到 15 美元,同时,在 1993 年的时候,石油市场进入了现货贴水阶段。价格下跌导致 MGRM 的多头头寸产生了大量的亏损,尽管这一损失可以由远期现货合同的账面赢利抵消,但现货远期供货的赢利必须到交割时才会体现出来。MGRM 不得不在期货上追加大量保证金。另外,现货贴水阶段又使得 MGRM 在转期时增加了额外亏损。

1993 年 12 月初,纽约商业交易所(New York Mercantile Exchange,NYMEX)鉴于 MGRM 的头寸过大(最高峰的时候,MGRM 的期货购买量达到了 NYMEX 原油期货总持仓量的 20%),决定取消 MGRM 的"套期保值优惠",将保证金提高一倍。MGRM 的灾难开始了。MG 监事会认为亏损是由大量投机造成的,经过讨论后决定将 MGRM 的石油期货平仓,并且通过支付违约金的方式解除了远期供货合同。据当时的报告说,MGRM 在期货和互换上损失高达 13 亿美元,这些损失额超过了 MG 的一半资本,只是一个巨大的 19 亿美元拯救计划才使得 MG 不致破产。

从事后看,MG 监事会做出了最糟糕的决定。自 1993 年 12 月 7 日清盘到 1994 年 8 月 8 日,原油价格从每桶 13.90 美元上涨到 19.40 美元,而且,石油期货又回到现货升水阶段。清盘发生在最不理想的时刻。同时,清盘计划不仅放弃了远期供货合同可能发生的至少可以抵消部分衍生品亏损的未实现赢利,还多赔了一大笔违约金。如果不清盘,将计划继续执行下去,最终不但不会亏损,还完全可能实现初始目标。

四、评 点

监事会认为亏损是由大量投机造成的,但许多学者(包括诺贝尔经济学奖获得者米勒)对此研究之后发表了不同的看法,也因此引起了当时一场颇大的争论。反对者认为:这是套期保值而不是投机交易。当然,这个套期保值方案有漏洞或不合理的地方,MGRM 对套期保值将会面临的风险估计不足,再加上高层公司的不理解及措施不当,最终导致套期保值失败。

有学者指出,不合理的会计准则也是导致失败的一个原因。在德国的会计惯例中,传统上采取保守稳健的会计和信息披露制度。对金融衍生品交易的财务核算和会计记账,考虑更多的是谨慎性原则。比如,衍生品交易持仓头寸按逐日盯市规则计算出来的浮动亏损要在每一会计期末计入公司的财务报表,但持仓头寸的浮动赢利却不能计作公司的利润,这样的账务处理确实是遵循了谨慎性原则,但在本案例中却起了反作用,误导了那些还不了解事件全部情况或虽知道一些情况但没有足够时间或能力进行专业判断的投资人和债权人,这在一定程度上堵塞了公司的融资渠道,加剧了危机。结果公司的亏损被夸大了,被不合理的会计准则确定为"投机"而造成亏损,这也影响了 MG 监事会的决策。

事实上,MG 并不缺乏资金。MG 在 48 家银行还有未曾动用的 15 亿马克的信用额度。另外,1993 年 12 月,MGRM 在将其远期供货合同进行证券化的基础上还有融资机会。最后,MG 的大股东是德国两家最大的银行,它们有资金可以支持一个被认为是合理的策略,而且有了解这个策略所需要的内部渠道。远期供货合同对不知情的外部信贷提供者来说是不透明的,但对于内幕人士是透明的。只有一个可能——那就是 MG 的管理层认为套期保值策略是不合理的。

(资料来源:刘志超,《境外期货交易》,中国财政经济出版社 2005 年版。)

第一节　期货市场的产生与发展

随着当今金融市场的蓬勃发展,许多新兴的金融商品和投资工具继股票、债券之后应运而生,期货作为新兴投资工具的代表,越来越受到投资者的关注。在金融市场多元化发展的过程中,投资领域复杂多变的风险层出不穷,市场孕育着越来越大的避险需求,而期货市场正是一个很好的避险场所。生产商、加工商和贸易商等实业投资者可以通过期货交易把风险锁定在很小的范围内,维持各自的正常运转,发挥资金的最大效用。另外,期货交易以其特有的杠杆效应以及可能产生的高回报,吸引了一批又一批的投资者。

一、期货交易与现货交易、远期交易等的关系

(一)期货交易的概念

期货是相对于现货的一个概念。从字面上看,"期"就是将来、未来,"货"就是货物、商品的意思,但是不能简单地把期货理解为将来的商品。从严格意义上来说,期货并不是商品,而是一种合约。期货就是指期货合约,是一种标准化的商品合约,在合约中规定双方于未来某一天就某种特定商品或金融资产按合约内容进行交易。期货交易则是相对于现货交易的一种交易方式,它是在现货交易的基础上发展起来的、通过在期货交易所买卖标准化的期货合约而进行的一种有组织的交易方式。期货交易的对象并不是商品(标的物)本身,而是商品(标的物)的标准化合约。也就是说,期货交易是在期货交易所对特定商品的"标准化合约"(即"期货合约")进行买卖的一种交易方式。期货合约对商品质量、数量、交货时间、地点都做了统一的规定,唯一的变量是商品的价格。在期货市场中,大部分交易者买卖的期货合约在到期前,以对冲的形式了结。也就是说买进期货合约的人,在合约到期前又可以将期货

合约卖掉;卖出期货合约的人,在合约到期前又可以买进期货合约来平仓。先买后卖或先卖后买都是允许的。

(二)期货交易与现货交易的关系

1.期货交易与现货交易的联系

现货交易是买卖双方出于对商品需求或销售的目的,主要采用实时进行商品交收的一种交易方式。现货交易覆盖面广,不受交易对象、交易时间、交易空间等方面制约,交易灵活方便。期货交易是指在期货交易所内集中买卖期货合约的交易活动,是一种高级组织化的交易方式,对交易对象、交易时间、交易空间等方面有较为严格的限定。期货交易的对象是标准化的期货合约,是由期货交易所统一制定的,规定在将来某一特定的时间和地点交割一定数量和质量商品的标准化合约。

期货交易是一种高级的交易方式,是以现货交易为基础,在社会经济发展到一定阶段才形成和发展起来的。没有期货交易,现货交易的价格波动风险就无法规避;没有现货交易,期货交易就没有了产生的根基,两者相互促进、共同发展。

2.期货交易与现货交易的区别

(1)交易对象不同。现货交易的对象主要是实物商品,期货交易的对象是标准化合约。因此,期货不是货,而是关于某种商品的合同。

(2)交割时间不同。在现货市场上,商流与物流在时空上基本是统一的。期货交易从成交到货物收付之间存在着时间差,发生了商流与物流的分离。

(3)交易目的不同。现货交易的目的是获取或让渡商品的所有权,是满足买卖双方需求的直接手段。期货交易一般不是为了获得实物商品,套期保值者的目的是转移现货市场的价格风险,投机交易者的目的是从期货市场的价格波动中获得风险利润。

(4)交易的场所和方式不同。现货交易一般不受交易时间、地点、对象的限制,交易灵活方便,随机性强,可以在任何场所与对手交易。期货交易必须在高度组织化的期货交易所内以公开竞价的方式进行。

(5)结算方式不同。现货交易主要采用到期一次性结清的结算方式,同时也有货到付款方式和分期付款方式等。期货交易实行每日结算,交易双方必须交纳一定数额的保证金,并且在交易过程中始终要保持一定的保证金水平。

(三)期货交易与远期交易的关系

1.期货交易与远期交易的联系

远期交易是指买卖双方签订远期合同,规定在未来某一时间进行商品交收的一种交易方式。远期交易属于现货交易,是现货交易在时间上的延伸。期货交易与远期交易有相似之处,主要表现在两者均为买卖双方约定于未来某一特定时间以约定价格买入或卖出一定数量的商品。

2.期货交易与远期交易的区别

(1)交易对象不同。期货交易的对象是交易所统一制定的标准化期货合约。远期交易的对象是交易双方私下协商达成的非标准化合同。远期合同代表两个交易主体的意愿,交易双方通过一对一的谈判,就交易条件达成一致意见而签订远期合同。

(2)交易目的不同。远期交易的目的是在未来某一时间获取或转让商品。交易者参与期货交易的目的不是获取或转让商品,而是转移风险或者追求风险收益。

(3)功能作用不同。期货交易的主要功能是规避风险和发现价格。远期交易的合同缺乏流动性,所以其价格的权威性、分散风险的作用大打折扣。

(4)履约方式不同。期货交易有实物交割与对冲平仓两种履约方式,其中绝大多数期货合约都以对冲平仓形式了结。远期交易最终的履约方式是实物交收。

(5)信用风险不同。期货交易以保证金制度为基础,实现每日结算制度,信用风险较小。远期交易从交易达成到最终完成实物交收有很长一段时间,其间市场会发生各种变化,各种不利于履约的因素都有可能出现,信用风险较高。

(6)保证金制度不同。期货交易有特定的保证金制度;远期交易是否收取或收取多少保证金由交易双方协商。

表1-1罗列了期货交易与现货交易、远期交易的区别。

表 1-1　期货交易与现货交易、远期交易的区别

差　异	现货交易	远期交易	期货交易
交易对象	商品本身	商品本身	期货合约
交易目的	一手交钱一手交货,以获得或转让商品所有权	获得或转让商品所有权,锁定价格风险	转移现货市场的价格风险(套期保值者);从期货市场的价格波动中获得风险利润(投机者)
交易场所	没有固定交易场所	没有固定交易场所	必须在期货交易所内进行交易
交易方式	一对一谈判签订合同,具体内容由双方商定	一对一谈判签订合同,具体内容由双方商定	以公开、公平竞争的方式进行交易;私下对冲属违法行为
履约方式	实物交收	实物交收	大多以对冲平仓方式了结
商品范围	进入流通的商品	交易品种较多	农产品、石油、金属及一些初级原材料等"特殊化"的商品和金融产品
信用风险	大	大	小
保证金制度	无	无	具有特定的保证金制度

(四)期货交易与股票交易的关系

了解期货交易的规则之后,下面再将期货交易与股票交易做一下比较。由于股票交易的普及率比较高,不少投资者都有过股票交易的经历,而这两个市场既有共同之处,又有较大的差异。通过比较,认识期货交易的特点就相对容易一些。

1. 期货交易与股票交易的联系

期货交易与股票交易两者竞价交易方式基本相同,都是采用规定时间段内集中双向竞价方式,因而仅从行情表上看,所用的术语也差不多,比如,都有开盘价、收盘价、最新价、涨跌幅、买量、卖量、交易量等,画出来的K线图也差不多,大量的技术分析方法和分析指标在两者之间几乎可以没有差别地被使用。

2. 期货交易与股票交易的区别

期货交易与股票交易两者主要存在如下差异。

(1)期货交易中,"持仓量"是可变的;而在股市中,股票在一级市场发行后进入二级市

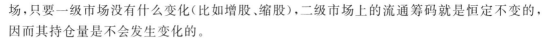

场,只要一级市场没有什么变化(比如增股、缩股),二级市场上的流通筹码就是恒定不变的,因而其持仓量是不会发生变化的。

(2)期货交易中,任何一个合约都有到期日,到时都会摘牌;而在股市中,只要上市公司本身不出问题,其股票可以永久交易下去。

(3)期货交易中,不仅可以做多,也可以做空,即在无货的情况下也可以卖出,因而期货交易是双向交易;而在股票交易中,只能先买后卖,即只能做多而无法真正做空,故股票交易是单向交易。双向交易显然比单向交易更灵活。在股市中,若遇熊市,市值大幅降低,投资者都难以获利,绝大部分投资者的亏损是无法避免的。而在期货交易中,不论是牛市还是熊市,对投资者来说,都有赢利的机会。

(4)期货交易采用保证金交易方式,这是与股票交易的又一重大差别。众所周知,在股票交易中,1万元价值的股票必须要用1万元才能买,而在期货交易中,即使保证金收取比例高至10%,买卖1万元价值的期货合约也只需1000元,合约价值是保证金的10倍。显然,在期货交易中资金成本被大幅节省。而所谓杠杆机制,就是指合约价值与保证金的倍数所发挥的作用。保证金比例越低,资金的利用率也就越高。

(5)期货交易的资金利用率非常高,这不仅体现在保证金机制上,还体现在采用T+0的交易方式上。在股票交易中,当天买进的股票当天不能卖出,而在期货交易中却没有这种限制。这意味着一笔资金在当天交易中可以反复使用。实际上,在期货交易中的确也存在着一些专做短线交易的交易者,尽管其资金量并不大,但交易量却非常可观。

(6)期货交易的交易手续费比股票交易的交易手续费低得多。比如,上海期货交易所的铜期货合约的手续费是合约金额的万分之零点五,中国金融期货交易所的股指期货合约的手续费是合约金额的万分之零点二五。尽管期货公司会在交易所的基础上有所增加,但增加幅度并不高。在股票交易中,交易者如果争取到万分之三的手续费就可以说已经非常低,除此之外还有单边千分之一的印花税。不难发现,同等金额的情况下两者的交易成本几乎是十倍之差。

(7)期货是每日无负债结算,期货交易所产生的赢利可以直接用来开新仓,而不必将现有持仓平掉;股票交易中,交易所产生的赢利,必须将现有持仓卖出,才能将资金释放出来。

二、期货市场的产生

什么是"期货"?这是人们学习研究和实际参与期货市场时首先会提出的一个问题。要对期货建立起正确的认识,就必须从源头上了解期货交易和期货市场。一般认为,期货交易萌芽于欧洲。早在古希腊和古罗马时期,欧洲就出现了中央交易场所和大宗易货交易,形成了按照既定时间在特定场所开展的交易活动。在此基础上产生了远期合同的雏形。在农产品收获以前,商人往往先向农民预购农产品,等收获以后,农民再交付产品,这就是国外原始的远期交易。中国的远期交易同样源远流长,早在春秋时期,中国商人的鼻祖陶朱公范蠡就开展了远期交易。

随着交通运输条件的改善和现代城市的兴起,远期交易逐步发展成为集中的市场交易。英国的商品交换发育较早,国际贸易也比较发达。1215年,英国的大宪章正式规定允许外国商人到英国参加季节性的交易会,商人可以随时把货物运进或运出英国,从此开启了英国的国际贸易之门。在交易过程中,出现了商人提前购买在途货物的做法。具体过程是:交易双方先签订一份买卖合同,列明货物的品种、数量、价格等,预交一笔订金,待货物运到时再交收全部货款和货物,这时交易才告完成。随着这种交易方式的进一步发展,买卖双方为了转移价格波动所带来的风险,谋取更大的收益,往往在货物运到之前将合同转售,这就使交易进一步复杂化。后来,来自荷兰、法国、意大利和西班牙等国的商人还组成了一个公会,对会员买卖的合同提供公证和担保。期货交易萌芽于远期现货交易。从历史发展来看,交易方式的长期演进,尤其是远期现货交易的集中化和组织化,为期货交易的产生和期货市场的形成奠定了基础。期货(futures)与现货完全不同,现货是实实在在可以交易的货(商品),期货主要不是货,而是以某种大宗产品如棉花、大豆、石油等,以及金融资产如股票、债券等为标的的标准化可交易合约。因此,这个标的物可以是某种商品(例如黄金、原油、农产品),也可以是金融工具。交收期货的日子可以是一星期之后,一个月之后,三个月之后,甚至一年之后。买卖期货的合同或协议叫作期货合约,买卖期货的场所叫作期货市场。投资者可以对期货进行投资或投机。对期货的不恰当投机行为,例如无货沽空,可以导致金融市场的动荡。

最初的现货远期交易是双方口头承诺在某一时间交收一定数量的商品,后来随着交易范围的扩大,口头承诺逐渐被买卖契约代替。这种契约行为日益复杂化,需要有中间人担保,以便监督买卖双方按期交货和付款,于是便出现了1571年伦敦开设的世界第一家商品远期合同交易所——皇家交易所。期货交易的产生,不是偶然的,是在现货远期合约交易发展的基础上,基于广大商品生产者、贸易商和加工商的广泛商业实践而产生的。19世纪三四十年代,芝加哥已经发展为美国中西部地区重要的粮食集散地,人们以古老的面对面讨价还价的方式在芝加哥进行谷物等农产品的交易。由于当时交通状况恶劣且仓储设施严重不足,而粮食却有着集中上市、全年消费的特点,使得粮食价格波动异常。为了回避价格波动带来的风险,芝加哥谷物市场逐步由原始的交易方式向远期合约交易发展,这是现代期货交易的雏形。为了适应商品经济的不断发展,改进运输与储存条件,为会员提供信息,1848年,82位商人发起组织了第一家现代意义的期货交易所——芝加哥期货交易所(Chicago Board of Trade,CBOT),这是一个集中进行现货交易和现货中远期合约转让的场所。1851年,CBOT引进远期合同;1865年,CBOT推出了一种被称为"期货合约"的标准化协议,取代原先沿用的远期合同。这种标准化合约,允许合约转手买卖,并逐步完善了保证金制度,于是一种专门买卖标准化合约的期货市场形成了,期货成为投资者的一种投资理财工具。1882年,CBOT允许以对冲方式免除履约责任,增加了期货交易的流动性。1891年,明尼亚波里谷物交易所成立第一个结算所。至此,真正意义上的期货交易也就产生了。

三、期货市场的发展

自从期货交易产生以来,在国际上期货市场的发展大致经历了由商品期货到金融期货,再由金融期货到期货期权的发展过程。在此过程中新的期货交易所纷纷成立,期货、期权的上市品种不断增加,交易规模不断扩大。国际期货品种的发展,经历了商品期货(农产品期货—金融期货—能源期货)到金融期货(外汇期货—利率期货—股指期货)的发展过程,随着期货市场实践的深化和发展,天气期货、选举期货、各种指数期货等其他期货品种也开始出现。

1. 商品期货

(1)农产品期货。19世纪30年代末,芝加哥还只是一个拥有几千人的小城市,但是由于地处美国的粮仓——五大湖地区,成为全美最大的谷物集散地。农产品生产具有周期性和季节性特点,在农产品的收获季节,供大于求的局面往往导致价格大幅度下跌,农场主被迫降低价格销售,甚至大幅降价后仍然卖不掉;而在青黄不接时期,由于供给短缺,农产品价格又会大幅上涨。再加上当时交通不便,不能在空间上缓解地区供求矛盾;仓库稀缺,不能在时间上缓解不同时期的供求矛盾;信息传播条件有限(当时没有收音机,没有电视机,连电话都还没发明),交易商的信息搜索成本非常大。种种不利条件更加剧了价格波动的幅度。剧烈的价格波动风险使所有农场主、农产品贸易商和加工商都感到头痛。为了解决这些问题,1848年,82位商人(农场主、农产品贸易商和加工商)自动发起设立CBOT。CBOT成立之初,主要是改进运输和储存条件,同时为会员提供价格信息等服务。1851年,CBOT开始引进现货远期合约交易。

所谓现货远期合约交易,就是买卖双方约定在将来进行钱货交割的交易行为。如果钱货交割发生在现在,那就是现货交易;如果交割时间在将来,那就是远期交易。现货交易是人类有史以来最普遍的交易方式,其特点就是一手交钱一手交货。在生产力低下、交易规模不大的时代,现货交易完全能够满足交易需求。但当交易规模越来越大时,这种交易方式的不方便之处就越来越突出。现货远期交易方式的特点是买卖双方先就远期交易进行一对一的谈判,订立一份在未来进行钱货交割的合同。远期合同交易具有的优点是:买卖双方可以灵活地根据自身的需要签订合同,同时利用预签的合同安排生产。由于价格提前敲定,等于锁定了买卖价格,即使今后市场价格出现不利于自己的波动也不用担心。CBOT的交易规模也因此得到了迅速的扩大。但在实际运作中,CBOT也出现了种种令人烦恼的事情。

最大的烦恼是经常会出现交易商违约事件。比如,当初合同规定半年后的交割价格,半年后价格上升很多,卖方觉得亏了,就经常发生有意违约的情况;反之,如果价格下跌很多,买方也会产生违约的愿望。交割时产生的纠纷也令人头疼,原因可以说不一而足,比如货物的质量、交付时间、数量损益等,或者是买方拖欠货款或故意找茬。如果双方在签订合同时对一些具体问题没有约定或约定不明,一旦在后来涉及,也会引起纠纷。还有一个问题也十分突出,那就是合同转让非常不容易。买卖双方中一方因为情况发生变化,不想执行原合同,如果合同可以转让,不失为一个很好的解决方法。但由于远期合同的具体条款是一对一谈判而定的,对其他人不一定适合,合同转让的难度无疑就增加了。面对这些烦恼,CBOT经过多年探索,终于在1865年推出标准化合约,以取代原有的现货远期合约。同年,又推出履约保证金制度。所谓标准化合约是指合同的内容标准化,比如每张合约代表多少货物、货物的质量标准、交割时间、交割地点等都由交易所事先明确规定。显然,这对于减少纠纷、方便合约转让具有重大作用。而保证金制度使交易所掌握了制裁违约者的武器,有力地抑制了交易者的违约行为。

标准化合约的诞生,标志着现代意义上的期货交易及其基本交易原则已在CBOT内萌芽。

1882年,CBOT开始允许交易者以对冲方式免除履约责任,方便投机者进行交易,使交易的流动性大大提高。1883年,CBOT又成立了结算协会。结算体系的出现,标志着现代意义上的期货交易终于成形。1925年,CBOT结算公司成立,规定所有在CBOT内达成的交易都必须在结算公司进行结算,进一步规范了期货交易行为,推动了期货交易的完善与发展。CBOT 成功地解决了长期以来困扰农产品交易商们的难题,交易日趋繁荣。在 CBOT 成功的启示下,美国各地掀起了举办农产品期货交易所的热潮。芝加哥商业交易所(Chicago Mercantile Exchange,CME)、纽约市咖啡交易所、堪萨斯城期货交易所(Kansas City Board of Trade,KCBT)、中美洲商品交易所(Mid-America Commodity Exchange,MidAM)、明尼阿波利斯谷物交易所(Minneapolis Grain Exchange,MGE)、纽约棉花交易所(New York Cotton Exchange,NYCE)、纽约商品交易所(Commodity Exchange Inc. of New York,COMEX)等先后在 19 世纪下半叶成立。而且,这种方式又进一步扩散到了世界各地。期货交易的普及,也使期货交易的作用和功能逐渐为人们所认知。

(2)金属期货的产生和崛起。英国在工业革命之后,国力迅速上升。1860 年,英国制造业占世界经济总量高达 19.9%,成为世界经济史上第一个被称为"世界工厂"的国家。制造业的高度发达,使其对各种工业原料有着庞大的需求量。大量的金属原料来自南美、非洲和远东地区。在当时的条件下,穿越大洋运输铜和锡有很大的风险:一些货物可能会误期到达,还有一些可能根本不会到达。"未来到货"市场的兴起,使商人们着眼于预约价格,而预约价格的得出则来自于商人们对可能的到货期和届时用户需求的判断与估计。1877 年,伦敦金属交易所(London Metal Exchange,LME)正式成立。尽管当时还没有正式的标准合约,但已经确定以智利的铜棒、马来西亚和新加坡的锡分别作为铜和锡的基准级别,并以 3 个月作为远期合同的交货期(从圣地亚哥和新加坡到英国的航行时间大约为 3 个月)。1899 年,铜和锡的交易开始采用现在交易的方式,即分上、下午两场,每场又分为两轮交易。由于交易所禁止在正式交易时间结束后继续场内交易,而正式交易的时间又太短,满足不了交易商们的需求,于是一些商人便在正式交易时间结束后跑到大楼外面的街上去继续进行交易,而在街上交易的喧嚣声又引起警方的干预。交易所随后便允许交易商们在正式交易时间结束后,继续在场内进行非正式的交易,而由此引出的"场外交易"(kerb dealing)名词一直沿用至今。

直到现在,LME 依然是世界上影响最大的金属交易所。该交易所上市的品种有铜、锡、铅、锌、铝、镍、白银等。大家还应知道的是,这个世界上最大的金属交易所在 2012 年被我国的香港交易所(Hong Kong Exchanges and Clearing Limited,HKEx)收购。美国的金属期货交易起步晚于英国,具有代表性的是成立于 1933 年的 COMEX。该交易所目前上市的金属品种有黄金、白银、铜、铝等。该交易所于 1974 年上市的黄金期货,在国际市场上有一定影响。

(3)能源期货的诞生和繁盛。能源期货的产生也是由价格波动的放大导致的。1973 年以前,尽管美国、西欧和日本的石油供应很大部分来自中东地区,但由于第三世界产油国的政治经济力量都比较弱小,国际油价实际上控制在以美国为首的一些国家手中。当时,以固定价格为主的长期合同一签就是若干年。油价几乎没有短期变化,国际石油市场一直处于比较平稳的状态。

1973 年,中东产油国政府从各大石油公司手中将石油的开采、销售权收归国有。当年 10 月,第四次中东战争爆发。为打击以色列及其支持者,石油输出国组织的阿拉伯成员国当年 12 月宣布将其基准原油价格从每桶 3.011 美元提高到 10.651 美元,油价猛然上涨了 2 倍多,从而触发了第二次世界大战之后最严重的全球经济危机。1978 年年底,世界第二大石油出口国伊朗的政局发生剧烈变化,石油产量受到影响,从每天580万桶骤降到100万桶以下,打破了当时全球原油市场上供求关系的脆弱平衡。油价在1979年开始暴涨,从每桶13美元猛增至34美元,导致了第二次石油危机的出现。两次石油危机,给世界石油市场带来了巨大冲击,石油等能源产品价格剧烈波动。在此背景下,石油等能源期货产生。1974年,NYMEX在年轻主席迈克尔·马克(Michael Mark)的领导下,尝试推出了交割地为鹿特丹的燃油期货。1978年,NYMEX又推出以纽约港为基准的二号取暖用油,由此决定了美国北部,后来逐渐发展到海湾地区的石油产品的价格。

尽管能源期货交易产生较晚,但在商品期货中呈现出后来居上的态势。美国期货工业协会(Futures Industry Association,FIA)的统计数字表明,2013年全球各类商品期货中,能源期货的交易量超过农产品期货和金属期货。目前,在世界上影响较大的能源产品交易所有NYMEX和伦敦国际石油交易所(International Petroleum Exchange,IPE,成立于1981年4月)。NYMEX的上市品种有布伦特原油、轻质原油、燃料油、天然气、无铅汽油、瓦斯油等,IPE的上市品种有布伦特原油、天然气和燃气油(gasoil)等。

2.金融期货

金融期货是指以金融工具或金融产品作为标的物的期货交易。由于其标的物不是传统的实物商品,而是外汇、债券、股票及股票指数这些金融工具或金融产品,故称为金融期货。同时,我们将以往的农产品、金属产品、能源产品等有形产品作为标的物的期货品种称为商品期货。金融期货诞生至今只有40多年,然而其发展势头迅猛,诞生后没几年便超越了商品期货。目前,全球金融期货在所有期货交易中所占的比例高达80%以上。金融期货的出现不仅改变了期货市场的格局,而且也推动了世界期货市场的空前发展。近二三十年来,不少国家和地区新推出的期货交易,基本上都是以金融期货作为突破口的。

金融期货按其出现的先后次序,主要分为三大类,即外汇期货、利率期货及股指期货(包括股票期货)。

(1)外汇期货的产生。第二次世界大战行将结束的1944年,西方主要工业化国家首脑在美国的布雷顿森林召开会议,创建了国际货币基金组织。根据《布雷顿森林协议》,每1美元币值相当于1/35金衡盎司黄金含量,并规定各国的中央银行将本国的货币汇率与美元含金量挂钩,将汇率波动范围限制在上下1%之内,这就是所谓的固定汇率制。固定汇率制对战后世界经济的发展,特别是对西欧各国经济的复兴和国际货币金融秩序的相对稳定都起到了重要的作用。由于汇率波动极为有限,各经济主体的外汇风险自然有限,从而对外汇避险工具的需求自然也不大。

然而进入20世纪60年代,随着美国经济实力的相对下降和国际收支逆差日益增大,以及欧洲经济恢复和实力相对增强,固定汇率制度开始发生动摇,联邦德国等欧洲先进工业国家积累了大量的美元外汇,由于害怕美国无法实现自由兑换的承诺,纷纷向美国挤兑黄金,造成美国黄金储备急剧减少。为挽救此局面,美国政府不得不于1971年8月15日宣布实行"新经济政策",停止其对外国政府和中央银行履行美元兑黄金的义务。当年年底,"十国集团"在美国签订《史密森协议》,宣布美元对黄金贬值7.89%,且汇率波动范围限制扩大到2.25%。但是,此举仍无法阻挡美元危机的继续发生与进一步加剧,拖至1973年2月,美国政府不得不宣布美元再一次贬值10%,引发各国政府纷纷宣布其货币与美元脱钩。布雷顿森林体系就此崩溃,浮动汇率制从此取代固定汇率制。

CME一直关注着货币市场,因为一旦布雷顿森林体系破产,浮动汇率制必将给期货市场带来新的机遇。1971年,CME董事长梅拉梅德专程拜访诺贝尔经济学奖得主弗里德曼博士。弗里德曼博士非常赞同在布雷顿森林体系破产时推出外汇期货,并于当年12月写下了题为《货币需要期货市场》的论文,极大地鼓舞了CME开设外汇期货的决心和信心。CME随即着手组建国际货币市场分部(International Monetary Market,IMM),并于1972年5月16日正式推出英镑、加拿大元、德国马克、日元、瑞士法郎、墨西哥比索及意大利里拉等7种外汇期货合约交易。IMM推出外汇期货,可谓是生逢其时,随后产生的经济动荡以及布雷顿森林体系的正式崩溃,使外汇期货在市场上很快站稳了脚跟。

(2)利率期货的产生。在布雷顿森林体系下,不但各国的汇率是相对固定的,在利率政策上也基本一致。然而到了20世纪70年代,严重的经济滞胀局面以及布雷顿森林体系的最终崩溃,使各国的经济政策纷纷改弦更张。与放弃固定汇率制一样,利率不但不是管制的对象了,反而成为政府着意用来调控经济、干预汇率的一个工具。利率管制的取消使利率波动日益频繁而剧烈,利率风险日益成为各经济主体,尤其是各金融机构所普遍面临的一个最重要的金融风险。1975年10月,经过数年的周密调查研究后,CBOT在美国政府有关机构的协助下推出了有史以来第一张利率期货合约——政府国民抵押协会抵押凭证(Government National Mortgage Association Certificates,GNMA)期货合约。GNMA期货合约交易推出后,深受金融界的欢迎,又引起一系列新的利率期货品种陆续登场。其中较为重要的有:3个月后的1976年1月,在弗里德曼的发起下,IMM推出的90天期的美国国库券期货合约;1977年8月,CBOT推出的美国长期国债期货合约;1981年7月,IMM、CBOT及纽约期货交易所(New York Board of Trade,NYBOT)同时推出的美国国内可转让定期存单期货交易;1981年12月,IMM推出的现金交割的3个月欧洲美元定期存款合约。

(3)股指期货的产生。20世纪70年代,西方各国的股票市场在经济危机和金融混乱的双重压力下,危局频频出现。KCBT在1977年10月向美国商品期货交易委员会(Commodity Futures Trading Commission,CFTC)提交了开展股票指数期货交易的报告,并提议以道琼斯的"30种工业股票"指数作为交易标的。由于道琼斯公司的反对,KCBT改而决定以Arnold Bernhard & Company的价值线指数(Value Line Index)作为期货合约的交易标的。1979年4月,KCBT修改了给CFTC的报告,等待其核准。

尽管CFTC对此报告非常重视,然而,由于美国证券交易委员会(Securities and Exchange Commission,SEC)与CFTC在谁来监管股指期货这个问题上产生了分歧,造成无法决策的局面。1981年,新任CFTC主席菲利普·M.约翰逊和新任SEC主席约翰·夏德达成《约翰逊—夏德协议》,明确规定股指期货合约的管辖权属于CFTC。1982年,该协议在美国国会通过。同年2月,CFTC批准KCBT的报告。2月24日,KCBT推出价值线指数期货合约交易。4月21日,CME也推出S&P500股指期货交易。紧接着的是NYBOT于5月6日推出的NYSE综合指数期货交易。

股指期货一诞生,就取得空前的成功,价值线指数期货合约推出的当年就成交35万张,S&P500股指期货的成交量则更大,达到150万张。1984年,股票指数期货合约交易量已占美国所有期货合约交易量的20%以上,其中S&P500股指期货的交易量更是引人注目,成为世界上第二大金融期货合约。S&P500指数在市场上的影响也因此急剧上升。股指期货的成功,不仅大大促进了美国国内期货市场的规模,而且也引发了世界性的股指期货交易热潮。这不仅引起国外一些已开设期货交易的交易所竞相仿效,使其纷纷开办各有特色的股指期货交易,连一些从未开展期货交易的国家和地区也纷纷将股指期货作为开展期货交易的突破口。

(4)股票期货的产生和发展。股票期货是以股票为标的物的期货合约。与股指期货一样,同样是由股票市场衍生出来的期货交易。两者的差别为:股票期货合约的对象是指单一的股票,而股指期货合约的对象是代表一组股票价格的指数。因而市场上通常将股票期货称为个股期货。

个股期货并非美国首创,这与美国当时的政策有关。1981 年,《约翰逊—夏德协议》在解决股指期货难题的同时,做出了禁止单一股票与狭基股票指数期货交易(所谓狭基股票指数,是指由 9 只或更少的股票组成的指数)的决定。然而,美国的禁止并不能捆住其他国家的手脚。从 20 世纪 80 年代末起,北欧一些交易所开始推出股票期货,之后陆续有 10 多家交易所推出了股票期货合约,其中主要有澳大利亚悉尼期货交易所、瑞典斯德哥尔摩期货交易所(OM Stockholm,OM)、芬兰赫尔辛基交易所、英国伦敦国际金融期货期权交易所(London International Financial Futures and Options Exchange,LIFFE)等。在国际竞争的压力下,美国国会在 2000 年 12 月通过《2000 年美国商品期货现代化法案》,取消以往对证券期货、期权合约的禁止性规定。不久,芝加哥期权交易所(Chicago Board Options Exchange,CBOE)、CME 和 CBOT 就联合发起成立了一个取名为 One Chicago 的新交易所,于 2002 年 11 月 8 日正式开始个股期货交易。股票期货是近年来发展较快的一个期货品种,尽管从绝对量来说并不是很大,但增长的幅度极其可观。

3. 新型期货产品

20 世纪 80 年代以来,世界上又出现了一大批既不能归于商品又不能归于金融的新型期货交易品种。比如,各种商品指数期货,如 CRB 指数期货交易、橡胶指数期货、道琼斯 AIG 商品指数期货;环保期货交易,如澳大利亚的悉尼期货交易所(Sydney Futures Exchange,SFE)推出的全球第一张环保合约——地球大气层二氧化硫浓度期货合约;天气期货,如 CME 推出的热度日(Heating Degree Day,HDD)和冷度日(Cooling Degree Day,CDD)期货和期权;更有甚者,伊拉克前总统萨达姆失踪后,都柏林的体育交易所(Trade Sports)随即制定并推出了与萨达姆被捕相关的期货合约。

4. 期权交易

(1)期权交易的开端。期货市场上除了期货交易外,还有一个重要交易方式,那就是期权交易。1973 年以前,美国已经有了期权交易,但只是以场外交易的方式存在。场外期权交易流动性差、成本高、违约风险大,频频出现违约情况,期权交易在公众心目中的形象越来越差。以至于在 20 世纪 70 年代以前,美国政府一度禁止进行期权交易。1973 年 4 月 26 日,CBOT 出资成立 CBOE。CBOE 开创了期权交易在场内集中交易的先例,使期权交易进入完全统一化、标准化以及管理规范化的全面发展新阶段。由于期权交易合约标准化了,投资者进行交易时的方便程度大大提高。历史资料显示,CBOE 在开张不久的 1974 年 3 月,一个月的成交量就超过美国 1972 年全年 OTC 的成交量。市场的流动性大大增加,产生良好的"马太效应"。一些原来在 OTC 进行交易的交易商也纷纷改换门庭,OTC 市场的交易量不断萎缩,业务越来越局限于那些交易期限较长、不大符合上市要求的期权品种上。CBOE 在股票期权交易上的成功,起到了极好的示范作用。1978 年,英国伦敦证券交易所、荷兰的欧洲期权交易所也相继推出股票期权交易。

（2）期权交易已占半壁江山。进入 20 世纪 80 年代，期权交易出现新的变化。一是期权交易迅速在世界各国的期货交易所扩展。从南北美洲的美国、加拿大、巴西、阿根廷到欧洲的法国、荷兰、德国、瑞士、芬兰、英国，一直到亚太地区的日本、新加坡、澳大利亚及中国香港等，都建立了期权交易所或推出了期权交易。二是期权交易的对象逐渐扩展到其他品种。20 世纪 70 年代中期以后，LME 开始非正式地大量开展金属期权交易。1982 年，加拿大蒙特利尔交易所（Montreal Exchange，MX）引进外汇期权交易。而后，澳大利亚的 SFE 开始银行票据和带息证券期权（即利率期权）交易。1981 年，美国解除以往的期货交易所不得开展期权交易的禁令，拉开了将期权交易方式应用于其他传统农产品期货合约和金融期货合约的序幕。1982 年，CME 全面开展股指期货期权等期权交易。同时，CBOT 也成功地将期权交易方式应用于政府长期国债的合约买卖活动。期权交易的对象队伍迅速壮大，以至于现在的期权交易，早已不是仅仅以股票为对象，而是包括各种传统的实物商品（农产品、能源产品、金属产品等）与金融产品（股票、股指、外汇以及利率）。可以这么说，在当今世界上的期货交易所内，凡是具备一定交易规模的期货合约都有相应的期权合约，期权合约已成为相关期货合约的配套合约，期权交易已成为期货市场的有机组成部分。期权交易双扩展局面的形成，使权交易量增长迅猛。2000 年，全球期权交易的总量第一次超过期货交易的总量。

图 1-1 显示了 1998—2013 年全球场内期货与期权历年交易量的对比，数据来自美国期货工业协会（FIA）历年交易量统计。表 1-2 是 2009—2013 年 5 年间各年度全球各大类品种场内衍生品交易量及所占比重，其中 2009—2011 年仅列出所占比重。

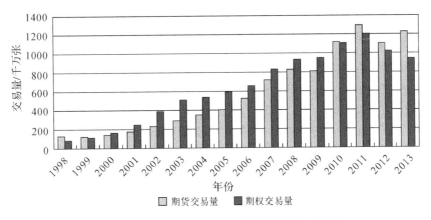

图 1-1　1998—2013 年全球场内期货与期权交易量

表 1-2　2009—2013 年全球场内衍生品（期货、期权）交易量统计

类　别	2009 年 比重（%）	2010 年 比重（%）	2011 年 比重（%）	2012 年 成交量（万手）	2012 年 比重（%）	2013 年 成交量（万手）	2013 年 比重（%）
股票指数	35.97	33.25	33.88	604.827	28.54	537.086	24.82
个股	31.50	28.19	28.28	646.951	30.53	640.153	29.58
利率	13.91	14.39	13.98	293.184	13.84	333.072	15.39

续　表

类　别	2009 年 比重（%）	2010 年 比重（%）	2011 年 比重（%）	2012 年 成交量（万手）	2012 年 比重（%）	2013 年 成交量（万手）	2013 年 比重（%）
外汇	5.60	10.77	12.60	243.425	11.49	249.114	11.51
农产品	5.23	5.85	3.97	125.442	5.92	121.324	5.61
能源	3.70	3.25	3.26	92.559	4.37	126.557	5.85
非贵金属	2.61	2.89	1.74	55.425	2.62	64.632	2.99
贵金属	0.85	0.78	1.37	31.930	1.51	43.068	1.99
其他	0.65	0.62	0.92	25.269	1.19	49.336	2.28
总计	100.00	100.00	100.00	2119.012	100.00	2164.342	100.00

数据来源：FIA。

5. 全球期货市场的发展趋势

自 19 世纪中叶美国 CBOT 创办以来，期货市场已有 170 余年的历史。但期货市场的大发展还是 20 世纪 70 年代金融期货出现以后的事情。国际期货市场的近期发展主要呈现以下几个趋势。

（1）品种不断更新。期货市场发展的前一个世纪基本上都是围绕商品期货交易进行的，主要有农产品、金属、能源等大宗商品。20 世纪 70 年代后，随着利率、股票和股票指数、外汇等金融产品期货期权交易的推出，全球期货市场进入了一个崭新的时代。目前，新的金融衍生产品仍不断出现。

（2）期货交易所合并。各国期货交易所进行竞争的重要手段之一是通过合并的方式扩大市场规模，提高竞争能力。如日本的商品期货交易所最多时曾达 27 家，到 1990 年，通过合并减少到 16 家，1997 年 11 月减至 7 家，形成以东京工业品交易所（Tokyo Commodity Exchange，TOCOM）、东京谷物商品交易所（Tokyo Grain Exchange，TGE）为中心的商品期货市场。在欧洲，LIFFE 于 1992 年兼并了伦敦期权市场（London Traded Options Market，LTOM），1996 年又收购了伦敦商品交易所（London Commodity Exchange，LCE），其 1996 年的交易量首次超过历史悠久的 CME，成为仅次于 CBOT 的世界第二大期货交易所。在美国，1994 年，NYMEX 与 COMEX 实现合并，成立以金属和燃料油为主的期货交易所；2006 年，CBOT 与 CME 宣布合并。

（3）期货交易的全球化特征越来越明显。进入 20 世纪 80 年代以来，各期货交易所为了适应日益激烈的国际竞争，相互间联网交易对方的上市品种已成为新潮。联网交易就是期货交易所之间通过电脑撮合主机的联网方式，使交易所会员可以在本交易所直接交易对方交易所上市合约的一种交易形式。联网后，各交易所仍保持独立法人的地位。先后联网的交易所有：新加坡国际金融交易所（Singapore International Monetary Exchange，SIMEX）分别与 CME、NYMEX、IPE、LIFFE 和德国期货交易所（Deutsche Börse，DTB）联网，LIFFE 分别与 CBOT 和东京国际金融期货交易所（Tokyo International Financial Futures Exchange，TIFFE）联网，香港期货交易所（Hong Kong Futures Exchange，HKFE）分别与

NYMEX 和费城股票交易所（Philadelphia Stock Exchange，PHLX）联网，NYMEX 与 SFE 联网等。

（4）科学技术在期货交易中扮演越来越重要的角色。交易所间的联网和异地远程交易，首先需要解决的是技术问题。在 20 世纪 90 年代初，为了满足欧洲及远东地区投资者在本地时间进行 CBOT 和 CME 上市合约交易的需要，这两家交易所与路透社合作，推出了全球期货电子交易系统（GLOBEX）。此后，其他交易所纷纷效仿，并开发出各自的电子交易系统，如 LIFFE 的 APT 系统、法国国际期货交易所（Marché à Terme International de France，MATIF）的 NSC 系统等。这些系统不仅具有技术先进、高效快捷、操作方便等特点，而且使全球 24 小时不间断进行期货交易成为现实。

（5）加强监管、防范风险成为期货市场的共识。作为一个高风险的市场，各国政府监管部门对期货市场无一例外地进行严格监管。特别是 1995 年，具有 200 多年历史的英国巴林银行因其交易员在 SIMEX 从事日经 225 股票指数期货交易时违规操作，造成数十亿美元的损失，最终导致该银行倒闭的严重事件发生后，从监管部门到交易所以及投资者都对期货市场的风险更加重视，对期货交易中的合约设计、交易、结算、交割等环节进行深刻的反思和检讨，以求控制风险，更好地发挥期货市场的功能。

国际期货市场的发展，大致经历了由商品期货到金融期货、交易品种不断增加、交易规模不断扩大的过程。

第二节　期货市场的特征和功能

一、期货市场的特征

期货市场主要有如下几大特征。

（1）合约标准化。期货市场交易的对象是期货合约，期货合约对标的物的数量、质量等级和交割等级及替代品升贴水标准、交割地点、交割时间等条款都是标准化的，交易双方无须对交易的具体条款进行协商，便利了期货合约的连续买卖，具有很强的市场流动性，极大地简化了交易过程，降低了交易成本。

（2）保证金制度（杠杆机制）。即交易者在期货交易时需交纳少量的保证金，一般为所买卖期货合约价值的一定比例（通常为 5%～10%），就可以完成数倍乃至数十倍的合约交易。由于期货交易能够以少量资金进行较大价值额的投资，具有杠杆效应，使期货交易具有高收益、高风险的特点。

（3）双向交易和对冲机制。双向交易，也就是期货交易者既可以买入期货合约作为期货交易的开端（称为买入建仓），也可以卖出期货合约作为交易的开端（称为卖出建仓），也就是通常所说的"买空卖空"。与双向交易的特点相联系的还有对冲机制。在期货交易中大多数交易者并不是通过合约到期时进行实物交割来履行合约，而是通过与建仓时的交易方向相反的交易来解除履约责任。具体说就是买入建仓之后可以通过卖出相同合约的方式解除履约责任，卖出建仓后可以通过买入相同合约的方式解除履约责任。期货交易的双向交易和对冲机制的特点吸引了大量期货投机者参与交易。因为在期货市场上，投机者有双重的获利机会:期货价格上涨时,可以通过低买高卖来获利;价格下降时,可以通过高卖低买来获利,并且投机者可以通过对冲机制免除进行实物交割的麻烦。投机者的参与大大增加了期货市场的流动性。

(4)当日无负债结算制度。又称"逐日盯市",是指每日交易结束后,交易所按当日结算价格对交易者当天的盈亏状况进行结算,如果交易者严重亏损,保证金账户资金不足时,要求交易者必须在下一日开市前追加保证金,以做到"每日无负债"。客户如果不能按时追加保证金的,期货公司会将客户部分或全部持仓强行平仓,直至保证金余额能够维持剩余头寸。

(5)场内集中竞价交易(交易集中化)。期货交易的所有买卖指令都必须在期货交易所内进行集中竞价成交。期货交易所实行会员制,只有会员才能进场交易。场外的客户只能委托期货公司代理交易。

(6)强行平仓制度。指当会员或客户的交易保证金不足并未在规定时间内补足,或者当会员或客户的持仓数量超出规定的限额时,交易所或期货经纪公司为了防止风险进一步扩大,实行强制平仓的制度。

(7)涨跌停板制度。指期货合约在一个交易日中的交易价格不得高于或低于规定的涨跌幅度,超过这个幅度的报价将被视为无效,不能成交。期货市场最大涨跌停板幅度一般是以合约上一交易日的结算价为基准确定的。

需要强调的是,现货交易与期货交易的本质区别是交易目的不同,以及由此导致的功能作用不同。实务操作上则表现为现货交易场所和期货交易场所的实物交割率不同。现货交易以转移商品所有权为目的,交易的履行通过实物交割的方式进行,交易的功能是实现商品的流通;期货交易不以转移商品所有权为目的,绝大部分交易以对冲平仓方式了结,交易的功能是价格发现、风险规避以及风险投资。

相比于期货,股票交易属于现货交易,交易标的实际上是上市公司的股权,在交易过程中,股票交易一般(融资融券例外)采用全额的现金交易,不存在资金的杠杆效应,在交易方式上一般只能先买后卖,不需要中途追加资金,账面盈亏不是每日结算划转,还可以长期持有,没有到期交割要求,不实行强行平仓、强制减仓等制度。由于期货交易与股票交易有明显区别,投资者在进行期货交易时,一定要了解期货交易的特点。一些有过股票交易经历的投资者有时容易按照买卖股票的方式进行期货交易。这种交易方式会给投资者带来不必要的风险,对此需要特别注意。

二、期货市场的功能

期货市场的基本功能是价格发现、风险规避以及风险投资。

(1)价格发现功能。价格发现是指在市场条件下,买卖双方通过交易活动,使某一时间和地点上某一特定质量和数量的产品的交易价格接近其均衡价格的过程。价格发现不是期货市场所特有的,但期货市场特有的机制比其他市场具有更高的价格发现效率。

价格发现功能是指在一个公开、公平、高效、竞争的期货市场中,通过集中竞价形成期货价格的功能。期货价格具有预期性、连续性和权威性的特点,能够比较准确地反映出未来商品价格的变动趋势。由于期货价格与现货价格走向一致并逐渐趋合,所以,今天的期货价格可能就是未来的现货价格,这样,期货价格就成为现货成交价的基础。当然,期货价格并非时时刻刻都能准确地反映市场的供求关系。

（2）风险规避功能。规避（价格）风险功能是指借助套期保值的交易方式，通过在期货和现货两个市场进行方向相反的交易，从而在期货市场和现货市场之间建立一种盈亏冲抵机制，以一个市场的赢利弥补另一个市场的亏损，实现锁定成本、稳定收益的目的。

期货市场通过套期保值实现规避价格风险的原理在于：对于同一种商品，在现货与期货市场同时存在，并受到同种经济因素的影响时，随着期货合约到期日的来临，现货价格与期货价格趋于一致。套期保值是在现货市场与期货市场上买进和卖出与现货数量相等但交易方向相反的期货合约，在未来某一时间通过卖出和买进期货合约进行对冲平仓，从而在期货与现货市场之间建立一种盈亏对冲机制。这种机制可能用现货市场的赢利来弥补期货市场的亏损，也可能是用期货市场的赢利来弥补现货市场的亏损，但亏损值不一定完全相等，最终结果取决于期货价格与现货价格的价差变化，即基差的变化。显然，基差的变化要比现货或期货单一价格的变化小得多，这就是期货利用套期保值规避价格风险的原因所在。

投机者的参与是套期保值功能实现的重要条件。因为套期保值规避价格风险，不是消灭风险，而是转移风险。转移风险的承担者就是期货投机者。正是由于投机者的参与，才保证了期货市场的流动性，进而调动了套期保值者的积极性，保证了期货规避现货价格风险功能的发挥。

（3）投机获利（风险投资）。期货投机是以获取价差收益为目的的合约买卖。投机者依据对市场行情的判断，做出买入或卖出若干期货合约的决定，其手中不必真有现货，如行情预测正确，则可通过合约对冲获利。

第三节　我国期货市场的建立与规范

我国期货市场在30多年的发展过程中，经历了初期发展（1987—1993年）、治理整顿（1993—2000年）、规范发展（2000年至今）等几个阶段。

一、我国期货市场的建立

早在20世纪20年代，我国已有期货交易。1949年，中华人民共和国成立，全面实行计划经济，期货交易失去存在的必要性，开展期货交易的交易所全部被关闭。20世纪80年代，我国进入改革开放时期，随着价格改革的深入，期货交易的作用又重新被专家学者提起。随着改革开放的逐步深化，价格体制逐步放开。这时，不解决价格调控的滞后性问题，就难以满足供求双方对远期价格信息的需要。1988年5月，国务院决定进行期货市场试点。1988年3月，七届人大的政府工作报告正式提出要"探索期货交易"，开展期货交易被提上议事日程。

1990年10月12日，中国郑州粮食批发市场经国务院批准，以现货交易为基础，正式引入期货交易机制，从而作为我国第一家商品期货市场，迈出了中国期货市场发展的第一步。1992年1月18日，深圳有色金属交易所正式开业；1992年5月28日，上海金属交易所开业；1992年9月，第一家期货经纪公司——广东万通期货经纪公司成立；1992年年底，中国国际期货经纪公司开业；1993年2月28日，大连商品交易所成立；1998年8月，上海期货交易所由上海金属交易所、上海粮油商品交易所和上海商品交易所合并组建而成，于1999年

12月正式运营;2006年9月8日,中国金融期货交易所成立。

1992年春,邓小平南方谈话后,中国实行全面的对外开放政策,并引发了当年中国的"四大热",即开发区热、房地产热、股票热、期货热。期货热导致各地纷纷创办各种各样的期货交易所,到1993年下半年,全国各地已成立50多家期货交易所及几百家期货经纪机构。中国期货市场出现了盲目发展的局面,由于指导思想出现偏差,加上对期货市场认识不深,法规监管严重滞后,期货市场一度陷入一种无序状态,交易所过多(证券交易所才2家)、分布不平衡,品种重复设置,地下非法交易泛滥,盲目开展境外交易,运作不规范,等等,造成过度投机,多次酿成期货市场风险。在此背景下,政府有关部门先后于1993年和1998年对期货市场进行两次清理整顿。

二、我国期货市场的清理整顿阶段

1992年开始的"期货热",使我国期货市场发展走上了一个"小高潮"。由于人们认识上的偏差,尤其是受到部门和地方利益的驱动,在缺乏统一管理和没有完善法规的情况下,中国期货市场出现盲目高速发展的趋势。为了遏止期货市场盲目发展,国务院授权中国证券监督管理委员会(以下简称"证监会")从1993年开始对期货市场主体进行了大规模的清理整顿和结构调整。针对期货市场盲目发展的状况,1993年11月4日,国务院下发《关于制止期货市场盲目发展的通知》,开始第一次清理整顿行动。在这一次清理整顿行动中,最终有15家交易所被确定为试点交易所,一些交易品种也因种种原因被停止交易。1998年8月1日,国务院下发《国务院关于进一步整顿和规范期货市场的通知》,开始第二次清理整顿行动。在这次清理整顿中,15家交易所被压缩合并为3家,交易品种也大幅减少,削减为12种。两次整顿止住了我国期货市场无序的混乱局面,在法规建设及制度建设上取得了很大成绩。

至1999年年底,经过多年的清理整顿,各项措施基本到位,监管效率明显提高,市场秩序趋于正常。经过清理整顿和结构调整,上海、大连、郑州3家期货交易所因相对管理规范、运作平稳而得到保留,150余家期货经纪公司经过最后的增资审核而得以继续从事期货经纪业务的资格。经过几年的运作,在优胜劣汰的市场规律选择之下,一批管理比较规范,运作较为平稳,发展相对成熟的期货品种脱颖而出,如:上海期货交易所的铜、铝;大连商品交易所的大豆;郑州商品交易所的小麦。同时经过资格考试和认定,产生了一批具有期货从业资格的从业人员队伍。2000年12月28日,行业自律组织——中国期货业协会的成立,标志着我国期货业正式成为一个具有自律管理功能的整体。至此,经过近二十年的发展,我国期货市场的主体结构趋于完善,一个相对独立的期货业基本形成。同时,期货市场发挥了应有的作用:①形成了以期货交易所为核心的较为规范的市场组织体系;②为相关企业提供了一个套期保值的场所;③为广大投资者提供了一个良好的投资场所。

三、我国期货市场的规范发展阶段

1. 期货交易量呈现恢复性增长并连创新高,新品种不断推出

在全国期货市场的第二次整顿中,由于交易品种逐渐减少,期货交易量呈现萎缩趋势。1995年,全国期货交易金额为5.03万亿元(单边),到2000年,全国期货交易金额只有0.8万亿元。整顿结束后,期货业的规范程度大大提高,"稳步发展期货市场"重新被提上议事日程,期货交易量呈现出恢复性增长局面,2003年,全国期货交易金额达到5.42万亿元,这是

整顿后历史纪录第一次被刷新。期货市场在国民经济中的正面作用逐渐显露出来,政府对期货市场也越来越重视。2004年,在国务院批准下,燃料油、棉花和玉米3个新品种先后上市交易。当年的交易金额创下新高,达到7.35万亿元。随着新品种的不断上市,交易规模接连上了几个台阶。2006年,中国金融期货交易所成立,2010年4月,我国第一个金融期货品种——沪深300股指期货正式上市交易。2014年,国内期货市场交易金额达到创纪录的292万亿元。

截至2017年7月初,中国4家期货交易所上市期权期货品种达54个,其中,商品期货46个、金融期货5个、商品期权2个、金融期权1个,基本覆盖了农业产品、金属、能源、化工、金融等国民经济主要领域。图1-2显示了国内期货业高速增长的势头。可贵的是,在交易量高速增长的同时,期货业内的纠纷和以往经常发生的恶性事故反而越来越少了,过去在业内时常听闻的期货公司挪用客户保证金的行为基本绝迹。在交易量高速增长的同时,期货交易的手续费也有了大幅降低。

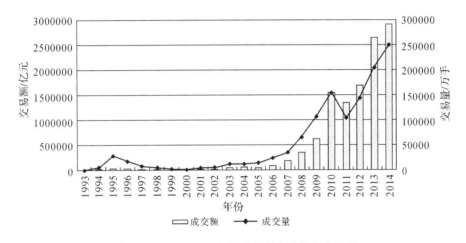

图1-2　1993—2014年国内期货交易额和交易量

2.期货市场的法制建设初见成效,法律法规相继出台

国内期货业之所以能够实现规范有序发展,与国内期货市场的法制建设及监管措施的不断完善有着很大的关系。在期货业整顿期间及之后,一系列法律法规相继出台,夯实了中国期货市场的制度基础,为期货市场的健康发展提供了制度保障。

在期货业第二次整顿期间的1999年,国务院就颁布了《期货交易管理暂行条例》,与其配套的《期货交易所管理办法》《期货经纪公司管理办法》《期货经纪公司高级管理人员任职资格管理办法》和《期货从业人员资格管理办法》也由证监会相继发布。2000年12月,中国期货业协会成立,标志着中国期货业行业自律管理组织的诞生。从此确立了国内期货市场由证监会的行政监督管理、期货业协会的行业自律管理和期货交易所的自律管理构成的三级监管体制,对于形成和维护良好的期货市场秩序起到了积极作用。2006年5月,期货保证金监控中心成立。通过建立核对系统和查询系统,监控中心对期货公司的保证金管理进行监控,发现问题及时通知期货监管部门及相关机构进行处理;同时,监控中心为期货投资者提供有关期货交易结算信息查询及其他服务;此外,还按照中国证监会、财政部的共同指定代管期货投资者保障基金。2007年,国务院修订发布《期货交易管理条例》(2012、2013、

2016和2017年都分别进行了修订),同时,证监会也重新修订或发布《期货交易所管理办法》(2017年再次修订)、《期货公司管理办法》(已废止)、《期货投资者保障基金管理暂行办法》(2018年再次修订)、《期货公司董事、监事和高级管理人员任职资格管理办法》及《期货从业人员管理办法》。2014年,证监会发布《期货公司监督管理办法》。2017年,证监会发布《期货公司风险监管指标管理办法》。

目前,国内期货业的监管体系已基本形成,但从根本大法的角度看,还缺少一部《期货法》,第十二届全国人大常委会对期货立法工作非常重视,已经将《期货法》列为立法规划二类项目。2013年12月,全国人大财经委员会成立了包括全国人大常委会法工委、国务院法制办和有关部委、证监会、最高人民法院等部门组成的起草领导小组。2018年,《期货法(草案)》被列入全国人大常委会立法工作预备案审议项目。2019年,证监会印发年度立法工作计划,明确表示将继续配合全国人大有关部门做好《期货法》制订工作。

问题思考

【项目结论】

1. 期货的概念与种类。期货是指期货合约,是一种标准化的商品合约,在合约中规定双方于未来某一天就某种特定商品或金融资产按合约内容进行交易。期货交易是指在期货交易所内集中买卖期货合约的交易活动,是一种高级组织化的交易方式,对交易对象、交易时间、交易空间等方面有较为严格的限定。期货交易的对象是标准化的期货合约,是由期货交易所统一制定的,规定在将来某一特定的时间和地点交割一定数量和质量商品的标准化合约。

期货的种类包括商品期货(农产品、能源、金属期货等)、金融期货(外汇、利率、股指、股票期货等)。

2. 期货交易与现货交易的区别。现货交易是买卖双方出于对商品需求或销售的目的,主要采用实时进行商品交收的一种交易方式。现货交易覆盖面广,不受交易对象、交易时间、交易空间等方面制约,交易灵活方便。期货交易与现货交易的区别表现在交易对象、交割时间、交易目的、交易的场所和方式、结算方式等的不同。

3. 期货交易与远期交易的区别。远期交易是指买卖双方签订远期合同,规定在未来某一时间进行商品交收的一种交易方式。远期交易属于现货交易,是现货交易在时间上的延伸。

期货交易与远期交易的区别表现在交易对象、交易目的、功能作用、履约方式、信用风险和保证金制度的不同。

4. 期货市场的特征包括合约标准化、保证金制度、双向交易和对冲机制、当日无负债结算制度、场内集中竞价交易、强行平仓制度和涨跌停板制度。期货交易的基本功能是价格发现、风险规避以及风险投资。

5. 我国期货市场在30多年的发展过程中,经历了初期发展(1987—1993年)、治理整顿(1993—2000年)、规范发展(2000年至今)等几个阶段。

项目延伸

【项目训练】

　　请通过互联网,完成以下实训项目的操作。

　　1.查询我国 1992—2017 年期货市场的交易量与交易额的数据。

　　2.查询我国 4 家期货交易所的网站,并进入网站了解相关信息。

　　3.收集我国期货交易的品种。

第二章　期货市场的组织结构

【知识目标】　掌握期货合约的基本概念与主要条款；了解国际主要期货合约和期货品种；熟悉国内主要期货合约和期货品种；掌握期货交易所的性质、设立条件、职能及组织形式；了解期货结算机构的产生；了解期货结算机构的组织方式；了解期货市场的结算体系；理解期货结算机构的作用；掌握期货公司的性质、职能和作用、设立条件、业务部门及职能；掌握套期保值的基本内容；掌握套期保值者的作用、操作方法及行业发展；掌握期货投机者的作用；掌握期货市场监管机构及自律组织。

【技能目标】　掌握期货合约的基本内容；掌握期货交易所的职能；掌握期货结算机构的作用；掌握设立期货公司应具备的条件；掌握套期保值者和投机者的特点。

【案例导入】

品种十年增 20 个　期货市场大发展

案例延伸

2002—2011 年的十年间，中国期货市场迎来了巨大发展，交易金额翻了近35 倍，交易量翻了近 7.6 倍，交易品种大幅增加，期货公司发展的底气越来越足。2002 年，全年期货交易额 3.94 万亿元，交易量 1.39 亿手。十年之后的 2011年，全年期货交易额 137.51 万亿元，交易量 10.54 亿手。

在成交量和成交金额如此快速上升的背后，是期货市场品种的大幅增加和内涵的扩大。2002 年，商品期货品种仅 7 个，金融期货品种为零，到 2011 年商品期货品种 26 个，金融期货品种 1 个。特别值得一提的是，2010 年 4 月挂牌上市的股指期货作为国内期货市场清理整顿后的首个金融产品问世，标志着期货市场的内涵从商品领域走向了金融领域。

与此同时，参与期货市场的资金也在大量增加。2002 年年底，期货市场保证金大约在 150 亿元左右，2011 年年底市场保证金规模则达到 2000 亿元左右。保证金规模翻了 13 倍，市场规模也越来越大，期货公司的底气自然也越来越足。统计显示，2002 年年末，181 家期货经纪公司的净资本仅 65 亿元。但是到 2011 年年底，所有 163 家期货公司净资本为 290亿元，表明期货公司的整体实力增长了 4 倍多。

（资料来源：魏书光，《品种十年增 20 个　期货市场大发展》，《证券时报》2012 年 9月21 日。）

第一节　期货合约和期货品种

一、期货合约的基本概念与主要条款

(一)期货合约的基本概念

期货合约是指由期货交易所统一制定的、规定在将来某一特定的时间和地点交割一定数量和质量商品的标准化合约。期货合约是期货交易的对象,是在现货合同和现货远期合约的基础上发展起来的,它们之间的本质区别在于期货合约条款的标准化。期货合约的标准化,加之其转让无须背书,方便了期货合约的连续买卖,使之具有很强的市场流动性,简化了交易过程,降低了交易成本,提高了交易效率。对于期货合约来说,其标的物的数量、质量等级和交割等级及替代品升贴水标准、交割地点、交割月份等条款都是标准化的,只有期货价格是唯一的变量,在交易所以公开竞价的方式产生。期货交易参与者正是通过在期货交易所买卖期货合约,转移价格风险,获取风险收益。

(二)期货合约的主要条款

期货合约主要包括 13 项条款,其内容的设计对于期货交易有关各方的利益以及期货交易能否活跃至关重要。

(1)合约名称。合约需注明该合约的品种名称及其上市交易所名称。以上海期货交易所铜合约为例,合约名称为"上海期货交易所阴极铜期货合约"。合约名称应简洁明了,同时要避免混淆。

(2)交易单位。交易单位是指在期货交易所交易的每手期货合约代表的标的商品的数量。例如,郑州商品交易所规定,一手绿豆期货合约的交易单位为 10 吨。在交易时,只能以交易单位的整数倍进行买卖。确定期货合约交易单位的大小,主要应当考虑合约标的的市场规模、交易者的资金规模、期货交易所的会员结构以及该商品的现货交易习惯等因素。一般来说,某种商品的市场规模较大,交易者的资金规模较大,期货交易所中愿意参与该商品期货交易的会员单位较多,则该合约的交易单位就可以设计得大一些,反之则应设计得小一些。

(3)报价单位。报价单位是指在公开竞价过程中对期货合约报价所使用的单位,即每计量单位的货币价格。例如,国内阴极铜、铝、绿豆、大豆等期货合约的报价单位以元(人民币)/吨表示。

(4)最小变动价位。最小变动价位是指在期货交易所的公开竞价过程中,对合约标的每单位价格报价的最小变动数值。最小变动价位乘以交易单位,就是该合约价格的最小变动值。例如,郑州商品交易所绿豆期货合约的最小变动价位是 2 元/吨,即每手合约的最小变动值是 2 元/吨×10 吨=20 元。在期货交易中,每次报价必须是其合约规定的最小变动价位的整数倍。期货合约最小变动价位的确定,通常取决于该合约标的商品的种类、性质、市场价格波动情况和商业规范等。最小变动价位对市场交易的影响比较大。一般而言,较小的最小变动价位有利于市场流动性的增加。最小变动价位如果过大,将会减少交易量,影响市场的活跃,不利于套利和套期保值的正常运作;如果过小,将会使交易复杂化,增加交易成本,并影响交易数据的传输速度。

(5)合约交割月份。合约交割月份是指某种期货合约到期交割的月份。一般来说,期货合约的到期实际交割比例很小,如CBOT的农产品交割量占该合约总交易量的比例一般为0.5%左右。期货合约的交割月份由期货交易所规定,期货交易者可自由选择交易不同交割月份的期货合约。某种商品期货合约交割月份的确定,一般由其生产、使用、消费等特点决定。例如,许多农产品期货的生产与消费具有很强的季节性,因而其交割月份的规定也具有季节性特点。此外,合约交割月份的确定,还受该合约标的商品的储藏、保管、流通、运输方式和特点的影响,因此,有些品种的合约交割月份间隔较短,而有些较长,最远的合约交割月份间隔可达1年。目前各交易所交割月份的确定有很多种。最普遍的是以固定月份为交割月的规范交割方式,如CBOT的大豆期货合约以每年的1、3、5、6、7、8、9、11月为交割月;此外,还有各种形式的滚动交割方式,如香港恒生指数期货采取当月、下月及最近2个季月交割(若1月是现货月,合约交割月份便为1、2、3、6月)的方法,而LME则是采取逐日交割的方式。

(6)交易时间。期货合约的交易时间是固定的,每个交易所对交易时间都有严格规定。一般每周营业5日,周六、周日及国家法定节假日休息。具体到每个交易日,一般分为两盘,即上午盘和下午盘。各交易品种的交易时间安排由交易所公告。

(7)最后交易日。最后交易日是指对某种期货合约在合约交割月份中进行交易的最后一个交易日,过了这个期限的未平仓期货合约,必须进行实物交割。根据不同期货合约标的商品的生产、消费和交易特点,期货交易所确定其不同的最后交易日。

(8)交割日期。交割日期是指对合约标的物所有权进行转移,以实物交割方式了结未平仓合约的时间。

(9)交割等级。交割等级是指由期货交易所统一规定的、准许在交易所上市交易的合约标的物的质量等级。在进行期货交易时,交易双方无须对标的物的质量等级进行协商,发生实物交割时按交易所期货合约规定的标准质量等级进行交割。期货交易所在制定合约标的物的质量等级时,常常采用国内或国际贸易中最通用和交易量较大的标准品的质量等级为标准交割等级。一般来说,为了保证期货交易顺利进行,许多期货交易所都允许在实物交割时,实际交割的标的物的质量等级与期货合约规定的标准交割等级有所差别,即允许用与标准品有一定等级差别的商品作替代交割品。替代品的质量等级和品种,一般也由期货交易所统一规定。交货人用期货交易所认可的替代品代替标准品进行实物交割时,收货人不能拒收。用替代品进行实物交割时,替代品的实际价格,一般可按它在质量等级上是高于还是低于标准交割等级而对价格进行升水或者贴水。替代品与标准品之间的等级差价,即升贴水标准,也由交易所统一规定并可根据该合约标的物的市场行情适时调整。

(10)交割地点。交割地点是指由期货交易所统一规定的、进行实物交割的指定交割仓库。由于在商品期货交易中大多涉及大宗实物商品的买卖,因此统一指定交割仓库,可以保证卖方交付的商品符合期货合约规定的数量与质量等级,保证买方收到符合期货合约规定的商品,防止商品在储存与运输过程中出现损坏等现象。一般来说,期货交易所在指定交割仓库时主要考虑的因素是:指定交割仓库所在地区的生产或消费集中程度、储存条件、运输条件和质检条件等。负责金融期货交割的指定银行,必须具有良好的金融资信、较强的进行

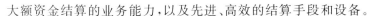

大额资金结算的业务能力,以及先进、高效的结算手段和设备。

(11)交易手续费。交易手续费是期货交易所按成交合约金额的一定比例或按成交合约手数收取的费用。交易手续费的收取标准,不同的期货交易所均有不同的规定。交易手续费的高低对市场流动性有一定影响,交易手续费过高会增加期货市场的交易成本,扩大无套利区间,降低市场的交易量,不利于市场的活跃,但同时也可起到抑制过度投机的作用。

(12)交割方式。期货交易的交割方式分为实物交割和现金交割两种。商品期货通常采取实物交割方式,金融期货多采用现金交割方式。

(13)交易代码。为便于交易,每一期货品种都有交易代码,如我国期货市场中,大豆合约为S,阴极铜合约为CU,小麦合约的交易代码为WT,铝合约为AL,豆粕合约为M,天然橡胶合约为RU,绿豆合约的交易代码为GN。

二、国际主要期货品种和期货合约

(一)商品期货

商品期货是最早的期货交易品种。随着期货市场的发展,商品期货交易不断扩展,成为现代期货市场体系中最重要的组成部分之一,其价格发现、规避风险以及风险投资的功能使其在现代市场经济的运行中发挥着越来越重要的作用。国际商品期货交易的品种随期货交易发展而不断变化,交易品种不断增加。从传统的农产品期货,发展到经济作物、畜产品、有色金属和能源等大宗初级产品。

农产品期货是产生最早的期货品种,也是目前全球商品期货市场的重要组成部分。CBOT是全球最大的农产品期货交易所,交易玉米、大豆、小麦、豆粕、豆油等多种农产品期货合约。随着农产品期货市场的发展,林产品、经济作物类产品也陆续开发出了期货交易,如CME的木材期货、NYFE的食糖、棉花、可可、咖啡期货也都是十分活跃的期货品种。

畜产品期货的产生时间要远远晚于农产品期货,这主要是因为长期以来,人们一直认为可作为期货交易标的的商品必须是可储存的,即能保存较长的时间而品质不变,期货商品的可储存性是顺利实现期货交割的重要保障。到了20世纪60年代,CME推出生猪和活牛等活牲畜的期货合约(见表2-1),改变了传统观念。活牲畜一般认为是不可储存的,不适宜作为期货商品,但CBOT却成功地运行这些品种,使其成为国际商品期货市场上的重要品种。

有色金属期货是在20世纪六七十年代由多家交易所陆续推出的。有色金属是指除黑色金属(铁、铬、锰)以外的所有金属,其中金、银、铂、钯因其价值高又称为贵金属。有色金属质量、等级和规格容易划分,交易量大,价格易波动,耐储藏,适宜作为期货交易品种。目前,世界上的有色金属期货交易主要集中在LME、NYMEX和TOCOM。表2-2为LME铜、铝期货合约。

能源期货始于1978年,产生时间较晚但发展很快。能源期货包括原油、取暖油、燃料油、汽油、天然气等多个品种,其中原油期货合约最为活跃。原油的生产主要集中在中东地区,沙特、科威特、伊朗、伊拉克都是主要的石油生产国。而美国、日本和欧洲各国都是石油的主要消费国。多年来,国际市场上的石油价格一直波动比较剧烈,巨大的价格风险推动了国际石油期货市场的发展扩大。目前石油期货是全球最大的商品期货品种,NYMEX、IPE是主要的原油期货交易所。表2-3为NYMEX低硫轻原油、天然气期货合约。

表 2-1　CME 生猪、活牛期货合约

交易标的	生猪	活牛
合约价格	40000 磅	40000 磅
报价单位	美分/磅	美分/磅
最小变动点	0.025 美分/磅(10 美元/张)	0.025 美分/磅(10 美元/张)
涨跌停板幅度	2 美分/磅(800 美元/张)	1.5 美分/磅(600 美元/张)
交割月份	2、4、5、6、7、8、10、12 月	2、4、6、8、10、12 月
合约符号	LH	LC

资料来源:中国期货业协会,《期货市场教程》,中国财政经济出版社 2007 年版。

表 2-2　LME 铜、铝期货合约

交易品种	A 级铜	高级铝
交易单位	25 吨	25 吨
报价单位	美分/吨	美分/吨
最小变动单位	50 美分/吨(12.5 美元/张)	50 美分/吨(12.5 美元/张)
合约交割日	3 个月内合约的每日、后 3 个月合约的每周三、再后 57 个月合约的每月第 3 个周三	3 个月内合约的每日、后 3 个月合约的每周三、再后 57 个月合约的每月第 3 个周三

资料来源:中国期货业协会,《期货市场教程》,中国财政经济出版社 2007 年版。

表 2-3　NYMEX 低硫轻原油、天然气期货合约

交易标的	低硫轻原油	天然气
交易单位	1000 桶(42000 加仑)	10000mmBtu(百万英热单位)
报价单位	美分/桶	美分/mmBtu
最小变动点	1 美分/桶(10 美元/张)	0.1 美分/mmBtu(10 美元/张)
涨跌停板幅度	3 美元/桶(3000 美元/张)	1 美元/mmBtu(10000 美元/张)
合约月份	18 个连续月	18 个连续月
合约符号	CT	NG

资料来源:中国期货业协会,《期货市场教程》,中国财政经济出版社 2007 年版。

(二)金融期货

20 世纪 70 年代,金融期货大量出现并逐渐占据了期货市场的主导地位。金融期货的繁荣主要是由于国际金融市场的剧烈动荡,金融风险越来越受到人们的关注,许多具有创新意识的交易所纷纷推出金融期货合约,以满足人们规避金融市场风险的需求。随着许多金融期货合约的成功推出,期货市场取得了突飞猛进的发展。金融期货主要包括外汇期货、利率期货和股指期货。

外汇期货是最早的金融期货品种,主要是为了规避布雷顿森林体系崩溃后巨大的汇率波动风险。1972 年 5 月,CME 的 IMM 率先推出外汇期货合约,很快引起世界各金融中心

的仿效,LIFFE、SIMEX 等也相继推出外汇期货。利率期货是为了适应利率频繁波动的风险而产生的。首先由 CBOT 于 1975 年 10 月 20 日推出,发展极其迅速,几年时间内便成为交易量最大的期货品种。随着西方国家股市的发展和股票价格波动的日益剧烈,投资者规避股市风险的愿望格外强烈,各国交易所开始尝试推出股指期货。股指期货是 1982 年 2 月由 KCBT 率先推出的,在 20 世纪 90 年代以来发展迅速,交易量成倍增长。CME 的标准普尔 500 指数期货合约是世界交易量最大的股指期货合约之一,其他的如日经指数、法国 CAC40 指数、美国 NYSE 指数期货合约的交易量也比较活跃。

三、国内主要期货品种和期货合约

(一)商品期货

国内主要的商品期货品种包括:农产品,主要有棉花、白糖、小麦、大豆、豆油、菜籽油、棕榈油和玉米等;工业品,主要有铜、钼、锌、螺纹钢、线材、天然橡胶等;能源化工,主要有燃料油、聚氟乙烯、PTA 等。下面介绍几种有代表性的国内商品期货合约。

1. 小麦期货合约

小麦是世界上最重要的粮食品种,可按生长季节分冬小麦和春小麦。冬小麦的播种季节在秋季(一般在 9 月初至 10 月底),来年夏季收获;春小麦播种期在春季(一般在 4 月中旬至 5 月底),待夏末秋初即可收获。我国以种植冬小麦为主。依据对温度要求不同,小麦还可分为硬麦和软麦。

小麦的主要产区在北半球,欧亚大陆和北美的栽培面积约占小麦种植总面积的 90% 以上。我国是小麦的最大生产国,美国、加拿大、澳大利亚、印度、俄罗斯、法国、阿根廷等的小麦产量也比较高。小麦商品率高,质量、规格简单,易于标准化;小麦供求较稳定,需求价格弹性小,但小麦价格经常受气候、库存、进出口量、政府的农业政策等因素影响,因此,非常适合期货交易。交易者可以从各种影响因素中预测价格发展趋势。小麦期货交易主要集中在美国,CBOT 的小麦期货行情对国际小麦市场价格影响较大。我国郑州商品交易所开设小麦期货交易,合约如表 2-4 所示。

表 2-4 郑州商品交易所硬白小麦期货合约

交易品种	硬白小麦
交易单位	10 吨/手
报价单位	元(人民币)/吨
最小变动价位	1 元/吨
每日价格最大波动限制	上一交易日结算价±3%
合约交割月份	1、3、5、7、9、11 月
交易时间	上午 9:00—11:30　下午 1:30—3:00
最后交易日	交割月倒数第 7 个交易日
交割日期	合约交割月份的第 1 个交易日至最后交易日
交割等级	标准品:三等硬白小麦,符合《中华人民共和国国家标准　小麦》(GB 1351—2008) 替代品及升贴水见《郑州商品交易所期货交割细则》

续　表

交割地点	交易所指定交割仓库
交易保证金	合约价值的 5％
交易手续费	2 元/手(含风险准备金)
交割方式	实物交割
交易代码	WT

2.大豆期货合约

大豆是重要的粮油兼用作物,是一种高蛋白、高脂肪、高能量的食物。大豆的蛋白质含量高达 40％,含油率一般为 17％～25％。国际上大豆主要被用作油料榨油。大豆油富含维生素 A 和 D,是优质的食用油。大豆经过提油后所形成的豆粕是一种重要的饲料。多年来,世界大豆的产量一直居各类油料作物之首,对其需求也一直呈增长势头。大豆的种植以亚洲、北美和南美面积为最大,美国、阿根廷、巴西、中国是大豆的主要生产国。

大豆是一种价格剧烈波动的国际性商品,在国际市场上大豆价格在总体上升的同时,呈现出明显的季节性和周期性,从收割期的低价开始,逐步上升到来年春天的高价。影响大豆价格的因素是多方面的,其中在播种、生长和收获季节的气候条件是重要因素,供求状况、库存、进出口和政府农业政策也是重要因素。在国际期货市场上,CBOT 和 TGE 都进行大豆期货合约交易。我国大连期货交易所的大豆期货合约如表 2-5 所示。

表 2-5　大连商品交易所黄大豆 1 号期货合约

交易品种	黄大豆 1 号
交易单位	10 吨/手
报价单位	元(人民币)/吨
最小变动价位	1 元/吨
每日价格最大波动限制	上一交易日结算价±4％
合约交割月份	1、3、5、7、9、11 月
交易时间	上午 9:00—11:30　下午 1:30—3:00
最后交易日	合约月份第 10 个交易日
最后交割日	最后交易日后第 7 日(遇法定节假日顺延)
交割等级	黄大豆 1 号交割质量标准(FA/DCE D001—2009)
交割地点	交易所指定定点仓库
交易保证金	合约价值的 5％
交易手续费	不超过 4 元/手
交割方式	实物交割
交易代码	A

3.豆粕期货合约

豆粕是大豆除去油脂后得到的一种含高蛋白(含量在 45％左右)的物质。大豆经过榨油加工后,可制成豆油和豆粕,每 100 千克大豆大约可制出 20 千克非精炼油和 80 千克豆粕。豆粕的主要成分是蛋白质和氨基酸,主要用于制作家畜家禽的食用饲料;此外,豆粕还可用于制作糕点食品、健康食品及化妆品和抗生素添加剂,也有少数地区将豆粕用作肥料。

　　豆粕的供给量与大豆的产量关系密切。全球的豆粕生产主要集中于美国、巴西、阿根廷和中国这几个大豆生产大国。世界上主要的豆粕进口国是欧盟各国、苏联解体后各国、大部分东亚国家等。豆粕的供求平衡直接受大豆产量及人们对肉、蛋、乳制品需求的影响。从历史上看,豆粕价格的剧烈波动是各种影响因素综合作用的结果,具体有大豆供给情况、豆粕产量与库存、国际政治经济形势、其他饲料替代品的价格变化、国际国内调运储存条件、各国进出口政策等。豆粕的保质期较短,使得豆粕价格更为扑朔迷离。豆粕是一种价格波动频繁的商品,非常适合期货交易。国际上的豆粕期货交易主要集中于 CBOT 和 MidAM。我国大连商品交易所的豆粕期货合约如表 2-6 所示。

表 2-6　大连商品交易所豆粕期货合约

交易品种	豆粕
交易单位	10 吨/手
报价单位	元(人民币)/吨
最小变动价位	1 元/吨
每日价格最大波动限制	上一交易日结算价±4%
合约交割月份	1、3、5、7、9、11、12 月
交易时间	上午 9:00—11:30　下午 1:30—3:00
最后交易日	合约月份第 10 个交易日
最后交割日	最后交易日后第 4 个交易日(遇法定节假日顺延)
交割等级	交易所豆粕交割质量标准
交割地点	交易所指定定点仓库
交易保证金	合约价值的 5%
交易手续费	不超过 3 元/手
交割方式	实物交割
交易代码	M

　　4.铜期货合约

　　铜是人类生活中最常用的金属之一,用途非常广泛。良好的导电、导热性和耐腐蚀性,使铜成为汽车、发电机、电池、电扇及取暖制冷设备制造方面不可缺少的原材料,铜还广泛地应用于通信设备,如电话、电报、通信卫星的制造中。铜在建筑业、机械业及运输部门中也起着重要作用。此外,铜还是重要的军需物资。据估计,世界可开采的铜的蕴藏量约 3 亿多吨,以智利和美国为最。美国也是世界上最大的铜消费国。近年来,我国铜的产量和消费量增长迅速。在国际期货市场,铜是最主要的金属期货商品。铜的期货交易主要集中于英国和美国。我国上海期货交易所铜期货合约如表 2-7 所示。

表 2-7　上海期货交易所铜期货合约

交易品种	阴极铜
交易单位	5 吨/手
报价单位	元(人民币)/吨
最小变动价位	10 元/吨
每日价格最大波动限制	上一交易日结算价±3%
合约交割月份	1—12 月
交易时间	上午 9:00—11:30　下午 1:30—3:00
最后交易日	合约交割月份的 15 日(遇法定节假日顺延)
交割日期	最后交易日后连续 5 个工作日
交割等级	标准品:阴极铜,符合《中华人民共和国国家标准 阴极铜》(GB/T 467—2010)1号标准铜(Cu-CATH-2)规定,其中主成分铜加银含量不低于 99.95% 替代品:阴极铜,符合《中华人民共和国国家标准 阴极铜》(GB/T 467—2010)A 级铜(Cu-CATH-1)规定;或符合英国标准 Copper and Copper Alloys—Copper Cathodes(BS EN 1978:1998)A 级铜(Cu-CATH-1)规定
交割地点	交易所指定交割仓库
交易保证金	合约价值的 5%
交易手续费	不高于成交金额的 2‰(含风险准备金)
交割方式	实物交割
交易代码	CU

5.铝期货合约

铝是一种轻有色金属,有特殊的物理和化学特性,它是最主要的工业原料之一,重量轻,质地坚,导电、导热性好,而且抗腐蚀、防热、防光,韧性好,无毒,不带磁,被广泛应用于包装、运输、建筑行业和集装箱、电器设备、机械设备等生产方面。世界铝土矿占地壳重量的7.45%,占地壳全部金属含量的三分之一,储量大的国家有澳大利亚、几内亚、巴西、匈牙利等。我国铝土资源丰富,分布较广泛,主要集中在山西、河南、贵州、广西等地。世界最大的铝生产国是美国,它大量进口原材料进行冶炼。其他国家,如加拿大、澳大利亚、巴西、德国、挪威也是重要的铝生产国。美国是最大的铝消费国。LME 和 NYMEX 是全球最大的铝期货交易市场。我国上海期货交易所开设铝期货交易,合约如表 2-8 所示。

表 2-8　上海期货交易所铝期货合约

交易品种	铝
交易单位	5 吨/手
报价单位	元(人民币)/吨
最小变动价位	5 元/吨
每日价格最大波动限制	上一交易日结算价±3%

交易品种	铝
合约交割月份	1—12 月
交易时间	上午 9:00—11:30 下午 1:30—3:00
最后交易日	合约交割月份的 15 日(遇法定节假日顺延)
交割日期	最后交易日后连续 5 个工作日
交割等级	标准品:铝锭,符合《中华人民共和国国家标准 重熔用铝锭》(GB/T 1196—2008)Al99.70 规定,其中铝含量不低于 99.70% 替代品:1. 铝锭,符合《中华人民共和国国家标准 重熔用铝锭》(GB/T 1196—2008)Al99.85 和 Al99.90 规定;2.LME 注册铝锭,符合 P1020A 标准
交割地点	交易所指定交割仓库
交易保证金	合约价值的 5%
交易手续费	不高于成交金额的 2‰(含风险准备金)
交割方式	实物交割
交易代码	AL

6.天然橡胶期货合约

天然橡胶是从橡胶树上采下的乳浆,是一种高弹性的高分子化合物,同时还具有绝缘性、可塑性、耐磨耐拉等特点,具有广泛的用途,是重要的工业生产原料。橡胶树为多年生草本植物,整年可以采取树胶,但产量随季节有所变动。全世界生产天然橡胶的国家约有 46 个,种植面积约 1.4 亿亩,泰国、印尼、马来西亚三国的产量约占全球的 80%,是世界主要的出口国。世界主要进口国是美国、日本、中国和西欧各国。天然橡胶的价格波动频繁剧烈。影响天然橡胶价格的主要因素有:自然因素,如季节变化、气候、雨量与气温等;政治因素(天然橡胶是重要的战略物资);经济因素,如库存、进出口、经济景气度、外汇等。天然橡胶期货交易主要集中在亚洲地区,中国、日本、马来西亚、新加坡等地都有天然橡胶期货交易。我国上海期货交易所的天然橡胶期货合约如表 2-9 所示。

表 2-9 上海期货交易所天然橡胶期货合约

交易品种	天然橡胶
交易单位	10 吨/手
报价单位	元(人民币)/吨
最小变动价位	5 元/吨
每日价格最大波动限制	上一交易日结算价±3%
合约交割月份	1、3、4、5、6、7、8、9、10、11 月
交易时间	上午 9:00—11:30 下午 1:30—3:00
最后交易日	合约交割月份的 15 日(遇法定节假日顺延)
交割日期	最后交易日后连续 5 个工作日

续 表

交易品种	天然橡胶
交割等级	标准品:1.国产天然橡胶(SCR WF),质量符合《中华人民共和国国家标准天然生胶技术分级橡胶规格导则》(GB/T 8081—2008);2.进口3号烟胶片(RSS3),质量符合《天然橡胶等级的品质与包装国际标准(绿皮书)》(1979年版)
交割地点	交易所指定交割仓库
交易保证金	合约价值的5%
交割方式	实物交割
交易代码	RU

(二)金融期货

目前我国的金融期货只有股指期货,合约标的为沪深300指数。中国金融期货交易所的沪深300股指期货合约如表2-10所示。

表2-10 沪深300股指期货合约

合约标的	沪深300指数
合约乘数	每点300元
报价单位	指数点
最小变动价位	点
合约月份	当月、下月及随后2个季月
交易时间	上午9:15—11:30 下午1:00—3:15
最后交易日交易时间	上午9:15—11:30 下午1:30—3:00
每日价格最大波动限制	上一交易日结算价±10%
最低交易保证金	合约价值的12%
最后交易日	合约到期月份的第3个周五(遇法定节假日顺延)
交割日期	同最后交易日
交割方式	现金交割
交易代码	IF

问题思考

第二节　期货交易所

一、期货交易所的性质

期货交易所是专门进行标准化期货合约买卖的场所,其性质是不以营利为目的,按照其章程的规定实行自律管理,以其全部财产承担民事责任。在现代市场经济条件下,期货交易所是一种具有高度系统性和严密性、高度组织化和规范化的交易服务组织,自身并不参与交易活动,不参与期货价格的形成,也不拥有合约标的商品,只为期货交易提供设施和服务。

我国的期货交易所共有四家,即大连商品交易所、上海期货交易所、郑州商品交易所和中国金融期货交易所。

二、期货交易所的设立条件

期货交易所的设立需要具备一定的条件。首先,交易所所在地,一般应为经济、金融中心城市,因为这些城市有较好的基础设施,能够满足现代期货交易对信息传送、商品运输以及各项服务的要求,可以提供好的工作生活条件,从而能最大限度地吸引交易者的参与;其次,交易所要有良好的基础设施,如优质的物业、高效的计算机系统、先进的通信设备等;再次,交易所应具备各种优质软件,包括大批高素质的期货专门人才、完善的交易规则等。

世界上多数国家的交易所必须经政府有关部门批准才能正式运行。在我国,申请设立期货交易所,应当向中国证监会提交章程、交易规则草案、期货交易所的经营计划以及拟加入本交易所的会员名单等文件与材料,由中国证监会审批。未经中国证监会批准,任何单位或者个人不得设立或者变相设立期货交易所。

三、期货交易所的职能

期货交易所主要有以下职能。

(1)提供交易场所、设施及相关服务。期货交易的特点是交易双方在特定的场所进行合约的买卖,因此期货交易所必须为期货交易提供固定场所、必要的设施、先进的通信联络设备、现代化的信息传递和显示设备等一整套硬件设施,再辅之以完备、周到的配套服务,以保证期货交易的正常进行。

(2)制定并实施业务规则。为保证交易双方交易行为的规范化,确保期货交易的有序进行,交易所需要建立一套健全、统一的期货交易规则以及相应的业务管理细则等。

(3)设计合约、安排上市。合约的标准化是期货交易得以进行的前提条件。由交易所制定合约的标准化条款有效免除了交易者因合约条款发生纠纷而使交易无法进行的可能性,大大提高了市场的流动性和效率。另一方面,交易所紧密把握市场动向、满足交易者的需求,精心设计并选择合适的时间安排新的合约上市,能保持期货市场的活力,更有效地发挥期货市场的功能与作用。

(4)组织和监督期货交易。期货交易有一套复杂、严密的交易流程,期货交易所的组织监督使整个流程可以有序、稳定地进行,从而降低市场交易成本、提高市场运行效率,同时为交易者能随时利用期货市场达到自己的目的提供了一个安全、方便的交易环境。

（5）监控市场风险。期货市场是一个高风险的市场，是否存在一套能有效控制风险的管理制度，不仅直接影响期货市场功能的发挥，而且直接决定着期货市场能否生存。交易所利用保证金制度、每日结算制度、涨跌停板制度、持仓限额和大户持仓报告制度、风险准备金制度等风险管理制度，从市场的各个环节对风险进行控制，保证期货市场平稳运行。

（6）保证合约履行。期货交易所制定有一整套严格的规章制度和交易程序，并为参加期货交易活动的会员在财务资信等方面提供一定程度的担保。如通常只要符合期货交易所的有关规定，凡是在期货交易所内买卖的期货合约都可以得到履约保证，而违约者则会受到相应处罚。正是由于这一点，期货交易吸引了大量的客户参与，保证了期货市场竞争的充分性和期货价格形成的权威性。

（7）发布市场信息。期货交易所及时把本交易所内形成的期货价格以及有关信息向会员及公众公布，可以让交易者利用这些信息调整自己的交易行为，达到套期保值或投机图利的目的。

（8）监管会员的交易行为。与一般交易者相比，期货交易所会员了解更多的内幕信息，在期货市场上处于比较有利的地位。如果他们利用这一优势地位为自己牟利，必然会损害一般交易者的合法利益。因此期货交易所必须对会员的期货业务进行监管，严厉查处会员的违法、违规行为，以保证期货交易在公开、公平、公正的环境中进行。

（9）监管指定交割仓库。交割环节作为联系期货市场与现货市场的纽带，是期货交易最重要的环节之一，它的规范运作是期货市场功能发挥的重要保障。

四、期货交易所的组织形式

各个国家期货交易所的组织形式不完全相同，一般可以分为会员制和公司制两种。

（一）会员制

会员制期货交易所由全体会员共同出资组建，交纳一定的会员资格费，作为注册资本。交纳会员资格费是取得会员资格的基本条件之一，不是投资行为，不存在投资回报问题。交易所是会员制法人，以全额注册资本对其债务承担有限责任。会员制期货交易所的权力机构是由全体会员组成的会员大会，会员大会的常设机构是由其选举产生的理事会。因此，会员制期货交易所是实行自律性管理的非营利性的会员制法人。目前世界上大多数国家的期货交易所都实行会员制。

1. 会员构成

世界各地交易所的会员构成分类不尽相同。有自然人会员与法人会员之分、全权会员与专业会员之分、结算会员与非结算会员之分等。欧美国家会员以自然人为主。我国则不允许自然人成为会员，只有在中国境内登记注册的法人才能成为会员。

2. 会员资格

会员在进场交易或代理客户交易之前必须取得会员资格。从国际期货市场的交易所会员制运作状况来看，期货交易所会员资格的获得方式有多种，主要包括：以交易所创办发起人的身份加入，接受发起人的转让加入，依据期货交易所的规则加入，在市场上按市价购买期货交易所的会员资格加入。

3.会员的权利和义务

一般说来,交易所会员的基本权利包括:参加会员大会,行使表决权、申诉权;在期货交易所内进行期货交易,使用期货交易所提供的交易设施,获得有关期货交易的信息和服务;按规定转让会员资格,联名提议召开临时会员大会;等等。

会员应当履行的主要义务包括:遵守国家有关法律、法规、规章和政策;遵守期货交易所的章程、业务规则及有关决定;按规定交纳各种费用;执行会员大会、理事会的决议;接受期货交易所业务监管;等等。

4.机构设置

会员制期货交易所的具体组织结构各不相同,但一般说来均设有会员大会、理事会、专业委员会和业务管理部门。

(1)会员大会。按照国际惯例,会员大会由期货交易所的全体会员组成,作为期货交易所的最高权力机构,就期货交易所的重大事项如制定、修改或废止章程及业务规则、选举和更换高级管理人员、审议批准财务预算和决算方案、合并和终止期货交易所等做出决定。

(2)理事会。理事会是会员大会的常设机构,对会员大会负责。按照国际惯例,理事会由交易所全体会员通过会员大会选举产生,设理事长一人,副理事长若干,由理事会选举和任免。理事中除了本交易所的会员外,还有若干名政府管理部门委任的非会员理事,他们大多是精通期货交易的专家。在我国,《期货交易所管理方法》规定,期货交易所理事会由会员理事和非会员理事组成,会员理事由会员大会选举产生,非会员理事由中国证监会委派,理事长、副理事长的任免,由中国证监会提名,理事会通过。

理事会一般行使以下职权:召集会员大会,并向会员大会报告工作;监督会员大会决议和理事会决议的实施;监督总经理履行职务行为;拟订期货交易所章程、交易规则修改方案,提交会员大会通过;审议总经理提出的财务预算方案、决算报告,提交会员大会通过;审议期货交易所合并、分立、解散和清算的方案,提交会员大会通过;决定专门委员会的设置;决定会员的接纳;决定对严重违规会员的处罚;决定期货交易所的变更事项;违规情况下采取临时处置措施的权力;异常情况下采取紧急措施的权力;审定根据交易规则制定的细则和办法;审定风险准备金的使用和管理办法;审定总经理提出的期货交易所发展规划和年度工作计划;等等。

(3)专业委员会。理事会下设若干专业委员会,一般由理事长提议,经理事会同意设立。各专业委员会由理事会委派的理事主持,若干名会员参加,负责某一方面的工作。一般说来,交易所设有以下专业委员会:①会员资格审查委员会;②交易规则委员会;③交易行为管理委员会;④合约规范委员会;⑤新品种委员会;⑥业务委员会;⑦仲裁委员会。

(4)业务管理部门及其职能。根据交易所工作职能需要设置相关业务部门。一般来说交易所都设有总经理、副总经理及其相关的交易、交割、研究发展、市场开发、财务等业务部门。由于目前我国期货市场的特殊性,期货交易所的总经理和副总经理由中国证监会任免,总经理为期货交易所的法定代表人。总经理行使以下职权:组织实施会员大会、理事会通过的制度和决议;主持期货交易所的日常工作;根据章程和交易规则拟订有关细则和办法;拟订并实施经批准的期货交易所发展规划、年度工作计划;拟订期货交易所财务预算方案、决算报告;拟订期货交易所合并、分立、解散和清算的方案;拟订期货交易所变更方案;决定期货交易所机构设置方案,聘任和解聘工作人员;决定期货交易所员工的工资和奖惩;等等。

(二)公司制

公司制期货交易所是由投资者以入股方式组建并设置场所和设施,经营期货交易市场的股份有限公司,是以营利为目的的企业法人。它不参与合约标的物买卖,但按规定对参与交易者收取交易费用,投资者从中分享收益。

1. 主要特点

公司制期货交易所的主要特点如下:①对场内交易承担担保责任,即对交易中任何一方的违约行为所产生的损失负责赔偿,这使其容易树立保护投资人的形象,获得较高的社会信任。②交易所在交易中完全中立,其人员也不得参与交易,这便于其管理及保证交易的公正性,但有时也易于与交易商产生对立。③由于公司制交易所重视赢利,故注重扩大市场规模,加强经营效率;但为了提高自己的营业收入,使自己的股东多获得利益,往往过多考虑交易量,而忽视公益性,会影响市场稳定。④公司制交易所成本观念强,有利于提高市场效率,加大市场投资建设力度。⑤公司制交易所收取的交易费用较多,使交易商的负担较大。

2. 机构设置

公司制期货交易所一般采用公司管理制,下设股东大会、董事会、监事会及经理机构,各负其责,相互制约。入场交易的交易商的股东、高级职员或雇员不能成为交易所的高级职员。

(1)股东大会。股东大会由全体股东共同组成,是公司最高权力机构。就公司的重大事项如修改公司章程、决定公司的经营方针和投资计划、审议批准公司的年度财务预决算方案、增加或者减少注册资本等做出决议。

(2)董事会。董事会是股东大会的常设机构,对股东大会负责。一般行使以下职权:负责召集股东大会,并向股东大会报告工作;执行股东大会的决议;决定公司的经营计划和投资方案;聘任或者解聘公司经理,及根据经理的提名,聘任或者解聘公司副经理、财务负责人;等等。

(3)经理。经理对董事会负责,由董事会聘任或者解聘。经理列席董事会会议。经理行使下列职权:主持公司的生产经营管理工作;组织实施董事会决议;组织实施公司年度经营计划和投资方案;拟订公司内部管理机构设置方案;拟订公司的基本管理制度;制定公司的具体规章;提请聘任或者解聘公司副经理、财务负责人;聘任或者解聘除应由董事会聘任或者解聘以外的负责管理人员;等等。

(4)监事会。股份公司设置监事会,监事会由股东代表和适当比例的公司职工代表组成。监事列席董事会会议。监事会行使以下职责:检查公司的财务;对董事、经理执行公司职务时违反法律、法规或者公司章程的行为进行监督;当董事和经理的行为损害公司的利益时,要求董事和经理予以纠正;提议召开临时股东大会;等等。

同会员制期货交易所一样,公司制期货交易所也设有一些专业委员会,由于其作用和会员制的基本相同,这里不再赘述。

(三)会员制和公司制期货交易所的区别

会员制与公司制期货交易所不但在设立时不同,在实际运行过程中也有明显的差别,主要表现为以下几个方面。

(1)设立的目的不同。会员制法人以公共利益为目的;而公司制法人以赢利为目的,并将所获利益在股东之间进行分配。

（2）承担的法律责任不同。在会员制期货交易所内,各会员除按规定分担经费和出资交纳的款项外,不承担交易中的任何责任;而公司制的股东除交纳股金外,还要对期货交易所承担有限责任。

（3）适用法律不尽相同。会员制法人一般适用民法的有关规定;而公司制法人,首先适用公司法的规定,只有在前法未作规定的情况下,才适用民法的一般规定。也就是说,公司制的期货交易所在很大程度上由公司法加以规范。

（4）资金来源不同。会员制交易所的资金来源于会员交纳的资格金等,其每年的开支均从当年的赢利和会员每年上交的年会费中取得,盈余部分不作为红利分给会员;公司制交易所的资金来源于股东本人,只要交易所有赢利,就可将其作为红利在出资人中进行分配。

尽管会员制和公司制期货交易所存在上述差异,但它们都以法人组织形式设立,处于平等的权利义务地位,同时要接受证券期货管理组织的管理和监督。

近几年来,世界上许多大型的期货交易所都由会员制改为公司制,公司化已成为各国交易所发展的一个新方向。

在我国,大连商品交易所、郑州商品交易所、上海期货交易所采用会员制,中国金融期货交易所采用公司制。

问题思考

第三节　期货结算机构

一、期货结算机构的产生

期货结算机构是期货市场的一个重要组成部分。在 19 世纪中期,买卖双方汇集于交易所,面议价格,并安排交收实物商品。但是,随着交易量的增加,交易品种的扩大,买卖双方的直接交易已变得不切实际,因为一张合约可能在实际对冲或交割前已被多次买进和转售,为处理这一复杂的连锁交易,经纪人应运而生,促成双方交易,安排组织运输。美国 1883 年成立了结算协会,向 CBOT 的会员提供对冲工具。但结算协会当时还算不上规范严密的组织,直到 1925 年芝加哥期货交易所结算公司（Board of Trade Clearing Corporation, BOTCC）成立以后,CBOT 的所有交易都要进入结算公司结算,从而产生了现代意义上的结算机构。

二、期货结算机构的组织方式

根据期货结算机构与期货交易所的关系,一般可以将其分为三种形式。

（1）作为某一交易所内部机构的结算机构,如 CME 的结算机构就是交易所的一个内部机构,我国目前的期货结算机构也是设在期货交易所内的。它的优点在于结算部作为业务部门直接受控于交易所,便于交易所全面掌握市场参与者的资金情况,在风险控制中可以根据交易者的资金和头寸情况及时处理。但这种形式阶段性的特点也较为明显,在分割的区域市场环境下尚能适应市场发展,但当市场发展到一定阶段后,这种单独结算形式不利于提高市场整体效率。

（2）附属于某一交易所的相对独立的结算机构，如美国国际结算公司就同时为 NYFE 和费城交易所（Philadelphia Board of Trade，PBOT）提供结算服务。两者都是独立法人，交易所的结算业务全部由该结算公司负责。这种形式主要是当市场运作不够规范时，可保持交易和结算的相对独立性，有针对性地防止一些运作不规范的交易所在利益驱动下的违规行为。但这种形式的弊端也是显而易见的，由于两家机构各为独立法人，利益冲突在所难免，有时在协调双方关系时会出现问题。

（3）由多家交易所和实力较强的金融机构出资组成的一家全国性的结算公司，多家交易所共用这一个结算公司。如英国的国际商品结算公司不仅为英国本土的数家期货交易所提供有关服务，还为大多数英联邦国家和地区的期货交易所提供结算服务。

目前，美国的期货合约结算仍然是由交易所的结算公司或由独立于交易所之外的结算公司进行。结算公司对结算会员资格的要求与交易所会员的要求不一样，期货交易所的会员资格一般为私人所拥有，而结算所的会员资格通常为公司持有。有些交易所也允许一些个人申请享有结算交易的特权，但只限于为自己的账户结算，不允许为其他客户或第三者结算交易。

我国期货交易所采用的是第一种形式。但从市场发展的角度看，建立全国统一的结算公司应当成为重点考虑的选择，主要原因有：①有利于加强风险控制，在很大程度上降低系统风险的发生概率；②可以为市场参与者提供更高效的金融服务，提高市场整体效率；③为新的金融衍生品种的推出打下基础。

三、期货市场的结算体系

结算是保障期货交易正常运行的重要环节，期货市场的结算体系采用分级、分层的管理体系。期货交易的结算大体上可以分为两个层次：①交易所对会员进行结算；②交易所对其所代理的客户进行结算。一般说来期货结算机构采取会员制，结算机构的会员直接在结算机构进行结算，非会员则通过结算会员代为结算。在国外，由于期货结算中心相对或完全独立于期货交易所，期货交易所会员未必同时是结算机构会员，结算机构会员也未必就是交易所会员。在我国，结算机构是交易所的一个内部机构。对期货经纪公司会员来说，交易所先对期货经纪公司进行结算，然后，期货经纪公司对其所代理的客户进行结算；对非期货经纪公司会员来说，由于不允许其从事期货代理业务，所以，只有交易所对其进行一个层次的期货交易结算。

四、结算机构的作用

1.计算期货交易盈亏

期货交易的盈亏结算包括平仓盈亏结算和持仓盈亏结算。平仓盈亏结算是当日平仓的总值与原持仓合约总值的差额的结算。当日平仓合约的价格乘以数量与原持仓合约价格乘以数量相减，结果为正则为赢利，结果为负则为亏损，作为实际盈亏计入会员账户。持仓盈亏结算是指结算机构在交易闭市时将交易者所持有的合约按当日结算价乘以持仓合约数量与原持仓合约价格乘以合约数量相减，结果为正为赢利，结果为负为亏损。

2.担保交易履约

期货交易一旦成交，结算机构就承担起保证每笔交易按期履约的全部责任。交易双方并不发生直接关系,只和结算机构发生关系,结算机构成为所有合约卖方的买方,所有合约买方的卖方。对于交易者来说,由于对手违约的风险已经完全由结算机构承担,只要结算机构能够保证合约的履行,就可以完全不用了解对方的资信状况,也不需要知道对手是谁。这就是结算机构的替代作用,这一作用对于期货交易来说至关重要。它大大降低了市场的交易成本,使得期货市场吸引了大量的交易者。而且正是由于结算机构替代了原始对手,结算会员及其客户才可以随时冲销合约而不必征得原始对手的同意,这使得期货交易独有的以对冲平仓方式免除合约履行义务的机制得以运行。

3. 控制市场风险

保证金制度是期货市场风险控制最根本、最重要的制度。结算机构作为结算保证金收取、管理的机构,承担着控制市场风险的职责。所谓结算保证金,就是结算机构向结算会员收取的保证金。随市场状况的不断变动,结算保证金额会由于会员交易的盈亏出现增减,每日结算价格计算出来后,结算机构会向保证金不足最低限要求的会员发出追加保证金的通知。一般情况下,结算会员收到通知后必须在次日交易所开市前将保证金交齐,否则不能参与次日的交易。在合约价格剧烈波动时,结算机构也可以随时向会员发出追加保证金的通知,一般来说要求会员在收到通知后一小时内补足保证金。通过对会员保证金的管理、控制,结算中心就把市场风险较为有效地控制在了可接受的范围内。

五、期货结算所的会员

结算所或者作为交易所的一个部门,或者作为一个独立的公司而存在,无论以哪种形式存在,它的会员资格持有者或股东通常是一些国际性的委员会、商业机构、独立的交易公司及金融机构等。近年来,一些交易所也持有少量的结算所股份。结算所的会员资格或股份与交易所的会员资格不同,交易所的会员资格通常为个体所持有,有些结算所也会应个体的申请而赋予其结算的权利,但该权利仅限于该个体对其自身的结算,而不能对客户及第三方进行结算。对结算所会员资格持有人或股东的资本要求因其业务种类及规模的不同而不同,对交易所的资本要求也不同,但对其一致的要求是协助保证结算所的稳健运行。

问题思考

第四节　期货经纪机构

一、期货经纪机构的性质

期货经纪机构是指依法设立的、接受客户委托、按照客户的指令、以自己的名义为客户进行期货交易并收取交易手续费的中介组织,其交易结果由客户承担。期货交易者是期货市场的主体,正是因为期货交易者具有套期保值或投机赢利的需求,才促进了期货市场的产生和发展。尽管每一个交易者都希望直接进入期货市场进行交易,但是由于期货交易的高风险性,决定了期货交易所必须制定严格的会员交易制度,非会员不得入场交易,于是就发生了严格的会员交易制度与吸引更多交易者、扩大市场规模之间的矛盾。解决这一矛盾的办法就是要容许一部分具备条件的会员接受客户的委托,代理客户进行期货交易。这样,作为期货市场中介组织的期货经纪机构便应运而生。

二、期货经纪机构的职能和作用

期货经纪机构作为交易者与期货交易所之间的桥梁和纽带,一般具有如下职能:根据客户指令代理买卖期货合约、办理结算和交割手续;对客户账户进行管理,控制客户交易风险;为客户提供期货市场信息,进行期货交易咨询,充当客户的交易顾问;等等。

期货经纪机构在期货市场中的作用主要体现在以下几个方面:期货经纪机构接受客户委托代理期货交易,拓展市场参与者范围,扩大市场规模,节约交易成本,提高交易效率,增强期货市场竞争的充分性,有助于形成权威、有效的期货价格;期货经纪机构有专门从事信息收集及行情分析的人员为客户提供咨询服务,有助于提高客户交易的决策效率和决策的准确性;期货经纪机构拥有一套严密的风险控制制度,可以较为有效地控制客户的交易风险,实现期货交易风险在各环节的分散承担。

三、期货经纪机构的设立条件

设立期货经纪机构必须根据有关法律、规章,按照规定程序办理手续。公司设立前须经政府主管部门批准,并到政府有关部门办理登记注册后才能开业。在我国,设立期货经纪公司,必须经中国证监会批准。未经批准,任何单位和个人不得从事期货经纪业务。设立期货经纪公司,应当符合公司法的规定,并应当具备下列条件:①注册资本最低限额为人民币3000万元;②董事、监事、高级管理人员具备任职资格,从业人员具有期货从业资格;③有符合法律、行政法规规定的公司章程;④主要股东以及实际控制人具有持续赢利能力,信誉良好,最近3年无重大违法违规记录;⑤有合格的经营场所和业务设施;⑥有健全的风险管理和内部控制制度;⑦国务院期货监督管理机构规定的其他条件。

四、期货经纪机构业务部门及其职能

因期货经纪机构规模大小不同,经营理念和经营方式不同,其内部组织结构亦有所不同。一般可选择设置以下业务部门并赋予相应职责。

财务部负责收取保证金,监督、审查客户的保证金账户,密切注视客户一般财务状况的变动。客户服务部负责市场开发,在公司授权下与客户签订期货经纪合同等,向客户介绍、解释期货交易的规则、手续,和客户保持密切联系。交易部负责将客户指令下达到交易所场内,成交后将成交状况及时传达给客户。结算部负责与结算所、客户间交易记录的核对,客户保证金及盈亏的核算,风险的控制。现货交割部负责期货合约的实物交收及货款的收付。研究发展部负责收集、分析、研究期货市场、现货市场的信息,进行市场分析、预测,研究期货市场及本公司的发展规划。行政管理部负责期货经纪公司的日常行政管理工作,组织员工培训等。有些期货经纪机构还设有电脑工程部,负责电脑系统的管理、维护,行情信息的接收,负责对公司内部管理和风险控制等提供计算机技术支持;有些公司还单独设立了风险控制部,负责对客户保证金及交易的风险控制,以保证公司和客户风险降到最低水平。

五、期货经纪机构营业部

根据业务需要,期货经纪机构可以设立营业部。营业部不具有法人资格,在公司授权范

围内依法开展业务,其民事责任由期货经纪机构承担。期货经纪机构必须对营业部实行统一管理,即统一结算、统一风险控制、统一资金调拨、统一财务管理和会计核算。

在我国,期货经纪机构设立营业部,要经中国证监会审批,并应当具备一定的条件,包括申请人前一年度没有重大违法记录;申请人已批设的营业部经营状况良好;有符合要求的经理人员和 3 名以上其他从业人员;期货经纪公司对营业部有完备的管理制度;营业部有符合要求的经营场所和设施;等等。一般来说,期货经纪机构营业部的业务管理包括:客户管理、客户出入金管理、结算管理、交易和风险控制、保证金管理、财务管理和会计核算、档案管理等。

问题思考

第五节 期货交易者

根据参加期货交易的动机不同,可将期货交易者分为两大类:套期保值者和期货投机者。

一、套期保值者

(一)套期保值的基本内容

任何在现货市场上进行商品交易的企业都会遇上如下的价格风险:①在拥有、生产、制造、加工或者预计在未来拥有、生产、制造或加工中的产品价格的潜在变化;②在负债或预计负债中的负债价值的潜在变化;③在提供、购买或预计提供、购买劳动中劳务价值的潜在变化。这些因价格产生的经营和管理风险在现货市场上客观存在,一般是不可避免的,而期货市场的形成,给这些企业提供了规避风险的机会。

套期保值者是指那些把期货市场作为价格风险转移的场所,利用期货合约作为将来在现货市场上进行买卖商品的临时替代物,对其现在买进(或已拥有,或将来拥有)准备以后售出或对将来需要买进商品的价格进行保值的厂商、机构和个人。这些套期保值者大多是生产商、加工商、库存商以及贸易商和金融机构,其原始动机是通过期货市场寻求价格保障,尽可能消除不愿意承担的现货交易的价格风险,从而能够集中精力于本行业的生产经营业务上,并以此取得正常的生产经营利润。

套期保值者的本性决定其具有以下特点:①规避价格风险,目的是利用期货与现货盈亏相抵保值;②经营规模大;③头寸方向比较稳定,保留时间长。

(二)期货套期保值者的作用

套期保值者为规避现货价格波动所带来的风险,而在期货市场上进行套期保值,因此,没有套期保值者的参与,就不会有期货市场。第一,对于企业来讲,套期保值者是为了锁住生产成本和产品利润,有利于企业在市场价格的波动中安定地生产经营。第二,期货市场的建立是出于保值的需要。由于期货市场在一定程度上是以现货市场为基础的,套期保值者一方面是现货市场的经营者,一方面又是期货市场上的交易者,这种双重身份决定了,如果没有足够的套期保值者参与期货市场交易,期货市场就没有存在的价值。另一方面,只有规模相当的套期保值者参与期货市场交易,才能集中大量供求,才能促进公平竞争,并有助于形成具有相应物质基础的权威价格,发挥期货市场的价格发现功能。由此可见,套期保值者是期货市场的交易主体,对期货市场的正常运行发挥着重要作用。

套期保值者要有效地发挥其作用,必须具备一定的条件:①具有一定的生产经营规模;②产品的价格风险大;③套期保值者的风险意识强,能及时判断风险;④能够独立经营与决策。只有具备这些条件,套期保值者才既能合理规避风险,又能真正实现套期保值,从而促进期货市场的正常运行。

(三)期货保值者的操作方法

期货保值者为了规避风险,其具体做法是根据"对冲原理",在期货市场和现货市场上同时进行数量相等但方向相反的买卖活动,即在买进或卖出现货的同时,在期货市场上卖出或买进同等数量的期货。经过一段时间后,价格波动使现货买卖上出现的亏盈,可由期货交易上的盈亏得到弥补或抵消,从而在现货与期货之间、近期与远期之间建立起一种对冲机制,以使价格风险降至最低程度。

期货保值者所遇到的价格风险可分为两种,根据这两种不同类型的风险,保值者可以相应采取两种交易方式达到保值目的,其一是现在买进商品或现在安排生产商品供以后出售,为防止未来价格下跌而引起损失,保值者在现货市场买进商品或安排商品生产的同时,在期货市场上卖出同等数量的期货,这种交易方式称为卖出保值或空头保值,一般多为生产商、仓储商和自己有储存原料的加工商所用;其二是预售商品或以后一定时间内需购进商品,为防止未来价格上涨而招致损失,保值者在现货市场预售商品的同时,在期货市场上买入同等数量的期货,这种交易方式称为买进套期保值或多头保值,一般多为出口商、商品供应商、自己不储存原料的加工商所使用。

(四)套期保值者的行为发展

近几十年来,随着期货制度的逐步完善,新的期货商品的不断出现,交易范围的不断扩大,套期保值已涉及各个领域的生产和经营,期货市场在某种程度上已成为企业或个人资产管理的一个重要手段,在此基础上,套期保值者除了减少交易风险,达到保值的原始传统动机之外,还有一些其他目的,如由于交易风险减少而获得更多的贷款,便于交易决策,以及取得现货市场和期货市场这两个市场相配合的最大利润,在这种动机的驱使下,套期保值者的交易行为及其对套期保值的利用范围发生了一些变化。

(1)套期保值者不再单纯地进行简单的自动保值,被动地接受市场价格变化,而是主动地参与保值活动,大量收集宏观经济和微观经济信息,采用科学的分析方法,以决定交易策略的选取,以期获得较大利润。

(2)套期保值者不一定要等到现货交割才完成保值行为,而可在交割期间根据现货、期货价格变动,进行多次的停止或恢复保值的活动,不但能有效地降低风险,同时还能保证获取一定的利润(特别是避免了因两个市场价格均不利而受双重损失的可能)。

(3)套期保值者将保值活动视为风险管理工具,一方面利用期货交易控制价格,通过由预售而进行的买期保值来锁住商品售价;另一方面利用期货交易控制成本,通过卖期保值以锁住商品原料的价格,以保持低原料成本及库存成本,通过这两方面的协调,在一定程度上可以获取较高的利润。

(4)套期保值者将保值活动视为融资管理工具,融资时,非常重视抵押。资产或商品的担保价值通过套期保值,可使商品具有相当的稳定价值,如一般没有进行套期保值的商品其担保价值是 50%,而经过套期保值后,商品的担保价值可上升到 90%～95%,对提供资金者来说,套期保值者具有较高的资信水平,因而可放心地提供资金,以供套期保值者进行进一步发展。

(5)套期保值者将保值活动视为重要的营销工具。首先,套期保值对商品经营者来说是一种安全营销保障,可有效地保证商品供应,稳定采购,同时可一定程度地消除因产品出售而发生债务互欠的可能性。其次,由于将期货交易与现货交易相结合,近远期交易相结合,从而可形成多种价格策略,供套期保值者选择参与市场竞争,将保值活动视为一种有效的安全营销工具,有助于提高企业的市场竞争力,扩大企业市场占有份额,获得长远发展。

这些套期保值交易运用的变化,消除了简单自动保值以放弃价格有利变动而可能带来的获利机会为代价的不足,使套期保值者在保值基础上能够更有效地获得更大的利益,但同时也使得对套期保值者的行为和性质判断更为复杂。

二、期货投机者

(一)期货投机者的基本内容

从期货市场发展的历史来看,期货交易光有套期保值者是不行的,还必须有承担风险的"短期投资者",也就是通常所说的期货投机者。投机,从经济意义上讲,就是能够预测到将来价格变化,以在将来的某个时间通过销售或再购入而获得利益为目的,而现在购入或出售的行为。期货投机就是在期货市场上利用价格变动来谋取利润的买卖期货合约行为,从事这种活动的企业和个人,就是期货投机者。按照投机者在期货市场进行交易的时间,一般将其分为三种:①只进行当天或当场交易即平仓以赚取每张期货合约微利的"抢帽子者";②只进行当天平仓期货交易的日交易者;③持仓数日或数星期后才对冲其在多头或空头交易部位的交易者。

短期资本的风险性、流动性、暴利性以及短期性等特征决定了期货投机者具有与套期保值者相反的特征:①利用价格风险获取投机利润;②投入资金对于其本身资本来讲规模相对较小;③头寸变动频繁,保留时间短。

(二)期货投机者成为市场主体的原因分析

(1)这是期货市场正常运行的必然要求。期货市场主体之一——套期保值者以规避风险参加交易,假若市场只有套期保值者,理论上当卖期保值者和买期保值者的交易量相等时,才能达到市场价格均衡,但实际上这种情况是不存在的。这是因为一方面,即使两者的数量相等,当期货市场价格波动时,多数保值者的行动方向是一致的,即价格上涨,卖出期货,价格下跌,买入期货;这样同时买进或卖出,套期保值者要转移的价格风险就无人承担,即交易者为避免价格下跌带来损失而买进期货时,却无人出售或卖者甚少,此外,套期保值的买方总是希望以较低的价格买入,而卖方总是希望以较高的价格卖出,双方很难达成交易。另一方面,由于套期保值者大部分是产品(特别是农产品)经营者,根据美国期货市场的统计,实际上,卖期保值者多于买期保值者,供求势必不平衡,交易不成,套期保值难以进行,由此可知,期货市场仅有套期保值者是难以运行的。

(2)这是短期资本投资的本质决定的。通过期货市场用少量的保证金就可以做数倍于本金的生意,能以极有限的资金做高速度的周转,寻求尽可能多的投机取利机会,满足了短期资本的本质要求。如果投资者做现货投机,需大量买进或卖出现货来等候价格上升或下落的机会,这既积压资金,又冒较大风险,不适合短期资本的要求,而做期货投机,一般只需5%~10%左右的保证金就能做10~20倍于保证金的生意,这是期货投机者进入期货市场,愿意承担风险的内在原因之一。此外,期货市场灵活方便的期货交易机制以及众多经纪公司提供非常容易进入市场的机会,期货市场的价格信息又是系统的、公开的,这给投机者的获利提供了极大的方便。同时,随着期货市场的发展,上市品种日益增多,期货价格与现货价格的变化十分复杂,更为投机者提供了更大的活动空间,增加了其获利的可能性。这些因素吸引了众多的投机者参与期货市场投资,是期货投机者成为市场主体的重要原因之一。

(三)期货投机者的作用分析

期货市场的运行离不开投机者的活动,投机者在其中表现的主要作用如下:①是期货市场的必备构成要素,只有套期保值者而无投机者,就不能构成期货市场;②使套期保值者能够转移价格风险,有承担价格风险、分散风险的作用;③使市场有充分的流动性,有利于期货价格在更详尽、迅速的信息基础上形成;④使期货市场的价格波动幅度减小,从整体上反映供求,而不是反映暂时、局部交易的供求;⑤使期货市场价格与现货市场价格保持合理联系,并在最后交割时基本接近;⑥使各种期货产品比价以及地区差价、季节差价更为合理化。

由于短期资本牟取暴利的特点,使得投机者不可避免地带来消极作用,在一定时间内,一定程度上扭曲了市场价格,虽然不能改变供求决定价格的趋势,影响期货市场的正常功能发挥,但是有可能造成一段时间内价格波动异常。因此必须对期货投机者的行为进行有效的监控。

投机者上述积极作用的发挥必须具备以下两个条件:①有能力承担市场风险,一方面必须具有自身独立经济利益,能独立自主地经营决策,另一方面拥有雄厚的资金实力,能够承受价格风险;②作为高级人才,既有综合知识和能力,又有良好信誉和道德,遵纪守法,否则就会导致市场混乱和行为不规范,阻碍期货市场的正常运行。

问题思考

第六节　期货市场监管机构及自律组织

一、期货市场监管机构

在我国,中国证监会是国务院直属的证券期货监管机构,按照国务院授权和依照相关法律法规对证券期货市场进行集中、统一管理。其主要职责是:①研究和拟订证券期货市场的方针政策、发展规划;起草证券期货市场的有关法律、法规,提出制定和修改的建议;制定有关证券期货市场监管的规章、规则和办法。②垂直领导全国证券期货监管机构,对证券期货市场实行集中统一监管;管理有关证券公司的领导班子和领导成员。③监管股票、可转换债券、证券公司债券和国务院确定由证监会负责的债券及其他证券的发行、上市、交易、托管和结算;监管证券投资基金活动;批准企业债券的上市;监管上市国债和企业债券的交易活动。④监管上市公司及其按法律法规必须履行有关义务的股东的证券市场行为。⑤监管境内期货合约的上市、交易和结算;按规定监管境内机构从事境外期货业务。⑥管理证券期货交易所;按规定管理证券期货交易所的高级管理人员;归口管理证券业、期货业协会。⑦监管证券期货经营机构、证券投资基金管理公司、证券登记结算公司、期货结算机构、证券期货投资咨询机构、证券资信评级机构;审批基金托管机构的资格并监管其基金托管业务;制定有关机构高级管理人员任职资格的管理办法并组织实施;指导中国证券业、期货业协会开展证券期货从业人员资格管理工作。⑧监管境内企业直接或间接到境外发行股票、上市以及在境外上市的公司到境外发行可转换债券;监管境内证券、期货经营机构到境外设立证券、期货机构;监管境外机构到境内设立证券、期货机构、从事证券、期货业务。⑨监管证券期货信息传播活动,负责证券期货市场的统计与信息资源管理。⑩会同有关部门审批会计师事务所、资产评估机构及其成员从事证券期货中介业务的资格,并监管律师事务所、律师及有资格的会计师事务所、资产评估机构及其成员从事证券期货相关业务的活动。⑪依法对证券期货违法违规行为进行调查、处罚。⑫归口管理证券期货行业的对外交往和国际合作事务。⑬承办国务院交办的其他事项。

二、期货市场自律组织

期货市场自律组织包括期货交易所和期货业协会。期货业协会是期货业的自律性组织,是非营利性的社会团体法人。

中国期货业协会成立于 2000 年 12 月 29 日,协会的注册地和常设机构设在北京。协会接受中国证监会和国家社会团体登记管理机关的业务指导和管理。协会由期货公司等从事期货业务的会员、期货交易所特别会员和地方期货业协会联系会员组成。其主要职能是:①教育和组织会员及期货从业人员遵守期货法律法规和政策。②制定和实施行业自律规则,监督、检查会员和期货从业人员的行为,对违反协会章程及自律规则的会员和期货从业人员给予纪律处分。③组织开展期货行业诚信建设,建立健全行业诚信评价制度和激励约束机制,进行诚信监督。④负责期货从业资格的认定、管理以及撤销工作,负责组织期货从业资格考试、期货公司高级管理人员资质测试及法律法规、中国证监会规范性文件授权的其他专业资格考试。⑤制定期货业行为准则、业务规范,推进行业廉洁从业文化建设,参与开展行业资信评级,参与拟订与期货相关的行业和技术标准。⑥开展投资者保护与教育工作,督促会员加强期货及衍生品市场投资者合法权益的保护。⑦受理投资者与期货业务有关的投诉,对会员之间、会员与投资者之间发生的纠纷进行调解。⑧为会员服务,依法维护会员的合法权益,积极向中国证监会及国家有关部门反映会员在经营活动中的问题、建议和要求;引导和推动行业服务实体经济,履行社会责任。⑨制定并实施期货人才发展战略,加强期货业人才队伍建设,对期货从业人员进行持续教育和业务培训。⑩设立专项基金,为期货业人才培养、投资者教育或其他特定事业提供资金支持。⑪开展行业网络安全与信息化自律管理,提高行业网络安全与信息化工作水平。⑫收集、整理期货相关信息,开展会员间的业务交流,组织会员对期货业的发展进行研究,对相关方针政策、法律法规提出建议,促进业务创新。⑬加强与新闻媒体的沟通与联系,开展期货市场宣传,经批准表彰或奖励行业内有突出贡献的会员和从业人员,组织开展业务竞赛和文化活动。⑭开展期货业的国际交流与合作,加入国际组织,推动相关资质互认。⑮依据自律规则对境内特定品种期货交易及相关业务活动和其他涉外业务实行行业

问题思考

自律管理。⑯法律法规规定、中国证监会委托以及会员大会决定的其他职责。

【项目结论】

1.期货合约是指由期货交易所统一制定的、规定在将来某一特定的时间和地点交割一定数量和质量商品的标准化合约。

2.期货合约主要包括13项条款,包括合约名称、交易单位、报价单位、最小变动价位、合约交割月份、交易时间、最后交易日、交割日期、交割等级、交割地点、交易手续费、交割方式和交易代码。

3.国内主要的商品期货品种包括农产品、工业品和能源化工;金融期货只有股指期货,合约标的为沪深300指数。

4.期货交易所是专门进行标准化期货合约买卖的场所,其性质是不以营利为目的,按照其章程的规定实行自律管理,以其全部财产承担民事责任。

5.各个国家期货交易所的组织形式不完全相同,一般可以分为会员制和公司制两种。

6.期货市场的结算体系采用分级、分层的管理体系,可以分为两个层次,一个是交易所对会员进行结算;另一个是交易所对其所代理的客户进行结算。

7.期货经纪机构是指依法设立的、接受客户委托、按照客户的指令、以自己的名义为客户进行期货交易并收取交易手续费的中介组织,其交易结果由客户承担。

8.根据参加期货交易的动机不同,期货交易者分为两大类型,即套期保值者和期货投机者。

9.在我国,中国证监会是国务院直属的证券期货监管机构,期货市场自律组织包括期货交易所和期货业协会。

【项目训练】

一、填空题

1.中国金融期货交易所采用(　　　　　　　)为组织形式。

2.期货行业的自律组织包括(　　　　　)和(　　　　　　　　　)。

3.中国证监会要求期货经纪公司最低注册资本金不得低于(　　　　　　　　)。

4.我国内地的三家商品期货交易所的组织形式均为(　　　　　　)。

二、论述题

论述结算机构的职能。

项目延伸

第三章　期货交易制度与期货交易流程

【知识目标】　熟悉各种期货制度的具体要求;熟悉开户的具体程序和要求;学会运用各种交易指令和下单方式;掌握竞价方式和竞价原则;正确计算当日盈亏、结算准备金余额、当日交易保证金;熟悉具体交割方式。

【技能目标】　了解和熟悉期货交易中的风险管理办法;了解和熟悉期货交易具体流程并进行模拟操作。

【案例导入】

中国证监会开展期货账户规范工作

案例延伸

中国证监会 2011 年 9 月 2 日发布《关于开展期货市场账户规范工作的决定》,对期货市场账户管理进行规范。此次账户规范工作主要集中在两方面:一是对长期不用的客户账户进行休眠处理,让休眠账户退出交易领域,待客户申请时再予以激活;二是对非休眠的历史账户按照《期货市场客户开户管理规定》进行规范,全部纳入统一开户系统。账户规范工作从账户管理这一基础环节入手,将较彻底地解决期货市场二十年发展过程中积累的账户管理遗留问题,使期货市场实名制和统一开户等基础制度最终得到全面和彻底的落实。

(资料来源:《本报评出 2011 年期市十大新闻》,《期货日报》2012 年 1 月 4 日。)

第一节　期货市场基本制度

一、保证金制度

在期货交易中,任何交易者必须按照其所买卖期货合约价值的一定比例(通常为 5%~10%)交纳资金,作为其履行期货合约的财力担保,然后才能参与期货合约的买卖,并视价格变动情况确定是否追加资金,这种制度就是保证金制度,所交的资金就是保证金。

保证金分为结算准备金和交易保证金。结算准备金是指会员为了交易结算在交易所专用结算账户中预先准备的资金,是未被占用的保证金。结算准备金的最低余额由交易所决定。交易保证金是指会员在交易所专用结算账户中确保合约履行的资金,是已被合约占用的保证金。当买卖双方成交后,交易所按持仓合约价值的一定比例向双方收取交易保证金。交易所可根据某一合约上市运行的不同阶段的持仓的不同数量规定不同的保证金收取标准。当某品种某月份合约市场风险明显增大时,经监管部门的批准,交易所可根据市场情况对部分或全部会员、投资者的单边或双边、同比例或不同比例调整交易保证金水平。

期货交易实行保证金制度,这是与其他交易方式所不同的特点,保证金制度既体现了期货交易特有的"杠杆效应",同时也成为交易所控制期货交易风险的一种重要手段。保证金的收取是分级进行的,可分为期货交易所向会员收取的保证金和期货经纪公司向客户收取的保证金,即分为会员保证金和客户保证金。交易所向会员收取的交易保证金属于会员所有,期货交易所除用于会员的交易结算外,严禁挪作他用。期货交易所可以规定专用结算账户中会员保证金的最低余额,当会员保证金余额低于期货交易所规定的最低余额时,期货交易所应当按照规定的方式和时间通知会员追加保证金,会员应当按时补足,逾期未补足的,期货交易所应当强行平仓,直至所余保证金达到规定的最低余额。客户保证金的收取比例可由期货经纪公司规定,但不得低于交易所对会员收取的交易保证金。该保证金属于客户所有,期货经纪公司应当将投资者交纳的保证金存放于专用资金账户。当每日结算后客户保证金低于期货交易所规定的交易保证金水平时,期货经纪公司应当按照期货经纪合同约定的方式通知客户追加保证金,客户不能按时追加保证金的,期货经纪公司可强行平仓,直至保证金余额能够维持其剩余头寸。

二、每日无负债结算制度

期货交易的结算,是由期货交易所统一组织进行的。期货交易所实行的每日无负债结算制度,又称"逐日盯市",是指每日交易结束后,交易所按当日结算价结算所有合约的盈亏、交易保证金及手续费、税金等费用,对应收应付的款项同时划转,相应增加或减少会员的结算准备金。期货交易的结算实行分级结算,即交易所对其会员进行结算,期货经纪公司对其客户进行结算。期货交易所应当在当日交易结算后,及时将结算结果通知会员。期货经纪公司根据期货交易所的结算结果对客户进行结算,并应当将结算结果及时通知客户。若经结算,该会员(或客户)的保证金不足,交易所(或期货经纪公司)应立即向会员(或客户)发出追交保证金通知,会员(或客户)应在规定时间内向交易所(或期货经纪公司)追加保证金。

三、涨跌停板制度

涨跌停板制度,又称每日价格最大波动限制,即指期货合约在一个交易日中的交易价格波动不得高于或者低于规定的涨跌幅度,超过该涨跌幅度的报价将被视为无效,不能成交。涨跌停板一般是以合约上一交易日的结算价为基准确定的(一般有百分比和固定数量两种形式),也就是说,合约上一交易日的结算价加上允许的最大涨幅构成当日价格上涨的上限,称为涨停板;而该合约上一交易日的结算价减去允许的最大跌幅则构成当日价格下跌的下限,称为跌停板。

涨跌停板的确定,主要取决于该种商品现货市场价格波动的频繁程度和波幅的大小。一般来说,商品价格的波动越频繁、越剧烈,该商品期货合约的每日停板额就应设置得大一些,反之则小一些。制定涨跌停板制度,是因为每日结算制度只能将风险控制在一个交易日之内，如果在交易日之内期货价格发生剧烈波动，仍然可能会造成会员和客户的保证金账户大面积亏损甚至透支，期货交易所将难以担保合约的履行并控制风险。涨跌停板的实施，能够有效地减缓、抑制一些突发性事件和过度投机行为对期货价格的冲击而造成的狂涨暴跌，减缓每一交易日的价格波动，交易所、会员和客户的损失也被控制在相对较小的范围内。而且由于这一制度能够锁定会员和客户每一交易日所持有合约的最大盈亏，这就为保证金制度的实施创造了有利条件，因为向会员和客户收取的保证金数额只要大于在涨跌幅度内可能发生的亏损金额，就能够保证当日期货价格波动达到涨停板或跌停板时也不会出现透支情况。

四、持仓限额制度

持仓限额制度是指期货交易所为了防范操纵市场价格的行为和防止期货市场风险过度集中于少数投资者，对会员及客户的持仓数量进行限制的制度。超过限额，交易所可按规定强行平仓或提高保证金比例。持仓限额制度有以下规定。

（1）交易所根据不同的期货合约、不同的交易阶段制定持仓限额制度，从而减少市场风险产生的可能性。交易所可以按照"一般月份""交割月前一个月份""交割月份"三个阶段依次对持仓数额进行限制。比如交易所一般规定，在一般月份一个会员对某种合约的单边持仓量不得超过交易所该合约持仓总量的15％；距离交割月越近，会员或客户的持仓量越小，以防止合约到期日实物交割数量过大而可能引起大面积交割违约风险。

（2）交易所根据不同性质的会员制定持仓限额制度，从而控制市场持仓规模。交易所可以采取限制期货经纪公司会员、非期货经纪公司会员持仓和限制客户持仓相结合的办法。

（3）套期保值交易头寸实行审批制，其持仓不受限制。

（4）交易当事人必须将其持有的头寸控制在其限仓数额以内，超出限仓数额的持仓头寸或未在规定时限内完成减仓的持仓头寸，交易所按有关规定执行相关措施。

五、大户报告制度

大户报告制度是与持仓限额制度紧密相关的又一个防范大户操纵市场价格、控制市场风险的制度。大户报告制度是指当会员或客户某品种持仓合约的投机头寸达到交易所对其规定的投机头寸持仓限量80％以上（含本数）时，会员或客户应向交易所报告其资金情况、头寸情况等，客户须通过经纪会员报告。通过实施大户报告制度，可以使交易所对持仓量较大的会员或客户进行重点监控，了解其持仓动向、意图，对于有效防范市场风险有积极作用。大户报告制度有以下规定。

（1）达到交易所大户报告界限的会员和客户应主动在规定时间内向交易所提供相关资料，主要包括持仓情况、持仓保证金、可动用资金、持仓意向、资金来源、预报和申请的交割数量等。达到交易所大户标准的客户所提供的资料须由其经纪会员进行初审，转交期货交易所。经纪会员应保证客户所提供资料的真实性。

（2）进行套期保值交易的会员或客户也应执行大户报告制度。

（3）交易所可以根据市场风险状况改变要求报告的持仓水平。

六、实物交割制度

实物交割制度是指交易所制定的，期货合约到期时，交易双方将期货合约所载商品的所有权按规定进行转移，了结未平仓合约的制度。期货交易的标的是标准化的期货合约。期货合约规定在将来特定时间，以特定价格交割一定数量和质量等级的实物商品。因此，实物交割是联系期货与现货的纽带。如果没有实物交割，商品期货合约就成了毫无基础的空中楼阁。尽管期货市场的实物交割率仅占总成交量的很小比例，但对整体期货交易的正常运行却起着十分重要的作用。如果实物交割制度得以贯彻执行，不断完善，期货交易的正常运行就有了可靠的保证，市场风险也就能够得到很好的控制。实物交割制度有以下规定。

（1）标准仓单。标准仓单是由交易所统一制定的，交易所指定交割仓库在完成入库商品验收，确认合格后签发给货物卖方的实物提货凭证。标准仓单经交易所注册后有效。标准仓单采用记名方式，标准仓单合法持有人应妥善保管标准仓单。标准仓单的生成通常需要经过入库预报、商品入库、验收、指定交割仓库签发和注册等环节。

（2）定点交割。货物交割者必须按规定将交割商品运送到指定交割仓库。一般情况下，实物交割发生在交易所指定的交割仓库。指定交割仓库是交割当事人交收实物的地点。交易所设定基准交割仓库，在此交割的实物价格为合约价格。根据距离远近，交易所可以对不同地点的指定交割仓库设定地区价差，即不同地区间的升水、贴水，以平衡运费和商品的地区差价等影响价格的因素。指定交割仓库是指经交易所审定注册的履行期货合约实物交割的地点。

（3）仓单交付。卖方交付有效标准仓单，买方支付货款。卖方只有先交付有效标准仓单，然后才能获得货款；买方只有先支付货款，然后才能拥有仓单，到指定交割仓库提取货物。期货合约交割时，是以标准仓单的交付实现所有权转移的。

（4）仓库管理。交割仓库针对交割商品的管理主要有以下几点：首先是商品审验及开具仓单。交割仓库对入库商品要进行严格的审验，拒绝不达标准的商品入库。这是防止出现质量纠纷的关键。其次是交割储备商品的管理。各交割仓库可以借鉴国家专项储备库的经验，实行分品种、分等级储存和定仓位、定人的管理制度，详细记录在储商品的品种、入库时间、等级、数量及纯质率、水分含量等各项质量指标，并定期检查，防止病虫害及其他损失，实现仓储管理的规范化、程序化和明细化。再次是为客户提供配套服务，协助安排交割商品的运输。对于客户运到的货物，保证随到随卸，及时安排入库，如质量达不到标准，则协助客户加工整理；接到客户提货通知单后，要积极为客户申报车皮计划或安排车队组织运输；等等。

（5）仓单转让。标准仓单可以按交易所规定进行转让。转让申请由会员单位书面向交易所申报说明转让的数量、单价、转让前后的客户码及名称等，并加盖会员单位公章。标准仓单转让必须通过会员在交易所办理过户手续，同时结清有关费用。交易所向买方签发新的标准仓单，原标准仓单同时作废。未通过交易所办理过户手续而转让的标准仓单，发生的一切后果由标准仓单持有人自负。

（6）违约处理。在规定交割期限内，卖方未交付有效标准仓单或买方未支付货款或支付不足的，视为违约。交易所对违约按有关规定进行处理。

七、强行平仓制度

强行平仓制度是指当会员或客户的交易保证金不足并未在规定时间内补足，或者当会员或客户的持仓量超出规定的限额时，或者当会员或客户违规时，交易所为了防止风险进一步扩大，实行强行平仓的制度。也就是说，是交易所对违规者的有关持仓实行平仓的一种强制措施。

当会员、客户出现下列情况之一时,交易所对其持仓实行强行平仓:①会员交易保证金不足并未能在规定时限内补足的;②持仓量超出其限仓规定标准的;③因违规受到交易所强行平仓处罚的;④根据交易所的紧急措施应予强行平仓的;⑤其他需要强行平仓的。

八、风险准备金制度

风险准备金制度是指期货交易所从自己收取的会员交易手续费中提取一定比例的资金,作为确保交易所担保履约的备付金的制度。期货交易是一种高风险的交易活动,期货交易的制度规则并不能直接减小由于期货价格波动而产生的风险,为了建立和完善风险体系,保证市场正常运行,交易所制定风险准备金制度。具体来说,风险准备金是指由交易所设立,用于维护期货市场正常运转,提供财务担保和弥补因交易所不可预见风险带来的亏损的资金。风险准备金制度有以下规定。

(1)交易所按向会员收取的手续费收入(含向会员优惠减收部分)20%的比例,从管理费用中提取。当风险准备金达到交易所注册资本的10倍时,可不再提取。

(2)风险准备金必须单独核算,专户存储,除用于弥补风险损失外,不得挪作他用。风险准备金的动用必须经交易所理事会批准,报中国证监会备案后按规定的用途和程序进行。

九、信息披露制度

信息披露制度是指期货交易所按有关规定定期公布期货交易有关信息的制度。

期货交易遵循公平、公开、公正的原则,信息的公开与透明是"三公"原则的体现。它要求期货交易所及时公布上市品种期货合约的有关信息及其他应当公布的信息,并保证信息的真实、准确。只有这样,期货交易的所有交易者才能在公平、公开的基础上接收真实、准确的信息,从而有助于交易者根据所获信息做出正确决策,防止不法交易者利用内幕信息获取不正当利益,损害其他交易者利益。信息披露制度有以下规定。

(1)交易所按即时、每日、每周、每月向会员、投资者和社会公众提供期货交易信息。

①即时行情是指在交易时间内,与交易活动同步发布的交易行情信息。信息内容主要有:商品名称、交割月份、最新价、涨跌、成交量、持仓量、持仓量变化、申买价、申卖价、申买量、申卖量、每笔成交量、结算价、开盘价、收盘价、最高价、最低价、前结算价。

②每日期货交易信息发布是指在每个交易日结束后发布的有关当日期货交易信息。信息内容主要有:商品名称、交割月份、开盘价、最高价、最低价、收盘价、前结算价、结算价、涨跌、持仓量、持仓量变化、成交额;所有合约的成交量、买卖持仓量及套期保值持仓量;交易活跃的合约分月份,分多空方公布当日持仓量的前20名会员名单及对应持仓量、成交量前20名会员名单及对应成交量。

③每周期货交易信息发布是指在每周最后一个交易日结束后公布的期货交易信息。信息内容主要有:商品名称、交割月份、周开盘价、最高价、最低价、周收盘价、涨跌(周末收盘价与上周末结算价之差)、持仓量、持仓量变化(本周末持仓量与上周末持仓量之差)、周末结算价、成交量、成交额;各上市商品标准仓单数量及与上次发布的增减量,已申请交割数量及本周进出库数量;最后交易日后的第一个周五发布交割配对结果和实物交割量。

④每月期货交易信息发布是指在每月最后一个交易日结束后交易所发布的期货交易信

息,信息内容主要有:商品名称、交割月份、月开盘价、最高价、最低价、月末收盘价、涨跌(月末收盘价与上月末结算价之差)、持仓量、持仓量变化(本月末持仓量与上月末持仓量之差)、月末结算价、成交量、成交额;各指定交割仓库经交易所核定的可用于期货交割的库容量和已占用库容量及标准仓单量。

(2)交易所期货即时行情,通过计算机网络传送至交易席位,并通过与交易所签订协议的有关公共媒体和信息商对社会公众发布。

(3)交易所及其会员对不宜公开的交易资料、资金情况等信息有保密义务。

(4)因信息经营机构或公众媒体转发即时交易行情信息发生故障,影响会员或客户正常交易的,交易所不承担责任。

问题思考

(5)会员、信息经营机构和公众媒体以及个人,均不得发布虚假的或带有误导性质的信息。

第二节　期货交易的基本流程

一、开户与下单

(一)开　户

由于只有期货交易所的会员——包括期货经纪公司会员和非期货经纪公司会员才能够直接进入期货交易所进行交易,所以,普通投资者在进入期货市场交易之前,应首先选择一个具备合法代理资格、信誉好、资金安全、运作规范和收费比较合理等条件的期货经纪公司会员。投资者在经过对比、判断,选定期货经纪公司之后,即可向该期货经纪公司提出委托申请,开立账户。开立账户实质上是投资者(委托人)与期货经纪公司(代理人)之间建立的一种法律关系。

一般来说,各期货经纪公司会员为客户开设账户的程序及所需的文件虽不尽相同,但其基本程序是相同的。

1. 风险揭示

客户委托期货经纪公司从事期货交易的,必须事先在期货经纪公司办理开户登记。期货经纪公司在接受客户开户申请时,须向客户提供期货交易风险说明书。个人客户应在仔细阅读并理解之后,在该说明书上签字;单位客户应在仔细阅读并理解之后,由单位法定代表人或授权他人在该说明书上签字并加盖单位公章。

2. 签署合同

期货经纪公司在接受客户开户申请时,双方须签署期货经纪合同。个人客户应在该合同上签字,单位客户应由法人代表或授权他人在该合同上签字并加盖公章。个人开户应提供本人身份证,留存印鉴或签名样卡。单位开户应提供企业法人营业执照影印件,并提供法定代表人及本单位期货交易业务执行人的姓名、联系电话、单位及其法定代表人或单位负责人印鉴等内容的书面材料及法定代表人授权期货交易业务执行人的书面授权书。交易所实行客户交易编码登记备案制度,客户开户时应由经纪会员按交易所统一的编码规则进行编号,一户一码,专码专用,不得混码交易。期货经纪公司注销客户的交易编码,应当向交易所备案。

3.交纳保证金

客户在与期货经纪公司签署期货经纪合同之后,应按规定交纳初始保证金。期货经纪公司应将客户所交纳的保证金存入期货经纪合同中指定的客户账户中,供客户进行期货交易之用。期货经纪公司向客户收取的保证金,属于客户所有;期货经纪公司除按照中国证监会的规定为客户向期货交易所交存保证金,进行交易结算外,严禁挪作他用。

(二)下　单

客户在按规定足额交纳开户保证金后,即可开始交易,进行委托下单。所谓下单,是指客户在每笔交易前向期货经纪公司业务人员下达交易指令,说明拟买卖合约的种类、数量、价格等的行为。交易指令的内容一般包括:期货交易的品种、交易方向、数量、月份、价格、日期及时间、期货交易所名称、客户名称、客户编码和账户、期货经纪公司和客户签名等。通常,客户应先熟悉和掌握有关的交易指令,然后选择不同的期货合约进行具体交易。

1.常用交易指令

国际上期货交易的指令有很多种,以满足投资者多种交易目的的要求。在指令成交前,客户可提出变更或撤销。

(1)市价指令。市价指令是期货交易中常用的指令之一。它是指按当时市场价格即刻成交的指令。客户在下达这种指令时无须指明具体的价位,而是要求以当时市场上可执行的最好价格达成交易。这种指令的特点是成交速度快,一旦指令下达后不可更改或撤销。

(2)限价指令。限价指令是指执行时必须按限定价格或更好的价格成交的指令。下达限价指令时,客户必须指明具体的价位。它的特点是可以按客户的预期价格成交,成交速度相对较慢,有时甚至无法成交。

(3)止损指令。止损指令是指当市场价格达到客户预计的价格水平即变为市价指令时予以执行的一种指令。客户利用止损指令,既可以有效地锁定利润,又可以将可能的损失降至最低限度,还可以相对较小的风险建立新的头寸。

(4)阶梯价格指令。阶梯价格指令是指按指定的价格间隔,逐步购买或出售指定数量期货合约的指令。买入时采取阶梯式递减价位的方式,而卖出时采取阶梯式递增价位的方式。此种指令可以起到平均买价或卖价的作用,适合稳健型投资者采用。

(5)限时指令。限时指令是指要求在某一时间段内执行的指令。如果在该时间段内指令未被执行,则自动取消。

(6)双向指令。双向指令是指客户向经纪人下达两个指令,一个指令执行后,另一个指令则自动撤销。

(7)套利指令。套利指令是指同时买入和卖出两种期货合约月份的指令。一个指令执行后,另一个指令也立即执行。它包括跨商品套利指令、跨期套利指令和跨市场套利指令等。

(8)取消指令。取消指令是指客户要求将某一指定指令取消的指令。通过执行该指令,将客户以前下达的指令完全取消,并且没有新的指令取代原指令。

期货经纪公司对其代理客户的所有指令,必须通过交易所集中撮合交易,不得私下对冲,不得向客户做获利保证或者与客户分享收益。

2.下单方式

客户在正式交易前,应制订详细周密的交易计划。在此之后,客户即可按计划下单交易。客户可以通过书面、电话或者中国证监会规定的其他方式向期货经纪公司下达交易指令。具体下单方式有如下几种。

（1）书面下单。客户亲自填写交易单，填好后签字交给期货经纪公司交易部，再由期货经纪公司交易部通过电话报单至该期货经纪公司在期货交易所场内的出市代表，由出市代表输入指令进入交易所主机撮合成交。

（2）电话下单。电话下单有两种方式：①客户通过电话直接将指令下达到期货经纪公司交易部，再由交易部通知出市代表下单。期货经纪公司须将客户的指令予以录音，以备查证。事后，客户应在交易单上补签姓名。期货经纪公司在接受客户指令后，应及时通知出市代表。出市代表应及时将客户的指令输入交易席位上的计算机终端进行竞价交易。②将计算机系统和普通电话网络联结起来，构成一个电话自动下单的交易系统。交易者通过普通双音频电话，按照该系统发出的语音提示，输入投资者交易指令和密码等以完成期货合约买卖。

（3）网上下单。客户通过因特网或局域网，使用经纪公司提供的网上下单系统进行网上下单。进入下单系统后，客户需输入自己的客户号与密码，经确认后即可输入下单指令。下单指令通过因特网或局域网传到经纪公司后，通过专线传到交易所主机进行撮合成交。客户可以在经纪公司的下单系统获得成交回报。

二、竞　价

（一）竞价方式

期货合约价格的形成方式主要有：公开喊价和计算机撮合成交。

1. 公开喊价方式

公开喊价方式又可分为两种形式：连续竞价制（动盘）和一节一价制（静盘）。连续竞价制是指在交易所交易池内由交易者面对面地公开喊价，表达各自买进或卖出合约的要求。按照规则，交易者在报价时既要发出声音，又要做出手势，以保证报价的准确性。由于价格变化一般是连续、递进的，因此报价商在喊价时通常只叫出价格的一部分即可。价格和数量的喊声还要在报价人和要价人之间进行反馈，以减少误听所引起的差错。这种公开喊价对活跃场内气氛，维护公开、公平、公正的定价原则，十分有利。这种方式属于传统的竞价方式，在欧美期货市场较为流行。一节一价制是指把每个交易日分为若干节，每节只有一个价格的制度。每节交易由主持人最先叫价，所有场内经纪人根据其叫价申报买卖数量，直至在某一价格上买卖双方的交易数量相等时为止。一节一价制是在每一节交易中一种合约一个价格，没有连续不断的竞价。这种叫价方式在日本较为普遍。

2. 计算机撮合成交方式

计算机撮合成交是根据公开喊价的原理设计而成的一种计算机自动化交易方式，是指期货交易所的计算机交易系统对交易双方的交易指令进行配对的过程。这种交易方式相对公开喊价方式来说，具有准确、连续等特点，但有时会出现交易系统故障等造成的风险。

国内期货交易所计算机交易系统的运行，一般是将买卖申报单以价格优先、时间优先的原则进行排序。当买入价大于、等于卖出价则自动撮合成交，撮合成交价等于买入价（bp）、卖出价（sp）和前一成交价（cp）三者中居中的一个价格，即①当 $bp \geqslant sp \geqslant cp$，最新成交价＝sp；②当 $bp \geqslant cp \geqslant sp$，最新成交价＝cp；③当 $cp \geqslant bp \geqslant sp$，最新成交价＝bp。

开盘价和收盘价均由集合竞价产生。开盘价集合竞价在某品种某月份合约每一交易日开市前 5 分钟内进行,其中前 4 分钟为期货合约买、卖价格指令申报时间,后 1 分钟为集合竞价撮合时间,开市时产生开盘价。交易系统自动控制集合竞价申报的开始和结束,并在计算机终端上显示。

集合竞价采用最大成交量原则,即以此价格成交能够得到最大成交量。高于集合竞价产生的价格的买入申报全部成交;低于集合竞价产生的价格的卖出申报全部成交;等于集合竞价产生的价格的买入或卖出申报,根据买入申报量和卖出申报量的多少,按少的一方的申报量成交。

集合竞价产生价格的方法是:首先,交易系统分别对所有有效的买入申报按申报价由高到低的顺序排列,申报价相同的按照进入系统的时间先后排列;所有有效的卖出申报按申报价由低到高的顺序排列,申报价相同的按照进入系统的时间先后排列。其次,交易系统依此逐步将排在前面的买入申报和卖出申报配对成交,直到不能成交为止。如最后一笔成交是全部成交的,取最后一笔成交的买入申报价和卖出申报价的算术平均价为集合竞价产生的价格,该价格按各期货合约的最小变动价位取整;如最后一笔成交是部分成交的,则以部分成交的申报价为集合竞价产生的价格。

开盘集合竞价中的未成交申报单自动参与开市后竞价交易。

(二)成交回报与确认

当计算机显示指令成交后,客户可以立即在期货公司的下单系统获得成交回报。对于书面下单和电话下单的客户,期货公司应按约定方式即时予以回报。

客户对交易结算单记载事项有异议的,应当在下一交易日开市前向期货经纪公司提出书面异议;客户对交易结算单记载事项无异议的,应当在交易结算单上签字确认或者按照期货经纪合同约定的方式确认。客户既未对交易结算单记载事项进行确认,也未提出异议的,视为对交易结算单的确认。对于客户有异议的,期货经纪公司应当根据原始指令记录和交易记录予以核实。

三、结　算

(一)结算的概念与结算程序

结算是指根据交易结果和交易所有关规定对会员交易保证金、盈亏、手续费、交割货款和其他有关款项进行的计算、划拨。结算包括交易所对会员的结算和期货经纪公司会员对其客户的结算,其计算结果将被计入客户的保证金账户。

与期货市场的层次结构相适应,期货交易的结算也是分级、分层的。交易所只对会员结算,非会员单位或个人通过其期货经纪公司会员结算。

1. 交易所对会员的结算

(1)每一交易日交易结算后交易所对每一会员的盈亏、交易手续费、交易保证金等款项进行结算。其核算结果是会员核对当日有关交易并对客户结算的依据,会员可通过会员服务系统于每交易日规定时间内获得会员当日平仓盈亏表、会员当日成交合约表、会员当日持仓表和会员资金结算表。

(2)会员每天应及时获取交易所提供的结算结果,做好核对工作,并将之妥善保存。

（3）会员如对结算结果有异议，应在第 2 日开市前 30 分钟以书面形式通知交易所。如在规定时间内会员没有对结算数据提出异议，则视作会员已认可结算数据的准确性。

（4）交易所在交易结算完成后，将会员资金的划转数据传递给有关结算银行。会员资金按当日盈亏进行划转，当日赢利划入会员结算准备金，当日亏损从会员结算准备金中扣划。当日结算时的交易保证金超过昨日结算时的交易保证金部分从会员结算准备金中扣划，当日结算时的交易保证金低于昨日结算时的交易保证金部分划入会员结算准备金。手续费、税金等各项费用从会员的结算准备金中直接扣划。

（5）每日结算后，会员的结算准备金低于最低余额时，结算结果即视为交易所向会员发出的追加保证金通知。会员必须在下一交易日开市前补足至交易所规定的结算准备金最低余额。

2. 期货经纪公司对客户的结算

（1）期货经纪公司对客户的结算与交易所的方法一样，即每一交易日交易结束后对每一客户的盈亏、交易手续费、交易保证金等款项进行结算。其中，期货公司会员向客户收取的交易保证金不得低于交易所向会员收取的交易保证金。

（2）期货经纪公司在每日结算后向客户发出交易结算单。交易结算单一般载明下列事项：账号及户名、成交日期、成交品种、合约月份、成交数量及价格、买入或者卖出、开仓或者平仓、当日结算价、保证金占用额和保证金余额、交易手续费及其他费用。

（3）当每日结算后客户保证金低于期货经纪公司规定的交易保证金水平时，期货经纪公司按照期货经纪合同约定的方式通知客户追加保证金；客户不能按时追加保证金的，期货经纪公司应当将该客户部分或全部持仓强行平仓，直至保证金余额能够维持其剩余头寸。

（二）结算公式与应用

1. 结算公式

未平仓期货合约均以当日结算价作为计算当日盈亏的依据。

（1）当日盈亏可以分项计算，见式 1-1—1-7。分项结算公式为：

当日盈亏＝平仓盈亏＋持仓盈亏　　　　　　　　　　　　　　　　　式 1-1

1）平仓盈亏＝平历史仓盈亏＋平当日仓盈亏　　　　　　　　　　　　式 1-2

平历史仓盈亏＝$\sum$[（卖出平仓价－上一交易日结算价）×卖出平仓量]＋$\sum$[（上一交易日结算价－买入平仓价）×买入平仓量]　　　　　　　　　　　　式 1-3

平当日仓盈亏＝$\sum$[（当日卖出平仓价－当日买入开仓价）×卖出平仓量]＋$\sum$[（当日卖出开仓价－当日买入平仓价）×买入平仓量]　　　　　　　　　　式 1-4

2）持仓盈亏＝历史持仓盈亏＋当日开仓持仓盈亏　　　　　　　　　　式 1-5

历史持仓盈亏＝（当日结算价－上一日结算价）×持仓量　　　　　　式 1-6

当日开仓持仓盈亏＝$\sum$[（卖出开仓价－当日结算价）×卖出开仓量]＋$\sum$[（当日结算价－买入开仓价）×买入开仓量]　　　　　　　　　　　　　式 1-7

（2）当日盈亏可以综合成为总公式，见式 1-8。

当日盈亏＝$\sum$[（卖出成交价－当日结算价）×卖出量]＋$\sum$[（当日结算价－买入成交价）×买入量]＋（上一交易日结算价－当日结算价）×（上一交易日卖出持仓量－上一交

易日买入持仓量）　　　　　　　　　　　　　　　　　　　　　　　　式 1-8

2.有关概念

平仓是指期货交易者买入或卖出与其所持期货合约的品种、数量及交割月份相同但交易方向相反的期货合约，了结期货交易的行为。当日结算价是指某一期货合约当日成交价格按照成交量的加权平均价。当日无成交价格的，以上一交易日的结算价作为当日结算价。每个期货合约均以当日结算价作为计算当日盈亏的依据。持仓量是指期货交易者所持有的未平仓合约的数量。

3.结算准备金余额

结算准备金余额的具体计算公式见式 1-9。

当日结算准备金＝上一交易日结算准备金＋入金－出金＋上一交易日交易保证金－当日交易保证金＋当日盈亏－手续费等　　　　　　　　　　　　　　　　　式 1-9

4.应用

【案例 3-1】　某新客户存入保证金 10 万元，在 4 月 1 日买入开仓大豆期货合约 40 手（每手 10 吨），成交价为 2000 元/吨，同一天该客户卖出平仓 20 手大豆合约，成交价为 2030元/吨，当日结算价为 2040 元/吨，交易保证金比例为 5％，则客户的当日盈亏（不含手续费、税金等费用）情况如下。

（1）按分项公式计算

平仓盈亏＝（2030－2000）×20×10＝6000（元）

持仓盈亏＝（2040－2000）×（40－20）×10＝8000（元）

当日盈亏＝6000＋8000＝14000（元）

（2）按总公式计算

当日盈亏＝（2030－2040）×20×10＋（2040－2000）×40×10＝14000（元）

（3）当日结算准备金余额＝100000－2040×20×10×5％＋14000＝93600（元）

【案例 3-2】　4 月 2 日，该客户再买入 8 手大豆合约，成交价为 2030 元/吨，当日结算价为 2060 元/吨，则其账户情况如下。

（1）按分项公式计算

当日开仓持仓盈亏＝（2060－2030）×8×10＝2400（元）

历史持仓盈亏＝（2060－2040）×20×10＝4000（元）

当日盈亏＝2400＋4000＝6400（元）

（2）按总公式计算

当日盈亏＝（2060－2030）×8×10＋（2040－2060）×（20－40）×10＝6400（元）

（3）当日结算准备金余额＝93600＋2040×20×10×5％－2060×28×10×5％＋6400＝91560（元）

【案例 3-3】　4 月 3 日，该客户又将 28 手大豆合约平仓，成交价为 2070 元/吨，当日结算价为 2050 元/吨，则其账户情况如下。

（1）按分项公式计算

平仓盈亏＝（2070－2060）×28×10＝2800（元）

（2）按总公式计算

问题思考

当日盈亏＝（2070－2050）×28×10＋（2060－2050）×（0－28）×10＝2800（元）

（3）当日结算准备金余额＝91560＋2060×28×10×5％＋2800＝123200（元）

四、交　割

（一）交割的种类与作用

期货交易的交割方式分为实物交割和现金交割两种。实物交割是指交易双方在交割日将合约所载商品的所有权按规定进行转移、了结未平仓合约的过程。而现金交割是指交易双方在交割日对合约盈亏以现金方式进行结算的过程。在期货市场中，商品期货通常都采用实物交割方式，金融期货中有的品种采用实物交割方式，有的品种则采用现金交割方式。

期货交割是促使期货价格和现货价格趋向一致的制度保证。当由于过分投机，发生期货价格严重偏离现货价格时，交易者就会在期货、现货两个市场间进行套利交易。当期货价格过高而现货价格过低时，交易者在期货市场上卖出期货合约，在现货市场上买进商品，这样，现货需求增多，现货价格上升，期货合约供给增多，期货价格下降，期现价差缩小；当期货价格过低而现货价格过高时，交易者在期货市场上买进期货合约，在现货市场卖出商品。这样，期货需求增多，期货价格上升，现货供给增多，现货价格下降，使期现价差趋于正常。以上分析表明，通过交割，期货、现货两个市场得以实现相互联动，期货价格最终与现货价格趋于一致，使期货市场真正发挥价格晴雨表的作用。

（二）实物交割方式与交割结算价的确定

1. 实物交割方式

实物交割方式包括集中交割和滚动交割两种。集中交割，即所有到期合约在交割月份最后交易日过后一次性集中交割的交割方式。滚动交割，即除了在交割月份的最后交易日过后对所有到期合约全部配对交割外，在交割月第一交易日至最后交易日之间的规定时间也可进行交割的交割方式。

2. 实物交割结算价

实物交割结算价是指在实物交割时商品交收所依据的基准价格。交割商品计价以交割结算价为基础，再加上不同等级商品质量升贴水及异地交割仓库与基准交割仓库的升贴水。

（三）实物交割的程序

实物交割要求以会员名义进行。客户的实物交割须由会员代理，并以会员名义在交易所进行。

1. 集中交割方式

集中交割方式以上海期货交易所和大连商品交易所为例。

（1）上海期货交易所集中交割程序。实物交割的日期为合约最后交易日后的连续5个工作日。

第一交割日：①买方申报意向。买方在第一交割日内，向交易所提交所需商品的意向书。内容包括品种、牌号、数量及指定交割仓库名等。②卖方交标准仓单。卖方在第一交割日内将已付清仓储费用的有效标准仓单交交易所。

第二交割日：交易所分配标准仓单。交易所在第二交割日根据已有资源，按照"时间优先、数量取整、就近配对、统筹安排"的原则，向买方分配标准仓单。不能用于下一期货合约交割的标准仓单，交易所按所占当月交割总量的比例向买方分摊。

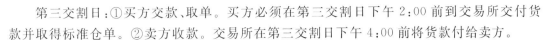

第三交割日：①买方交款、取单。买方必须在第三交割日下午2:00前到交易所交付货款并取得标准仓单。②卖方收款。交易所在第三交割日下午4:00前将货款付给卖方。

第四、五交割日：卖方交增值税专用发票。

(2)大连商品交易所大豆交割程序。①最后交易日闭市后，交易所按"最少配对数"的原则通过计算机对交割月份持仓合约进行交割配对。配对结果一经确定，买卖双方不得变更。②最后交易日闭市后，交易所将交割月份买持仓的交易保证金转为交割预付款。③最后交割日闭市后，交易所按"最少配对数"原则将卖方交割的各仓库仓单分配给对应的配对买方。分配结果一经确定，买卖双方不得变更。④最后交割日闭市前，卖方会员须将与其交割月份合约持仓相对应的全部标准仓单和增值税发票交到交易所，买方会员须补齐与其交割月份合约持仓相对应的全额货款。

最后交割日闭市后，交易所给买方会员开具标准仓单持有凭证，交易所将80%的货款付给卖方会员，交易所在收到卖方会员提交的增值税专用发票后，将剩余的20%的货款付给卖方会员。增值税发票的流转过程为：交割卖方客户给对应的买方客户开具增值税发票，客户开具的增值税发票由双方会员转交、领取并协助核实，交易所负责监督。会员迟交或未提交增值税发票的，按《大连商品交易所结算细则》有关规定处理。

2.滚动交割方式

滚动交割方式以郑州商品交易所为例。

(1)自进入交割月第一个交易日起至最后交易日的前一交易日，持有交割月合约的买方会员和持有交割月合约、标准仓单的卖方会员均可在每个交易日下午2:30之前的交易时间内，通过会员服务系统提出交割申请。

买方会员在会员服务系统响应卖方会员的交割申请；未得到买方会员响应的，卖方会员可于申请当日下午2:30之前撤销交割申请，没有撤销的，由计算机系统判为作废；买方会员响应的，即视为确认，买卖双方均不得撤销。申请当日闭市后，交易所依据买卖双方相对应的持仓量、买卖双方确认申请量和卖方持有标准仓单量，取最小数进行配对（即配对日）。

最后交易日闭市后，同一会员同一交易编码客户所持有的该交割月买卖持仓相对应部分由计算机自动平仓，平仓价按当日结算价计算；其他未平仓合约，一律视为交割合约，由计算机按数量取整、最少配对数原则予以配对（配对日）。

配对后，卖方相应的标准仓单予以冻结，相应的交易保证金予以释放。

交割关系一经确定，买卖双方不得擅自调整或者变更。

(2)配对日后的下一交易日（即通知日），买卖双方通过交易所会员服务系统确认交割通知单。会员未收到交割通知单或者对交割通知单有异议的，应在通知日下午5:00之前以书面形式通知交易所；规定时间内没有提出异议的，视为对交割通知单的认可。

(3)通知日后的下一交易日（即交割日）上午9:00之前，买方会员应当将尚欠货款划入交易所账户，卖方会员应当持有可流通的标准仓单。交易所结算部门为买卖双方办理交割结算手续，买卖双方在交割通知单注明的时间通过交易所会员服务系统查收交割结算结果，同时，买方会员把客户名称和税务登记证号等事项提供给卖方会员。

交易所收取买方会员全额货款后，于交割日将全额货款的80%划转给卖方会员，同时将卖方会员的仓单交付买方会员。余款在买方会员确认收到卖方会员转交的增值税专用发票时结清。对发票的传递、余款的结算，会员均应按《郑州商品交易所期货交割细则》第四、五章规定办理。交割结算价为期货合约配对日前 10 个交易日（含配对日）交易结算价的算术平均价。

（四）现金交割方式与交割结算价的确定

现金交割是指合约到期时，交易双方按照交易所的规则、程序及其公布的交割结算价进行现金差价结算，了结到期未平仓合约的过程。中国金融期货交易所的股指期货合约采用现金交割方式，规定股指期货合约最后交易日收市后，交易所以交割结算价为基准，划付持仓双方的盈亏，了结所有未平仓合约。股指期货交割结算价为最后交易日标的指数最后 2 小时的算术平均价。

（五）交割违约的处理

1. 交割违约的认定

期货合约的买卖双方有下列行为之一的，构成交割违约：①在规定交割期限内卖方未交付有效标准仓单的；②在规定交割期限内买方未解付货款或解付不足的。

2. 交割违约的处理

会员在期货合约实物交割中发生违约行为，交易所应先代为履约。交易所可采用征购和竞卖的方式处理违约事宜，违约会员应负责承担由此引起的损失和费用。交易所对违约会员还可处以支付违约金、赔偿金等处罚。

问题思考

【项目结论】

1. 期货市场的基本制度包括：保证金制度、每日无负债结算制度、涨跌停板制度、持仓限额制度、大户报告制度、实物交割制度、强行平仓制度、风险准备金制度、信息披露制度。

2. 期货交易的基本流程包括：开户、下单、竞价、结算、交割。

3. 结算是指根据交易结果和交易所有关规定对会员交易保证金、盈亏、手续费、交割货款和其他有关款项进行的计算、划拨，结算包括交易所对会员的结算和期货经纪公司会员对其客户的结算。

4. 期货合约价格的形成方式主要有：公开喊价方式和计算机撮合成交两种方式。

5. 期货交易的交割方式分为实物交割和现金交割两种。实物交割是指交易双方在交割日将合约所载商品的所有权按规定进行转移、了结未平仓合约的过程，而现金交割是指交易双方在交割日对合约盈亏以现金方式进行结算的过程。

6. 实物交割方式包括集中交割和滚动交割两种。

【项目训练】

一、填空题

1. 目前我国股指期货的合约标的是（　　　　　）。

2. 期货市场的经济功能主要有（　　　　　）、（　　　　　）、风险投资。

3. （　　　　　）制度是期货市场风险控制最根本、最重要的制度。

4. 公开叫价方式可分为（　　　　　）和（　　　　　）。

5. 实物交割方式有（　　　　　）、（　　　　　）两种。

6. 止损指令是指当市场价格达到客户预计的价格水平即变为（　　　　　）时予以执行

的一种指令。

7.限价指令竞价交易遵循的成交原则是(　　　　　　)和(　　　　　　)。

二、名词解释

1.风险准备金制度

2.滚动交割

项目延伸

第四章 期货交易的主要业务

【知识目标】 掌握套期保值的内涵与原理;熟悉期货保值的具体业务操作和运用;了解正向市场、反向市场、基差的概念;熟悉基差变化与套期保值效果;了解基差变化的形式;了解期转现交易;熟悉套利的概念、特点和原则;理解不同类型套利的含义和影响因素;掌握套利技巧;掌握期货投机的概念和作用;了解投机和赌博的区别;熟悉期货投机者的类型;掌握期货投机交易的方法和技巧。

【技能目标】 能够进行期货套期保值的操作;掌握基差的不同变化对套期保值效果的不同影响;掌握套利操作的方法与技巧;掌握期货投机交易的操作与技巧。

【案例导入】

商品价格剧烈波动 上市公司期货套保热潮再起

从事食品加工的唐人神发布的最新公告称其拟投入 1500 万元进行玉米、豆粕等商品期货的套期保值业务,原因是玉米、豆粕、豆油、大豆是公司的主要生产原料,采购成本通常占总体经营成本的 50% 以上,进行套期保值操作,能规避玉米、豆粕等价格波动风险。

近期国内外大宗商品价格剧烈波动,原油、黄金、棉花、橡胶等多个品种出现恐慌性暴跌,部分期货价格已经创下年内新低。因此,上市公司为规避风险,积极参与套期保值业务。据本报不完全统计,2012 年以来,共有 46 家上市公司公布了开展期货套期保值业务的公告,动用的保证金规模累计达到 34 亿元。

根据相关规定,上市公司进行套期保值业务的品种限于公司生产经营相关的产品或所需的原材料;上市公司进行套期保值的数量原则上不得超过实际现货交易的数量,期货持仓量应不超过套期保值的现货量;上市公司应具有与套期保值保证金相匹配的自有资金,不得使用募集资金直接或间接进行套期保值。

本报初步统计发现,46 家参与期货套期保值的上市公司中,涉及铜、铝、钢、锌、线材等金属期货品种的多达 29 家,占绝对多数;涉及能源化工品种的有 12 家;涉及玉米、豆粕、棉花等农作物产品的有 3 家;还有 1 家公司进行的是上海黄金交易所的黄金套期保值。此外,极个别公司开展的是境外期货套期保值。

目前我国三大商品交易所共有 28 个上市品种,涵盖了基本金属、贵金属、能源化工、农产品等领域,与企业生产经营息息相关。近年来,一些上市公司持续利用期货市场进行套期

保值,规避原材料等价格波动对企业生产经营造成的不利影响,进而控制风险,锁定利润。

（资料来源:李宇欣,《商品价格剧烈波动　上市公司期货套保热潮再起》,《大众证券》2012 年 5 月 23 日。）

第一节　套期保值

一、套期保值的基本内容

(一)套期保值的概念

在经济活动中无时无刻不存在风险。例如在农业生产中,自然灾害会使农作物减产,影响种植者的收成。同时,农作物的减产造成供求关系变化,使得粮食加工商在买进小麦、大豆等农产品时付出更高的价格,而这又会直接影响当地市场中粮食、食油、肉、禽、蛋以及其他消费品的价格。对于制造业来说,原油、燃料等原材料的供给减少将会引起一系列制成品价格的上涨。对于银行和其他金融机构而言,利率的上升势必影响金融机构为吸引存款所付出的利息水平。因此,包括农业、制造业、商业和金融业在内的各经济部门都面临不同程度的价格波动,即价格风险,而套期保值正是以回避现货价格为目的的期货交易行为。

套期保值也叫对冲交易,主要是指生产经营者在现货市场上买进或卖出一定量的现货商品的同时,在期货市场上卖出或买进与现货品种相同、数量相当,但方向相反的期货商品(期货合约),以期在现货市场发生不利的价格变动时,达到规避价格波动风险的目的,其实质是用期货交易带来的赢利或亏损,补偿或抵消现货市场价格变动所导致的实际亏损或赢利,使交易者的经济效益或产品成本稳定在一定的水平。

(二)套期保值的原理

套期保值之所以能够规避价格风险,是因为期货市场上存在以下基本经济原理。

1.同种商品的期货价格走势与现货价格走势一致

现货市场与期货市场虽然是两个各自独立的市场,但由于某一特定商品的期货价格和现货价格在同一市场环境内,会受到相同的经济因素的影响和制约,因而一般情况下两个市场的价格变动趋势相同。套期保值就是利用这两个市场上的价格关系,分别在期货市场和现货市场做方向相反的买卖,取得在一个市场上出现亏损的同时,在另一个市场上赢利的结果,以达到锁定生产成本的目的。

2.现货市场与期货市场价格随期货合约到期日的临近,两者趋向一致

期货交易的交割制度,保证了现货市场与期货市场价格随期货合约到期日的临近,两者趋向一致。期货交易规定合约到期时,必须进行实物交割。到交割时,如果期货价格和现货价格不同,例如期货价格高于现货价格,就会有套利者买入低价现货,卖出高价期货,以低价买入的现货在期货市场上高价抛出,在无风险的情况下实现赢利。这种套利交易最终使期货价格和现货价格趋向一致。

3.套期保值是用较小的基差风险替代较大的现货价格波动风险

基差是指现货价格与期货价格之间的价差。期货价格与现货价格的变动从方向上来说

是基本一致的,但幅度并非一致,即基差的数值并不是恒定的。基差的变化使套期保值承担着一定的风险,套期保值者并不能完全将风险转移出去。套期保值者参与期货市场,是为了避免现货市场价格变动这一较大的风险,而接受基差变动这一相对较小的风险。

正是上述经济原理,使得套期保值能够起到为商品生产经营者降低价格风险的作用,保障生产、加工、经营活动的稳定进行。

(三)套期保值的操作原则

1.交易方向相反原则

交易方向相反原则是指在做套期保值交易时,套期保值者必须同时或相近时间内在现货市场上和期货市场上采取相反的买卖行动,即进行反向操作,在两个市场上处于相反的买卖位置。只有遵循交易方向相反原则,交易者才能取得在一个市场上亏损的同时在另一个市场上必定会出现赢利的结果,才能用一个市场上的赢利去弥补另一个市场上的亏损,从而达到套期保值的目的。

如果违反了交易方向相反原则,所做的期货交易就不能称作套期保值交易,不仅达不到规避价格风险的目的,反而增加了价格风险,其结果是要么同时在两个市场上亏损,要么同时在两个市场上赢利。比如,对于现货市场上的买方来说,如果他同时也是期货市场的买方,即采取了正向操作而非反向操作的原则,那么,在价格上涨的情况下,他在两个市场上都会出现赢利,在价格下跌的情况下,在两个市场上都会出现亏损。

2.商品种类相同原则

商品种类相同原则是指在做套期保值交易时,所选择的期货商品必须和套期保值者将在现货市场中买进或卖出的现货商品在种类上相同。只有商品种类相同,期货价格和现货价格之间才有可能形成密切的关系,才能在价格走势上保持大致相同的趋势,从而在两个市场上同时或前后采取反向买卖行动才能取得效果。

在做套期保值交易时,必须遵循商品种类相同原则,否则,所做的套期保值交易不仅不能达到规避价格风险的目的,反而会增加价格波动的风险。当然,由于期货商品具有特殊性,不是所有的商品都能进入期货市场,成为期货商品。这就为套期保值交易带来一些困难。为解决这一困难,在期货交易的实践中,就推出了"交叉套期保值交易"做法。所谓交叉套期保值,就是当套期保值者为其在现货市场上将要买进或卖出的现货商品进行套期保值时,若无相对应的该种商品的期货合约可用,就可选择另一种与该现货商品的种类不同但在价格走势互相影响且大致相同的相关商品的期货合约来做套期保值交易。一般地,选择作为替代物的期货商品最好是该现货商品的替代商品,两种商品的相互替代性越强,套期保值交易的效果就越好。

3.商品数量相等原则

商品数量相等原则是指在做套期保值交易时,所选用的期货合约上所载的商品的数量必须与交易者将要在现货市场上买进或卖出的商品数量相等。做套期保值交易之所以必须坚持商品数量相等的原则,是因为只有保持两个市场上买卖商品的数量相等,才能使一个市场上的赢利额与另一个市场上的亏损额相等或最接近。由于期货合约是标准化的,每张期货合约所代表的商品数量是固定不变的,但是,交易者在现货市场上买卖的商品数量却是各种各样的,这样,就使得在做套期保值交易时,有时很难使所买卖的期货商品数量等于现货市场上买卖的现货商品数量,这就给做套期保值交易带来一定困难,并在一定程度上影响套期保值交易效果。

4.月份相同或相近原则

月份相同或相近原则是指在做套期保值交易时,所选用的期货合约的交割月份最好与交易者将来在现货市场上实际买进或卖出现货商品的时间相同或相近。在选用期货合约时,之所以必须遵循交割月份相同或相近原则,是因为两个市场上出现的亏损额和赢利额受两个市场上价格变动幅度的影响,只有使所选用的期货合约的交割月份和交易者决定在现货市场上实际买进或卖出现货商品的时间相同或相近,才能使期货价格和现货价格之间的联系更加紧密,增强套期保值效果。因为,随着期货合约交割期的到来,期货价格和现货价格会趋向一致。套期保值交易的四大操作原则是任何套期保值交易都必须同时兼顾,忽略其中任何一个都有可能影响套期保值交易的效果。

二、熟悉套期保值的应用

生产经营企业面临的价格波动的风险最终可分为两种:一种是担心未来某种商品的价格上涨;另外一种是担心未来某种商品的价格下跌。针对这两种风险,期货市场上的套期保值可以分为两种最基本的操作方式,即买入套期保值和卖出套期保值。

(一)买入套期保值

买入套期保值就是指套期保值者先在期货市场上买入与其将要在现货市场上买入的现货商品数量相等,交割日期也相同或相近的该种商品的期货合约,即预先在期货市场上买空,持有多头头寸。然后,当该套期保值者在现货市场上实际买入该种现货商品的同时,在期货市场上进行对冲,卖出原先买进的该商品的期货合约,进而为其在现货市场上买进现货商品的交易进行保值。因为套期保值者首先在期货市场以买入方式建立多头的交易部位,故又称多头套期保值。

1.适用对象及范围

买入套期保值是那些准备在将来某一时间内必须购进某种商品时价格仍能维持在目前自己认可的水平的商品者常用的保值方法,他们最大的担心是当他们实际买入现货商品或偿还债务时,价格上涨。买入套期保值一般可运用于如下领域。

(1)加工制造企业为了防止日后购进原料时价格上涨的情况。如铝型材厂担心日后购进铝锭时价格上涨,用铜企业担心日后电解铜的价格上涨,饲料厂担心玉米、豆粕的价格上涨,等等。

(2)供货方已经跟需求方签订好现货供货合同,将来交货,但供货方此时尚未购进货源,担心日后购进货源时价格上涨。如某一进出口公司5月底跟外商签订了8月底给外商提供3000吨绿豆,价格为4000元/吨,5月底绿豆的现货价格为3800元/吨,预计将有200元/吨的利润,但由于货款或库存方面的原因,跟外商签订合同时,尚未购进绿豆,担心8月初到现货市场购进绿豆时,绿豆价格上涨,造成利润减少或亏损,此时应进行买期保值。

(3)需求方认为目前现货市场的价格很合适,但由于资金不足或者缺少外汇或一时找不到符合规则的商品,或者仓库已满,不能立即买进现货,担心日后购进现货时,价格上涨。稳妥的办法是进行买期保值。

2.买入套期保值的操作方法

交易者先在期货市场上买入期货合约,其买入的商品品种、数量、交割月都与将来在现货市场上买入的现货大致相同,若以后现货市场价格真的出现上涨,他虽然在现货市场上以较高的现货价格买入现货商品,但由于此时他在期货市场上卖出原来买进的期货合约进行对冲平仓而获利,这样,用对冲后的期货赢利来弥补因现货市场价格上涨所造成的损失,从而完成了买入保值交易。

【案例 4-1】 广东某一铝型材厂的主要原料是铝锭,1994 年 3 月铝锭的现货价格为 13000 元/吨,该厂根据市场的供求关系变化,认为 2 个月后铝锭的现货价格将要上涨,为了回避 2 个月后购进 600 吨铝锭时价格上涨的风险,该厂决定进行买入套期保值。3 月初以 13200 元/吨的价格买入 600 吨 5 月份到期的铝锭期货合约,到 5 月初该厂在现货市场上买铝锭时价格已上涨至 15000 元/吨,而此时期货价格亦已涨至 15200 元/吨,这样,该铝型材厂的经营状况如表 4-1 所示。

表 4-1 买入套期保值实例 1

时　间	市　场	
	现货市场	期货市场
3 月初	铝锭现货市场价格为 13000 元/吨,但由于资金和库存的原因未买入	以 13200 元/吨的价格买进 600 吨 5 月份到期的铝锭期货合约
5 月初	在现货市场上以 15000 元/吨的价格买入 600 吨铝锭	以 15200 元/吨的价格将 3 月初买进的 600 吨 5 月份到期的合约卖出
结　果	5 月初买入现货比 3 月初买入多支付 2000 元/吨的成本	期货对冲赢利 2000 元/吨

由此可见,该铝型材厂在过了 2 个月后以 15000 元/吨的价格购进铝锭,比先前 3 月初买进铝锭多支付了 2000 元/吨的成本。但由于做了买期保值,在期货交易中获得了 2000 元/吨的利润,用以弥补在现货市场购进时多付出的价格成本,其实际购进铝锭的价格仍然是 13000 元/吨,即实物购进价 15000 元/吨减去期货赢利的 2000 元/吨,回避了铝锭价格上涨的风险。

假如 5 月初铝锭的价格不涨反跌,现货、期货都下跌了 500 元/吨,则铝型材厂的经营结果如表 4-2 所示。

表 4-2 买入套期保值实例 2

时　间	市　场	
	现货市场	期货市场
3 月初	铝锭现货市场价格为 13000 元/吨,但由于资金和库存的原因未买入	以 13200 元/吨的价格买进 600 吨 5 月份到期的铝锭期货合约
5 月初	在现货市场上以 12500 元/吨的价格买入 600 吨铝锭	以 12700 元/吨的价格将 3 月初买进的 600 吨 5 月到期合约卖出
结　果	5 月初买入现货比 3 月初买入少支付 500 元/吨的成本	期货对冲亏损 500 元/吨

由此可见,该铝型材厂在 2 个月后买入铝锭比 3 月初买入少支付了 500 元/吨,但由于在期货市场上做了买入保值,亏损了 500 元/吨,因此,该铝型材厂铝锭的实际进价成本仍然为 13000 元/吨,即用现货市场上少支付的 500 元/吨弥补了在期货市场上亏损的 500 元/吨。

实际购进价为12500+500＝13000(元/吨)。

由上面的例子可知,该铝型材厂通过做买入套期保值,无论未来一段时间内价格怎样涨跌,都能使铝锭的进价成本维持在原先3月初认可的13000元/吨,该厂在成功地回避价格上涨的风险的同时,也放弃了价格下跌时获取更低的生产成本的机会。

3.买入套期保值的利弊分析

买入套期保值主要有以下好处:第一,买入套期保值能够回避价格上涨所带来的风险。如在案例4-1中,铝型材厂通过买入保值,用期货市场上的赢利弥补了现货市场上多支付的成本,回避了价格上涨的风险。第二,提高了企业资金的使用效率。由于期货交易是一种保证金交易,因此只用少量的资金就可以控制大批货物,加快了资金的周转速度。如在案例4-1中,根据交易所5%的交易保证金,该铝型材厂只需运用13200×600×5%＝3960000(元),最多再加上5%的资金作为期货交易抗风险的资金,其余90%的资金在2个月内可加速周转,不仅降低了仓储费用,而且减少了资金占用成本。第三,对于需要库存的商品来说,节省了一些仓储、保险费用和损耗费。第四,能够促使现货合同的早日签订。如在案例4-1中,面对铝锭价格上涨的趋势,供货方势必不会同意按照3月初的现货价格签订5月份的供货合同,而是希望能够按照5月初的现货价格签约,如果买方一味坚持原先的意见,只会造成谈判破裂。如果买方做了买入套期保值,就会很顺利地同意按照供货方的意见成交,因为如果价格真的上去了,买货方可以用在期货市场的赢利弥补在现货市场多支付的成本。

事实上,买入套期保值付出的成本是:一旦采取了套期保值策略,就失去了由于价格变动而可能得到的获利机会。也就是说,在回避对己不利的价格风险的同时,也放弃了因价格变化可能出现的对己有利的价格机会,即如果不做买入套期保值,反而能够获取更大的利润。比如在上例中,如果铝锭价格下跌,该铝型材厂做买入套期保值反而再现亏损,拿现货市场少支付的成本来弥补期货市场的亏损,同时,必须支付交易成本,主要是佣金和银行利息。

(二)卖出套期保值

卖出套期保值是指套期保值者先在期货市场上卖出与其将要在现货市场上卖出的现货商品数量相等,交割日期也相同或相近的该种商品的期货合约。然后,当该套期保值者在现货市场上实际卖出该种现货商品的同时或前后,又在期货市场上进行对冲,买进原先所卖出的期货合约,结束所做的套期保值交易,进而实现为其在现货市场上卖出的现货保值。因为套期保值者首先在期货市场上建立空头的交易部位,故又称空头保值或卖空保值。

1.适用对象与范围

那些准备在未来某一时间内在现货市场上售出实物商品的生产经营者希望日后在现货市场售出实际商品时的价格仍能维持在当前合适的价格水平上,他们最大的担心就是当他们实际在现货市场上卖出现货商品时价格下跌,为此应当采取卖期保值方式来保护其日后售出实物的收益。卖期保值的目的在于回避日后因价格下跌而带来的亏损风险。具体说来,卖期保值主要用在下面几种情况中:①直接生产商品期货实物的生产厂家、农场、工厂等手头有库存产品尚未销售或即将生产、收获某种商品期货实物,担心日后出售时价格下跌;②储运商、贸易商手头有库存现货尚未出售或储运商、贸易商已签订将来以特定价格买进某一商品但尚未转售出去的合约,担心日后出售时价格下跌;③加工制造企业担心库存原料价格下跌。

2. 卖出套期保值的操作方法

交易者先在期货市场上卖出期货合约,其卖出的品种、数量、交割月份都与将来在现货市场卖出的现货大致相同,如果以后现货市场价格真的出现下跌,他虽然在现货市场上以较低的价格卖出手中的现货商品,但是他在期货市场上买入原来卖出的期货合约进行对冲平仓,用对冲后的赢利弥补在现货市场出售现货所发生的亏损,从而实现保值的目的。

【案例 4-2】 东北某一农垦公司主要种植大豆。1996 年 9 月初因中国饲料工业的发展而对大豆的需求大增,同时 9 月初因大豆正处在青黄不接的需求旺季导致了现货价格一直在 3300 元/吨左右波动,此时 1997 年 1 月份到期的期货合约的价格也在 3400 元/吨左右徘徊。该农垦公司经过充分的市场调查,认为 1996 年年底或 1997 年年初,大豆市场因价格一直过高而导致种植面积增加,同时大豆产区天气状况良好将使本年度的大豆产量剧增,预计日后的大豆价格将要下跌,为了回避日后大豆现货价格下跌的风险,该农垦公司决定为其即将收获的 50000 吨新豆进行保值,于 1996 年 9 月初在大连商品交易所卖出 50000 吨 1997 年 1 月份到期的大豆期货合约,价格为 3400 元/吨。到了 1996 年年底 1997 年年初,大豆现货价格果然下跌,该农垦公司 50000 吨大豆平均起来现货价格只能卖 2700 元/吨左右,但此时 1997 年 1 月期的大豆期货合约也跌至 2800 元/吨,期货跟现货大豆都下跌了 600 元/吨,该农垦公司的经营状况如表 4-3 所示。

表 4-3　卖出套期保值实例 1

时　间	市　场	
	现货市场	期货市场
1996 年 9 月初	大豆的价格为 3300 元/吨,但此时新豆还未收获	以 3400 元/吨的价格卖出 1997 年 1 月到期的大豆合约 50000 吨
1997 年 1 月初	卖出收获不久的大豆,平均价格为 2700 元/吨	以 2800 元/吨的价格买进 50000 吨 1997 年 1 月到期的大豆期货合约,对冲原先卖出的大豆期货合约
结　果	1997 年 1 月初比 1996 年 9 月初平均少卖 600 元/吨	期货对冲赢利 600 元/吨

由此可见,该农垦公司利用期货市场进行卖期保值,用期货市场上赢利的 600 元/吨弥补了因现货市场价格下跌而损失的 600 元/吨,成功地实现了原先制订的 3300 元/吨的销售计划,即用现货市场上平均卖出的价格 2700 元/吨加上期货市场赢利的 600 元/吨。

假设 1996 年年底或 1997 年年初大豆的价格不跌反涨,平均起来,现货跟期货的价格都上涨了 200 元/吨,则该农垦公司的经营状况如表 4-4 所示。

表 4-4　卖出套期保值实例 2

时　间	市　场	
	现货市场	期货市场
1996 年 9 月初	大豆的价格为 3300 元/吨,但此时新豆还未收获	以 3400 元/吨的价格卖出 1997 年 1 月份到期的大豆合约 50000 吨

续　表

时　间	市　场	
	现货市场	期货市场
1997 年 1 月初	卖出大豆的平均价格为 3500 元/吨	以 3600 元/吨的价格买进 50000 吨 1997 年 1 月份到期的大豆期货合约,对冲原先卖出的大豆期货合约
结　果	1997 年 1 月初比 1996 年 9 月初平均多卖 200 元/吨	期货对冲亏损 200 元/吨

由此可见,1997 年 1 月初农垦公司虽然在期货市场上每吨亏损了 200 元,但现货市场上卖出的价格比 9 月底卖出的价格要高 200 元/吨,其实际的销售价仍然是 3300 元/吨,即现货市场上平均卖出的 3500 元/吨的价格减去期货市场亏损的 200 元/吨的价格。

3.卖出套期保值的利弊分析

(1)卖出保值对套期保值者的好处有:①卖出保值能够回避未来现货价格下跌的风险。如在案例 4-2 中,该农垦公司成功地回避了大豆现货价格下跌的风险。②经营企业通过卖出保值,可以使保值者按照原先的经营计划,强化管理、认真组织货源,顺利完成销售计划。③有利于现货合约的顺利签订。在价格下跌的市场趋势中,企业由于做了卖出保值,就可以用期货市场的赢利来弥补现货价格下跌所造成的损失,就不必担心对方要求以日后交货时的现货价为成交价。反之,如果价格上涨,企业趁机在现货市场上卖个好价钱,尽管期货市场上出现了亏损但该企业还是实现了自己的销售计划。

(2)卖出保值对套期保值者的弊端有:卖出保值所付出的代价是保值者放弃了日后出现价格有利以获得更高的利润的机会,如在案例 4-2 中如果不参与期货保值,同时现货市场价格上涨,则该企业将获得 3500 元/吨的销价,但如果做了卖出套期保值,则该企业必须减去期货市场损失的 200 元/吨,另外,还须支付交易费用,并损失一部分的银行利息。

三、掌握基差变化对套期保值的影响

期货交易是在现货交易、远期交易的基础上发展起来的。早期的期货商品主要是农产品,如小麦、玉米、大豆等,它们的主要特点就是生产的季节性,从生产到销售,这中间要经过相当长一段时间和诸多环节,此间商品价格可能有较大的波动,给生产者和消费者带来价格风险。正是为了规避这种风险才需要进行期货交易,即建立期货市场的初衷是出于保值的需要。现货交易中交换的是实物商品,而期货交易中所交换的是代表一定商品所有权关系的期货合约。商品实物是商品所有权的物质承担者,期货合约是代表商品所有权的一种凭证。由于期货合约到了交割月份可用实物交收或要求必须用实物交收,最终实现实物交割时的商品期货价格与现货价格应当是趋同的。

(一)正向市场与反向市场

同种商品的现货价格与期货价格存在两种基本关系。在正常情况下,期货价格高于现货价格(或者近期月份合约价格低于远期月份合约价格),称为正向市场;在特殊情况下,现货价格高于期货价格(或者近期月份合约价格高于远期月份合约价格),称为反向市场。

1.正向市场

正向市场又称为正常市场。假定某企业在未来3个月后需要某种商品,它可以有两种选择:①立即买入3个月后交割的该商品的期货合约,将其持有到期,接受现货交割;②立即买入该种商品的现货,将其储存3个月后使用。购买期货合约除了支付少量保证金外,不需要更多的投资。买入现货不仅需要一次性地交足货款,而且还必须支付从购入商品到使用商品期间的仓储费、保险费,并损失一笔因将资金用于购买现货而不能用于其他投资的利息收入。所以在市场供求关系比较正常的情况下,期货合约的买入者必须付出高于购买现货的价格,以抵补持有现货的较高成本。持仓费指的是为了拥有或保留某种商品、有价证券等而支付的仓储费、保险费和利息等费用总和。在正向市场中,期货商品的价格等于现货商品的价格加上持仓费。交割期限越远,商品储存成本越高,则期货价格越高。期货价格与现货价格的差额应是商品存储者的收益。商品期货持有成本所体现的实质上是期货价格形成中的时间价值,这就是说,在不考虑其他影响因素的前提下,商品期货价格中的持有成本是期货合约时间长短的函数。持有期货合约的时间越长,持有成本就越大;反之,则越小。到了交割月份,持有期货合约的成本即持仓费降至零,期货价格趋同于现货价格。

2.反向市场

反向市场又称为逆转市场,即现货价格高于期货价格(或者近期月份合约价格高于远期月份合约价格)。该市场的出现有两个原因:①近期对某种商品的需求非常迫切,远大于近期产量及库存量;②预计将来该商品的供给会大幅度增加。总之,反向市场的出现是由于人们对现货商品的需求过于迫切,价格再高也愿意承担,从而造成现货价格剧升,近期月份合约价格也随之上升,远期月份合约则因未来供给将大量增加的预测,价格相对平稳。这种价格关系并非意味着持有现货没有持仓费的支出,只要持有现货并储存到未来某一时期,仓储费、保险费、利息成本的支出是必不可少的。只不过在反向市场上,由于市场对现货及近期月份合约需求迫切,购买者承担全部持仓费而已。在反向市场上,随着时间的推进,现货价格与期货价格如同在正向市场上一样,会逐步趋同,到交割月份趋向一致。

(二)基　差

1.基差的概念

基差是某一特定地点某种商品的现货价格与同种商品的某一特定期货合约价格间的价差。基差即现货价格减去期货价格。若不加说明,其中的期货价格应是离现货月份近的期货合约的价格。基差并不完全等同于持仓费,但基差的变化受制于持仓费。归根到底,持仓费反映的是期货价格与现货价格之间基本关系的本质特征,基差是期货价格与现货价格之间实际运行变化的动态指标。在正向市场上基差为负值,在反向市场上基差为正值。虽然期货价格与现货价格的变动方向基本一致,但变动的幅度往往不同,所以基差并不是一成不变的。随着现货价格和期货价格持续不断的变动,基差时而扩大,时而缩小。最终因现货价格和期货价格的趋同性,基差在期货合约的交割月趋向于零。

通常所说的基差扩大、缩小是指绝对值,不分正负。

基差的决定因素主要是市场上商品的供求关系。在现货交割地,如果市场供给量大于需求量,现货价格就会低于近期月份合约的价格;如果市场需求量远大于供给量,现货价格就会高于近期月份合约的价格。对于初级产品,特别是农产品的基差,除受一般供求因素的影响外,还在很大程度上受季节性因素的左右,使基差在一个时期扩大,在另一个时期缩小,一年一年周而复始。例如,在正向市场上,收获季节因大量农产品集中在较短的时间内上市,造成供给量大大超过当时的市场需求,现货价格下降,基差扩大。待收获季节过去,大量农产品逐步为市场所吸收,基差又开始缩小,逐渐恢复正常水平。随着春季来临,上年库存大量减少,在一些地区很可能出现供给短缺,现货价格相对于期货价格骤然上升,便可能出现反向市场,基差由负值变成正值。除此以外,替代产品的供求状况、仓储费用、运输费用、保险费、上年结转库存等因素或多或少都会影响商品期货的基差。

2.基差的作用

基差在期货交易中是一个非常重要的概念,是衡量期货价格与现货价格关系的重要指标。

(1)基差是套期保值成功与否的基础。套期保值是期货市场的主要经济功能之一,其功能的实现是基于同种商品的期货价格和现货价格因受相同的经济因素的影响和制约,具有同升同降的规律。这就为生产经营者提供了一条利用两个市场互相弥补的途径,即套期保值者本着"两面下注,反向操作,均等相对"的原则同时在现货市场和期货市场上反向操作,利用一个市场的赢利来弥补另一个市场的亏损,在两个市场之间建立一种"相互冲抵"机制,从而达到转移价格风险的目的。可见套期保值是利用期货的价差来弥补现货的价差,即以基差风险取代现货市场的价差风险。

基差的变化对套期保值者来说至关重要,因为基差是现货价格与期货价格的变动幅度和变化方向不一致所引起的,所以,只要套期保值者随时观察基差的变化,并选择有利的时机完成交易,就会取得较好的保值效果,甚至获得额外收益。同时,由于基差的变动比期货价格和现货价格相对稳定一些,这就为套期保值交易创造了十分有利的条件。而且,基差的变化主要受制于持仓费,一般比观察现货价格或期货价格的变化情况要方便得多。所以,熟悉基差的变动对套期保值者来说是大有益处的。套期保值的效果主要是由基差的变化决定的,从理论上说,如果交易者在进行套期保值之初和结束套期保值之时,基差没有发生变化,结果必然是交易者在这两个市场上盈亏相反且数量相等,由此实现规避价格风险的目的。但在实际的交易活动中,基差不可能保持不变,这就会给套期保值交易带来不同的影响。后面将对此做具体分析。

(2)基差是发现价格的标尺。期货价格是成千上万的交易者在分析了各种商品供求状况的基础上,在交易所公开竞价达成的,同时期货价格还具有预期性、连续性、权威性等特点,使那些没有涉足期货市场的生产经营者也能根据期货价格确定正确的经营决策。在国际市场上,越来越多的有相应期货市场的商品,其现货报价就是以期货价格减去基差或下浮一定百分比的形式报出,这种现象的存在并非意味着期货价格决定现货价格,实际正相反,是现货市场的供求关系以及市场参与者对未来现货价格的预期决定着期货合约的价格,但这并不妨碍以期货价格为基础报出现货价格。

(3)基差对于期、现货套利交易很重要。基差对于投机交易,尤其是期货、现货套利交易也很重要。如果在期货合约成交后,在正向市场上现货价格和期货价格同时上升,并一直持续到交割月份,基差的绝对值始终大于持仓费,就会出现无风险的套利机会,促使套利者在卖出期货合约的同时买入现货并持有到期货交割月,办理实物交割。同理,期货合约成交后,期货价格与现货价格同时下跌,并持续到交割月份,且基差始终小于持仓费,套利者就会采取与上述相反的无风险套利交易。在反向市场上,套利者也可利用期货价格与现货价格

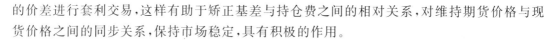

的价差进行套利交易,这样有助于矫正基差与持仓费之间的相对关系,对维持期货价格与现货价格之间的同步关系,保持市场稳定,具有积极的作用。

(三)基差变化对套期保值的影响

在商品实际价格变动过程中,基差总是在不断变动,基差变化是判断能否完全实现套期保值的依据。由于期货合约到期时,现货价格与期货价格会趋于一致,而且基差呈现规律的季节性变动。套期保值者利用基差的有利变动,不仅可以取得较好的保值效果,而且还可以通过套期保值交易获得额外的盈余。一旦基差出现不利变动,套期保值的效果就会受到影响,套期保值就会蒙受一部分损失。

1. 基差不变与套期保值效果

(1)基差不变与卖出套期保值。

【案例 4-3】 7月,大豆的现货价格为 2010 元/吨,某农场对该价格比较满意,但是大豆9月才能收获出售,因此该单位担心到时现货价格可能下跌,从而减少收益。为了避免将来价格下跌带来的风险,该农场决定在大连商品交易所进行大豆期货交易。交易情况如表 4-5所示。

表 4-5 基差不变与卖出套期保值实例

时 间	现货市场	期货市场	基 差
7 月	大豆价格 2010 元/吨	以 2050 元/吨的价格卖出 10 手 9 月份大豆合约	40 元/吨
9 月	以 1980 元/吨的价格卖出 100 吨大豆	以 2020 元/吨的价格买入 10 手 9 月份大豆合约	40 元/吨
套利结果	亏损 30 元/吨	赢利 30 元/吨	
	净获利:100×30−100×30=0(元)		

注:1 手＝10 吨。

从该例可以得出:第一,完整的卖出套期保值实际上涉及两笔期货交易。第一笔为卖出期货合约,第二笔为在现货市场卖出现货的同时,在期货市场买进对冲原先持有的部位。第二,因为在期货市场上的交易顺序是先卖后买,所以该例是卖出套期保值。第三,通过这一套期保值交易,虽然现货市场价格出现了对该农场不利的变动,即价格下跌了 30 元/吨,因而少收入了 3000 元;但是在期货市场上的交易赢利了 3000 元,从而消除了价格不利变动的影响。

(2)基差不变与买入套期保值。

【案例 4-4】 7月份,某电线电缆加工厂预计11月份需要100吨阴极铜作为原料。当时铜的现货价格为每吨 15000 元,加工厂对该价格比较满意。根据预测到 11 月份铜价格可能上涨,因此该加工厂为了避免将来价格上涨,导致原材料成本上升的风险,决定在上海期货交易所进行铜套期保值期货交易。交易情况如表 4-6 所示。

表 4-6 基差不变与买入套期保值实例

时 间	现货市场	期货市场	基 差
7月	铜价格 15000 元/吨	以 15500 元/吨的价格买入 20 手 11 月份铜合约	500 元/吨
11月	以 16500 元/吨的价格买入 100 吨铜	以 17000 元/吨的价格卖出 20 手 11 月份铜合约	500 元/吨
套利结果	亏损 1500 元/吨	赢利 1500 元/吨	
	净获利:100×1500－100×1500＝0(元)		

注:1 手＝5 吨。

从该例可以得出:第一,完整的买入套期保值同样涉及两笔期货交易。第一笔为买入期货合约,第二笔为在现货市场买入现货的同时,在期货市场卖出对冲原先持有的头寸。第二,因为在期货市场上的交易顺序是先买后卖,所以该例是买入套期保值。第三,通过这一套期保值交易,虽然现货市场价格出现了对该加工厂不利的变动,即价格上涨了 1500 元/吨,因而原材料成本提高了 150000 元;但是在期货市场上的交易赢利了 150000 元,从而消除了价格不利变动的影响。如果该加工厂不做买入套期保值交易,现货市场价格下跌时他可以得到更便宜的原料,但是一旦现货市场价格上升,他就必须承担由此造成的损失。相反,他在期货市场上做了买入套期保值,虽然失去了获取现货市场价格有利变动的赢利,可同时也避免了现货市场价格出现不利变动带来的损失。因此可以说,买入套期保值规避了现货市场价格变动的风险。

2.基差缩小与套期保值效果

(1)基差缩小与卖出套期保值(正向市场)。

【案例 4-5】 3月1日,小麦的现货价格为每 1400 元/吨,某经销商对该价格比较满意,买入 1000 吨现货小麦。为了避免现货价格可能下跌,从而减少收益,该经销商决定在郑州商品交易所进行小麦期货交易。而此时小麦 5 月份期货合约的价格为 1440 元/吨,基差 40 元/吨,该经销商于是在期货市场上卖出 100 手 5 月份小麦合约。4 月1 日,他在现货市场上以 1370 元/吨的价格卖出 1000 吨小麦,同时在期货市场上以 1400 元/吨的价格买入 100 手 5 月份大豆合约,来对冲 3 月 1 日建立的空头头寸。从基差的角度看,基差从 3 月 1 日的50 元/吨缩小到 4 月 1 日的 40 元/吨。交易情况如表 4-7 所示。

表 4-7 基差缩小与卖出套期保值实例(正向市场)

时 间	现货市场	期货市场	基 差
3月1日	以 1400 元/吨的价格买入 1000 吨小麦	以 1440 元/吨的价格卖出 100 手 5 月份小麦合约	－40 元/吨
4月1日	以 1370 元/吨的价格卖出 1000 吨小麦	以 1400 元/吨的价格买入 100 手 5 月份小麦合约	－30 元/吨
套利结果	亏损 30 元/吨	赢利 40 元/吨	缩小 10 元/吨
	净获利:1000×40－1000×30＝10000(元)		

注:1 手＝10 吨。

在该例中,现货价格和期货价格均下降,但现货价格的下降幅度小于期货价格的上升幅度,基差缩小,从而使得经销商在现货市场上因价格下跌卖出现货所蒙受的损失小于在期货市场上因价格下跌买入期货合约的获利,盈亏相抵后净赢利为10000元。

如果现货价格和期货价格不降反升,经销商在现货市场获利,在期货市场损失。但是只要基差缩小,现货市场的赢利不仅能弥补期货市场的全部损失,而且仍有净赢利。

可见,在正向市场中进行卖出套期保值交易时,只要基差缩小,无论现货价格和期货价格上升或下降,均可使保值者得到完全的保护,而且出现净赢利。而在反向市场上,只要基差缩小,卖出套期保值者都不能得到完全的保护,还会出现亏损。

(2)基差缩小与买入套期保值(反向市场)。

【案例4-6】 7月1日,铝的现货价格为15800元/吨,某加工商对该价格比较满意,卖出100吨现货铝。为了避免将来现货价格可能上升,从而提高原材料的成本,该加工商决定在上海期货交易所进行铝期货交易。而此时铝的9月份期货合约的价格为15400元/吨,基差400元/吨,该加工商于是在期货市场上买入20手9月份铝合约。8月1日,他在现货市场上以16000元/吨的价格买入100吨铝,同时在期货市场上以15700元/吨的价格卖出20手9月份铝合约,来对冲7月1日建立的空头头寸。从基差的角度看,基差从7月1日的400元/吨缩小到8月1日的300元/吨。交易情况如表4-8所示。

表 4-8 基差缩小与买入套期保值实例(反向市场)

时 间	现货市场	期货市场	基 差
7月1日	以15800元/吨的价格卖出100吨铝	以15400元/吨的价格买入20手9月份铝合约	400元/吨
8月1日	以16000元/吨的价格买入100吨铝	以15700元/吨的价格卖出20手9月份铝合约	300元/吨
套利结果	亏损200元/吨	赢利300元/吨	缩小100元/吨
	净获利:100×300－100×200＝10000(元)		

注:1手＝5吨。

在该例中,现货价格和期货价格均上升,但现货价格的上升幅度小于期货价格的下降幅度,基差缩小,从而使得加工商在现货市场上因价格上升买入现货所蒙受的损失小于在期货市场上因价格上升卖出期货合约的获利,盈亏相抵后净赢利为10000元。

同样,如果现货市场和期货市场的价格不是上升而是下降,加工商在现货市场获利,在期货市场损失。但是只要基差缩小,现货市场的赢利不仅能弥补期货市场的全部损失,而且会有净赢利。

若套期保值者买入合约后持有更长的时间,现货价格和期货价格会逐渐趋向一致,导致基差更小,这样便可获得更大净赢利。可见,在反向市场上进行买入套期保值交易基差缩小时,保值者可以得到完全保护。并且,持有多头头寸时间越长,买入套期保值的效果越好。而在正向市场上,无论现货价格和期货价格是上升还是下降,只要基差缩小,买入套期保值都只能得到部分的保护。

3.基差变大与套期保值效果

(1)基差变大与卖出套期保值(正向市场)。

在正向市场上,基差是由持仓费决定的。随着期货合约交割月的日益临近,持仓费逐步递减,期货价格和现货价格逐步接近,最终一致。如果基差扩大,也只能是暂时的、短期的。在短期中,由于种种原因,持仓费很可能没有完全反映在期货合约价格中,造成期货价格对现货价格的升水额小于持仓费。但这种情况不可能长久,经过市场机制的调整,升水额就会扩大,以包括全额持仓费。

【案例 4-7】 7月1日,绿豆的现货价格为3010元/吨,某经销商对该价格比较满意,买入100吨现货绿豆。为了避免现货价格可能下跌,从而减少收益,该经销商决定在郑州商品交易所进行绿豆期货交易。而此时绿豆9月份期货合约的价格为3040元/吨,基差30元/吨,月持仓费20元/吨,7—9月的持仓费为60元/吨,基差小于持仓费,该经销商于是在期货市场上卖出10手9月份绿豆合约。8月1日,他在现货市场上以2980元/吨的价格卖出100吨绿豆,同时在期货市场上以3020元/吨的价格买入10手9月份绿豆合约,来对冲7月1日建立的空头头寸。此时经过市场机制的调节,期货价格对现货价格的升水[3020－2980＝40(元)]正好与8—9月的持仓费[20×2＝40(元)]相等。从基差的角度看,基差从7月1日的30元/吨扩大到8月1日的40元/吨。交易情况如表4-9所示。

表 4-9 基差变大与卖出套期保值实例(正向市场)

时 间	现货市场	期货市场	基 差
7月1日	以3010元/吨的价格买入100吨绿豆	以3040元/吨的价格卖出10手9月份绿豆合约	－30元/吨
8月1日	以2980元/吨的价格卖出100吨绿豆	以3020元/吨的价格买入10手9月份绿豆合约	－40元/吨
套利结果	亏损30元/吨	赢利20元/吨	亏损10元/吨
	净损失:100×30－100×20＝1000(元)		

注:1手＝10吨。

在该例中,现货价格和期货价格均下降,但现货价格的下降幅度大于期货价格的下降幅度,基差扩大,从而使得经销商在现货市场上因价格下跌卖出现货所蒙受的损失大于在期货市场上因价格下跌买入期货合约的获利,盈亏相抵后仍损失1000元。

同样,如果现货市场和期货市场的价格不是下降而是上升,经销商在现货市场获利,在期货市场损失。但是只要基差扩大,现货市场的赢利只能弥补期货市场的部分损失,结果仍是净损失。所以,从中可以得出:第一,在正向市场上进行卖出套期保值交易,只要基差扩大,无论现货、期货价格上升还是下降,保值者都只能得到部分保护,获利只能弥补价格变动造成的部分损失。第二,在正向市场上,基差扩大只是暂时的现象。从长期来看,随着交割月份的来临,基差最终会缩小,直到消失。因此只要能够将空头头寸保持较长时间,一旦基差缩小即可获得完全保护。而在反向市场上,只要基差扩大,无论现货价格和期货价格是上升还是下降,卖出套期保值者就可以得到完全保护,还有赢利。

(2)基差变大与买入套期保值(反向市场)。

【案例 4-8】 7月1日,大豆的现货价格为2040元/吨,某加工商对该价格比较满意,希望能以此价格在三个月后买进100吨现货大豆。为了避免将来现货价格可能上升,从而提高原材料的成本,该加工商决定在大连商品交易所进行大豆期货交易。而此时大豆9月份期货合约的价格为 2010 元/吨,基差 30 元/吨,该加工商于是在期货市场上买入 10 手 9 月份大豆合约。8 月 1 日,他在现货市场上以 2080 元/吨的价格买入 100 吨大豆,同时在期货市场上以 2040 元/吨的价格卖出 10 手 9 月份大豆合约,来对冲 7 月 1 日建立的多头头寸。从基差的角度看,基差从 7 月 1 日的 30 元/吨扩大到 8 月 1 日的 40 元/吨。交易情况如表 4-10 所示。

表 4-10   基差变大与买入套期保值实例(反向市场)

时　间	现货市场	期货市场	基　差
7 月 1 日	以 2040 元/吨的价格卖出 100 吨大豆	以 2010 元/吨的价格买入 10 手 9 月份大豆合约	30 元/吨
8 月 1 日	以 2080 元/吨的价格买入 100 吨大豆	以 2040 元/吨的价格卖出 10 手 9 月份大豆合约	40 元/吨
套利结果	亏损 40 元/吨	赢利 30 元/吨	亏损 10 元/吨
	净损失:$100 \times 40 - 100 \times 30 = 1000$(元)		

注:1 手 = 10 吨。

在该例中,现货价格和期货价格均上升,但现货价格的上升幅度大于期货价格的上升幅度,基差扩大,从而使得加工商在现货市场上因价格上升买入现货蒙受的损失大于在期货市场上因价格上升卖出期货合约的获利,盈亏相抵后仍亏损 1000 元。

同样,如果现货市场和期货市场的价格不是上升而是下降,加工商在现货市场获利,在期货市场损失。但是只要基差扩大,现货市场的赢利不仅不能弥补期货市场的损失,而且会出现净亏损。

但若保值者在买入合约后持有更长的时间,因基差最终会缩小,便可获净赢利。可见,在反向市场上进行买入套期保值交易基差扩大时,保值者只能得到部分保护。而在正向市场上,只要基差变大,无论期货、现货价格是上升还是下降,买入套期保值者都可以得到完全保护。

套期保值的效果可以概括为如表 4-11 所示。

表 4-11   套期保值的保值效果

分　类		基差变化	保值效果
基差不变	卖出套期保值	正向市场	盈亏相抵
		反向市场	盈亏相抵
	买入套期保值	正向市场	盈亏相抵
		反向市场	盈亏相抵
基差缩小	卖出套期保值	正向市场	获利大于损失,保值者可以得到完全保护
		反向市场	获利只能部分弥补损失,保值者只能获得部分保护
	买入套期保值	正向市场	获利只能部分弥补损失,保值者只能获得部分保护
		反向市场	获利大于损失,保值者可以得到完全保护

续　表

分　类		基差变化	保值效果
基差变大	卖出套期保值	正向市场	获利只能部分弥补损失,保值者只能获得部分保护
		反向市场	获利大于损失,保值者可以得到完全保护
	买入套期保值	正向市场	获利大于损失,保值者可以得到完全保护
		反向市场	获利只能部分弥补损失,保值者只能获得部分保护

四、基差交易和期转现交易

(一)基差交易

基差交易是指以某月份的期货价格为计价基础,以期货价格加上或减去双方协商同意的基差来确定双方买卖现货商品的价格的交易方式。这样,不管现货市场上的实际价格是多少,只要套期保值者与现货交易的对方协商得到的基差,正好等于开始做套期保值时的基差,就能实现完全套期保值,取得完善的保值效果。如果套期保值者能争取到一个更有利的基差,套期保值交易就能赢利。基差交易在国外运用已很广泛,由于期货价格现在已被视为反映现货市场未来供求情况的权威价格,现货商更愿意运用期货价格加减基差作为远期现货交易的定价依据,特别是在一些大型交易所中,许多会员都有现货经营业务,他们参加期货交易的主要目的就是套期保值,会员之间进行基差交易已有可能,基差交易大都是和套期保值交易结合在一起进行的。

根据确定具体时点的实际交易价格的权利归属划分,基差交易可分为买方叫价交易和卖方叫价交易,如果确定交易时间的权利属于买方称为买方叫价交易,若权利属于卖方的则为卖方叫价交易。

【案例 4-9】　某进口商 5 月份以 17000 元/吨的价格从国外进口铜,一时还没有找到买主,为了回避日后价格下跌的风险,该进口商在期货交易所做了卖出套期保值,以 17500 元/吨的价格卖出 3 个月后到期的期货合约,则此时的基差为－500 元/吨,同时在现货市场上积极寻找买家。6 月中旬,有一铜杆厂认为铜价还将继续下跌,不愿意当时确定价格,双方经过协商,同意以低于 8 月份到期的期货合约价格 100 元/吨的价格作为双方买卖现货的价格,并且由买方即铜杆厂确定 8 月 1—15 日内上海金属交易所交易时间内的任何一天的 8 月份到期的期货合约价格为基准期货价格。8 月 10 日,上海金属交易所 8 月的铜期货合约的收盘价跌至 15700 元/吨,铜杆加工厂认为铜价已跌得差不多了,决定以 8 月 10 日 8 月期铜价的收盘价为基准价计算现货买卖价。此时,该进口商现货实际售出的价格为 15700－100＝15600(元/吨),并同时于次日在期货市场上以 15700 元/吨左右的价格买进平仓,结束了套期保值交易。综合以上的内容,进口商交易的具体情况如表 4-12 所示。

表 4-12　进口商在现货市场和期货市场的盈亏状况

时　间	现货市场	期货市场	基　差
5 月份	以 17000 元/吨的价格从国外买进一批铜	以 17500 元/吨的价格卖出 3 个月后到期的期货合约	−500 元/吨
7 月份	约定以低于 8 月份到期的期货合约结算价 100 元/吨为双方交货的价格,并由买方以 8 月 1—15 日其中一日的结算价为基准价,基差为 −100 元/吨。		
8 月 10 日	以 15600 元/吨卖出	以 15700 元/吨买入平仓	约定基差 −100 元/吨
结　果	亏损 1400 元/吨	赢利 1800 元/吨	

　　该进口商通过套期保值和基差交易,不仅回避了价格下跌的风险,而且还获得了 400 元/吨的利润;铜杆厂通过这笔交易,一方面保证了货源,同时获得了选择合适的价格的权利。由于进口商确定了交货时的基差为 −100 元/吨,与购进现货时做卖出套期保值的基差 −500 元/吨相比,基差由弱转强,且已确定基差变化为 400 元/吨,此时套期保值者可稳定地获取每吨 400 元的利润,实现赢利性保值。假设 8 月份铜价不跌反涨,假如在 18000 元/吨时,铜杆厂确定以这个价格为基准价,则进口商在现货市场的赢利为 18000−100−17000＝900(元/吨),虽然此时期货市场将亏损 500 元/吨,但两者抵消后,该进口商仍可获得 400 元/吨的利润,因此,通过基差交易,该进口商稳定地获取了 400 元/吨的利润。

　　上面的基差交易是在进口商做了卖出套期保值的前提下,由双方确定到期日的基差,由于以哪一天的期货价为现货买卖基准价由买方决定,故属于基差交易中的买方叫价交易,它一般与卖期保值配合使用,即现货商已经为其将要出售的商品做了卖出套期保值,即已确定买进时的基差,事后无论价格怎么变化该卖期保值都可稳定地实现赢利性保值。

　　反之,如果买方为了防止日后价格上涨,事先做了买期保值,确定了买进期货时的基差,同时积极在现货市场上寻找货源,由双方协商以买方买进的套期保值的交割月某一天的期货结算价为基准上下浮动一定的价格,确定了平仓时基差,然后卖方决定以哪一天的结算价为现货买卖的基准价即为卖方叫价交易。这样,不论价格如何变化,该买入期货保值者均可以实现赢利性保值。卖方叫价交易的基本方式跟买方叫价交易相似。

(二)期转现交易

　　期货转现货(以下简称"期转现")交易是指持有同一交割月份合约的多空双方之间达成现货买卖协议后,变期货部位为现货部位的交易。期转现是国际期货市场中长期实行的交易方式,在商品期货、金融期货中都有着广泛的应用。

　　我国郑州商品交易所和上海期货交易所都推出了期转现交易,基本做法是:交易双方达成协议后共同向交易所提出申请,获得交易所批准后,分别将各自持仓按双方达成的平仓价格由交易所代为平仓(现货的买方在期货市场须持有多头部位,现货的卖方在期货市场须持有空头部位)。同时双方按达成的现货买卖协议进行与期货合约标的物种类相同、数量相当的现货交换。

　　期转现交易的优越性主要体现在以下几方面:①加工企业和生产经营企业利用期转现可以节约期货交割成本,如搬运、整理和包装等交割费用,灵活商定交货品级、地点和方式,提高资金的利用效率。②加工企业可以根据需要分批分期地购回原料,减轻资金压力,减少库存量,生产经营企业也可以提前回收资金。③期转现使买卖双方在确定期货平仓价格的同时,确定了相应的现货买卖价格,达到和套期保值一样的避险效果。

买卖双方进行期转现有两种情况:①在期货市场有反向持仓双方,拟用标准仓单或标准仓单以外的货物进行期转现;②买卖双方为现货市场的贸易伙伴,有远期交货意向并希望远期交货价格稳定。双方可以先在期货市场上选择与远期交收货物最近的合约月份建仓,建仓量和远期货物量相当,建仓时机和价格分别由双方根据市况自行决定,到希望交收货的时候,进行非标准仓单的期转现。这相当于通过期货市场签订一个远期合同,一方面实现了套期保值的目的,另一方面避免了合同违约的可能。

用标准仓单期转现,要考虑仓单提前交收所节省的利息和储存等费用;用标准仓单以外的货物期转现,要考虑节省的交割费用、仓储费和利息,以及货物的品级差价。买卖双方要先看现货,确定交收货物和期货交割标准品级之间的价差。商定平仓价和交货价的差额一般要小于节省的上述费用总和,这样期转现对双方都有利。

问题思考

第二节 套期图利

一、套期图利的基本内容

(一)套期图利的概念

套期图利简称"套利",也叫价差交易。套期图利指的是在买入或卖出某种期货合约的同时,卖出或买入相关的另一种合约,并在某个时间同时将两种合约平仓的交易方式。在交易形式上它与套期保值相同,只是套期保值在现货市场和期货市场上同时买入卖出,套期图利却是在期货市场上买卖合约。

(二)套期图利与普通投机交易的区别

套期图利是与投机交易不同的一种交易方式,在期货市场中发挥着特殊的作用。套利是利用不同(可以是时间不同,也可以是地区不同或品种不同)市场之间的不合理价格差异来谋取低风险利润的一种交易方式。

在进行套期图利时,交易者注意的是合约之间的相互价格关系,而不是绝对价格水平。如果价格的变动方向与当初的预测相一致,交易者即可从两合约价格间的关系变动中获利。因此,对于交易者来说,理解套期图利原理和掌握一些交易技巧是非常必要的。当预计到两张期货合约之间的正常价格差距会出现变化时,交易者有可能利用这一价差,在买进(卖出)一种合约的同时,卖出(买进)另一种合约,以便日后市场情况对其有利时将在手合约对冲。套利者在下达指令时,应注意在何种价格水平上建立多头或空头交易头寸,以及日后在何种价格差距水平上执行对冲指令。

套期图利与普通投机交易的区别主要体现在:①普通投机交易只是利用单一期货合约价格的上下波动赚取利润,而套期图利是从不同的两个期货合约之间的相对价格差异套取利润。普通投机者关心和研究的是单一合约的涨跌,而套利者关心和研究的则是不同合约

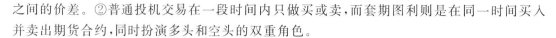

之间的价差。②普通投机交易在一段时间内只做买或卖,而套期图利则是在同一时间买入并卖出期货合约,同时扮演多头和空头的双重角色。

(三)套期图利的特点

套期图利主要有风险较小、成本较低两大特点。

(1)风险较小。一般来说,进行套期图利时,由于所买卖的合约是同类商品,所以不同交割月份的两张期货合约价格在运动方向上是一致的,买入期货合约的损失会被卖出合约的赢利抵销;或者卖出合约的损失会由买入合约的赢利弥补。因此,套期图利可以为避免价格剧烈波动而引起的损失提供某种保护,其承担的风险较单方向的普通投机交易小。

(2)成本较低。一般来说,套期图利是两笔交易,并且这两笔交易是同时发生的,为了鼓励套期图利,国外的交易所规定套利的佣金支出比一个单盘交易的佣金费用要高,但又不及一个回合单盘交易的两倍,可以为套期图利节约一定的成本支出。

(四)套期图利的作用

套期图利在本质上是期货市场上的一种投机,但与一般单方面的投机交易相比,风险较低,因为套利正是利用期货市场中有关价格失真的机会,并预测这价格失真会最终消失,从中获取套利利润。因此,套期图利者的风险是有限的。套利行为的存在对期货市场的正常运行起到了非常重要的作用,它有助于使扭曲的期货市场价格重新恢复到正常水平。

(1)套利行为有助于价格发现功能的有效发挥。由于影响期货市场价格和现货市场价格的因素存在一定的差异,套利者就会时刻注意市场动向,发现不正常的价格关系,利用两种期货价格之间的差价变化,随时进行套期图利。他们的交易结果则客观地使期货市场的各种价格关系趋于正常,促进市场公平价格的形成。

(2)套利行为有助于市场流动性的提高。套利行为的存在增大了期货市场的交易量,承担了价格变动的风险,排除了市场垄断,提高了期货交易的活跃程度,保证交易者的正常进出和套期保值操作的顺利实现,有效地降低市场风险,促进交易的流畅化和价格的理性化,起到市场润滑剂和减震剂的作用。

二、套期图利的种类

(一)跨期套利

跨期套利是指在同一市场(即同一交易所)同时买入、卖出同种商品不同交割月份的期货合约,以期在有利时机同时将这两个交割月份不同的合约对冲平仓获利。如在买进7月份大豆期货合约的同时,卖出11月份大豆期货合约,期望未来在有利价位卖出7月份大豆合约的同时买进11月份大豆合约而获利。这种套利形式是套期图利中最为普遍的一种。跨期套利是围绕同种期货合约不同交割月份的价差而展开的。不同交割月份的期货价格之间存在一定的关联,而最影响这种价格关系的是持仓费。

在交易所上市交易的每种期货合约都有两个以上的交割月份,其中一些离现货月份较近称为近期月份合约,另一些离现货月份较远称为远期月份合约。无论是近期合约还是远期合约,随着各自交割月的临近,它们和现货价格的差异都会逐渐减少,直至一致,但近期合约价格和远期合约价格相互间不存在一致问题。交易者可以根据远、近期月份合约价之间的差异,结合具体的市场行情及对市况发展趋势的分析预测,判断不同交割月份合约价格间

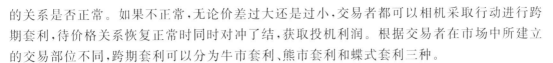

的关系是否正常。如果不正常,无论价差过大还是过小,交易者都可以相机采取行动进行跨期套利,待价格关系恢复正常时同时对冲了结,获取投机利润。根据交易者在市场中所建立的交易部位不同,跨期套利可以分为牛市套利、熊市套利和蝶式套利三种。

1.牛市套利

在正向市场上,如果供给不足,需求相对旺盛,则会导致近期月份合约价格的上升幅度大于远期月份合约,或者近期月份合约价格的下降幅度小于远期月份合约,交易者可以通过买入近期月份合约的同时卖出远期月份合约而进行牛市套利。

【案例 4-10】 5 月 30 日,9 月份铜期货的合约价格为 17530 元/吨,11 月份合约价格为 17580 元/吨,前者价格比后者低 50 元/吨。套利者根据历年 5 月底的 9 月份合约和 11 月份合约间的价差分析,认为 9 月份合约的价格较低,或者 11 月份的合约价格较高,价差大于正常年份的水平,如果市场运行正常,这两者之间的价差会恢复正常。于是,套利者决定买入 1 手 9 月份铜合约的同时卖出 1 手 11 月份铜合约,以期望未来某个有利时机同时平仓获取利润,交易情况如表 4-13 所示。

表 4-13 牛市套利实例 1

时 间	现货市场	期货市场	基 差
5 月 30 日	以 17530 元/吨的价格买入 1 手 9 月份铜合约	以 17580 元/吨的价格卖出 1 手 11 月份铜合约	−50 元/吨
7 月 30 日	以 17560 元/吨的价格卖出 1 手 9 月份铜合约	以 17595 元/吨的价格买入 1 手 11 月份铜合约	−35 元/吨
套利结果	赢利 30 元/吨	亏损 15 元/吨	
	净获利:$10 \times 30 - 10 \times 15 = 150$(元)		

注:1 手=10 吨。

分析上例可知:①如果套利者只买入 9 月份铜合约,到时平仓可以获得的净利为 $30 \times 10 = 300$(元),那么为什么还要卖出 11 月份合约以致遭受损失使得最后赢利只有 150 元呢?因为如果只买入 9 月份铜合约,预测正确可以获得厚利。一旦预测失败,损失也是非常大的。而做牛市套利,同时买入、卖出同种商品不同交割月份的合约,由于合约价格间有同升同降的一般规律,加上交易行为相反,在 9 月份合约上的获利虽然因在 11 月份合约交易中的亏损而减少,但若预测错误,9 月份合约交易中的亏损可以由 11 月份合约交易中的赢利部分抵销。因此与单边的多头或空头投机交易相比,套利的吸引力在于投机风险下降。②套利的成败取决于价差的变化,与价格变动方向及程度无关。在牛市套利中,无论价格升降,关键需要不同交割月份的价差缩小才能赢利。价差的缩小表现为四种情况:9 月份合约价格上升,11 月份合约价格不变;9 月份合约价格不变,11 月份合约价格下降;两种合约价格均上升,但 9 月份合约价格升幅大于 11 月份合约价格;两种合约价格均下降,但 9 月份合约价格降幅小于 11 月份合约价格。

【案例 4-11】 如果案例 4-10 中的套利者按 17530 元/吨的价格在 5 月 30 日买入 9 月份铜期货合约,同时以 17580 元/吨的价格卖出 11 月份合约后,市场价格下降,由于 11 月份合约下降的幅度大于 9 月份合约下降的幅度,因此跨期套利才能赢利,交易情况如表 4-14 所示。

表 4-14　牛市套利实例 2

时　间	现货市场	期货市场	基　差
5 月 30 日	以 17530 元/吨的价格买入 1 手 9 月份铜合约	以 17580 元/吨的价格卖出 1 手 11 月份铜合约	−50 元/吨
7 月 30 日	以 17520 元/吨的价格卖出 1 手 9 月份铜合约	以 17560 元/吨的价格买入 1 手 11 月份铜合约	−40 元/吨
套利结果	亏损 10 元/吨	赢利 20 元/吨	
	净获利:10×20−10×10=100(元)		

注:1 手=10 吨。

【案例 4-12】　如果案例 4-11 中不同交割月份的价差不但不缩小反而扩大,在牛市套期图利中投机者就会蒙受损失,如表 4-15 所示。

表 4-15　牛市套利实例 3

时　间	现货市场	期货市场	基　差
5 月 30 日	以 17530 元/吨的价格买入 1 手 9 月份铜合约	以 17580 元/吨的价格卖出 1 手 11 月份铜合约	−50 元/吨
7 月 30 日	以 17550 元/吨的价格卖出 1 手 9 月份铜合约	以 17620 元/吨的价格买入 1 手 11 月份铜合约	−70 元/吨
套利结果	赢利 20 元/吨	亏损 40 元/吨	
	净亏损:10×40−10×20=200(元)		

注:1 手=10 吨。

在正向市场中牛市套利最突出的特点是,套利者的损失有限而获利的潜力巨大。原因在于:第一,只有价差扩大,此种套利才会出现损失。在正向市场上做套期图利,意味着远期合约对近期合约的升水扩大。但是由于存在着套利的可能性,这一升水又不会超过从近期合约交割月到远期合约交割月间的持仓费,所以损失是有限的。第二,无论价格是升是降,只要价差缩小即可获利。如果近期合约价格升幅极大,还有可能超过远期合约价格,形成近期合约对远期合约升水,其升水额取决于近期市场对商品的需求程度及供给的短缺程度,不受其他限制,所以获利潜力是十分巨大的。

在反向市场上,由于需求远大于供给,导致现货价格高于期货价格,并连带近期合约价格高于远期合约价格。虽然持有现货的持仓费依旧存在,但已被忽略,购买者愿意承担。在这种情况下,可以入市进行牛市套利,交易者应当注意:第一,只要价差扩大,无论价格升降,交易者均可获净利;如果价差缩小则出现净亏损。近期合约价格相对于远期合约升幅更大时,或远期合约相对于近期合约跌幅更大时,才能入市做牛市套利。第二,因近期合约对远期合约的升水可以没有限制,远期合约对近期合约的升水却受制于持仓费。所以这种牛市套利的获利潜力巨大,风险却有限。

2.熊市套利

熊市套利在做法上恰好与牛市套利相反。在正向市场上,如果近期供给量增加,需求减少,则会导致近期合约价格的跌幅大于远期合约,或者近期合约价格的涨幅小于远期合约,交易者可以通过卖出近期合约的同时买入远期合约而进行熊市套利。

【案例 4-13】 5 月 30 日,9 月份大豆合约价格为 1830 元/吨,11 月份合约价格为 1880 元/吨,前者价格比后者低 50 元/吨。套利者根据历年 5 月底的 9 月份合约和 11 月份合约间的价差分析,认为 9 月份合约的价格较高,或者 11 月份合约的价格较低,价差小于正常年份的水平,如果市场机制运行正常,这两者之间的价差会恢复正常。于是,套利者决定卖出 1 手 9 月份大豆合约的同时买入 1 手 11 月份大豆合约,以期在未来某个有利时机同时平仓获取利润,交易情况如表 4-16 所示。

表 4-16 熊市套利实例

时 间	现货市场	期货市场	基 差
5 月 30 日	以 1830 元/吨的价格卖出 1 手 9 月份大豆合约	以 1880 元/吨的价格买入 1 手 11 月份大豆合约	-50 元/吨
7 月 30 日	以 1800 元/吨的价格买入 1 手 9 月份大豆合约	以 1865 元/吨的价格卖出 1 手 11 月份大豆合约	-65 元/吨
套利结果	赢利 30 元/吨	亏损 15 元/吨	
	净获利:10×30-10×15=150(元)		

注:1 手=10 吨。

如果到 5 月 30 日成交后到 7 月 30 日市价不降反升,只要价差扩大,套利者仍可以获净利。

分析上例表明,正向市场上熊市套利和前面的牛市套利一样:第一,纯粹的多头或空头投机可以获得更大利润,同时风险也很大。套期图利获利虽然较小,风险也较小。第二,对套期图利而言,要获取利润的关键是价差发生变动,与价格变动的方向无关。两者的区别在于,正向市场上熊市套利可能获取的利益有限,而可能蒙受的损失无限。因为此种套利获净利的前提是价差扩大,而在正常市场中价差最多只能扩大到和持仓费相等的水平。另一方面近期合约价格却可能大幅度上升致使其价格水平远在远期合约价格水平之上,所以可能的损失也就没有了上限。反向市场中的熊市套利与反向市场中的牛市套利的情况相反。

3.蝶式套利

蝶式套利是跨期套利的另一常用形式,它也是利用不同交割月份的价差进行套期获利,由两个方向相反、共享居中交割月份合约的跨期套利组成。蝶式跨期套利的原理是:套利者认为中间交割月份的期货合约价格与两旁交割月份合约价格之间的相关关系将会出现差异。

例如:①买入 3 手大豆 3 月份合约,卖出 6 手 5 月份合约,买入 3 手 7 月份合约。②卖出 3 手大豆 3 月份合约,买入 6 手 5 月份合约,卖出 3 手 7 月份合约。

蝶式套期图利实际上是两个跨期套期图利。在例①中,第一个为买空套利(买入 3 月份合约卖出 5 月份合约),第二个为卖空套利(卖出 5 月份合约买入 7 月份合约)。例②正好与例①相反。

可见,蝶式套利是两个跨期套利的互补平衡的组合,可以说是"套利的套利",其特点是:①蝶式套利实质上是同种商品跨交割月份的套利活动。②蝶式套利由两个方向相反的跨期套利构成,一个卖空套利和一个买空套利。③连接两个跨期套利的纽带是居中月份的期货合约。在合约数量上,居中月份合约等于两旁月份合约之和。④蝶式套利必须同时下达三个买空/卖空/买空的指令,并同时对冲。

蝶式套利与普通的跨期套利相比,从理论上看风险和利润都较小。

(二)跨商品套利

跨商品套利是指利用两种不同的,但相互关联的商品之间的期货合约价格差异进行套期图利,即买入某一交割月份某种商品的期货合约,同时卖出另一相同交割月份、相互关联的商品期货合约,以期在有利时机同时将这两种合约对冲平仓获利。跨商品套利可分为两种情况:①相关商品间的套利;②原料与成品间的套利。

1.相关商品间的套利

小麦/玉米套期图利是比较流行的一种跨商品套期图利,小麦和玉米均可用作食品加工及饲料,合约有同升同降的趋势。具体做法是:买入(或卖出)小麦期货合约,同时卖出(或买入)与小麦期货合约交割月份相同的玉米期货合约。由于小麦价格通常高于玉米价格,两者之间价差一般为正数。小麦/玉米价差变化有一定的季节性,通常在冬小麦收割后的6、7月份,小麦价格相对较低,而玉米价格相对较高,两者之间价差趋于缩小;另一方面,在9、10、11月份玉米收获季节,玉米价格相对较低,小麦价格相对较高,两者之间价差会进一步扩大。在已知小麦/玉米之间的正常价差关系后,套利者就可以利用出现的异常价差的机会进行套期图利。

【案例 4-14】 7月30日,11月份小麦合约价格为7.50美元/蒲式耳,而11月份玉米合约价格为2.35美元/蒲式耳,前一合约价格比后者高5.15美元/蒲式耳。套利者根据两种商品的合约间的价差分析,认为价差小于正常年份的水平,如果市场机制运行正常,这两者之间的价差会恢复正常。于是,套利者决定在买入1手11月份小麦合约的同时卖出1手11月份玉米合约,以期在未来某个有利时机同时平仓获取利润,交易情况如表4-17所示。

表 4-17 小麦/玉米套利实例

时 间	现货市场	期货市场	基 差
7月30日	以7.50美元/蒲式耳的价格买入1手11月份小麦合约	以2.35美元/蒲式耳的价格卖出1手11月份玉米合约	5.15美元/蒲式耳
9月30日	以7.35美元/蒲式耳的价格卖出1手11月份小麦合约	以2.10美元/蒲式耳的价格买入1手11月份玉米合约	5.25美元/蒲式耳
套利结果	亏损0.15美元/蒲式耳	赢利0.25美元/蒲式耳	
	净获利:(0.25-0.15)×5000=500(美元)		

注:1手=5000蒲式耳。

2.原料与成品间的套利

原料与成品间的套利,是指利用原材料商品和它的制成品之间的价格关系进行套期图利。最典型的是大豆与其两种制成品——豆油和豆粕之间的套期图利。大豆与豆油、豆粕之间存在"100%大豆=17%(19%)豆油+80%豆粕+3%(1%)损耗"的关系,同时也存在"100%大豆×购进价格+加工费用+利润=17%(19%)豆油×销售价格+80%豆粕×销售价格"的平衡关系。这三种商品之间的套利,有两种做法:大豆提油套利和反向大豆提油套利。

(1)大豆提油套利。大豆提油套利是大豆加工商在市场价格关系基本正常时进行的,目的是防止大豆价格突然上涨,或豆油、豆粕价格突然下跌引起的损失,或使损失降至最低。由于大豆加工商对大豆的购买和产品的销售不能够同时进行,因而存在着一定的价格变动风险。大豆提油套利的做法,是购买大豆期货合约的同时卖出豆油和豆粕的期货合约,并将这些期货交易头寸一直保持在现货市场上购入大豆或将成品最终销售时才分别予以对冲。这样,大豆加工商就可以锁定产成品和原料间的价差,防止市场价格波动带来损失。

(2)反向大豆提油套利。反向大豆提油套利是大豆加工商在市场价格反常时采用的套期图利。当大豆价格受某些因素的影响出现大幅上涨时,大豆可能与其产品出现倒挂,大豆加工商将会采取反向大豆提油套利的做法,即卖出大豆期货合约,买进豆油和豆粕的期货合约,以同时缩减生产,减少豆粕和豆油的供给量,三者之间的价格将会趋于正常,大豆加工商在期货市场中的赢利将有助于弥补现货市场中的亏损。在进行跨商品套利时,应注意这些期货商品间价格变动的相关关系。例如,小麦和玉米均可用作食品加工和饲料,它们的价格变动方向是一致的。由此看来,从其中一种商品合约获利必然在另一种商品合约中产生亏损。虽然两种相关商品期货合约的价格变动方向相同,但是它们的波动幅度并不相同。也就是说,其中一种商品合约的上升速度或下跌速度会比另一种商品合约来得快,这种套利活动成功与否取决于这两种商品合约的价差变化程度。

(三)跨市套利

跨市套利是指在某个交易所买入(或卖出)某一交割月份的某种商品合约的同时,在另一个交易所卖出(或买入)同一交割月份的同种商品合约,以期在有利时机分别在两个交易所对冲在手的合约获利。

在期货市场上,许多交易所都交易相同或相似的期货商品,如 CBOT 和 TOCOM 都进行玉米、大豆期货交易,LME 和 NYMEX 都进行铜、铝等有色金属交易。一般来说,这些品种在各交易所间的价格会有一个稳定的差额,一旦这一差额发生短期的变化,交易者就可以在这两个市场间进行套期图利,购买相对价格较低的合约,卖出相对价格较高的合约,以期在期货价格趋于正常时平仓,赚取低风险利润。

在进行跨市套利时,原理与跨期套利相同。

【案例 4-15】 7 月 1 日,KCBT 12 月份小麦期货合约价格为 7.50 美元/蒲式耳,同日 CBOT 12 月份小麦期货合约价格为 7.60 美元/蒲式耳。套利者认为:虽然 KCBT 的合约价格较低,但和正常情况相比仍稍高,预测两交易所 12 月份合约的价差将扩大。据此分析,套利者决定卖出 1 手 KCBT 12 月份小麦合约,同时买入 1 手 CBOT 12 月份小麦合约,以期在未来某个有利时机同时平仓获取利润,交易情况如表 4-18 所示。

表 4-18 跨市套利实例

时 间	现货市场	期货市场	基 差
7 月 1 日	以 7.50 美元/蒲式耳的价格卖出 1 手 KCBT 12 月份小麦合约	以 7.60 美元/蒲式耳的价格买入 1 手 CBOT 12 月份小麦合约	-0.10 美元/蒲式耳

续　表

时　间	现货市场	期货市场	基　差
8月1日	以7.40美元/蒲式耳的价格买入1手KCBT 12月份小麦合约	以7.55美元/蒲式耳的价格卖出1手CBOT 12月份小麦合约	−0.15美元/蒲式耳
套利结果	赢利0.10美元/蒲式耳	亏损0.05美元/蒲式耳	
	净获利:(0.10−0.05)×5000=250(美元)		

注:1手=5000蒲式耳。

可见跨市套利的主要依据是市场间的价差,因此在操作中应特别注意以下几方面因素。

(1)运输费用。运输费用是决定同一品种在不同交易所间价差的主要因素。一般来说,离产地近的交易所期货价格较低,离产地远则价格较高,两者之间的正常差价为两地间的运费。投资者在进行跨市套期图利时,应着重考虑两地间的运输费用和正常的差价关系。

(2)交割品级的差异。跨市套利虽然是在同一品种间进行的,但不同交易所对交割品的品质级别有不同的规定。以大豆期货为例,各交易所对可交割大豆的标准品级的各项指标(如纯粮率、出油率、水分、杂质)等的规定都不尽相同,这在一定程度上造成了该品种在各交易所间价格的差别。同时,各交易所对替代品的升贴水标准也有很大差异。投资者在进行跨市套利时,应对各交易所间交割品级的差别有充分的了解。

(3)交易单位与汇率波动。投资者在进行跨市套利时,可能会遇到不同交易单位和报价体系问题,将会在一定程度上影响套利的效果。如果在不同国家的市场进行套利,还要承担汇率波动的风险。投资者在进行套利前应对可能出现的损失进行全面的估量。

(4)保证金和佣金成本。跨市套利需要投资者在两个市场交纳保证金和佣金,保证金的占用成本和佣金费用要计入投资者的成本之中。只有两市间套利价差高于上述成本之时,投资者才可以进行跨市套利。由于跨市套利是在两个市场进行交易的,其交易成本一般要高于其他套利方式。

三、套期图利的策略

为使套期图利者最大限度地规避可能产生的风险,提高获利的机会,我们在实际操作过程中应该掌握一些策略。

(1)下单报价时明确指出价格差。根据国外交易所的规定,在套利交易中,无论是开仓还是平仓,都应在下达交易指令时,明确写明买入合约与卖出合约之间的价格差。套期图利的关键在于合约间的价格差,与价格的特定水平没有关系。因此下单时没有必要指明成交价格,以价格差代替具体价格,可以更加灵活,只要价差符合,可以按任何价格成交。

(2)套期图利必须坚持同时进出。进行套期图利时,必须坚持同时进出的原则,也就是开仓时同时买入、卖出,平仓时也要同时卖出、买入。套利者在进行套期图利开仓时,通常是同时买入和卖出的。但是在准备平仓的时候,许多套利者自以为是,先了结了价格有利的那笔交易。比如,某套利者预测大豆合约价格将上涨,且近期合约价格的涨幅大于远期合约,便进行牛市套利,买入近期合约、卖出远期合约。在价格下跌时,原本应该同时结算买盘和卖盘,平仓出市。但是他却先将卖盘平仓获利出来,并持买盘观望,希望价格出现转机,上扬获利。这样他在套期图利中只剩下一只脚跛行,假如市场真如他所愿逆转上扬,当然可以获利,但是一旦价格继续下行趋势,他将遭受更大的损失,不仅会逐渐将卖盘的获利消耗掉,而且会出现亏损。所以在套期图利中绝不能抱有这种想法。

(3)不能因为低风险和低额保证金而做超额套期图利。套期图利确实有降低风险的作用,而且国外交易所为了鼓励套期图利,套利的保证金数额比一般的投机交易低 25%～75%。可是不要因为这样,就把交易数量扩大几倍。这样一来,如果价差并不向预期的方向发展,这时投资者面临的亏损额与他的合约数量是成正比的,无形中增加了自己的风险。此外,套期图利的佣金费用与单盘交易相同,超额套利后,佣金增加,套利的优势无法正常地发挥出来。

(4)不要在陌生的市场做套利交易。这一原则应当说是一个常识问题。套利者通常关心的是合约之间的价差,而对交易的期货品种并没有浓厚的兴趣。因为套利者就是通过合约之间的价差赚取利润,而对具体的商品并无需求。但是做新旧农作物年度的跨月套利以及农产品的跨市套利,套利者就必须了解农作物何时收获上市、年景如何、仓储运输条件怎样。在进行套利前,必须具备这些基本知识,否则应该远离这个市场。

(5)不要用套利来保护已亏损的单盘交易。在期货市场上进行交易,总是有赔有赚,在出现亏损时就应该忍痛了结,必须具备承受损失的心理准备,不肯服输的投资者有时可能会遭受更大的损失。但是有时在实际交易过程中,有的投资者买入一份期货合约后,价格出现节节下跌,本来应该迅速平仓出场,可是他仍寄希望于价格出现反弹的奇迹,于是继续留在市场中观望。为了避免更糟的情况发生,他又做了一笔交易——卖出同一种期货合约,形成了套期图利的模式。其理由是如果价格继续下跌,卖出的这份合约将可以补偿当初买入合约的一部分损失。事实上后来卖出的期货合约只能起到已有损失不再扩大的作用。先前买入的期货合约的亏损已经客观存在,采用套利来补救为时已晚,不如认输退出市场。

(6)注意套期图利的佣金支出。一般来说,套期图利是同时做两笔交易,经纪公司总是想从投资者的套利中收取双份的全额佣金。在如何征收套利的佣金上,各方看法不一,各个交易所的规定也不同。按国外的惯例,套利的佣金支出比一个单盘交易的佣金费用要高,但又不及一个单盘交易的两倍。当投资者下达套期图利指令时,应明确表示,这是一笔套期图利。需要注意的是,支付佣金费用的权利,是从入市开仓到平仓出市才算一笔完整的套期图利。也就是说,必须同时以双脚踏入套期图利,退出时也必须同时抽出双脚,不能只抽出其中一只脚,继续占据有利的获利位置,而又希望经纪公司和交易所承认该投资者是在进行套期图利。即使在同一天,先后抽出套期图利的脚,经纪公司和交易所也不会承认这是一笔套期图利。佣金费用相对于一笔交易来说,也许不算什么,但交易额巨大时,也是一笔不小的支出,因此不要支付不必要的交易成本。

应当指出的是,套期图利尽管从总体上来说,风险较小,但期货市场上的变化是无穷的,理论上风险小不等于实践中风险小,遇到涉及现货交割月,市场供求状况急剧变化以及其他破坏正常价格关系的情况时,套期图利仍然具有相当大的风险性。对此,交易者应对自己的交易策略和模型进行认真的设计、反复的验证,以确保成功率。

问题思考

第三节　期货投机

一、期货投机的基本内容

期货交易者依照其交易目的不同可分为两类,即套期保值者和投机者(包括套利者)。投机者在期货交易中发挥至关重要的作用,不仅提高市场流动性,而且重要的是,投机者能吸收套期保值者厌恶的风险,成为价格风险承担者。所以,要正确认识期货市场运行机制及其经济功能,必须正确认识和理解期货投机。

(一)投机的概念

期货投机是指在期货市场上以获取价差收益为目的的期货交易行为。期货交易实行保证金制度,即交易者可以用少量资金做数倍于其资金的交易,以此寻找获取高额利润的机会。在期货市场上,交易者一般只需交纳合约总值5%～10%的保证金,就能做成一笔交易。由于期货市场价格波动频繁,存在着极大的不确定性,因此,对交易者来说也有较强的风险性。

期货投机是期货市场的一种重要交易形式,同时也是交易者的一种投资手段。这种投资手段不同于一般意义上的投资行为,也不同于套期保值行为,它具有特定的运作方式和表现形式。

(1)从交易对象来看,期货投机交易主要以期货市场为对象,利用期货合约的价格频繁波动进行买空卖空的交易活动。投机者一般不做现货交易,几乎不进行实物交割;而套期保值交易则是以现货和期货两个市场为对象的。

(2)从交易目的来看,期货投机交易以较少资金做高速运转,以获取较大利润为目的,不希望占用过多资金或支付较大费用;而套期保值交易通常是在进行现货交易的同时,做相关合约的期货交易,其目的是利用期货市场为现货市场规避风险。

(3)从交易方式来看,投机交易主要是利用期货市场中的价格波动进行买空卖空,从而获得价差收益;套期保值交易则是利用期货市场中的价格波动,使现货市场与期货市场紧密结合,以期达到两个市场的赢利与亏损基本平衡。

(4)从交易风险来看,投机交易是以投机者自愿承担价格波动风险为前提进行期货投机交易,风险的大小与投机者收益的多少有着直接、内在的联系,投机者通常为了获得较高的收益,在交易时要承担很大的风险;而套期保值者则是价格风险转移者,其交易目的就是为了转移或规避市场价格风险。

(二)投机的作用

期货投机交易是套期保值交易顺利实现的基本保证。期货投机交易活动在期货市场的整个交易活动中起着积极的作用,发挥着特有的经济功能。

(1)承担价格风险。期货市场的一个主要经济功能是为生产、加工和经营者等提供价格风险转移工具。要实现这一目的,就必须有人愿意承担风险并提供风险资金。扮演这一角色的就是投机者。如果没有这些风险承担者,只有套期保值者参与期货交易,那么只有在买入套期保值者和卖出套期保值者的交易数量完全相符时,交易才能成立,风险才能得以转移。但从实际来看,买入套期保值者和卖出套期保值者之间的不平衡是经常存在的。投机者的加入恰好能抵消这种不平衡,促使套期保值交易的实现。由此可见,如果没有投机者的加入,套期保值交易活动就难以进行,期货市场规避风险的功能也就难以发挥。期货市场具有一种把价格风险从保值者转移给投机者的机制。

(2)促进价格发现。期货市场汇集几乎所有供给者和需求者,包括生产商、加工商、经销商和投机商。其中,套期保值者在市场中很少改变期货合约持仓方向,持仓时间较长,他们的交易动机和行为对形成权威价格具有一定的作用。投机者的交易目的不是实物交割,而是利用价格波动获取利润,这就要求投机者必须利用各种手段收集整理有关商品价格变动的信息,分析市场行情。期货市场把各式各样的投机者集中在交易所内进行公开竞价,买卖双方彼此竞价所产生的互动作用使得价格趋于合理。当价格上涨的时候,投机者经过分析,认为价格不久便会回跌,而在市场上采取卖空的方式进行交易。相反,如果价格下跌,市场上自然有人承接,以缓和下跌趋势。正是如此,他们所反映的是相对准确、比较真实的价格趋势。期货市场的价格发现机制正是由所有市场参与者对未来市场价格走向预测的综合反映体现的。交易所每天向全世界传播市场行情和信息,使那些置身于期货市场之外的企业也能充分利用期货价格作为制定经营战略的重要参考依据。

(3)减缓价格波动。适度的投机能够减缓价格波动。投机者进行期货交易,总是力图通过对未来价格的正确判断和预测赚取差价利润。当期货市场供大于求时,市场价格低于均衡价格,投机者低价买进合约,从而增加了需求,使期货价格上涨,供求重新趋于平衡;当期货市场供不应求时,市场价格则高于均衡价格,投机者会高价卖出合约,从而增加供给,使期货价格下跌,供求重新趋向平衡。可见,期货投机对于缩小价格波动幅度发挥了很大作用。

(4)提高市场流动性。市场流动性是指市场交易的活跃程度。在流动性很高的市场上,交易非常活跃,众多买者、卖者频繁地出入市场。期货交易是否成功,在很大程度上取决于市场流动性的大小,这一点主要取决于投机者。投机者通过对价格的预测,有人看涨,有人看跌,交投积极,实际上增加了买卖双方的人数,扩大了交易量,使套期保值者无论是买进还是卖出都能很容易地找到交易伙伴,自由地进出期货市场,从而提高市场流动性。

(三)投机者的类型

期货市场中投机者大致可分为以下几类。

(1)按交易部位区分,可分为多头投机者和空头投机者。在交易中,投机者根据对未来价格变动的预测来确定其交易部位。买进期货合约投机者,拥有多头部位,被称为多头投机者。卖出期货合约者,持有空头部位,被称为空头投机者。投机者能否获利和获利的大小只取决于其预测价格变动的能力和技巧,而与其所持交易部位无关。

(2)按交易量大小区分,可分为大投机商和中小投机商。对大、中、小投机商的界定一般是根据其交易量的大小和拥有资金的多少。这又和所参与交易的市场规模有关。目前尚未有绝对的量化标准。

(3)按分析预测方法区分,可分为基本分析派和技术分析派。基本分析派是通过分析商品供求因素来预测价格走势,技术分析派是通过借助图形和技术指标来对商品的价格走势进行分析。

(4)按投机者交易态度区分,可分为长线交易者、短线交易者、当日交易者和套期图利者。长线交易者通常将合约持有几天、几周甚至几个月,待价格变至对其有利时再将合约对冲;短线交易者一般是当天下单,在一日或几日内了结;当日交易者一般一天几次进出市场。

当日交易者又称抢帽子者,是利用微小的价格波动来赚取微小的利润,他们频繁进出,也很少将其合约过夜,赢利小,亏损也小,但交易量很大,希望以大量微利头寸来赚取利润。套期图利者通过观察同种商品的不同交割月份、不同交易所交易的同种商品之间、不同商品但相互关联的期货合约之间,或同一商品的现货和期货之间不断变动的价格相对关系来决定建立部位与平仓了结时机。

(四)投机与套期保值的关系

从起源上看,期货市场产生的原因主要在于满足套期保值者转移风险、稳定收入的需要,这也是期货市场的主要经济功能之一。但是,如果期货市场中只有套期保值者,而没有投机者,那么套期保值者所希望转移的风险就没有承担者,套期保值也不可能实现。可以说,投机的出现是套期保值业务存在的必要条件,也是套期保值业务发展的必然结果。

(1)投机者提供套期保值者所需要的风险资金。投机者用其资金参与期货交易,承担了套期保值者所希望转嫁的价格风险。

(2)投机者的参与,增加了市场交易量,从而增加了市场流动性,便于套期保值者对冲其合约,自由进出市场。

(3)投机者的参与,使相关市场或商品的价格变化步调趋于一致,从而形成有利于套期保值者的市场态势。

所以,期货投机和套期保值是期货市场的两个基本因素,共同维持期货市场的存在和发展,两者相辅相成,缺一不可。

(五)期货投机与赌博的区别

期货投机与赌博之间主要存在风险机制、运作机制及经济职能的区别。

(1)风险机制的区别。赌徒所冒的风险是由赌局的设立而产生的。如果赌局不存在,这种风险也随之消失。所以,赌博者所冒的风险是人为制造的风险。而期货市场规避的风险,本身已在现实的商品生产经营活动中客观存在。即使没有期货投机活动,这种风险依然存在,并不会消失。

(2)运作机制的区别。赌博以事先建立的游戏规则为基础,该游戏规则的运行是随机的,遵循随机规律,从而对结果是无法预测的,所以,赌博者唯一能做的就是听天由命,成败完全归于运气。而期货投机依靠的是投机者的分析、判断能力和聪明才智以及对经济形势的掌握和理解。成功的投机者是那些能够根据已知的市况,运用自己的智慧去分析、判断,准确预测市场变化趋势,适时入市,适时出市的人。投机中也有运气,但更多的是抓住机遇。

(3)经济职能的区别。赌博仅仅是个人之间金钱的转移,它所耗费的时间和资源并没有创造出新的价值,对社会也没有做出特殊的贡献。期货投机则不然,如前所述,投机者在期货市场承担市场价格风险的功能,是价格发现机制中不可缺少的组成部分,不仅能够提高市场流动性,而且有助于社会经济生活的正常运行。

二、掌握投机原则和投机方法

(一)投机的原则

1.充分了解期货合约

为了尽可能准确地判断期货合约价格的将来变化趋势,在决定是否购买或卖出期货合约之前,应对其种类、数量和价格做全面、准确和谨慎的研究。只有对合约有足够的认识,才能决定下一步准备购买的合约数量。在买卖合约时切忌贪多,即使有经验的交易者也很难同时进行三种以上不同类别的在手期货合约交易,应通过基本分析或技术分析,或将两种技巧方法加以综合地运用,始终将市场主动权掌握在自己的手中。

2.制订交易计划

无数投机者的经验教训表明,没有明确的交易计划,根本不可能在期货市场上长期立足。一个漫不经心、毫无计划的投机者,最明显的特征就是缺少交易的策略计划。在期货交易中交易计划就是获取成功的蓝图。制订交易计划可以使交易者被迫考虑一些可能被遗漏或考虑不周或没有给予足够重视的问题;可以使交易者明确自己正处于何种市场环境,将要采取什么样的交易方向,明确自己应该在什么时候改变交易计划,以应付多变的市场环境;可以使交易者选取适合自身特点的交易方法,方法正确方有利可图。

3.确定获利和亏损限度

一般情况下,个人倾向是决定可接受的最低获利水平和最大亏损限度的重要因素。通过对期货合约进行预测,应该把现实的和潜在的各种可获得的交易策略结合起来,获利的潜在可能性应大于所冒的风险。既然从事投机交易就同时面临着赢利和亏损这两种可能,那么,在决定是否买空或卖空期货合约的时候,交易者应该事先为自己确定一个最低获利目标和所期望承受的最大亏损限度,做好交易前的心理准备。

4.确定投入的风险资本

在确定了获利目标和亏损限度后,还要确定用于风险的资金额度。为了尽可能增加获利机会,增加利润量,有必要做到以下三点:①要分散资金投入方向,而不是集中用于某一笔交易,这样有利于减少风险性;②持仓应限定在自己可以完全控制的数量之内,否则持仓合约数量过大,是一个交易者很难控制的;③还应有长远的眼光,为可能出现的新的交易机会留出一定数额的资金。一些投机商得出这样的经验:只有当最初的持仓方向被证明是正确的,即被证明是可获利后,才可以进行追加的投资交易,并且追加的投资额应低于最初的投资额。应该按照当初制订的交易计划进行交易头寸的对冲,严防贪多。不过,市场变化反复无常,投机商应该根据市场行情的实际变化做出战略调整,保持一定的灵活性和应变能力,做到既按计划行事,又不墨守成规。对于一笔交易的获利愿望主要取决于投机商的经验和个人偏好。成功的交易预测和交易最终还是受个人情绪、客观现实、分析方法和所制订的交易计划的影响。

(二)投机的方法

当涉足期货投机交易时,必须做好一系列的准备工作,其实质就是投机者需要制定一个指导投机活动全过程的切实可行的交易策略和掌握一些交易技巧。

期货投机交易的一般方法是:①买低卖高或卖高买低。只要认为后市价格上涨就可买进,待价格上升到一定价位后再卖出平仓;认为后市价格下跌就可卖出,待价格下跌到一定价位后再买进平仓。②平均买低或平均卖高。③金字塔式买入卖出。④跨期套利。⑤跨商品套利。⑥跨市场套利。其中,第一种方法是最基本的投机方法,也是投机的基本原则。

1.建仓阶段

(1)选择入市时机。

首先,一般应采取基本分析法,仔细研究市场是处于牛市还是熊市。如果是牛市,要分析升幅有多大,持续时间有多长;如果是熊市,要分析跌幅有多大,持续时间有多长。此时技术分析法是一个比较合适的分析工具。

其次,权衡风险和获利前景。只有在获利的概率较大时,才能入市。一般说来,风险和获利机会是对等的,获利潜力大意味着承担的风险也大,反之亦然。所以,投机者在入市时,要充分考虑自身承担风险的能力。

最后,决定入市的具体时间。因为期货价格变化很快,入市时间的决定尤其重要。即使对市场发展趋势的分析正确无误,如果入市时间错了,在预测趋势尚未出现时即已买卖合约,仍会使投机者蒙受惨重损失。技术分析法对选择入市时间有一定作用。基本分析法表明从长期来看期货价格将上涨(下跌),如果当时的市场行情却持续下滑(上升),这时可能是基本分析出现了偏差,过高地估计了某些供求因素,也可能是一些短期因素对行情具有决定性的影响,使价格变动方向和长期趋势出现暂时的背离。建仓时应该注意,只有在市场趋势已经明确上涨时才买入期货合约,在市场趋势已经明确下跌时才卖出期货合约。如果趋势不明朗,或不能判定市场发展趋势就不要匆忙建仓。

(2)平均买低和平均卖高策略。

如果建仓后市场行情与预料的相反,可以采取平均买低或平均卖高的策略。在买入合约后,如果价格下降则进一步买入合约,以求降低平均买入价,一旦价格反弹可在较低价格上卖出止亏赢利,这称为平均买低。在卖出合约后,如果价格上升则进一步卖出合约,以提高平均卖出价格,一旦价格回落就可以在较高价格上买入止亏赢利,这就是平均卖高。

【案例4-16】 某投机者预测5月份大豆期货合约价格将上升,故买入1手(10吨)大豆期货合约,成交价格为2015元/吨。可此后价格不升反降,下降到2005元/吨。为了补救,该投机者再次买入1手合约,成交后2手合约平均买入价为2010元/吨,低于第一次入市的成交价。如果此后市价反弹,只要升到2010元/吨,卖出2手合约便可止亏(如果不计算手续费和其他费用)。如果在价格下跌到2005元/吨时没有买入第二手合约,只有当市价反弹到2015元/吨时才可以避免损失。

投机者在采取平均买低或平均卖高的策略时,必须以对市场大势的看法不变为前提。在预计价格将上升时,价格可以下跌,但最终仍会上升。在预测价格即将下跌时,价格可以上升,但必须是短期的,最终仍要下跌。否则这种做法只会增加损失。如在案例4-16中,买入第二手合约后价格仍在下跌,跌到1995元/吨,则2手合约损失为$10 \times 2 \times (2010-1995)=300$(元)。如果不采取这种平均买低策略,则损失仅为$10 \times (2015-1995)=200$(元)。正因为如此,有的投资专家主张,为了保险起见,只有在头笔交易已经获利的情况下才能增加持仓。

(3)金字塔式买入卖出。

如果建仓后市场行情与预料相同并已经使投机者获利,则可以增加持仓。增仓应遵循两个原则:①只有在现有持仓已经赢利的情况下,才能增仓;②持仓的增加应渐次递减。

【案例4-17】 某投机者预测5月份大豆期货合约价格将上升,故买入5手(1手10吨),成交价格为2015元/吨,此后合约价格迅速上升到2025元/吨,首次买入的5手合约已经为他带来的虚盈为$10 \times 5 \times (2025-2015)=500$(元)。为了进一步利用该价位的有利变动,该投机者再次买入4手5月份合约,持仓总数增加到9手,9手合约的平均买入价为(2015×50

＋2025×40)/90＝2019.4(元/吨)。当市场价格再次上升到 2030 元/吨时,又买入 3 手合约,持仓总计 12 手,所持仓的平均价格为 2022 元/吨。当市价上升到 2040 元/吨时,再买入 2 手,所持有合约总数为 14 手,平均买入价为 2024.6 元/吨。当市价上升到 2050 元/吨时,再买入 1 手,所持有合约总数为 15 手,平均买入价为 2026.3 元/吨。详见图 4-1。

价格(元/吨)	持仓数(手)	平均价(元/吨)
2050	0	2026.3
2040	0 0	2024.6
2030	0 0 0	2022
2025	0 0 0 0	2019.4
2015	0 0 0 0 0	2015

图 4-1 金字塔式买入

这是金字塔式的持仓方式和建仓策略。案例 4-17 中,采取金字塔式买入合约时持仓的平均价虽然有所上升,但升幅远小于合约市场价格的升幅,市场价格回落时,持仓不至于受到严重威胁,投机者可以有充足的时间卖出合约并获得相当的利润。例如,如果市场价格上升到 2050 元/吨后开始回落,跌到 2035 元/吨,该价格仍然高于平均价 2026.3 元/吨,立即卖出 15 手合约后获利为(2035－2026.3)×15×10＝1305(元)。

金字塔式卖出的做法可以照此类推。

如果建仓后,市况变动有利,投机者增加仓位不按原则行事,每次买入或卖出的合约份数总是大于前次买入或卖出的合约份数,买入或卖出合约的平均价就会和最近的成交价相差无几,只要价格稍有下跌或上升,便会吞食所有利润,甚至蚀本,因而倒金字塔式买入不应提倡。

为了尽可能利用市场的有利变动,可以采取一种金字塔式的变形。最初建仓时买卖少量合约,如果市况有利,分次买入或卖出同种合约,每次买入或卖出的合约份数均大于前次买卖的数量。在所持有的持仓达到一定数量后,分次逐步递减买卖合约。持仓的增加情况如图 4-2 所示。

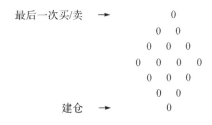

图 4-2 金字塔式的变形

(4)合约交割月份的选择。

建仓时除了要决定买卖何种合约及何时买卖外,还必须确定合约的交割月份。

在第三章的分析中,我们根据现货价格与期货价格之间的关系划分了正向市场和反向市场。其实,根据远期月份合约价格和近期月份合约价格之间的关系,也可将期货市场划分为正向市场和反向市场。当远期月份合约价格大于近期月份合约价格时,市场处于正向市场。如果市场行情上涨,在远期月份合约价格上升时,近期月份合约价格也会同步上升,以维持与远期月份合约间的价差和持仓费用的相等关系,且可能近期月份合约价格上升更多;如果市场行情下滑,远期月份合约的跌幅不会小于近期月份合约,因为远期月份合约对近期月份合约的升水通常不可能大于与近期月份合约间相差的持仓费。所以,决定买入某种期货月份合约,做多头的投机者应买入近期月份合约;做空头的投机者应卖出远期月份合约。

当远期月份合约价格低于近期月份合约价格时,市场处于反向市场。如果市场行情上涨,在近期月份合约价格上升时,远期月份合约价格也上升;如果市场行情下滑,近期月份合约价格受的影响较大,跌幅很可能大于远期月份合约价格。所以,决定买入某种期货合约,做多头的投机者应买入交割月份较远的远期月份合约,行情看涨可以获利,行情看跌时损失较少;做空头的投机者应卖出交割月份较近的近期月份合约,行情下跌时可以获得较多的利润。

2. 平仓阶段

投机者建仓后应该密切注视市场行情的变动,适时平仓。行情变动有利时,通过平仓获取投机利润;行情变动不利时,通过平仓可以限制损失。

(1)限制损失、滚动利润的原则。这一原则要求投机者在交易出现损失,并且损失已经达到事先确定数额时,立即对冲了结,认输离场。过分的赌博心理只会造成更大损失。在行情变动有利时,不必急于平仓获利,而是尽量延长拥有持仓的时间,充分获取市场有利变动产生的利润。投机者即使投资经验非常丰富,也不可能每次投资都获利。损失出现并不可怕,怕的是不能及时止损,酿成大祸。

(2)止损指令。止损指令是实现限制损失、滚动利润原则的有力工具。只要运用止损单得当,可以为投机者提供保护。不过投机者应该注意,止损单中的价格不能太接近于当时的市场价格,以免价格稍有波动就不得不平仓。但也不能离市场价格太远,否则又易遭受不必要的损失。止损单中价格的选择可以利用技术分析法确定。目前,我国期货交易指令中没有止损指令,但投机者可及时用限价指令起到部分止损作用。案例 4-18—4-20 是在小麦期货交易中假设运用止损指令的例子。

【案例 4-18】 某投机者决定做小麦期货合约的投机交易,并确定其最大损失额为 20 元/吨。在以 1440 元/吨的价格买入 1 手合约后,又下达了一个止损指令,价格定于 1420 元/吨。如果市价下跌,一旦达到 1420 元/吨,场内的出市代表立即按在交易大厅可以得到的最好价格将其合约卖出。通过该指令,该投机者的投机可能失败,但损失额仅限于 20 元/吨左右。止损单可以保护投机者的利润。

如果市场按照预测的趋势,朝有利的方向发展,投机者就可以继续持有自己买入或卖出的仓位,直至基本分析表明市场趋势已经出现逆转为止。

【案例 4-19】 某投机者决定做小麦期货合约的投机交易,以 1440 元/吨的价格买入 1 手合约。成交后市价上涨到 1460 元/吨。因预测价格仍将上涨,投机者决定继续持有该合约。为了防止市价下跌侵蚀已经到手的利润,遂下达一份止损单,价格定于 1450 元/吨。如果市价下跌,一旦达到 1450 元/吨,场内的出市代表立即按在交易大厅可以得到的最好价格将其合约卖出。通过该指令,该投机者的投机利润虽有减少,但仍然有 10 元/吨左右的利润。如果价格继续上升,该指令自动失效,投机者可以进一步获取利润。

以上做法,既可以限制损失,又可以让利润不断滚动,充分利用市场价格的有利变动。

【案例 4-20】 将案例 4-18 和 4-19 综合起来。某投机者决定做小麦期货合约的投机交易,以 1440 元/吨的价格买入 1 手合约。成交后立即下达一份止损单,价格定于 1420 元/吨。此后市价下跌,可以将损失限制到 20 元/吨左右。若价格上升,该指令自动失效。在价格上升到 1460 元/吨时,投机者决定下达一份新的到价止损指令,价格定于 1450 元/吨。若市价回落,可以保证获得 10 元/吨左右的利润。若市价继续上升,则该指令作废,上升到 1480 元/吨,再下达一份止损指令,价格定于 1470 元/吨。即使价格下跌也可保证 30 元/吨的利润。如果价格继续上升,第三份指令自动失效。如此类推。

同样,如果投机者做空头交易,卖出合约后可以下达买入合约的止损指令,并在市场行情有利时不断调整指令价格,下达新的指令,达到限制损失、滚动利润的目的。可见,止损指令是期货投机中广泛运用的工具。

三、资金管理

(一)价格预测、时机抉择与资金管理

在任何成功的期货交易模式中,都应该考虑以下三个方面:价格预测、时机抉择和资金管理。

(1)价格预测。价格预测是指所预期的未来市场的趋势方向。在市场决策过程中,这是关键的第一个步骤。通过预测,交易者决定到底是看涨,还是看跌,从而回答了一个基本问题:交易者应该以多头一边入市,还是以空头一边入市。如果价格预测是错误的,那么以下的一切工作均不能奏效。

(2)时机抉择。时机抉择,或者说交易策略,是指确定具体的入市和出市时机。在期货交易中,时机抉择也是极为关键的。因为这个行业具有较低的保证金要求(杠杆作用)的特点,所以没有多大的回旋余地来挽回错误。尽管交易者已经正确地判断出了市场的方向,但是如果把入市时机选择错了,那么依然可能蒙受损失。就其本质来看,时机抉择问题完全是技术性的。因此,即使交易者是基本分析型的,在确定具体的入市、出市点的这一时刻,他仍然必须借助于技术工具。

(3)资金管理。资金管理是指资金的配置问题。其中包括投资组合的设计,多样化的安排,在各个市场上应分配多少资金去投资,止损点的设计,报偿与风险比的权衡,在经历了成功阶段或挫折阶段之后采取何种措施,以及选择保守稳健的交易方式还是积极大胆的方式等方面。

可以用最简洁的语言把上述三要素归纳为:价格预测告诉交易者怎么做(买进还是卖出),时机抉择帮助他决定何时做,而资金管理则确定用多少钱做这笔交易。

(二)资金管理

资金账户的大小、投资组合的搭配,以及在每笔交易中的金额配置等,都能影响到最终的交易成绩。有的交易者认为,在交易模式中,资金管理是最重要的部分,甚至比交易方法本身还要关键。资金管理所解决的问题,事关交易者在期货市场的生死存亡。它告诉交易者如何掌握好自己的钱财。作为成功的交易者,谁笑到最后,谁就笑得最好。资金管理恰恰增加了交易者生存下去的机会,而这也就是赢在最后的机会。

1.一般性的资金管理要领

关于投资组合的管理问题比较复杂,乃至必须借助复杂的统计学方法才能说得清楚。

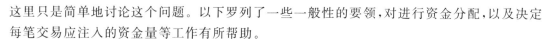

这里只是简单地讨论这个问题。以下罗列了一些一般性的要领，对进行资金分配，以及决定每笔交易应注入的资金量等工作有所帮助。

（1）投资额必须限制在全部资本的50％以内。这就是说，在任何时候，交易者投入市场的资金都不应该超过其总资本的一半。剩下的一半是储备，用来保证在交易不顺手或临时支用时有备无患。比如说，如果账户总金额是100000元，那么其中只有50000元可以动用，投入交易中。

（2）在任何单个市场上所投入的总资金必须限制在总资本的10％～15％。因此，对于一个100000元的账户来说，在任何单独的市场上，最多只能投入10000～15000元作为保证金存款。这一措施可以防止交易商在一个市场上注入过多的本金，从而避免"在一棵树上吊死"的危险。

（3）在任何单个市场上的最大总亏损金额必须限制在总资本的5％以内。这个5％是指交易商在交易失败的情况下，将承受的最大亏损。在决定应该做多少张合约的交易，以及应该把止损指令设置在多远以外时，这一点是交易者重要的出发点。因此，对于100000元的账户来说，可以在单个市场上冒险的资金不超过5000元。

（4）在任何一个市场群类上所投入的保证金总额必须限制在总资本的20％～25％。这一条禁忌的目的，是防止交易商在某一类市场中陷入过多的本金。同一群类的市场，往往步调一致。例如，金市和银市是贵金属市场群类中的两个成员，它们通常处于一致的趋势下。如果我们把全部资金头寸注入同一群类的各个市场，就违背了多样化的风险分散原则。因此，我们应当控制投入同一商品群类的资金总额。

上述要领在国际期货市场上是比较通行的，不过也可以对之加以修正，以适应各个交易商的具体需要。有些交易商更大胆进取，往往持有较大的头寸。也有的交易商较为保守稳健。这里的重要之处就在于，必须采取适当的多样化的投资形式，未雨绸缪，防备更大亏损的降临，以保护宝贵的资本。

2.决定头寸的大小

一旦交易者打定主意在某市场开立头寸，并且选准了入市时机，下面就该决定买卖多少张合约了。这里采用10％的规定。即把总资本（如100000元）乘以10％，就得出在每笔交易中可以注入的金额为10000元。假定每张黄金合约的保证金要求为2500元。那么，10000元除以2500元得4，即交易商可以持有4张黄金合约的头寸。如果每张长期国债合约的保证金是5000元，那么只能持有2张长期国债合约。在这种情况下，或者必须权衡一下，看看该不该持有2张合约（那就占到总资本的12％了）。上述资金管理的要领，在有些情况下，需要做一定程度的变通。最重要的是，不要在单独的市场或市场群类中卷入太深，以免接二连三地吃亏赔本。

3.分散投资与集中投资

虽然分散投资是限制风险的一个办法，但也可能分散过了头。如果交易商在同一时刻把交易资金分散于过多市场的话，那么其中为数不多的几笔赢利，就会被大量的亏损交易冲抵掉，因此我们必须找到一个合适的平衡点。有些成功的交易者把他们的资金集中于少数几个市场上。只要这些市场在当时处于趋势良好的状态，那就大功告成。在过分分散和过分集中这两个极端之间，交易者两头为难，偏偏又没有绝对牢靠的解决办法。期货投机不同于证券投资之处在于，期货投机主张纵向投资分散化，而证券投资主张横向投资多元化。所谓纵向投资分散化是指选择少数几个熟悉的品种在不同的阶段分散资金投入,所谓横向投资多元化是指可以同时选择不同的证券品种组成证券投资组合,这样都可以起到分散投资风险的作用。

4.设置保护性止损指令

一定要采取保护性止损措施。不过止损指令的设置着实是一门艺术。交易者必须把价格图表上的技术性因素,与资金管理方面的要求进行综合的研究。交易者应当考虑市场的波动性。市场的波动性越大,止损指令就应当比较远。当然,这里也有个机会问题。一方面,交易者希望止损指令充分地接近,这样,即使交易失败,亏损也会尽可能地少。然而另一方面,如果止损指令过于接近,那么很可能当市场发生短暂的摇摆(或称"噪音")时,引发不必要的平仓止损的行为。总之,止损指令过远,虽然能够避开噪音干扰,但最终损失较大。巧妙地设立止损点可以起到限制损失、滚动利润的作用。

问题思考

【项目结论】

1.套期保值指生产经营者在现货市场上买进或卖出一定量的现货商品的同时,在期货市场上卖出或买进与现货品种相同、数量相当,但方向相反的期货商品(期货合约),以期在现货市场发生不利的价格变动时,达到规避价格波动风险的目的,其实质是用期货交易带来的赢利或亏损,补偿或抵消现货市场价格变动所导致的实际亏损或赢利,使交易者的经济效益或产品成本稳定在一定的水平上。

2.套期保值的操作原则包括:交易方向相反原则、商品种类相同原则、商品数量相等原则、月份相同或相近原则。

3.套期保值可以分为两种基本的操作方式,即买入套期保值和卖出套期保值。

4.基差是某一特定地点某种商品的现货价格与同种商品的某一特定期货合约价格间的价差。

5.基差变化是判断能否完全实现套期保值的依据,套期保值者利用基差的有利变动,不仅可以取得较好的保值效果,而且还可以通过套期保值交易获得额外的盈余,一旦基差出现不利变动,套期保值的效果就会受到影响,蒙受一部分损失。

6.套期图利指的是在买入或卖出某种期货合约的同时,卖出或买入相关的另一种合约,并在某个时间同时将两种合约平仓的交易方式。

7.套期图利可分为:跨期套利、跨商品套利、跨市套利。

8.期货投机交易是套期保值交易顺利实现的基本保证,在期货市场的整个交易活动中起着积极的作用,发挥着特有的经济功能。

【项目训练】

一、填空题

1.按套期保值者持有的头寸方向分类,套期保值可分为( )和( )。

2.在期转现实务操作中,具体可分为( )的期转现和( )的期转现。

3.在牛市套利中,在反向市场上,( )近期合约的同时( )远期合约,只有在( )时才能赢利。

4.在蝶式套利中,居中月份合约的数量应( )近期月份和远期月份数量之和。

5.在反向市场上,熊市套利是(　　　　　)近期合约同时(　　　　　)远期合约,只有在(　　　　　)时才能够赢利。

6.跨商品套利可分为两种情况,一是(　　　　　)间的套利,二是(　　　　　)间的套利。

二、名词解释

1.基差

2.跨商品套利

项目延伸

3.基差交易

4.跨市场套利

5.期转现交易

三、简答题

1.套期保值的操作原则是什么?

2.简述套利交易的作用。

3.简述大豆提油套利的做法。

4.简述套利交易的基本原则。

5.简述买入套期保值的利弊。

第五章 商品期货

【知识目标】 了解商品期货的概念和分类、商品期货交割与流程等内容；重点掌握郑州商品交易所、大连商品交易所、上海期货交易所的基本概况、交易品种、交易规则等内容；熟悉世界商品期货的概况；掌握美洲、欧洲、亚洲等世界主要期货交易所的商品期货的主要品种。

【技能目标】 了解商品期货的种类等内容；掌握郑州商品交易所交易的规则、品种，能进行实际交易；掌握大连商品交易所交易的规则、品种，能进行实际交易；重点掌握上海期货交易所交易的规则、品种，能进行实际交易。本章力求使读者对中国商品期货市场形成一个总体和概貌性的认识和理解。

【案例导入】

住友商社期铜事件

一、事情经历

住友商社是世界上最大的铜产品经营商和出口商。20世纪50年代，该商社也逐步发展成日本第三大最有实力的金融综合性企业集团和日本最大的交易商行之一。住友商社是整个住友集团的核心实体。1995年期铜交易量达75万吨，约占当年世界铜产量1004万吨的7.5％，铜期货合约成交额约占LME市场总成交额的14％。

1996年6月14日，日本住友商社总裁秋山富一在东京发布公告称，该公司有色金属交易部部长兼首席交易员滨中泰男与一名8年前离职的雇员，长期从事未经授权的国际期铜交易，致使住友商社遭受了18亿美元的巨额损失。

住友事件一经披露，立即引起国际期铜市场价格狂跌，LME 3个月期期铜价格从消息公布前的2150美元/吨急挫至6月17日的1800美元/吨。由于住友商社仍有200万吨铜尚待出售，损失进一步扩大，保守估计其亏损额至少已达30亿美元。虽然住友商社凭借其巨额资产的支撑没有遭受破产清算的厄运，但此事件对住友商社长期以来的良好声誉和未来的经营带来的恶劣影响却是不可估量的。

1970年，22岁的滨中泰男进入住友商社。20世纪70年代末，被公司派到LME参与金属期货交易，这时他还只是一个普通小职员。然而当他1983年返回国内时，他参与的铜交易量已经有每年1万吨。80年代末，他已经在国际期铜大户中崭露头角，由于他领导的住友商社有色金属交易小组已控制了全球铜交易量的5％之多，被人称为"百分之五先生"。

101

滨中泰男在期铜交易中所持有的是多头头寸,铜价上涨时,获利颇多。但是,1995 年铜价开始步入熊市。1995 年 1 月 20 日,铜价还在 3075 美元/吨,到 1996 年年初,已跌到 2600 美元/吨以下。铜价的连续下挫使得滨中泰男的多头头寸赢利不仅全部损失,而且产生了相当严重的亏损。事发前很长一段时间内,滨中泰男还在市场上放风,说他与中国的几家公司有着巨额的铜现货交易,以需要套期保值为由,长期大量买入多头铜期货合约,企图以此影响铜市场价格。但过高的期铜价格吸引了大量短期投机者入市做空,其中包括一些著名的投资基金,如索罗斯量子基金、罗伯逊老虎基金等。这时,滨中泰男孤注一掷,继续大量买入多头期铜合约。1996 年 5 月 9 日,LME 3 个月期的期铜价达到该年度的最高点 2715.50 美元/吨。由于铜市场的基本面状况朝着对滨中泰男非常不利的方向发展,比如,世界第一大产铜国智利的一座重要矿山的罢工得以平息,铜市场的供求状况好转;而滨中泰男的重要贸易伙伴——中国几家公司的铜购买量已被证实并不像宣称的那样多。LME 终于查出滨中泰男在银行的存款余额通知单中只有 2000 万美元,与住友商社财会部门掌握的数额不符,滨中泰男未经授权非法交易的违规事件东窗事发。6 月 5 日,滨中泰男承认了未经授权违规操作的事实。

二、评　点

住友商社总裁秋山富一在事后承认,重用滨中泰男是一个错误,并宣布解除滨中泰男的职务。他说道:"在我的印象中,他具有很强的自制力,十分讲究逻辑,于是我信任他,并委任他为首席金属交易员,但我现在感到非常失望。"

住友商社是世界上最大的铜产品经营商和出口商,因此,在境外从事期铜交易,不仅非常有必要,而且从其以往的情况看,的确也因此得到过很大的好处。即使对滨中泰男而言,也是因为在此之前取得了一定的成绩之后才获得了公司的信任。事后,秋山富一总裁也一再表示,将继续广泛积极地参与国际铜及其他商品的交易。

住友商社遭受严重损失,其根本的原因是公司缺乏有效的内部监控机制。在事发前,滨中泰男是住友商社有色金属交易部部长兼首席交易员和账户管理员,同时集该交易部负责人、交易员、会计、出纳于一身,几乎不存在任何稽查制度。这就为滨中泰男长期从事未经授权的账外交易,并私自篡改账目和记录,隐瞒在交易中的巨额亏损创造了极为便利的条件。

住友事件的深刻启示是:在金融衍生品这样一个高风险的市场上,仅靠个人品格和交易者之间的信用关系是相当危险的,在缺乏有效市场风险监控机制和信息披露的情况下,个人的违规行为将会给公司造成重大的损失。只有建立严格的风险监控机制并加以认真执行,才能尽量避免类似事件的发生。

(资料来源:刘志超,《境外期货交易》,中国财政经济出版社 2005 年版。)

第一节　商品期货概述

一、商品期货的概念与种类

(一)商品期货的概念

商品期货是指标的物为实物商品的期货合约。商品期货历史悠久,种类繁多,主要包括

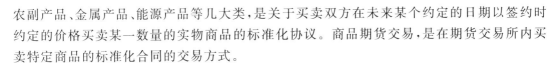

农副产品、金属产品、能源产品等几大类,是关于买卖双方在未来某个约定的日期以签约时约定的价格买卖某一数量的实物商品的标准化协议。商品期货交易,是在期货交易所内买卖特定商品的标准化合同的交易方式。

(二)商品期货的种类

商品期货可分农副产品、金属产品、化工产品及林业产品四类。其中,农副产品约 20 种,包括大豆、玉米、小麦、稻谷、燕麦、大麦、黑麦、猪肚、活猪、活牛、小牛、大豆粉、大豆油、可可、咖啡、棉花、羊毛、糖、橙汁和菜籽油等,其中大豆、玉米、小麦被称为三大农产品期货。金属产品 10 种,包括金、银、铜、铝、铅、锌、镍、钯、铂和钢。化工产品 5 种,包括原油、取暖用油、无铅普通汽油、丙烷和天然橡胶。林业产品 2 种,包括木材和夹板。

二、商品期货的投资特点

商品期货的投资主要有以下特点。

(1)杠杆机制,以小博大。投资商品期货只需要交纳 5%～20% 的履约保证金,就可控制 100% 的虚拟资金。

(2)交易便利。由于期货合约中的主要因素如商品质量、交货地点等都已标准化,合约的互换性和流通性较高。

(3)信息公开,交易效率高。期货交易通过公开竞价的方式使交易者在平等的条件下公平竞争。同时,期货交易有固定的场所、程序和规则,运作高效。

(4)期货交易可以双向操作,简便、灵活。交纳保证金后即可买进或卖出期货合约,且只需用少数几个指令在数秒或数分钟内即可达成交易。

(5)合约的履约有保证。期货交易达成后,须通过结算部门结算、确认,无须担心交易的履约问题。

三、商品期货的交割流程与结算

(一)商品期货的交割流程

1. 卖方交割流程

卖方交割流程:交割预报——货物入库(交割仓库验收)——交割仓库或指定质检机构检验——交割仓库开具标准仓单注册申请表——到交易所办理标准仓单注册——到交易所交仓单——参与交割,获得货款和开具增值税发票。

如在仓库办理标准仓单注册,则从上述流程中"交割仓库开具标准仓单注册申请表"开始交割流程。

卖方必须在最后交割日闭市以前完成标准仓单注册,并将仓单交到交易所,否则即判定为违约。滚动交割时,卖方在交收日结算后拿到 80% 货款,余款在提交了增值税专用发票后结清。一次性交割时,卖方在最后交割日结算后拿到 80% 货款,余款在提交了增值税专用发票后结清。

2. 买方交割流程

买方交割流程:交货款——领取标准仓单持有凭证——注销标准仓单,领取提货通知单——凭提货通知单到交割仓库办理出库手续——商品出库。

滚动交割时,买方必须在交收日结算前将足额货款划入交易所账户。一次性交割时,买方必须在最后交割日结算前将足额货款划入交易所账户。

滚动交割时,客户在交收日结算后领取标准仓单持有凭证。一次性交割时,客户在最后交割日结算后领取标准仓单持有凭证。

(二)商品期货的结算

交割货款结算实行一收一付,先收后付的原则,其交割货款的收付有两种方式:内转和银行划转。

(1)内转。买方会员采用内转方式时,必须提前将货款划入会员结算准备金账户内,待交割时,由本单位的交割结算员到结算部填写买入会员交割货款内转申请,由结算部办理货款内转,若因交割货款内转而造成结算准备金不足的,其后果由会员自行承担。卖方会员需要内转交割货款时,也由本单位的交割结算员到结算部填写卖出会员交割货款内转申请,由结算部在第三交割日统一将交割货款划入卖出会员的结算准备金账户。

(2)银行划转。买方会员采用银行划转时,其交割货款可用贷记凭证、本票或支票划入交易所账户;而卖方会员(未申请采用内转方式的会员)的应收交割货款由交易所在第三交割日结算完成后统一划至各会员的结算银行会员专用资金账户。

买方会员采用内转方式支付交割货款的可在第一交割日、第二交割日下午 2:00 前到结算部办理内转申请事宜。买方会员采用银行划转方式支付交割货款的,必须在第三交割日下午 2:00 前到结算部办理完相关事宜。

第二节 中国期货交易所的商品期货

中国的商品期货交易所,即上海期货交易所、大连商品交易所和郑州商品交易所,交易时间为每周一至周五,具体交易时段见表 5-1。

表 5-1 中国各商品期货交易所交易时段

交易所名称	集合竞价	撮 合	连续交易	黄金白银夜盘
上海期货交易所	上午 8:55—8:59	上午 8:59—9:00	上午 9:00—10:15(第一小节); 上午 10:30—11:30(第二小节); 下午 1:30—3:00(第三小节)	晚上 9:00—次日凌晨 2:30
大连商品交易所	上午 8:55—8:59	上午 8:59—9:00	上午 9:00—10:15(第一小节); 上午 10:30—11:30(第二小节); 下午 1:30—3:00(第三小节)	—
郑州商品交易所	上午 8:55—8:59	上午 8:59—9:00	上午 9:00—10:15(第一小节); 上午 10:30—11:30(第二小节); 下午 1:30—3:00(第三小节)	—

一、郑州商品交易所

(一)郑州商品交易所简介

郑州商品交易所(以下简称"郑商所")是经国务院批准成立的我国首家期货市场试点单

位。郑商所隶属于中国证监会垂直管理。郑商所成立于1990年10月12日,是经中国国务院批准的首家期货市场试点单位,在现货远期交易成功运行两年以后,于1993年5月28日正式推出期货交易。1998年8月,郑商所被国务院确定为全国三家期货交易所之一。郑商所目前上市交易普通小麦、优质强筋小麦、早籼稻、晚籼稻、粳稻、棉花、棉纱、油菜籽、菜籽油、菜籽粕、白糖、苹果、动力煤、甲醇、精对苯二甲酸(PTA)、玻璃、硅铁和锰硅共计18个期货品种和白糖期权,范围覆盖粮、棉、油、糖、林、果和能源、化工、纺织、冶金、建材等多个国民经济重要领域。

郑商所实行保证金制、每日涨跌停板制、每日无负债结算制、实物交割制等期货交易制度,积极适应市场创新发展要求,不断优化制度安排。郑商所拥有功能完善的交易、交割、结算、风险监控、信息发布和会员服务等电子化系统。会员和投资者也可以通过远程交易系统进行期货交易。期货交易行情信息通过路透社、彭博资讯、世华信息等多条报价系统在国内外同步发布。

郑商所注重加强对外交流与合作。1995年6月,加入国际期权(期货)市场协会。2012年10月,加入世界交易所联合会。先后与美国芝加哥期权交易所、芝加哥商业交易所、纽约—泛欧交易所集团、印度多商品交易所、尼日利亚证券与商品交易所、香港交易及结算所有限公司、墨西哥衍生品交易所、泰国农产品期货交易所、加拿大多伦多蒙特利尔交易所集团等多家期货交易所签订了友好合作协议,定期交换市场信息,进一步扩大了郑商所在国际上的影响力。

郑商所实行会员制。会员大会是交易所的权力机构,由全体会员组成。理事会是会员大会的常设机构,下设咨询顾问会和品种、交易、监察、自律管理、财务与审计、技术、风险管理等七个专门委员会。总经理为交易所法定代表人。

(二)郑商所交易品种

郑商所交易品种如表5-2所示。

表5-2 郑商所交易品种

品 种	代 码	交易单位	最小变动价位	报价单位
优质强筋小麦(强麦)	WH	20吨/手	1元/吨	元(人民币)/吨
普通小麦(普麦)	PM	50吨/手	1元/吨	元(人民币)/吨
棉花	CF	5吨/手	5元/吨	元(人民币)/吨
白砂糖(白糖)	SR	10吨/手	1元/吨	元(人民币)/吨
精对苯二甲酸(PTA)	TA	5吨/手	2元/吨	元(人民币)/吨
菜籽油(菜油)	OI	10吨/手	1元/吨	元(人民币)/吨
早籼稻	RI	20吨/手	1元/吨	元(人民币)/吨
甲醇	MA	10吨/手	1元/吨	元(人民币)/吨
平板玻璃(玻璃)	FG	20吨/手	1元/吨	元(人民币)/吨
油菜籽(菜籽)	RS	10吨/手	1元/吨	元(人民币)/吨
菜籽粕(菜粕)	RM	10吨/手	1元/吨	元(人民币)/吨

续　表

品　　种	代　码	交易单位	最小变动价位	报价单位
动力煤	ZC	100吨/手	0.2元/吨	元(人民币)/吨
粳稻谷(粳稻)	JR	20吨/手	1元/吨	元(人民币)/吨
晚籼稻(晚稻)	LR	20吨/手	1元/吨	元(人民币)/吨
硅铁	SF	5吨/手	2元/吨	元(人民币)/吨
锰硅	SM	5吨/手	2元/吨	元(人民币)/吨
棉纱	CY	5吨/手	5元/吨	元(人民币)/吨
鲜苹果(苹果)	AP	10吨/手	1元/吨	元(人民币)/吨
白糖期权	SR	1手(10吨) 白糖期货合约	0.5元/吨	元(人民币)/吨

(三)郑商所交易品种期货合约

1.强麦期货合约(见表5-3)

表5-3　强麦期货合约

交易品种	优质强筋小麦(简称"强麦")
交易单位	20吨/手
报价单位	元(人民币)/吨
最小变动价位	1元/吨
每日价格最大波动限制	上一交易日结算价±4%及《郑州商品交易所期货交易风险控制管理办法》相关规定
最低交易保证金	合约价值的5%
合约交割月份	1、3、5、7、9、11月
交易时间	每周一至周五(北京时间　法定节假日除外) 上午9:00—11:30　下午1:30—3:00
最后交易日	合约交割月份的第10个交易日
最后交割日	合约交割月份的第12个交易日
交割等级	符合《中华人民共和国国家标准 小麦》(GB 1351—2008)的三等及以上小麦,且稳定时间、湿面筋等指标符合《郑州商品交易所期货交割细则》规定要求
交割地点	交易所指定交割仓库
交割方式	实物交割
交易代码	WH

2.普麦期货合约(见表5-4)

表5-4　普麦期货合约

交易品种	普通小麦(简称"普麦")
交易单位	50吨/手
报价单位	元(人民币)/吨
最小变动价位	1元/吨
每日价格最大波动限制	上一交易日结算价±4%及《郑州商品交易所期货交易风险控制管理办法》相关规定
最低交易保证金	合约价值的5%
合约交割月份	1、3、5、7、9、11月
交易时间	每周一至周五(北京时间　法定节假日除外) 上午9:00—11:30　下午1:30—3:00
最后交易日	合约交割月份的第10个交易日
最后交割日	仓单交割:合约交割月份的第12个交易日 车船板交割:合约交割月份的次月20日
交割等级	符合《中华人民共和国国家标准 小麦》(GB 1351—2008)的三等及以上小麦,且物理指标等符合《郑州商品交易所期货交割细则》规定要求
交割地点	交易所指定交割仓库及指定交割计价点
交割方式	实物交割
交易代码	PM

3.棉花期货合约(见表5-5)

表5-5　棉花期货合约

交易品种	棉花
交易单位	5吨/手
报价单位	元(人民币)/吨
最小变动价位	5元/吨
每日价格最大波动限制	上一交易日结算价±4%及《郑州商品交易所期货交易风险控制管理办法》相关规定
最低交易保证金	合约价值的5%
合约交割月份	1、3、5、7、9、11月
交易时间	每周一至周五(北京时间　法定节假日除外) 上午9:00—11:30　下午1:30—3:00
最后交易日	合约交割月份的第10个交易日
最后交割日	合约交割月份的第12个交易日
交割等级	基准交割品:符合《中华人民共和国国家标准 棉花 第1部分:锯齿加工细绒棉》(GB 1103.1—2012)规定的3128B级,且长度整齐度为U3档,断裂比强度为S3档,轧工质量为P2档的国产棉花 替代品详见《郑州商品交易所期货交割细则》 替代品升贴水见交易所公告

续　表

交割地点	交易所指定棉花交割仓库
交割方式	实物交割
交易代码	CF

4. 白糖期货合约(见表 5-6)

表 5-6　白糖期货合约

交易品种	白砂糖(简称"白糖")
交易单位	10 吨/手
报价单位	元(人民币)/吨
最小变动价位	1 元/吨
每日价格最大波动限制	上一交易日结算价±4%及《郑州商品交易所期货交易风险控制管理办法》相关规定
最低交易保证金	合约价值的 5%
合约交割月份	1、3、5、7、9、11 月
交易时间	每周一至周五(北京时间　法定节假日除外) 上午 9:00—11:30　下午 1:30—3:00
最后交易日	合约交割月份的第 10 个交易日
最后交割日	合约交割月份的第 12 个交易日
交割等级	标准品:符合《中华人民共和国国家标准　白砂糖》(GB 317—2006)的一级白砂糖 替代品及升贴水见《郑州商品交易所期货交割细则》
交割地点	交易所指定交割仓库
交割方式	实物交割
交易代码	SR

5. PTA 期货合约(见表 5-7)

表 5-7　PTA 期货合约

交易品种	精对苯二甲酸(PTA)
交易单位	5 吨/手
报价单位	元(人民币)/吨
最小变动价位	2 元/吨
每日价格最大波动限制	上一交易日结算价±4%及《郑州商品交易所期货交易风险控制管理办法》相关规定
最低交易保证金	合约价值的 5%
合约交割月份	1—12 月
交易时间	每周一至周五(北京时间　法定节假日除外) 上午 9:00—11:30　下午 1:30—3:00 以及交易所规定的其他时间

续　表

最后交易日	合约交割月份的第 10 个交易日
最后交割日	合约交割月份的第 12 个交易日
交割等级	符合《中华人民共和国石油化工行业标准 工业用精对苯二甲酸》(SH/T 1612.1—2005)的优等品 PTA,详见《郑州商品交易所期货交割细则》
交割地点	交易所指定交割仓库
交割方式	实物交割
交易代码	TA

6. 菜油期货合约(见表 5-8)

表 5-8　菜油期货合约

交易品种	菜籽油(简称"菜油")
交易单位	10 吨/手
报价单位	元(人民币)/吨
最小变动价位	1 元/吨
每日价格最大波动限制	上一交易日结算价±4％及《郑州商品交易所期货交易风险控制管理办法》相关规定
最低交易保证金	合约价值的 5％
合约交割月份	1、3、5、7、9、11 月
交易时间	每周一至周五(北京时间 法定节假日除外) 上午 9:00—11:30 下午 1:30—3:00
最后交易日	合约交割月份的第 10 个交易日
最后交割日	合约交割月份的第 12 个交易日
交割等级	基准交割品:符合《中华人民共和国国家标准 菜籽油》(GB 1536—2004)四级质量指标的菜油 替代品及升贴水见《郑州商品交易所期货交割细则》
交割地点	交易所指定交割仓库
交割方式	实物交割
交易代码	OI

7. 早籼稻期货合约(见表 5-9)

表 5-9　早籼稻期货合约

交易品种	早籼稻
交易单位	20 吨/手
报价单位	元(人民币)/吨
最小变动价位	1 元/吨
每日价格最大波动限制	上一交易日结算价±4％及《郑州商品交易所期货交易风险控制管理办法》相关规定

续　表

最低交易保证金	合约价值的 5%
合约交割月份	1、3、5、7、9、11 月
交易时间	每周一至周五(北京时间　法定节假日除外) 上午 9:00—11:30　下午 1:30—3:00
最后交易日	合约交割月份的第 10 个交易日
最后交割日	合约交割月份的第 12 个交易日
交割等级	基准交割品:符合《中华人民共和国国家标准 稻谷》(GB 1350—2009)三等及以上等级质量指标及《郑州商品交易所期货交割细则》规定的早籼稻谷 替代品及升贴水见《郑州商品交易所期货交割细则》
交割地点	交易所指定交割仓库
交割方式	实物交割
交易代码	RI

8.甲醇期货合约(见表 5-10)

表 5-10　甲醇期货合约

交易品种	甲醇
交易单位	10 吨/手
报价单位	元(人民币)/吨
最小变动价位	1 元/吨
每日价格最大波动限制	上一交易日结算价±4%及《郑州商品交易所期货交易风险控制管理办法》相关规定
最低交易保证金	合约价值的 5%
合约交割月份	1—12 月
交易时间	每周一至周五(北京时间　法定节假日除外) 上午 9:00—11:30　下午 1:30—3:00 及交易所规定的其他交易时间
最后交易日	合约交割月份的第 10 个交易日
最后交割日	合约交割月份的第 12 个交易日
交割等级	见《郑州商品交易所期货交割细则》
交割地点	交易所指定交割地点
交割方式	实物交割
交易代码	MA

注:该合约文本自 MA1506 合约起执行。

9.玻璃期货合约(见表5-11)

表 5-11　玻璃期货合约

交易品种	平板玻璃(简称"玻璃")
交易单位	20 吨/手
报价单位	元(人民币)/吨
最小变动价位	1 元/吨
每日价格最大波动限制	上一交易日结算价±4%及《郑州商品交易所期货交易风险控制管理办法》相关规定
最低交易保证金	合约价值的 5%
合约交割月份	1—12 月
交易时间	每周一至周五(北京时间　法定节假日除外) 上午 9:00—11:30　下午 1:30—3:00 以及交易所规定的其他时间 最后交易日上午 9:00—11:30
最后交易日	合约交割月份的第 10 个交易日
最后交割日	合约交割月份的第 12 个交易日
交割等级	见《郑州商品交易所期货交割细则》
交割地点	交易所指定交割地点
交割方式	实物交割
交易代码	FG

10.菜籽期货合约(见表5-12)

表 5-12　菜籽期货合约

交易品种	油菜籽(简称"菜籽")
交易单位	10 吨/手
报价单位	元(人民币)/吨
最小变动价位	1 元/吨
每日价格最大波动限制	上一交易日结算价±4%及《郑州商品交易所期货交易风险控制管理办法》相关规定
最低交易保证金	合约价值的 5%
合约交割月份	7、8、9、11 月
交易时间	每周一至周五(北京时间　法定节假日除外) 上午 9:00—11:30　下午 1:30—3:00
最后交易日	合约交割月份的第 10 个交易日
最后交割日	仓单交割:合约交割月份的第 12 个交易日 车船板交割:合约交割月份的次月 20 日

续　表

交割等级	见《郑州商品交易所期货交割细则》
交割地点	交易所指定交割地点
交割方式	实物交割
交易代码	RS

11. 菜粕期货合约(见表5-13)

表5-13　菜粕期货合约

交易品种	菜籽粕(简称"菜粕")
交易单位	10 吨/手
报价单位	元(人民币)/吨
最小变动价位	1 元/吨
每日价格最大波动限制	上一交易日结算价±4%及《郑州商品交易所期货交易风险控制管理办法》相关规定
最低交易保证金	合约价值的 5%
合约交割月份	1、3、5、7、8、9、11 月
交易时间	每周一至周五(北京时间　法定节假日除外) 上午 9:00—11:30　下午 1:30—3:00
最后交易日	合约交割月份的第 10 个交易日
最后交割日	合约交割月份的第 12 个交易日
交割等级	见《郑州商品交易所期货交割细则》
交割地点	交易所指定交割地点
交割方式	实物交割
交易代码	RM

12. 动力煤期货合约(见表5-14)

表5-14　动力煤期货合约

交易品种	动力煤
交易单位	100 吨/手
报价单位	元(人民币)/吨
最小变动价位	0.2 元/吨
每日价格最大波动限制	上一交易日结算价±4%及《郑州商品交易所期货交易风险控制管理办法》相关规定
最低交易保证金	合约价值的 5%
合约交割月份	1—12 月

交易时间	每周一至周五(北京时间 法定节假日除外) 上午 9:00—11:30 下午 1:30—3:00 以及交易所规定的其他时间 最后交易日上午 9:00—11:30
最后交易日	合约交割月份的第 5 个交易日
最后交割日	仓单交割:合约交割月份的第 7 个交易日 车船板交割:合约交割月份的最后 1 个日历日
交割等级	见《郑州商品交易所期货交割细则》
交割地点	交易所指定交割地点
交割方式	实物交割
交易代码	ZC

13.粳稻期货合约(见表 5-15)

表 5-15 粳稻期货合约

交易品种	粳稻谷(简称"粳稻")
交易单位	20 吨/手
报价单位	元(人民币)/吨
最小变动价位	1 元/吨
每日价格最大波动限制	上一交易日结算价±4%及《郑州商品交易所期货交易风险控制管理办法》相关规定
最低交易保证金	合约价值的 5%
合约交割月份	1、3、5、7、9、11 月
交易时间	每周一至周五(北京时间 法定节假日除外) 上午 9:00—11:30 下午 1:30—3:00 最后交易日上午 9:00—11:30
最后交易日	合约交割月份的第 10 个交易日
最后交割日	合约交割月份的第 12 个交易日
交割等级	见《郑州商品交易所期货交割细则》
交割地点	交易所指定交割地点
交割方式	实物交割
交易代码	JR

14.晚稻期货合约(见表 5-16)

表 5-16 晚稻期货合约

交易品种	晚籼稻(简称"晚稻")
交易单位	20 吨/手

续 表

报价单位	元(人民币)/吨
最小变动价位	1元/吨
每日价格最大波动限制	上一交易日结算价±4%及《郑州商品交易所期货交易风险控制管理办法》相关规定
最低交易保证金	合约价值的5%
合约交割月份	1、3、5、7、9、11月
交易时间	每周一至周五(北京时间 法定节假日除外) 上午9:00—11:30 下午1:30—3:00
最后交易日	合约交割月份的第10个交易日
最后交割日	合约交割月份的第12个交易日
交割等级	见《郑州商品交易所期货交割细则》
交割地点	交易所指定交割地点
交割方式	实物交割
交易代码	LR

15.硅铁期货合约(见表5-17)

表5-17 硅铁期货合约

交易品种	硅铁
交易单位	5吨/手
报价单位	元(人民币)/吨
最小变动价位	2元/吨
每日价格最大波动限制	上一交易日结算价±4%及《郑州商品交易所期货交易风险控制管理办法》相关规定
最低交易保证金	合约价值的5%
合约交割月份	1—12月
交易时间	每周一至周五(北京时间 法定节假日除外) 上午9:00—11:30 下午1:30—3:00 以及交易所规定的其他交易时间 最后交易日上午9:00—11:30
最后交易日	合约交割月份的第10个交易日
最后交割日	合约交割月份的第12个交易日
交割等级	见《郑州商品交易所期货交割细则》
交割地点	交易所指定交割地点
交割方式	实物交割
交易代码	SF

16.锰硅期货合约(见表5-18)

表 5-18　锰硅期货合约

交易品种	锰硅*
交易单位	5 吨/手
报价单位	元(人民币)/吨
最小变动价位	2 元/吨
每日价格最大波动限制	上一交易日结算价±4%及《郑州商品交易所期货交易风险控制管理办法》相关规定
最低交易保证金	合约价值的 5%
合约交割月份	1—12 月
交易时间	每周一至周五(北京时间　法定节假日除外) 上午 9:00—11:30　下午 1:30—3:00 以及交易所规定的其他交易时间 最后交易日上午 9:00—11:30
最后交易日	合约交割月份的第 10 个交易日
最后交割日	合约交割月份的第 12 个交易日
交割等级	见《郑州商品交易所期货交割细则》
交割地点	交易所指定交割地点
交割方式	实物交割
交易代码	SM

＊锰硅即为现货市场上通称的"硅锰"。

17.棉纱期货合约(见表5-19)

表 5-19　棉纱期货合约

交易品种	棉纱
交易单位	5 吨/手
报价单位	元(人民币)/吨
最小变动价位	5 元/吨
每日价格最大波动限制	上一交易日结算价±4%及《郑州商品交易所期货交易风险控制管理办法》相关规定
最低交易保证金	合约价值的 5%
合约交割月份	1—12 月
交易时间	每周一至周五(北京时间　法定节假日除外) 上午 9:00—11:30　下午 1:30—3:00 以及交易所规定的其他交易时间 最后交易日上午 9:00—11:30
最后交易日	合约交割月份的第 10 个交易日
最后交割日	合约交割月份的第 12 个交易日

续　表

交割等级	见《郑州商品交易所期货交割细则》
交割地点	交易所指定交割地点
交割方式	实物交割
交易代码	CY

18. 鲜苹果期货合约(见表 5-20)

表 5-20　苹果期货合约

交易品种	鲜苹果(简称"苹果")
交易单位	10 吨/手
报价单位	元(人民币)/吨
最小变动价位	1 元/吨
每日价格最大波动限制	上一交易日结算价±5%及《郑州商品交易所期货交易风险控制管理办法》相关规定
最低交易保证金	合约价值的 7%
合约交割月份	1、3、5、7、10、11、12 月
交易时间	每周一至周五(北京时间　法定节假日除外) 上午 9:00—11:30　下午 1:30—3:00 以及交易所规定的其他交易时间 最后交易日上午 9:00—11:30
最后交易日	合约交割月份的第 10 个交易日
最后交割日	仓单交割:合约交割月份的第 12 个交易日 车船板交割:合约交割月份的次月 20 日
交割等级	见《郑州商品交易所期货交割细则》
交割地点	交易所指定交割地点
交割方式	实物交割
交易代码	AP

19. 白糖期权合约(见表 5-21 及表 5-22)

表 5-21　白糖期权合约(白糖期货 1909 合约前执行本合约)

合约标的物	白糖期货合约
合约类型	看涨期权、看跌期权
交易单位	1 手(10 吨)白糖期货合约
报价单位	元(人民币)/吨
最小变动价位	0.5 元/吨
涨跌停板幅度	与白糖期货合约涨跌停板幅度相同
合约月份	1、3、5、7、9、11 月

续　表

交易时间	每周一至周五 上午 9:00—11:30　下午 1:30—3:00 以及交易所规定的其他交易时间
最后交易日	标的期货合约交割月份前 2 个月的倒数第 5 个交易日,以及交易所规定的其他日期
到期日	同最后交易日
行权价格	以白糖期货前一交易日结算价为基准,按行权价格间距挂出 5 个实值期权、1 个平值期权和 5 个虚值期权 行权价格≤3000 元/吨,行权价格间距为 50 元/吨;3000 元/吨<行权价格≤10000 元/吨,行权价格间距为 100 元/吨;行权价格>10000 元/吨,行权价格间距为 200 元/吨
行权方式	美式:买方可在到期日前任一交易日的交易时间提交行权申请;买方可在到期日下午 3:30 之前提交行权申请、放弃申请
交易代码	看涨期权:SR—合约月份—C—行权价格 看跌期权:SR—合约月份—P—行权价格

表 5-22　白糖期权合约(白糖期货 1909 及其后合约执行本合约)

合约标的物	白糖期货合约
合约类型	看涨期权、看跌期权
交易单位	1 手(10 吨)白糖期货合约
报价单位	元(人民币)/吨
最小变动价位	0.5 元/吨
涨跌停板幅度	与白糖期货合约涨跌停板幅度相同
合约月份	标的期货合约中的连续 2 个近月,其后月份在标的期货合约结算后持仓量达到 5000 手(双边)之后的第 2 个交易日挂牌
交易时间	每周一至周五 上午 9:00—11:30　下午 1:30—3:00 以及交易所规定的其他交易时间
最后交易日	标的期货合约交割月份前 1 个月的第 3 个交易日,以及交易所规定的其他日期
到期日	同最后交易日
行权价格	以白糖期货前一交易日结算价为基准,按行权价格间距挂出 5 个实值期权、1 个平值期权和 5 个虚值期权 行权价格≤3000 元/吨,行权价格间距为 50 元/吨;3000 元/吨<行权价格≤10000 元/吨,行权价格间距为 100 元/吨;行权价格>10000 元/吨,行权价格间距为 200 元/吨
行权方式	美式:买方可在到期日前任一交易日的交易时间提交行权申请;买方可在到期日下午 3:30 之前提交行权申请、放弃申请
交易代码	看涨期权:SR—合约月份—C—行权价格 看跌期权:SR—合约月份—P—行权价格

二、大连商品交易所

（一）大连商品交易所简介

大连商品交易所（以下简称"大商所"）成立于 1993 年 2 月 28 日，是经国务院批准的三家期货交易所之一。经中国证监会批准，目前已上市的品种有玉米、玉米淀粉、黄大豆 1 号、黄大豆 2 号、豆粕、豆油、棕榈油、鸡蛋、纤维板、胶合板、线型低密度聚乙烯、聚氯乙烯、聚丙烯、焦炭、焦煤、铁矿石、乙二醇共计 17 个期货品种，并推出了棕榈油、豆粕、豆油、黄大豆 1 号、黄大豆 2 号、焦炭、焦煤和铁矿石等 8 个期货品种的夜盘交易。2017 年 3 月 31 日，大商所上市了豆粕期权，同时推出了豆粕期权的夜盘交易。2018 年 5 月 4 日，铁矿石期货引入境外交易者业务正式实施。2019 年 1 月 28 日，玉米期权正式在大商所挂牌上市。

成立二十多年来，大商所规范运营、稳步发展，已经成为我国重要的期货交易中心。截至 2018 年，拥有会员单位 164 家，指定交割库 314 个。2018 年，大商所期货年成交量和成交额分别达到 9.69 亿手（单边，下同）和 52.19 万亿元，豆粕期权全年成交量和成交额分别达到 1252.16 万手和 92.66 亿元。根据美国期货业协会（FIA）公布的全球主要衍生品交易所成交量排名，2018 年大商所在全球排名第 12 位。目前，大商所是全球最大的农产品、塑料、煤炭和铁矿石期货市场。

大商所实行党委会领导下的"三会一层"（党委会、理事会、监事会、经营管理层）的法人治理结构，形成权责明确、功能完善、运行规范、运转协调、监督有力的管理体制和运行机制。

交易所党委是交易所的政治领导核心。理事会会员大会是交易所的权力机构，会员大会由全体会员组成。理事会是会员大会的常设机构和执行机构，是交易所决策权的具体承担者，按照相关法规和交易所章程的规定行使决策权。理事会下设战略咨询、风险管理、交易、工业品、农业品、结算、会员资格审查、调解及纪律处分、财务、信息技术等 10 个专门委员会。经营管理层包括总经理、副总经理、总经理助理等行政班子成员，按照《期货交易所管理办法》和《大连商品交易所章程》等的规定和要求，总经理主持经营管理层的工作。监事会是交易所的内部监督机构，行使监督权，防范运营风险、促进交易所规范运作、健康发展。

（二）大连商品交易所交易品种

大商所交易品种见表 5-23。

表 5-23　大商所交易品种

品　　种		代　码	交易单位	最小变动价位	报价单位
农业品	黄玉米（玉米）	C	10 吨/手	1 元/吨	元（人民币）/吨
	玉米淀粉	CS	10 吨/手	1 元/吨	元（人民币）/吨
	黄大豆 1 号	A	10 吨/手	1 元/吨	元（人民币）/吨
	黄大豆 2 号	B	10 吨/手	1 元/吨	元（人民币）/吨
	豆粕	M	10 吨/手	1 元/吨	元（人民币）/吨
	豆油	Y	10 吨/手	2 元/吨	元（人民币）/吨

续　表

品　　种		代　码	交易单位	最小变动价位	报价单位
农业品	棕榈油	P	10 吨/手	2 元/吨	元(人民币)/吨
	中密度纤维板(简称"纤维板")	FB	500 张/手	0.05 元/张	元(人民币)/张
	细木工板(简称"胶合板")	BB	500 张/手	0.05 元/张	元(人民币)/张
	鲜鸡蛋(简称"鸡蛋")	JD	5 吨/手	1 元/500 千克	元(人民币)/500 千克
工业品	线型低密度聚乙烯	L	5 吨/手	5 元/吨	元(人民币)/吨
	聚氯乙烯	V	5 吨/手	5 元/吨	元(人民币)/吨
	聚丙烯	PP	5 吨/手	1 元/吨	元(人民币)/吨
	焦炭	J	100 吨/手	0.5 元/吨	元(人民币)/吨
	焦煤	JM	60 吨/手	0.5 元/吨	元(人民币)/吨
	铁矿石	I	100 吨/手	0.5 元/吨	元(人民币)/吨
	乙二醇	EG	10 吨/手	1 元/吨	元(人民币)/吨
期货指数	农产品	—	—	—	—
	工业品	—	—	—	—
	黑色系	—	—	—	—
	豆粕	—	—	—	—
	铁矿石	—	—	—	—
现货指数	温度指数	—	—	—	—
	瘦肉型白条猪肉出厂价格指数	—	—	—	—
期权	豆粕期权	—	—	—	—
	玉米期权	—	—	—	—

(三)大连商品交易所交易品种期货合约

1. 玉米期货合约(见表5-24)

表5-24　玉米期货合约

交易品种	黄玉米(简称"玉米")
交易单位	10 吨/手
报价单位	元(人民币)/吨
最小变动价位	1 元/吨
每日价格最大波动限制	上一交易日结算价±4%
最低交易保证金	合约价值的5%
合约交割月份	1、3、5、7、9、11 月
交易时间	每周一至周五(北京时间　法定节假日除外) 上午 9:00—11:30　下午 1:30—3:00

续　表

最后交易日	合约月份第 10 个交易日
最后交割日	最后交易日后第 3 个交易日
交割等级	符合《大连商品交易所玉米交割质量标准》(FC/DCE D001—2015)
交割地点	大连商品交易所玉米指定交割仓库
交割方式	实物交割
交易代码	C

2. 玉米淀粉期货合约(见表 5-25)

表 5-25　玉米淀粉期货合约

交易品种	玉米淀粉
交易单位	10 吨/手
报价单位	元(人民币)/吨
最小变动价位	1 元/吨
每日价格最大波动限制	上一交易日结算价±4%
最低交易保证金	合约价值的 5%
合约交割月份	1、3、5、7、9、11 月
交易时间	每周一至周五(北京时间　法定节假日除外) 上午 9:00—11:30　下午 1:30—3:00 以及交易所规定的其他交易时间
最后交易日	合约月份第 10 个交易日
最后交割日	最后交易日后第 3 个交易日
交割等级	符合《大连商品交易所玉米淀粉交割质量标准》(F/DCE CS002—2018)
交割地点	交易所玉米淀粉指定交割仓库
交割方式	实物交割
交易代码	CS

3. 黄大豆 1 号期货合约(见表 5-26)

表 5-26　黄大豆 1 号期货合约

交易品种	黄大豆 1 号
交易单位	10 吨/手
报价单位	元(人民币)/吨
最小变动价位	1 元/吨
每日价格最大波动限制	上一交易日结算价±4%
交易保证金	合约价值的 5%
合约交割月份	1、3、5、7、9、11 月

交易时间	每周一至周五(北京时间　法定节假日除外) 上午 9:00—11:30　下午 1:30—3:00 以及交易所公布的其他交易时间
最后交易日	合约月份第 10 个交易日
最后交割日	最后交易日后第 3 个交易日
交割等级	符合《大连商品交易所黄大豆 1 号交割质量标准》(F/DCE A001—2018)
交割地点	交易所指定交割仓库
交割方式	实物交割
交易代码	A

4.黄大豆 2 号期货合约(见表 5-27)

表 5-27　黄大豆 2 号期货合约

交易品种	黄大豆 2 号
交易单位	10 吨/手
报价单位	元(人民币)/吨
最小变动价位	1 元/吨
每日价格最大波动限制	上一交易日结算价±4%
最低交易保证金	合约价值的 5%
合约交割月份	1—12 月
交易时间	每周一至周五(北京时间　法定节假日除外) 上午 9:00—11:30　下午 1:30—3:00 以及交易所公布的其他交易时间
最后交易日	合约月份第 10 个交易日
最后交割日	最后交易日后第 3 个交易日
交割等级	符合《大连商品交易所黄大豆 2 号交割质量标准》(F/DCE B003—2017)
交割地点	交易所指定交割仓库
交割方式	实物交割
交易代码	B

5.豆粕期货合约(见表 5-28)

表 5-28　豆粕期货合约

交易品种	豆粕
交易单位	10 吨/手
报价单位	元(人民币)/吨
最小变动价位	1 元/吨
每日价格最大波动限制	上一交易日结算价±4%

续 表

最低交易保证金	合约价值的5%
合约交割月份	1、3、5、7、8、9、11、12月
交易时间	每周一至周五(北京时间 法定节假日除外) 上午9:00—11:30 下午1:30—3:00 以及交易所公布的其他交易时间
最后交易日	合约月份第10个交易日
最后交割日	最后交易日后第3个交易日
交割等级	符合《大连商品交易所豆粕交割质量标准》(F/DCE D001—2006)
交割地点	交易所指定交割仓库
交割方式	实物交割
交易代码	M

6.豆油期货合约(见表5-29)

表5-29 豆油期货合约

交易品种	大豆原油
交易单位	10吨/手
报价单位	元(人民币)/吨
最小变动价位	2元/吨
每日价格最大波动限制	上一交易日结算价±4%
最低交易保证金	合约价值的5%
合约交割月份	1、3、5、7、8、9、11、12月
交易时间	每周一至周五(北京时间 法定节假日除外) 上午9:00—11:30 下午1:30—3:00 以及交易所公布的其他交易时间
最后交易日	合约月份第10个交易日
最后交割日	最后交易日后第3个交易日
交割等级	符合《大连商品交易所豆油交割质量标准》
交割地点	交易所指定交割仓库
交割方式	实物交割
交易代码	Y

7.棕榈油期货合约(见表5-30)

表5-30 棕榈油期货合约

交易品种	棕榈油
交易单位	10吨/手
报价单位	元(人民币)/吨

续 表

最小变动价位	2 元/吨
每日价格最大波动限制	上一交易日结算价±4%
最低交易保证金	合约价值的 5%
合约交割月份	1—12 月
交易时间	每周一至周五(北京时间 法定节假日除外) 上午 9:00—11:30 下午 1:30—3:00 以及交易所公布的其他交易时间
最后交易日	合约月份第 10 个交易日
最后交割日	最后交易日后第 3 个交易日
交割等级	符合《大连商品交易所棕榈油交割质量标准》(F/DCE P002—2011)
交割地点	交易所棕榈油指定交割仓库
交割方式	实物交割
交易代码	P

8.纤维板期货合约(见表 5-31)

表 5-31 纤维板期货合约

交易品种	中密度纤维板(简称"纤维板")
交易单位	500 张/手
报价单位	元(人民币)/张
最小变动单位	0.05 元/张
每日价格最大波动限制	上一交易日结算价±4%(注:当前暂为±5%)
最低交易保证金	合约价值的 5%(注:当前暂为 7%)
合约交割月份	1—12 月
交易时间	每周一至周五(北京时间 法定节假日除外) 上午 9:00—11:30 下午 1:30—3:00 以及交易所公布的其他交易时间
最后交易日	合约月份第 10 个交易日
最后交割日	最后交易日后第 3 个交易口
交割等级	符合《大连商品交易所纤维板交割质量标准》(F/DCE FB001—2013)
交割地点	交易所纤维板指定交割仓库
交割方式	实物交割
交易代码	FB

9.胶合板期货合约(见表5-32)

表5-32　胶合板期货合约

交易品种	细木工板(简称"胶合板")
交易单位	500 张/手
报价单位	元(人民币)/张
最小变动单位	0.05 元/张
每日价格最大波动限制	上一交易日结算价±4%
最低交易保证金	合约价值的 5%
合约交割月份	1—12 月
交易时间	每周一至周五(北京时间　法定节假日除外) 上午 9:00—11:30　下午 1:30—3:00 以及交易所公布的其他交易时间
最后交易日	合约月份第 10 个交易日
最后交割日	最后交易日后第 3 个交易日
交割等级	符合《大连商品交易所胶合板交割质量标准》(F/DCE BB002—2018)
交割地点	交易所胶合板指定交割仓库
交割方式	实物交割
交易代码	BB

10.鸡蛋期货合约(见表5-33)

表5-33　鸡蛋期货合约

交易品种	鲜鸡蛋(简称"鸡蛋")
交易单位	5 吨/手
报价单位	元(人民币)/500 千克
最小变动价位	1 元/500 千克
每日价格最大波动限制	上一交易日结算价±4%
最低交易保证金	合约价值的 5%
合约交割月份	1—12 月
交易交割时间	每周一至周五(北京时间　法定节假日除外) 上午 9:00—11:30　下午 1:30—3:00 以及交易所规定的其他交易时间
最后交易日	合约月份倒数第 4 个交易日
最后交割日	最后交易日后第 3 个交易日
交割等级	符合《大连商品交易所鸡蛋交割质量标准》(F/DCE JD002—2015)
交割地点	交易所鸡蛋指定交割仓库、指定车板交割场所
交割方式	实物交割
交易代码	JD

11.线型低密度聚乙烯期货合约（见表5-34）

表 5-34　线型低密度聚乙烯期货合约

交易品种	线型低密度聚乙烯
交易单位	5 吨/手
报价单位	元（人民币）/吨
最小变动价位	5 元/吨
每日价格最大波动限制	上一交易日结算价±4%
最低交易保证金	合约价值的 5%
合约交割月份	1—12 月
交易时间	每周一至周五（北京时间　法定节假日除外） 上午 9:00—11:30　下午 1:30—3:00 以及交易所公布的其他交易时间
最后交易日	合约月份第 10 个交易日
最后交割日	最后交易日后第 3 个交易日
交割等级	符合《大连商品交易所线型低密度聚乙烯交割质量标准》（F/DCE L003—2014）
交割地点	交易所线型低密度聚乙烯指定交割仓库
交割方式	实物交割
交易代码	L

12.聚氯乙烯期货合约（见表5-35）

表 5-35　聚氯乙烯期货合约

交易品种	聚氯乙烯
交易单位	5 吨/手
报价单位	元（人民币）/吨
最小变动价位	5 元/吨
每日价格最大波动限制	上一交易日结算价±4%
最低交易保证金	合约价值的 5%
合约交割月份	1—12 月
交易时间	每周一至周五（北京时间　法定节假日除外） 上午 9:00—11:30　下午 1:30—3:00 以及交易所公布的其他交易时间
最后交易日	合约月份第 10 个交易日
最后交割日	最后交易日后第 3 个交易日
交割等级	符合《中华人民共和国国家标准　悬浮法通用型聚氯乙烯树脂》（GB/T 5761—2006）规定的 SG5 型一等品和优等品
交割地点	交易所指定交割仓库
交割方式	实物交割
交易代码	V

13. 聚丙烯期货合约(见表 5-36)

表 5-36　聚丙烯期货合约

交易品种	聚丙烯
交易单位	5 吨/手
报价单位	元(人民币)/吨
最小变动价位	1 元/吨
每日价格最大波动限制	上一交易日结算价±4%
最低交易保证金	合约价值的 5%
合约交割月份	1—12 月
交易时间	每周一至周五(北京时间　法定节假日除外) 上午 9:00—11:30　下午 1:30—3:00 以及交易所公布的其他交易时间
最后交易日	合约月份第 10 个交易日
最后交割日	最后交易日后第 3 个交易日
交割等级	符合《大连商品交易所聚丙烯交割质量标准》(F/DCE PP001—2014)
交割地点	交易所聚丙烯指定交割仓库
交割方式	实物交割
交易代码	PP

14. 焦炭期货合约(见表 5-37)

表 5-37　焦炭期货合约

交易品种	冶金焦炭
交易单位	100 吨/手
报价单位	元(人民币)/吨
最小变动价位	0.5 元/吨
每日价格最大波动限制	上一交易日结算价±4%
最低交易保证金	合约价值的 5%
合约交割月份	1—12 月
交易时间	每周一至周五(北京时间　法定节假日除外) 上午 9:00—11:30　下午 1:30—3:00 以及交易所公布的其他交易时间
最后交易日	合约月份第 10 个交易日
最后交割日	最后交易日后第 3 个交易日
交割等级	符合《大连商品交易所焦炭交割质量标准》(F/DCE J001—2011)
交割地点	交易所焦炭指定交割仓库
交割方式	实物交割
交易代码	J

15.焦煤期货合约(见表5-38)

表 5-38　焦煤期货合约

交易品种	焦煤
交易单位	60 吨/手
报价单位	元(人民币)/吨
最小变动价位	0.5 元/吨
每日价格最大波动限制	上一交易日结算价±4%
最低交易保证金	合约价值的5%
合约交割月份	1—12 月
交易时间	每周一至周五(北京时间　法定节假日除外) 上午 9:00—11:30　下午 1:30—3:00 以及交易所公布的其他交易时间
最后交易日	合约月份第 10 个交易日
最后交割日	最后交易日后第 3 个交易日
交割等级	符合《大连商品交易所焦煤交割质量标准》(F/DCE JM001—2018)
交割地点	交易所焦煤指定交割仓库
交割方式	实物交割
交易代码	JM

16.铁矿石期货合约(见表5-39)

表 5-39　铁矿石期货合约

交易品种	铁矿石
交易单位	100 吨/手
报价单位	元(人民币)/吨
最小变动价位	0.5 元/吨
每日价格最大波动限制	上一交易日结算价±4%
最低交易保证金	合约价值的5%
合约交割月份	1—12 月
交易时间	每周一至周五(北京时间　法定节假日除外) 上午 9:00—11:30　下午 1:30—3:00 以及交易所公布的其他交易时间
最后交易日	合约月份第 10 个交易日
最后交割日	最后交易日后第 3 个交易日
交割等级	符合《大连商品交易所铁矿石交割质量标准》(F/DCE I001—2017)
交割地点	交易所铁矿石指定交割仓库及指定交割地点
交割方式	实物交割
交易代码	I

17. 乙二醇期货合约（见表5-40）

表 5-40　乙二醇期货合约

交易品种	乙二醇
交易单位	10 吨/手
报价单位	元(人民币)/吨
最小变动价位	1 元/吨
每日价格最大波动限制	上一交易日结算价±4%
最低交易保证金	合约价值的 5%
合约月份	1—12 月
交易时间	每周一至周五(北京时间　法定节假日除外) 上午 9:00—11:30　下午 1:30—3:00 以及交易所规定的其他时间
最后交易日	合约月份倒数第 4 个交易日
最后交割日	最后交易日后第 3 个交易日
交割等级	符合《大连商品交易所乙二醇交割质量标准》(F/DCE EG001—2018)
交割地点	交易所乙二醇指定交割仓库
交割方式	实物交割
交易代码	EG

18. 指数简介

为促进我国商品指数市场的发展,给国内商品市场提供投资与风险管理工具,大商所推出了农产品期货指数系列和工业品期货指数系列。该指数系列包括多商品指数和单商品指数。目前已经发布的 36 只商品指数,如表 5-41 所示。

表 5-41　大商所商品期货价格系列指数

指数类别		农产品系列指数	工业品系列指数
多商品指数	综合指数	大商所农产品期货价格综合指数	大商所工业品期货价格综合指数
	成分指数	大商所农产品期货价格指数	大商所工业品期货价格指数
	主题指数	大商所油脂油料期货价格指数	大商所黑色系期货价格指数
		大商所大豆类期货价格指数	大商所钢铁炉料成本指数
		大商所饲料类期货价格指数	大商所化工期货价格指数
单商品指数	期货价格指数	大商所玉米期货价格指数	大商所聚乙烯期货价格指数
		大商所玉米淀粉期货价格指数	大商所聚氯乙烯期货价格指数
		大商所豆一期货价格指数	大商所聚丙烯期货价格指数
		大商所豆粕期货价格指数	大商所焦炭期货价格指数
		大商所豆油期货价格指数	大商所焦煤期货价格指数
		大商所棕榈油期货价格指数	大商所铁矿石期货价格指数
		大商所鸡蛋期货价格指数	—

续　表

指数类别		农产品系列指数	工业品系列指数
单商品指数	主力合约指数	大商所玉米期货主力合约价格指数	大商所聚乙烯期货主力合约价格指数
		大商所玉米淀粉期货主力合约价格指数	大商所聚氯乙烯期货主力合约价格指数
		大商所豆一期货主力合约价格指数	大商所聚丙烯期货主力合约价格指数
		大商所豆粕期货主力合约价格指数	大商所焦炭期货主力合约价格指数
		大商所豆油期货主力合约价格指数	大商所焦煤期货主力合约价格指数
		大商所棕榈油期货主力合约价格指数	大商所铁矿石期货主力合约价格指数
		大商所鸡蛋期货主力合约价格指数	

大商所商品期货价格系列指数（综合指数除外）适合作为投资产品的跟踪标的，可以反映投资收益特征；商品主力合约价格指数反映品种主力合约价格连续变化特征。在商品期货价格指数编制方案设计中，充分考虑了指数的可投资性，体现在如下四点：①创新的合约展期设计规避了升贴水损益问题，使指数收益与资金收益保持一致；②科学的赋权指标及权重算法设计，使指数权重分配与资金分配保持同构性；③合理的权重上下限设计，保证了指数的可投资性和多样性；④引入合约强制展期原则以符合投资产品的运作特点。

目前，大商所商品期货系列指数行情可以在交易所官网、万得资讯等处获得。

三、上海期货交易所

（一）上海期货交易所简介

上海期货交易所（以下简称"上期所"）是受中国证监会集中统一监管的期货交易所，宗旨是服务实体经济。根据公开、公平、公正和诚实信用的原则，上期所组织经证监会批准的期货交易，目前已上市铜、铝、锌、铅、镍、锡、黄金、白银、螺纹钢、线材、热轧卷板、原油、燃料油、石油沥青、天然橡胶、纸浆16个期货品种以及铜期权。上海上期商务服务有限公司、上海期货信息技术有限公司、上海期货与衍生品研究院有限责任公司和上海国际能源交易中心股份有限公司是上期所的下属子公司。

按照《上海期货交易所章程》，会员大会是上期所的权力机构，由全体会员组成。理事会是会员大会的常设机构，下设战略规划、风险控制、监察、交易、结算、交割、会员资格审查、法律与调解、财务、技术、金属产品、能源化工产品专门委员会，并根据需要设立其他专门委员会。监事会是上期所的监督机构，对会员大会负责。上期所现有会员198家（其中期货公司会员占近76％）。

上期所挂牌交易的各品种中，铜期货已使其成为世界上影响力最大的三大铜期货市场之一，并与铝、锌、铅、镍、锡期货形成了完备的有色金属品种系列，能较好地满足实体行业的需求。天然橡胶期货的权威定价地位逐步巩固，"保险＋期货"精准扶贫试点喜结硕果。黄金、白银期货，促进了贵金属市场体系的健康发展，丰富了期货市场的参与结构和功能作用。螺纹钢、热轧卷板、线材等黑色金属期货，进一步优化了钢材价格形成机制，助力我国钢铁工业健康有序发展，提高了我国钢铁价格的国际影响力。燃料油、石油沥青期货加快推进了能源类期货产品的探索，提升了我国石油类商品的市场影响力。上期所首创的保税交割和连续交易,为期货市场对外开放和国际化打下了基础,促进了相关品种国内外价格的及时联动,为投资者实时进行风险管理提供了便利。上期标准仓单交易平台的成功上线,为标准仓单交易提供了开户、交易、交割、结算、风控等一站式服务,更好地满足实体企业的多元化需求。

上期所设有风险管理委员会以及党委办公室、党委组织部(人力资源部)、办公室(理事会办公室、监事会办公室)、风险管理部、监查部、交易部、结算部、交割部、运行部、会员服务和投资者教育部、商品一部、商品二部、衍生品部、大宗商品服务部、新闻联络部、法律事务部、国际合作部、信息管理部、内审合规部、纪检监察办公室、财务部、行政部(张江中心管理办公室)、驻北京联络处、驻新加坡办事处等职能部门。根据国务院颁布的《期货交易管理条例》及证监会发布的《期货交易所管理办法》等法规,上期所建立了交易运作和市场管理规章制度体系。

(二)上期所交易品种

上期所交易品种见表5-42。

表5-42　上期所交易品种

分　类	品　种	代　码	交易单位	最小变动价位	报价单位
有色金属	铜(沪铜)	CU	5吨/手	10元/吨	元(人民币)/吨
	铝(沪铝)	AL	5吨/手	5元/吨	元(人民币)/吨
	锌(沪锌)	ZN	5吨/手	5元/吨	元(人民币)/吨
	铅(沪铅)	PB	25吨/手	5元/吨	元(人民币)/吨
	镍	NI	1吨/手	10元/吨	元(人民币)/吨
	锡	SN	1吨/手	10元/吨	元(人民币)/吨
贵金属	黄金	AU	1000克/手	0.05元/克	元(人民币)/克
	白银	AG	15千克/手	1元/千克	元(人民币)/千克
黑色金属	螺纹钢(螺纹)	RB	10吨/手	1元/吨	元(人民币)/吨
	线材	WR	10吨/手	1元/吨	元(人民币)/吨
	热轧卷板	HC	10吨/手	1元/吨	元(人民币)/吨
能　源	燃料油(燃油)	FU	10吨/手	1元/吨	元(人民币)/吨
	石油沥青	BU	10吨/手	2元/吨	元(人民币)/吨
化　工	原油	SC	1000桶/手	0.1元/桶	元(人民币)/桶
	天然橡胶(橡胶)	RU	10吨/手	5元/吨	元(人民币)/吨
	纸浆	SP	10吨/手	2元/吨	元(人民币)/吨

(三)上期所交易品种期货合约

1.阴极铜期货合约(见表5-43)

表5-43　阴极铜期货合约

交易品种	阴极铜
交易单位	5吨/手
报价单位	元(人民币)/吨
最小变动价位	10元/吨

每日价格最大波动限制	上一交易日结算价±3%
最低交易保证金	合约价值的5%
合约交割月份	1—12月
交易时间	上午9:00—11:30 下午1:30—3:00 以及交易所规定的其他交易时间
最后交易日	合约交割月份的15日(遇法定节假日顺延)
交割日期	最后交易日后连续5个工作日
交割等级	标准品:阴极铜,符合《中华人民共和国国家标准 阴极铜》(GB/T 467—2010)1号标准铜(Cu-CATH-2)规定,其中主成分铜加银含量不低于99.95% 替代品:阴极铜,符合《中华人民共和国国家标准 阴极铜》(GB/T 467—2010)A级铜(Cu-CATH-1)规定;或符合英国标准Copper and Copper Alloys—Copper Cathodes(BS EN 1978:1998)A级铜(Cu-CATH-1)规定
交割地点	交易所指定交割仓库
交割方式	实物交割
交割单位	25吨
交易代码	CU

注:根据上期发〔2018〕44号文修订(下同)。

2. 铝期货合约(见表5-44)

表5-44 铝期货合约

交易品种	铝
交易单位	5吨/手
报价单位	元(人民币)/吨
最小变动价位	5元/吨
每日价格最大波动限制	上一交易日结算价±3%
最低交易保证金	合约价值的5%
合约交割月份	1—12月
交易时间	上午9:00—11:30 下午1:30—3:00 以及交易所规定的其他交易时间
最后交易日	合约交割月份的15日(遇法定节假日顺延)
交割日期	最后交易日后连续5个工作日
交割等级	标准品:铝锭,符合《中华人民共和国国家标准 重熔用铝锭》(GB/T 1196—2008)Al99.70规定,其中铝含量不低于99.70% 替代品:1. 铝锭,符合《中华人民共和国国家标准 重熔用铝锭》(GB/T 1196—2008)Al99.85和Al99.90规定;2. LME注册铝锭,符合P1020A标准
交割地点	交易所指定交割仓库
交割方式	实物交割
交割单位	25吨
交易代码	AL

3.锌期货合约(见表 5-45)

表 5-45 锌期货合约

交易品种	锌
交易单位	5 吨/手
报价单位	元(人民币)/吨
最小变动价位	5 元/吨
每日价格最大波动限制	上一交易日结算价±4%
最低交易保证金	合约价值的 5%
合约交割月份	1—12 月
交易时间	上午 9:00—11:30 下午 1:30—3:00 以及交易所规定的其他交易时间
最后交易日	合约交割月份的 15 日(遇法定节假日顺延)
交割日期	最后交易日后连续 5 个工作日
交割品级	标准品:锌锭,符合《中华人民共和国国家标准 锌锭》(GB/T 470—2008)Zn99.995 规定,其中锌含量不低于 99.995% 替代品:锌锭,符合英国标准 Zinc and Zinc Alloys—Primary Zinc(BS EN 1179:2003)Z1 规定,其中锌含量不低于 99.995%
交割地点	交易所指定交割仓库
交割方式	实物交割
交割单位	25 吨
交易代码	ZN

4.上海期货交易所铅期货合约(见表 5-46)

表 5-46 铅期货合约

交易品种	铅
交易单位	25 吨/手
报价单位	元(人民币)/吨
最小变动价位	5 元/吨
每日价格最大波动限制	上一交易日结算价±4%
最低交易保证金	合约价值的 5%
合约交割月份	1—12 月
交易时间	上午 9:00—11:30 下午 1:30—3:00 以及交易所规定的其他交易时间
最后交易日	合约交割月份的 15 日(遇法定节假日顺延)
交割日期	最后交易日后连续 5 个工作日
交割品级	标准品:铅锭,符合《中华人民共和国国家标准 铅锭》(GB/T 469—2013)Pb99.994 规定,其中铅含量不低于 99.994%

交割地点	交易所指定交割仓库
交割单位	25 吨
交割方式	实物交割
交易代码	PB

5.上海期货交易所镍期货合约(见表 5-47)

表 5-47　镍期货合约

交易品种	镍
交易单位	1 吨/手
报价单位	元(人民币)/吨
最小变动价位	10 元/吨
每日价格最大波动限制	上一交易日结算价±4%
最低交易保证金	合约价值的 5%
合约交割月份	1—12 月
交易时间	上午 9:00—11:30　下午 1:30—3:00 以及交易所规定的其他交易时间
最后交易日	合约交割月份的 15 日(遇法定节假日顺延)
交割日期	最后交易日后连续 5 个工作日
交割品级	标准品:电解镍,符合《中华人民共和国国家标准 电解镍》(GB/T 6516—2010)Ni9996 规定,其中镍和钴的总含量不低于 99.96% 替代品:电解镍,符合《中华人民共和国国家标准 电解镍》(GB/T 6516—2010)Ni9999 规定,其中镍和钴的总含量不低于 99.99%;或符合美国材料与试验协会 Standard Specification for Nickel(B39—79)(2013)规定,其中镍的含量不低于 99.8%
交割地点	交易所指定交割仓库
交割单位	6 吨
交割方式	实物交割
交易代码	NI

6.锡期货合约(见表 5-48)

表 5-48　锡期货合约

交易品种	锡
交易单位	1 吨/手
报价单位	元(人民币)/吨
最小变动价位	10 元/吨
每日价格最大波动限制	上一交易日结算价±4%
最低交易保证金	合约价值的 5%

续　表

合约交割月份	1—12 月
交易时间	上午 9:00—11:30　下午 1:30—3:00 以及交易所规定的其他交易时间
最后交易日	合约交割月份的 15 日（遇法定节假日顺延）
交割日期	最后交易日后连续 5 个工作日
交割品级	标准品：锡锭，符合《中华人民共和国国家标准　锡锭》（GB/T 728—2010）Sn99.90A 牌号规定，其中锡含量不低于 99.90% 替代品：锡锭，符合《中华人民共和国国家标准　锡锭》（GB/T 728—2010）Sn99.90AA 牌号规定，其中锡含量不低于 99.90%；Sn99.95A 和 Sn99.95AA 牌号规定，其中锡含量不低于 99.95%；Sn99.99A 牌号规定，其中锡含量不低于 99.99%
交割地点	交易所指定交割仓库
交割单位	2 吨
交割方式	实物交割
交易代码	SN

7. 黄金期货合约（见表 5-49）

表 5-49　黄金期货合约

交易品种	黄金
交易单位	1000 克/手
报价单位	元（人民币）/克
最小变动价位	0.05 元/克
每日价格最大波动限制	上一交易日结算价±3%
最低交易保证金	合约价值的 4%
合约交割月份	最近三个连续月份的合约以及最近 13 个月以内的双月合约
交易时间	上午 9:00—11:30　下午 1:30—3:00 以及交易所规定的其他交易时间
最后交易日	合约交割月份的 15 日（遇法定节假日顺延）
交割日期	最后交易日后连续 5 个工作日
交割品级	金含量不低于 99.95% 的国产金锭及经交易所认可的伦敦金银市场协会（London Bullion Market Association，LBMA）认定的合格供货商或精炼厂生产的标准金锭
交割地点	交易所指定交割金库
交割方式	实物交割
交割单位	3000 克
交易代码	AU

8.白银期货合约(见表5-50)

表 5-50 白银期货合约

交易品种	白银
交易单位	15千克/手
报价单位	元(人民币)/千克
最小变动价位	1元/千克
每日价格最大波动限制	上一交易日结算价±3%
最低交易保证金	合约价值的4%
合约交割月份	1—12月
交易时间	上午9:00—11:30 下午1:30—3:00 以及交易所规定的其他交易时间
最后交易日	合约交割月份的15日(遇法定节假日顺延)
交割日期	最后交易日后连续5个工作日
交割品级	标准品:符合《中华人民共和国国家标准 银锭》(GB/T 4135—2016)IC—Ag99.99规定,其中银含量不低于99.99%
交割地点	交易所指定交割仓库
交割方式	实物交割
交割单位	30千克
交易代码	AG

9.螺纹钢期货合约(见表5-51)

表 5-51 螺纹钢期货合约

交易品种	螺纹钢
交易单位	10吨/手
报价单位	元(人民币)/吨
最小变动价位	1元/吨
最低交易保证金	合约价值的5%
每日价格最大波动限制	上一交易日结算价±3%
合约交割月份	1—12月
交易时间	上午9:00—11:30 下午1:30—3:00
最后交易日	合约交割月份的15日(遇法定节假日顺延)
交割日期	最后交易日后连续5个工作日
交割品级	标准品:符合《中华人民共和国国家标准 钢筋混凝土用钢 第2部分:热轧带肋钢筋》(GB1499.2—2018)HRB400牌号的φ16mm、φ18mm、φ20mm、φ22mm和φ25mm螺纹钢 替代品:符合《中华人民共和国国家标准 钢筋混凝土用钢 第2部分:热轧带肋钢筋》(GB1499.2—2018)HRB400E牌号的φ16mm、φ18mm、φ20mm、φ22mm和φ25mm螺纹钢

续　表

交割地点	交易所指定交割仓库
交割单位	300 吨
交割方式	实物交割
交易代码	RB

10.线材期货合约(见表 5-52)

表 5-52　线材期货合约

交易品种	线材
交易单位	10 吨/手
报价单位	元(人民币)/吨
最小变动价位	1 元/吨
每日价格最大波动限制	上一交易日结算价±5%
最低交易保证金	合约价值的 7%
合约交割月份	1—12 月
交易时间	上午 9:00—11:30　下午 1:30—3:00
最后交易日	合约交割月份的 15 日(遇法定节假日顺延)
交割日期	最后交易日后连续 5 个工作日
交割品级	标准品:符合《中华人民共和国国家标准　钢筋混凝土用钢　第 1 部分:热轧光圆钢筋》(GB 1499.1—2017)HPB300 牌号的 φ8mm 线材 替代品:符合《中华人民共和国国家标准　钢筋混凝土用钢　第 1 部分:热轧光圆钢筋》(GB 1499.1—2017)HPB300 牌号的 φ10mm 线材
交割地点	交易所指定交割仓库
交易手续费	不高于成交金额的 2‰(含风险准备金)
交割单位	300 吨
交割方式	实物交割
交易代码	WR

11.热轧卷板期货合约(见表 5-53)

表 5-53　热轧卷板期货合约

交易品种	热轧卷板
交易单位	10 吨/手
报价单位	元(人民币)/吨
最小变动价位	1 元/吨
每日价格最大波动限制	上一交易日结算价±3%
最低交易保证金	合约价值的 4%

续　表

合约交割月份	1—12月
交易时间	上午9:00—11:30　下午1:30—3:00 以及交易所规定的其他交易时间
最后交易日	合约交割月份的15日（遇法定节假日顺延）
交割日期	最后交易日后连续5个工作日
交割品级	标准品:符合《中华人民共和国国家标准　碳素结构钢和低合金结构钢热轧厚钢板和钢带》(GB/T 3274—2017)的Q235B或符合日本工业标准《一般结构用轧制钢材》(JIS G 3101—2015)的SS400,厚度5.75mm、宽度1500mm热轧卷板 替代品:符合《中华人民共和国国家标准　碳素结构钢和低合金结构钢热轧厚钢板和钢带》(GB/T 3274—2017)的Q235B或符合日本工业标准《一般结构用轧制钢材》(JIS G 3101—2015)的SS400,厚度9.75mm、9.5mm、7.75mm、7.5mm、5.80mm、5.70mm、5.60mm、5.50mm、5.25mm、4.75mm、4.50mm、4.25mm、3.75mm、3.50mm,宽度1500mm热轧卷板
交割地点	交易所指定交割仓库
交割方式	实物交割
交割单位	300吨
交易代码	HC

12.原油期货合约（见表5-54）

表5-54　原油期货标准合约

交易品种	中质含硫原油
交易单位	1000桶/手
报价单位	元(人民币)/桶(交易报价为不含税价格)
最小变动价位	0.1元(人民币)/桶
每日价格最大波动限制	不超过上一交易日结算价±4%
最低交易保证金	合约价值的5%
合约交割月份	最近1—12个月为连续月份以及随后8个季月
交易时间	上午9:00—11:30　下午1:30—3:00 以及上海国际能源交易中心规定的其他交易时间
最后交易日	交割月份前第一月的最后一个交易日;上海国际能源交易中心有权根据国家法定节假日调整最后交易日
交割日期	最后交易日后连续5个工作日
交割品质	中质含硫原油,基准品质为API度32.0,硫含量1.5%,具体可交割油种及升贴水由上海国际能源交易中心另行规定
交割地点	上海国际能源交易中心指定交割仓库
交割方式	实物交割
交易代码	SC

13.燃料油期货合约(见表5-55)

表 5-55 燃料油期货合约

交易品种	燃料油
交易单位	10 吨/手
报价单位	元(人民币)/吨(交易报价为不含税价格)
最小变动价位	1 元/吨
每日价格最大波动限制	上一交易日结算价±5%
最低交易保证金	合约价值的 8%
合约交割月份	1—12 月
交易时间	上午 9:00—11:30 下午 1:30—3:00 以及交易所规定的其他交易时间
最后交易日	合约交割月份前一月份的最后一个交易日
交割日期	最后交易日后连续 5 个工作日
交割品级	RMG 380 船用燃料油(硫含量为I级、II级)或质量优于该标准的船用燃料油
交割地点	交易所指定交割地点
交割方式	实物交割
交易代码	FU

14.石油沥青期货合约(见表5-56)

表 5-56 石油沥青期货合约

交易品种	石油沥青
交易单位	10 吨/手
报价单位	元(人民币)/吨
最小变动价位	2 元/吨
每日价格最大波动限制	上一交易日结算价±3%
最低交易保证金	合约价值的 4%
合约交割月份	24 个月以内,其中最近 1—6 个月为连续月份合约,6 个月以后为季月合约
交易时间	上午 9:00—11:30 下午 1:30—3:00 以及交易所规定的其他交易时间
最后交易日	合约交割月份的 15 日(遇法定节假日顺延)
交割日期	最后交易日后连续 5 个工作日
交割品级	70 号 A 级道路石油沥青,具体内容见《上海期货交易所石油沥青期货交割实施细则(试行)》
交割地点	交易所指定交割地点
交割方式	实物交割
交易代码	BU

15.天然橡胶期货合约（见表5-57）

表5-57 天然橡胶期货合约

交易品种	天然橡胶
交易单位	10 吨/手
报价单位	元（人民币）/吨
最小变动价位	5 元/吨
每日价格最大波动限制	上一交易日结算价±3%
最低交易保证金	合约价值的 5%
合约交割月份	1、3、4、5、6、7、8、9、10、11 月
交易时间	上午 9:00—11:30　下午 1:30—3:00 以及交易所规定的其他交易时间
最后交易日	合约交割月份的 15 日（遇法定节假日顺延）
交割日期	最后交易日后连续 5 个工作日
交割品级	标准品：1.国产天然橡胶（SCR WF），质量符合《中华人民共和国国家标准 天然生技术分级橡胶规格导则》（GB/T 8081—2008）；2.进口 3 号烟胶片（RSS3），质量符合《天然橡胶等级的品质与包装国际标准（绿皮书）》（1979 年版）
交割地点	交易所指定交割仓库
交割方式	实物交割
交易代码	RU

16.漂白硫酸盐针叶木浆期货合约（见表5-58）

表5-58 漂白硫酸盐针叶木浆期货合约

交易品种	漂白硫酸盐针叶木浆
交易单位	10 吨/手
报价单位	元（人民币）/吨
最小变动价位	2 元/吨
每日价格最大波动限制	上一交易日结算价±3%
最低交易保证金	合约价值的 4%
合约月份	1—12 月
交易时间	上午 9:00—11:30　下午 1:30—3:00 以及交易所规定的其他交易时间
最后交易日	合约交割月份的 15 日（遇法定节假日顺延）
交割日期	最后交易日后连续 5 个工作日
交割品级	漂白硫酸盐针叶木浆
交割地点	交易所指定交割仓库
交割方式	实物交割
交割单位	20 吨
交易代码	SP

（四）上海国际能源交易中心

上海国际能源交易中心股份有限公司是经中国证监会批准，由上海期货交易所出资设立的面向全球投资者的国际性交易场所。根据《公司法》《期货交易管理条例》和中国证监会有关规章制度履行期货市场自律管理职能。2013 年 11 月 6 日，上海国际能源交易中心注册于中国（上海）自由贸易试验区。原油期货于 2018 年 3 月 26 日在上海期货交易所上海国际能源交易中心正式挂牌交易。

2013 年 11 月 22 日，上海国际能源交易中心正式揭牌成立，标志着原油期货的上市迈出了关键一步，原油期货的推出上市渐近。作为推进原油期货等能源类衍生品国际化交易的平台，上海国际能源交易中心由上海期货交易所出资设立，注册资本 50 亿元人民币，是目前上海自贸区内注册资本金最大的企业。

上海国际能源交易中心的经营范围包括组织安排原油、天然气、石化产品等能源类衍生品上市交易、结算和交割，制定业务管理规则，实施自律管理，发布市场信息，提供技术、场所和设施服务。

上海国际能源交易中心将遵循"公开、公平、公正"的原则，以"国际化、市场化、法制化、专业化"为准绳，建立完善国际能源衍生品交易平台。目标是客观反映亚太地区能源供需状况，提高亚太地区能源市场在国际市场体系中的作用，为全球能源生产、流通、消费企业及投资者提供价格发现和风险管理的工具，以及投资管理的功能，积极促进能源类商品的资源优化配置，促进经济发展。

2018 年 3 月 26 日上午，原油期货合约正式在上海期货交易所子公司上海国际能源交易中心挂牌交易。中国原油期货首日交易开门红，近月合约 1809 盘前竞价阶段涨 5.8%。人民币原油期货 SC1809 合约开盘价格为 440 元/桶，涨 5.77%，高于官方每桶挂盘价开市。

第三节　世界主要期货交易所的商品期货

一、世界商品期货概述

（一）世界商品期货交易市场

商品交易所，也称商品期货交易市场，是一种有组织的商品市场，是大宗商品进行现货及期货买卖的交易场所。商品交易所的交易通常只能通过特定的人员在规定的时间和地点进行交易。特定人员主要指交易所的会员，只有会员才能进入交易所大厅进行买卖，会员要交纳会费，交易时不再交纳其他费用。交易达成后，买卖双方要各按交易额的 5%～10% 交纳"履约押金"，待交割期完成，交易所会如数退回押金。

（二）商品交易所交易特点

1. 组织化

商品交易所是买卖双方汇聚并进行期货交易的场所，是非营利组织，旨在提供期货交易的场所与交易设施，制定交易规则，充当交易的组织者，本身并不介入期货交易活动，也不干预期货价格的形成。商品交易所在交易的方式、结算与担保、合约的转让或对冲、风险的处

理、实物交割等方面都有严格而详尽的规定,任何个人或组织不得违背。

2.经纪化

商品交易所的交易不是由实际需要买进和卖出期货合约的买方和卖方在交易所内直接见面进行交易,而是由场内经纪人即出市代表代表所有买方和卖方在期货交易场内进行,交易者通过下达指令的方式进行交易,所有的交易指令最后都由场内出市代表负责执行。

3.标准化和简单化

商品交易所交易是通过买卖期货合约进行的,即交易双方成交时不是凭现货而是凭既定的标准化期货合约。这种标准化是指进行交易的商品的品级、数量、规格等都是预先规定好的,只有价格是变动的。

4.特殊化

商品交易所的交易是一种特殊的交易方式,并非任何商品都能进入商品交易所进行期货交易,交易所的上市商品通常是那些"达到公认的质量标准,适于大宗交易,又能长期储藏的且可自由交易的商品"。

5.集中化

期货交易是在有组织、有秩序的交易场所进行的,可以提供公开的交易价格和统一的交易规则,通过这种集中化可以实现信息通畅、价格公平和买卖公平。

(三)世界商品期货主要中心

有色金属:伦敦、纽约、新加坡。天然橡胶:新加坡、纽约、伦敦、吉隆坡。可可豆:纽约、伦敦、巴黎、阿姆斯特丹。谷物:芝加哥、温尼伯、伦敦、利物浦、鹿特丹、安特卫普、米兰。食糖:伦敦、纽约。咖啡:纽约、新奥尔良、芝加哥、亚历山大、圣保罗、孟买。棉籽油:纽约、伦敦、阿姆斯特丹。黄麻:加尔各答、卡拉奇、伦敦。大米:米兰、阿姆斯特丹、鹿特丹。豆油和向日葵:伦敦。

(四)世界主要期货交易所

全球范围比较著名的从事期货商品期货交易的交易所有:CBOT、CME、NYMEX、COMEX、LME 等,见表5-59。

表5-59　全球主要期货交易所

国家或地区	交易所名称	代　码	英文名称
中　国	上海期货交易所	SHFE	Shanghai Futures Exchange
	大连商品交易所	DCE	Dalian Commodity Exchange
	郑州商品交易所	CZCE	Zhengzhou Commodity Exchange
	中国金融期货交易所	CFFE	China Financial Futures Exchange
	香港期货交易所	HKFE	Hong Kong Futures Exchange
	台湾期货交易所	TAIFEX	Taiwan Futures Exchange

续　表

国家或地区	交易所名称	代　码	英文名称
美　国	芝加哥期货交易所	CBOT	Chicago Board of Trade
	芝加哥商业交易所	CME	Chicago Mercantile Exchange
	芝加哥商业交易所国际货币市场	IMM	International Monetary Market
	芝加哥期权交易所	CBOE	Chicago Board Options Exchange
	纽约商业交易所	NYMEX	New York Mercantile Exchange
	纽约期货交易所	NYBOT	New York Board of Trade
	纽约金属交易所	COMEX	New York Commodity Exchange
	堪萨斯商品交易所	KCBT	Kansas City Board of Trade
加拿大	蒙特利尔交易所	ME	Montreal Exchange Markets
英　国	伦敦国际金融期货及期权交易所	LIFFE	London International Financial Futures and Options Exchange
	泛欧交易所	—	Euronext
	伦敦商品交易所	LCE	London Commerce Exchange
	伦敦国际石油交易所	IPE	International Petroleum Exchange
	伦敦金属交易所	LME	London Metal Exchange
法　国	法国国际期货交易所	MATIF	Marché à Terme International de France
德　国	德国期货交易所	DTB	Deutsche Böerse
瑞　士	瑞士选择权与金融期货交易所	SOFFEX	Swiss Options and Financial Futures Exchange
德　瑞	欧洲期权与期货交易所	Eurex	Eurex Deutschland
瑞　典	瑞典斯德哥尔摩选择权交易所	OM	OM Stockholm
西班牙	西班牙固定利得金融期货交易所	MEFFRF	MEFF Renta Fija
	西班牙不定利得金融期货交易所	MEFFRV	MEFF Renta Variable
日　本	东京国际金融期货交易所	TIFFE	Tokyo International Financial Futures Exchange
	东京工业品交易所	TOCOM	Tokyo Commodity Exchange
	东京谷物交易所	TGE	Tokyo Grain Exchange
	大阪纤维交易所	OTE	—
	前桥干茧交易所	MDCE	—
新加坡	新加坡国际金融交易所	SIMEX	Singapore International Monetary Exchange
	新加坡商品交易所	SICOM	Singapore Commodity Exchange

国家或地区	交易所名称	代　码	英文名称
澳大利亚	悉尼期货交易所	SFE	Sydney Futures Exchange
新西兰	新西兰期货与选择权交易所	NZFOE	New Zealand Futures & Options Exchange
南　非	南非期货交易所	SAFEX	South African Futures Exchange
韩　国	韩国期货交易所	KOFEX	Korea Futures Exchange
	韩国证券期货交易所	KRX	Korea Exchange

二、美洲期货交易所的商品期货

(一)芝加哥期货交易所

芝加哥期货交易所(Chicago Board of Trade,CBOT)是当前世界上最具代表性的农产品交易所。1848 年,由 82 位谷物交易商发起组建了芝加哥期货交易所,1865 年用标准的期货合约取代了远期合同,并实行了保证金制度。2006 年 10 月 17 日,CME 和 CBOT 宣布已经就合并达成最终协议,两家交易所合并成全球最大的衍生品交易所——芝加哥交易所集团。按照该协议条款,CBOT 的股票持有者将获得每股 0.3006 个 CME 的 A 级普通股票,或者与之等额的现金。

合并后的交易所交易品种将涉及利率、外汇、农业和工业品、能源以及诸如天气指数等其他衍生产品。CME 表示,由两个行业内领先的公司合并为一个公司,有助于巩固其在竞争日益激烈的环境中的成长能力。合并后的公司将成为世界上最活跃的交易所,平均每天将成交 900 万手合约,成交金额接近 4.2 万亿美元。

1.CBOT 简介

CBOT 是当前世界上最具代表性的农产品交易所。19 世纪初期,芝加哥是美国最大的谷物集散地,随着谷物交易的不断集中和远期交易方式的发展,1848 年,82 位谷物交易商发起组建了 CBOT,该交易所成立后,对交易规则不断加以完善,于 1865 年用标准的期货合约取代了远期合同,并实行了保证金制度。CBOT 除常提供玉米、大豆、小麦等农产品期货交易外,还为中、长期美国政府债券、股票指数、市政债券指数、黄金和白银等商品提供期货交易市场,并提供农产品、金融及金属的期权交易。CBOT 的玉米、大豆、小麦等品种的期货价格,不仅成为美国农业生产、加工的重要参考价格,而且成为国际农产品贸易中的权威价格。

CBOT 是一个具有领导地位的期货与期权交易所。通过交易所的公开喊价和电子交易系统,超过 3600 个 CBOT 会员交易 50 种不同的期货与期权产品。在 2003 年,交易所成交量达到创纪录的 4.54 亿张合约。

在交易所早期,CBOT 仅交易农产品,如玉米、小麦、燕麦和大豆。交易所的期货合约经过多年的发展演变现包括非保存性农产品和非农产品,如黄金和白银。CBOT 第一种金融期货合约于 1975 年 10 月推出,该合约为基于政府全国抵押协会抵押担保证券的期货合约。随着第一种金融期货合约的推出,期货交易逐渐被引进到多种不同的金融工具,其中包括美国国库中长期债券、股价指数和利率互换等。另一个金融创新——期货期权,于 1982 年推出。

在过去的近 150 年中,CBOT 的主要交易方式为公开喊价交易,即交易者在交易场内面对面的买卖期货合约。然而,为了满足全球经济增长的需求,CBOT 于 1994 年成功地推出了第一个电子交易系统。在此后的十年中,随着电子交易使用的日益普及,交易所曾将电子交易系统数次升级。2004 年 1 月,CBOT 推出了另一个由领先的 LIFFE CONNECT 交易技术所支持的新的电子交易系统。

在 CBOT 推出新交易系统的同时,交易所也完成了清算业务的转换。CME 于 2004 年1 月开始为 CBOT 的所有产品提供清算及相关业务服务。CME/CBOT 共同清算网将两个具有主导地位的金融机构结合起来,该清算网提高了业务、保证金和资本效率,使期货经纪商和期货产品的最终用户获益匪浅。

无论是电子交易还是公开喊价,CBOT 的主要角色是为客户提供一个具有透明性及流通性的合约市场,该市场的作用为价格发现、风险管理及投资。农场主、公司、小企业所有者、金融服务提供者、国际交易机构及其他个人或机构可通过一个称作套期保值的过程来管理价格、利率和汇率风险。套期保值是通过在期货市场持有相等但相反的头寸来对冲掉现货市场头寸的内在价格风险的操作。套期保值者利用 CBOT 期货市场保护其业务以避免不利的价格变动可能对其盈余造成的不利影响。

期货市场还让全球的投机者通过解释及利用经济资料、新闻和其他信息来确定交易价格及是否以投资者身份进入市场。投机者填补套期保值者买卖价的缺口,因此使市场具有更高的流通性及成本效率。各种市场参与者均具有不同意见及接触不同市场信息,市场参与者的交易导致价格发现及提供基准价格。

2.CBOT 的发展

CBOT 是一个自我管理、自我监督、非营利及非上市的为会员和个人提供服务的特拉华州(Delaware)公司。CBOT 有数种不同的会员身份,不同身份的会员可参与全部或部分在交易所挂牌交易的市场。在 CBOT 3600 个会员中,1400 个为全权会员,全权会员可以参与交易所所有合约的交易。交易所的管理体系包括总经理执行总裁、董事长、副董事长和其他15 位董事。

3.CBOT 交易规则

(1)大豆期货合约(见表 5-60)

表 5-60　大豆期货合约

合约规模	5000 蒲式耳
报价单位	美分/蒲式耳
交易时间	周日至周五,下午 7:00—上午 7:45(美中时间) 周一至周五,上午 8:30—下午 1:20(美中时间)
最小价格波幅	每蒲式耳 1/4 美分(12.50 美元/合约)
合约月份	1、3、5、7、8、9 、11 月
交易终止	合约月份 15 日之前的 1 个营业日

续　表

最后交割日	交割月份交易终止日之后的第 2 个营业日
交割等级和质量	2 号黄大豆以合约价交割;1 号黄大豆溢价 6 美分/蒲式耳;3 号黄大豆折价 6 美分/蒲式耳

（2）豆粕期货合约（见表 5-61）

表 5-61　豆粕期货合约

合约规模	100 短吨
报价单位	美元美分/短吨
交易时间	周日至周五,下午 7:00—上午 7:45(美中时间) 周一至周五,上午 8:30—下午 1:20(美中时间)
最小价格波幅	10 美分/短吨(10.00 美元/合约)
合约月份	1、3、5、7、8、9、10、12 月
交易终止	合约月份 15 日之前的 1 个营业日
最后交割日	交割月最后 1 个交易日后的第 2 个营业日
交割等级和质量	截至 2018 年 12 月,含 48%蛋白的豆粕,并符合 CBOT 规则和条例的上市要求;截至 2019 年 1 月,含 47.5%蛋白的豆粕,并符合 CBOT 规则和条例的上市要求

（3）小麦期货合约（见表 5-62）

表 5-62　小麦期货合约

合约规模	5000 蒲式耳
报价单位	美分/蒲式耳
交易时间	周日至周五,下午 7:00—上午 7:45(美中时间) 周一至周五,上午 8:30—下午 1:20(美中时间)
最小价格波幅	每蒲式耳 1/4 美分 (12.50 美元/合约)
上市合约	3、5、7、9、12 月
交易终止	合约月份 15 日之前的 1 个营业日
最后交割日	交割月份交易终止日之后的第 2 个营业日
交割等级和质量	2 号软红冬麦以合约价交割;1 号软红冬麦溢价 3 美分/蒲式耳;其余可交割等级参照规则 14104

（二）纽约商业交易所

纽约商业交易所（New York Mercantile Exchange,NYMEX）地处纽约曼哈顿金融中心,与纽约证券交易所相邻。它的交易主要涉及能源和稀有金属两大类产品,但能源产品的交易大大超过其他产品的交易。交易所的交易方式主要是期货和期权交易,到目前为止,期货交易量远远超过期权交易量。NYMEX 在纽约的商业、城市和文化生活中扮演着重要的角色。它为金融服务业以及工业联盟提供了成千上万的工作岗位,并且通过其自身成立的慈善基金会支援市内社区的文化和社会服务项目,拓展其为大都市的慈善事业所做出的努力。NYMEX 于 2008 年被 CME 集团收购。

在 NYMEX 分部,通过公开竞价来进行交易的有原油、汽油、燃油、天然气、电力的期货和期权合约,有煤、丙烷、钯的期货合约,该交易所的欧洲布伦特原油和汽油也是通过公开竞价的方式来交易的。在该交易所上市的还有 e-miNY 能源期货、部分轻质低硫原油和天然气期货合约,在能源市场中作为一种有效的参与手段为小投资者和商人提供了机遇。合约通过 CME 的 GLOBEX 电子贸易系统进行交易,通过 NYMEX 的票据交换所进行清算。

在 COMEX 分部上市的有金、银、铜、铝的期货和期权合约。在交易场地关闭的 18 个小时里,NYMEX 分部和 COMEX 分部的能源和金属合约可以通过建立在互联网上的 NYMEXACCESS 电子交易系统来进行交易,这样就可以使日本、新加坡、中国香港、伦敦以及瑞士的参与者们在他们的正常工作时间内积极主动地参与到能源和金属期货市场。市场的诚信是通过市场、交易和财务监督系统来保证的。票据交换所作为每一笔交易的最终交易对象,面对卖主时它扮演着买主的角色,而面对买主时又扮演着卖主的角色。通过票据交换所的保证金制度,减轻了市场参与者在交易所进行交易时交易双方的信誉风险。

(三)纽约期货交易所

纽约期货交易所(New York Board of Trade,NYBOT)成立于 1997 年,是由纽约棉花交易所(New York Cotton Exchange)和咖啡、糖、可可交易所(Coffee Sugar Cocoa Exchange)合并而来的。合并后的纽约期货交易所实行会员制,其会员也都是原来两家交易所的会员,其中棉花交易所会员 450 家,咖啡、糖、可可交易所会员 500 家。NYBOT 的 450 家棉花会员分别来自于五种公司:自营商、经纪商、棉商、棉纺厂和棉花合作社。参与棉花期货交易的涉棉企业很多,套期保值的比例较高,一般在 35%~40%。由于其市场规模较大,从长期来看,很难有任何一个或几个交易者能够操纵市场。NYBOT 的原址在世贸中心的一个辅楼上,"9·11 事件"后,他们搬到了一个临时的交易场所,由于这个交易场所比起世贸中心的交易场所小得多,因此,各品种只能分时交易,棉花的交易时间是每天上午 11:00—12:00,同时交易的品种还有糖和冷冻橙汁,受交易时间缩短的影响,棉花期货成交量也略有下降。棉花期货的交易方式为传统的公开喊价式。

三、欧洲期货交易所的商品期货

(一)伦敦金属交易所

1.交易品种

伦敦金属交易所(London Metal Exchange,LME)是世界上最大的有色金属交易所,成立于 1877 年,为香港交易所间接全资附属公司。交易品种有铜、铝、铅、锌、镍和铝合金,交易所的价格和库存对世界范围的有色金属生产和销售有着重要的影响。

在 19 世纪中期,英国曾是世界上最大的锡和铜的生产国。随着时间的推移,工业需求不断增长,英国又迫切地需要从国外的矿山大量进口工业原料。从 21 世纪初起,LME 开始公开发布其成交价格。LME 的成交价格被广泛作为世界金属贸易的基准价格。世界上全部铜生产量的 70% 是按照 LME 公布的正式牌价为基准进行贸易的。

LME 接受人民币作为银行和经纪商在该平台交易的质押品,这是人民币全球化进程中迈出的一步。LME 2014 年的交易额为 15 万亿美元,目前该交易所接受的质押货币还包括美元、欧元、英镑和日元。

LME 是全球工业金属的交易及定价场所。参与者可以期货、期权、交易平均价期权、月均期货及 LME 小型期货合约买卖 14 种金属及指数产品。

(1)有色金属。LME 参与者可买卖及交收铝、铜、锡、镍、锌、铅、铝合金及北美特种铝合金合约(NASAAC)。此平台上的有色金属价格是全球的参考指标。

(2)黑色金属。LME 黑色金属合约产品特为切合钢材业需求而设,产品组合包含现金结算的螺纹钢及废钢合约。

(3)贵金属。LME 推出"LME 贵金属"系列的 LME 黄金及 LME 白银期货。

(4)小金属。LME 小金属特为切合小金属业界的需求而设,参与者可买卖钼及钴期货,通过每日及透明的价格转移或承担风险。

2.LME 期货制度

LME 采用国际会员资格制,其中多于 95% 的交易来自海外市场。交易品种有铜、铝、铅、锌、镍和铝合金。交易所的交易方式是公开喊价交易,此种交易在"场"内进行,也被称作"场内交易(ring)",它的运行有 24 小时电话下单市场与 LME select 屏幕交易系统的支持。LME 每天都公布一系列官方价格,这些价格在业内被作为金属现货合同定价的依据。

3.LME 时间程序

每个工作日内,LME 有色金属交易时间程序如下:格林尼治时间上午 7:00 做市商做市,上午场内交易时间为 11:40,从第一交易市开始,8 种金属轮流各交易 5 分钟,以后每次交易市都是 5 分钟。下午12:20,8 种金属全部顺次交易之后,休市 10 分钟。下午 12:30 第二交易市开始,每个品种仍是按顺序交易 5 分钟。下午 1:10 第二交易市结束,公布 8 种金属的官方报价,并进行结算。因为上午第二场场内交易决定当天的官方结算价,所以意义特殊。下午1:15官方报价结束,场外交易(kerb)开始,所有 8 种金属交易和伦敦金属交易所指数(LMEX)交易同时进行。LMEX 的场内交易实际上是在这个区间,即场外交易时间进行的,它没有自己的 5 分钟交易时间。在这期间,8 个金属品种同时交易。早晨场内交易在场外价收市之后结束,交易转入室内进行。下午 1:30 场外交易结束,整个上午交易随之结束,转入电子交易时间。事实上,电子交易和场内交易同时进行,只是重点不同罢了。LME 全天第三场交易(下午场内交易)于下午 3:10 开始。下午 3:10 第三交易市开始,下午 3:50 休市 10 分钟,下午 3:55 第四交易市开始,下午 4:35 第四交易市结束,场外交易开始,下午 5:00 场外交易结束,转入电子交易时间。下午没有官方报价。

LME 全天第二场交易于下午 3:10 开始。下午的场内交易同上午的交易方式类似,在下午 4:35 结束之后,随即进行场外交易,一直到下午 5:00,共持续 25 分钟。早晨同下午场内交易的区别是下午的场内交易没有官方宣布结算价这一重要的程序。

4.LME 交易方式

LME 不实行涨跌停板制度。

场内交易期间,每场交易市,每个商品交替交易 5 分钟;场外交易期间所有金属同时进行交易,同时进行指数交易;其余非交易时间(inter-office)为电子盘(24 小时交易)。

场外交易也在交易场内公开喊价交易,但是比正式的场内交易小节的结构松散一些,经纪公司可以委托买卖任何到期日的合约,甚至可以允许多于一个交易员进入交易场内或站在座位后面。(但是他们仍然必须待在他们平常在交易场中的指定位置上。)实质上,场外交易的目的在于调整公司在主要交易场次中未能完成的持仓结构。早盘综合交易在 LME 的官方价格敲定之后就开始进行。它们能够提供非常接近于官方价格水平成交的机会。相应地,下午场的综合交易允许公司在一天结束之前调整他们各自的头寸(并不是净多单或净空单的平衡)。

(二)伦敦国际石油交易所

伦敦国际石油交易所(International Petroleum Exchange,IPE)是欧洲最重要的能源期货和期权的交易场所。它成立于 1980 年,目前已发展成世界第二大能源期货和期权交易所。它是由一批能源与期货公司牵头成立的非营利性机构。

1.发展历史

1981 年 4 月,IPE 推出重柴油(gas oil)期货交易,合约规格为每手 100 吨,最小变动价位为 25 美分/吨,重柴油在质量标准上与美国取暖油十分相似。该合约是欧洲第一个能源期货合约,上市后比较成功,交易量一直保持稳步上升的走势。

目前在世界范围内来看,有两种基准原油:一种是 WTI,在美国 NYMEX 进行交易;另一种是布伦特,在英国 IPE 进行交易。人们通常所谈论的国际原油价格是多少美元一桶,指的就是 NYMEX 的 WTI 或者 IPE 的布伦特的期货价格。

2000 年 4 月,IPE 完成了改制,成为一家营利性公司。2001 年 6 月,IPE 被洲际交易所(Intercontinental Exchange,Inc.)收购,成为这家按照美国东部特拉华州法律成立的公司的全资子公司。

目前世界上重要的原油期货合约有 4 个:NYMEX 的轻质低硫原油即"西德克萨斯中质油"期货合约、高硫原油期货合约,IPE 的布伦特原油期货合约和 SGX 的迪拜酸性原油期货合约。其他石油期货品种还有取暖油、燃料油、汽油、轻柴油等。

NYMEX 的西德克萨斯中质原期货合约规格为每手 1000 桶,报价单位为美元/桶,该合约推出后交易活跃,为有史以来最成功的商品期货合约之一,它的成交价格成为国际石油市场关注的焦点。

2.地位

IPE 是欧洲最重要的能源期货和期权的交易场所,是世界石油交易中心之一,IPE 的原油价格是观察国际市场油价走向的晴雨表。

1988 年 6 月 23 日,IPE 推出国际三种基准原油之一的布伦特原油期货合约。IPE 布伦特原油期货合约特别设计用以满足石油工业对于国际原油期货合约的需求,是一个高度灵活的规避风险及进行交易的工具。IPE 的布伦特原油期货合约上市后取得了巨大成功,迅速超过重柴油期货成为该交易所最活跃的合约,从而成为国际原油期货交易中心之一,而北海布伦特原油期货价格也成了国际油价的基准之一。现在,布伦特原油期货合约是布伦特原油定价体系的一部分,包括现货及远期合约市场。该价格体系涵盖了世界原油交易量的 65%。

四、亚洲期货交易所的商品期货

（一）东京工业品交易所

东京工业品交易所（Tokyo Commodity Exchange，TOCOM），又称东京商品交易所，于1984年11月1日在东京建立。其前身为成立于1951年的东京纺织品交易所、成立于1952年的东京橡胶交易所和成立于1982年的东京黄金交易所，上述三家交易所于1984年11月1日合并后改为现名。TOCOM是世界上最大的铂金和橡胶交易所。此所是日本唯一的一家综合商品交易所，主要进行期货交易，并负责管理在日本进行的所有商品的期货及期权交易。该所经营的期货合约的范围很广，是世界上为数不多的交易多种贵金属的期货交易所。交易所对棉纱、毛线和橡胶等商品采用集体拍板定价制进行交易，对贵金属则采用电脑系统进行交易。该所以贵金属交易为中心，同时近年来大力发展石油、汽油、汽石油等能源类商品，1985年后，即成立后的第二年就成为日本最大的商品交易所，当年的交易量占日本全国商品交易所交易总量的45％以上。东京工业品交易所是按照1950年颁布的《日本商品交易所法》建立起来的一个非营利性会员制组织，或称为金融机构。

TOCOM自成立以来通过不懈的努力，取得了卓著的成绩，主要表现在交易量逐年升高，交易系统日趋完善，市场也以惊人的速度成长为一个国际化的市场。TOCOM的交易量已从1985年的400万张合约猛增至2001年的5600万张，在短短的16年间足足翻了14倍。经过短短30多年的发展，TOCOM已成为全球最有影响力的期货交易所之一。作为一个品种完善的综合性商品交易所，TOCOM是目前世界上最大的铂金和橡胶交易所，其黄金和汽油的交易量位居世界第二位，仅次于美国的COMEX。

（二）新加坡商品交易所

新加坡商品交易所（Singapore Commodity Exchange，SICOM），也就是以前的新加坡树胶总会土产交易所（Rubber Association of Singapore，RAS），是东南亚地区最大的天然胶期货交易场所，其对国际橡胶现货贸易有指导性意义，根据期货结算价作为定价的重要参考。其会员在交易时无须在交易大厅，其电子交易网络可为他们提供快捷的报价系统，该系统可向所有的交易者提供交易价格。

SICOM交易方式分为两种：经纪人报价成交方式和直接网上报价方式。现货贸易商若希望在新加坡从事橡胶贸易，必须申请成为交易所的会员。会员分为结算会员和非结算会员。结算会员16家，其余都是非结算会员。结算会员必须在交易所有200万新元的保证金，为交易风险提供担保。非结算会员必须通过结算会员才能从事期货业务；中化国际贸易股份有限公司是中国唯一一家结算会员。世界上著名的轮胎生产商米其林和普里斯通公司等是其董事单位和结算会员。

（三）韩国期货交易所

1. 简介

韩国期货交易所（Korea Futures Exchange，KOFEX）于1999年2月在釜山正式成立。

在1987年全球股灾后不久，韩国决意建立自己的期货市场。1995年12月，韩国政府开始着手制定期货交易法（Futures Trade Act，FTA），并于1996年6月正式颁布。

1996年12月，KOFEX筹建工作组成立，1998年1月13日和1999年2月1日，韩国国

会对期货交易法进行了两次修改。1999年,KOFEX在成立当年就推出了美元期货及期权、CD利率期货、国债期货和黄金期货。于是,股指期货、期权与其他金融期货品种的上市地点分隔开来。在经历了一番股指期货、期权合约到底应放在证券交易所还是期货交易所的争论之后,KOSPI200指数期货、期权交易终于从证券交易所转移到KOFEX。就这样,韩国股指期货、期权市场开始在韩国期货交易所这样一个专业化金融期货交易所成长起来。

2.KOSPI200指数期货"搬家"

由于20世纪80年代末韩国国内股市已成规模,交易者迫切需要相应的避险工具,因此在期货品种选择上,股指期货无疑是当务之急,为此韩国政府特地对证券交易法进行修改,允许证券交易所开设股指期货交易。1990年1月,韩国证券交易所编制了由200个大企业的股票组成的KOSPI 200指数(Korean Stock Price Index 200),1995年6月开始对外发布并随即开展期货模拟交易。

然而,历史遗留问题与现行法律间的冲突却出现了。按照期货交易法,期货交易应该在期货交易所进行,而韩国证券交易所进行的KOSPI 200指数期货、期权交易是在期货交易所成立之前开始的,并在当时得到授权。由此,韩国国内专家学者聚讼纷纭,朝野之间互相辩驳。在重重压力之下,韩国国会在2000年12月对期货交易法进行了第三次修改:到2004年,在韩国证券交易所进行的KOSPI 200指数期货、期权交易必须移到KOFEX。随后在2003年11月29日,韩国金融经济部部长签署了"所有在韩国证券交易所交易的衍生品合约必须在2004年1月2日移至韩国期货交易所"的文件。迁移工作进行得很顺利,2003年12月29日,KOFEX会员大会通过了接纳19家证券公司作为KOFEX特别会员的决议,这些特别会员仅被允许交易KOSPI 200产品及个股期权。这样,原先参与KOSPI 200产品交易的交易者仍可利用原来的家用交易系统和原先在证券公司中的账户进行交易。

2004年,韩国期货市场的交易量比2003年略有回落,但占全球的比例仍高达35.21%(2003年为42.30%),其中股指产品交易量占全球的比例高达70.09%(2003年为74.28%)。其市场投机交易比重逐渐降低,风险管理功能更加突出,标志着韩国期货市场已进入了一个新的更加成熟的发展阶段。

值得注意的是,KOSPI 200股指期权合约是整个韩国期货、期权市场的核心产品。2000年,凭借着KOSPI 200合约142%的交易量年增长,KOFEX首次挤入全球前五强,这个合约蝉联交易量第一名,使得KOFEX在全球交易所排名中也连续四年位居首位。从2004年、2005年统计数据来看,KOSPI 200期权交易量在KOFEX中的比重越来越高,2005年已占到97.77%。

3.韩国证券期货交易所

在衍生产品KOSPI 200指数期货"搬家"的同时,韩国国内也掀起了一场新的整合运动,其目的是打造一个更加开放、更具竞争力的全球化的金融服务企业。新的整合也是在政府的积极推动及法律的强制下进行,采用的模式是将韩国已有的三家交易所——韩国证券交易所、创业板市场(Kosdaq)以及期货交易所合并成为一个韩国证券期货交易所(Korea Exchange,KRX),总部设在KOFEX所在地釜山,同时开始着手进行公司化改造。实际上,这样的模式前几年在新加坡和中国香港已经实施过。2005年1月19日,新成立的KRX举行庆典,标志着整合的最终完成。目前,该交易所由五大部门组成,分别是行政后台服务部、股票市场分部、Kosdaq市场分部、期货市场分部、市场监管分部。其中,期货市场分部主管各种衍生

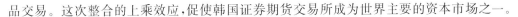

品交易。这次整合的上乘效应,促使韩国证券期货交易所成为世界主要的资本市场之一。

KRX 是一个综合性金融市场。交易品种包括股票、债券(国债、企业债、可转换债券等)、股指期货、股指期权、单个股票期权、各种基金及投资信托、外汇期货、利率期货和黄金期货等。

五、澳大利亚期货交易所的商品期货

(一)悉尼期货交易所

1. 简介

悉尼期货交易所(Sydney Futures Exchange,SFE)是澳大利亚唯一一家期货交易所,可以说 SFE 的历史就是澳大利亚期货市场的发展史。SFE 成立于 1960 年,当时从交易羊毛期货起步;1979 年,澳大利亚成为除美国以外第一个引入金融期货的国家;1984 年,SFE 开始交易股票指数期货;1989 年,SFE 建立了电子交易平台 SYCOM,开始进行 24 小时不间断交易;1992 年,SFE 与新西兰期货与期权交易所合并;1994 年,SFE 推出了股票期货交易;1999 年,SFE 彻底取消了人工喊价的交易方式,成为完全电子化的期货交易所;2000 年 9 月 11 日,SFE 进行了公司化改制,由一家有限责任制公司改制成为股份公司,总共发行了 108999978 普通股。截至 1999 年年底 SFE 收入 6400 万澳元,税前营业利润 1100 万澳元,净资产 9900 万澳元。公司化后的 SFE 于 2002 年 4 月 16 日正式在澳洲证券交易所上市,100%控股四家子公司,包括:悉尼期货交易所有限公司、新西兰期货期权交易所有限公司、澳大利亚结算有限公司(Austraclear)以及悉尼期货交易所结算公司。

2003 年上市母公司的税后净利润为 3880 万澳元,较 2002 年的 2680 万澳元有 44.7% 的增长,上市两年后股价一路攀升,上涨了近 50%。

2. 合并时的产品体系

SFE 目前为全球第十大和亚太第二大金融期货期权交易所(成交量),产品体系涵盖利率、股票、外汇、商品和能源期货,通过全球通信系统实现 24 小时交易。

2003 年,SFE 各类合约共成交 4475 万张,比上年增长 23.5%,平均每个交易日的成交量是 177000 张期货和期权合约。目前 SFE 是亚太地区最大的利率期货交易所,利率期货合约是其主力品种,其中第一大品种是 3 年期国债期货,成交 1924 万手,占总成交量的 43%;第二大品种是 90 天银行票据期货,成交 1143 万手,占总成交量的 25%;第三大品种是 10 年期国债,成交 670 万手,占总成交量的 15%;第四大品种是 SPI 200 股指期货,成交 428 万手,占总成交量的 10%,这样前四大品种就占了全部成交量的 93%。

商品期货方面主要是农产品,交易十分清淡,目前挂牌的只有羊毛和活牛期货,小麦、高粱、大麦等期货合约陆续从 2001 年被摘牌。

3. 与澳大利亚证券交易所合并

2006 年 7 月 5 日,SFE 接受澳大利亚证券交易所(Australian Securities Exchange,ASX)发出的收购要约,交易总金额达 22.8 亿澳元(约 17 亿美元)。合并后的公司不仅是澳大利亚国内最大的一家证券、商品、利率和期货交易所,也是亚太地区最大的证券交易平台,成为亚太地区首席金融交易所,以及全球第九大上市交易所。合并后的公司价值达到 53 亿澳元(约 37.5 亿美元),为澳大利亚市场

问题思考

—— 151 ——

市值第 50 大上市公司。

【项目结论】

1. 商品期货历史悠久,种类繁多,主要包括农副产品、金属产品、能源产品等几大类。商品期货是关于买卖双方在未来某个约定的日期以签约时约定的价格买卖某一数量的实物商品的标准化协议。商品期货交易,是在期货交易所内买卖特定商品的标准化合同的交易方式。

2. 中国交易商品期货的交易所主要有:郑州商品交易所、大连商品交易所、上海期货交易所。

3. 郑州商品交易所的交易品种有普通小麦、优质强筋小麦、早籼稻、晚籼稻、粳稻、棉花、棉纱、油菜籽、菜籽油、菜籽粕、白糖、苹果、动力煤、甲醇、精对苯二甲酸(PTA)、玻璃、硅铁、锰硅等期货品种和白糖期权。

4. 大连商品交易所的交易品种有玉米、玉米淀粉、黄大豆 1 号、黄大豆 2 号、豆粕、豆油、棕榈油、纤维板、胶合板和鸡蛋共 10 种农业品;聚乙烯、聚氯乙烯、聚丙烯、铁矿石、乙二醇、焦炭和焦煤共 7 种工业品;还有农产品、工业品、黑色系、豆粕和铁矿石 5 种期货指数;温度指数、瘦肉型白条猪肉出厂价格指数 2 种现货指数;豆粕、玉米 2 种期权。

5. 上海期货交易所目前挂牌铜、铝、锌、铅、镍、锡、黄金、白银、螺纹钢、线材、热轧卷板、原油、燃料油、石油沥青、天然橡胶、纸浆等期货合约,上海期货交易所下属子公司——上海国际能源交易中心挂牌有原油期货。

6. 包含商品期货的美洲期货交易所主要有芝加哥期货交易所、纽约商业交易所、纽约期货交易所、纽约金属交易所等;欧洲期货交易所中交易商品期货的有伦敦金属交易所、伦敦国际石油交易所等;亚洲期货交易所中交易商品期货的有东京工业品交易所、新加坡商品交易所、韩国期货交易所等;此外,澳大利亚的悉尼期货交易所也很出名。

【项目训练】

请通过互联网,完成以下实训项目的操作:

1. 查询伦敦金属交易所的网站,查询交易品种;

2. 查询上海期货交易所的交易品种,并加以分析;

项目延伸

3. 结合网络资源,分析大连商品交易所的交易品种是否科学;

4. 收集郑州商品交易所的商品交易品种、合约标准和涨跌停板规定;

5. 收集芝加哥期货交易所的交易品种,并找出其特点。

第六章 股指期货与中国金融期货交易所

【知识目标】 掌握股指期货的概念和分类、股票价格指数、沪深 300 指数的基本内容；重点掌握中国金融期货交易所概况、交易品种、交易基本规则等内容；熟悉世界主要股指期货的概况；了解世界主要股指期货的品种。

【技能目标】 能够掌握股指期货、国债期货的交易规则、品种，并能具备参与股指期货、国债期货的交易的能力；熟悉世界主要股指期货的概况；了解世界主要股指期货的品种，为将来参与国际股指期货交易打下基础。

【案例导入】

巴林银行破产案

1763 年，弗朗西斯·巴林爵士在伦敦创建了巴林银行。截至 1993 年年底，巴林银行的资产总额为 59 亿英镑，1994 年税前利润高达 15 亿美元。其核心资本在全球 1000 家大银行中排名第 489 位。

1995 年 2 月 26 日，英国中央银行——英格兰银行突然宣布了一条震惊世界的消息：巴林银行不得继续从事交易活动并将申请资产清理。10 天后，这家拥有 233 年历史的银行以 1 英镑的象征性价格被荷兰国际集团收购。这意味着巴林银行的彻底倒闭。搞垮这一具有 233 年历史、在全球范围内掌控 270 多亿英镑资产的巴林银行的，竟然是一个年龄只有 28 岁的毛头小子尼克·里森。

一、里森其人

尼克·里森是英国一个泥瓦匠的儿子，从未上过大学。1987 年，他进入摩根士丹利银行，成为清算部的一名职员。1989 年，里森进入巴林银行工作，成为一名从事清算工作的内勤人员，其职责是确保每笔交易的入账和付款。不久，他争取到了去印度尼西亚分部工作的机会。他富有耐心和毅力，善于逻辑推理，能很快地解决以前未能解决的许多问题。因此，他被视为期货与期权结算方面的专家，伦敦总部对里森在印度尼西亚的工作相当满意。

当时的巴林，正在越来越多地从事金融衍生业务。当新加坡国际金融交易所意图成为亚洲新兴金融业务的中心时，巴林也想在此获取一席之地。于是委派里森组织一个班子去实现这一目标。里森到了新加坡之后，开始只是做他在伦敦干过的清算工作，其后，由于缺乏人手，他开始自己做起交易来。由于工作出色，里森很快受到银行重用。1992 年，里森被任命为巴林银行新加坡分公司经理。这使得他的赚钱才能得到了充分的发挥。1993年,年仅26岁的里森已经达到了事业的巅峰,为巴林银行赚进1000万英镑,占巴林当年总利润的10%,颇得老板的赏识和同行的羡慕。

二、藏污纳垢的88888账户

里森在上任时,巴林银行原本有一个账号为"99905"的"错误账户",专门处理交易过程中因疏忽所造成的错误。1992年夏天,伦敦总部全面负责清算工作的哥顿·鲍塞给里森打了一个电话,要求里森另设一个"错误账户",记录较小的错误,并自行在新加坡处理,以免麻烦伦敦的工作。由于账号必须是五位数,账号为"88888"的"错误账户"便诞生了。几周之后,伦敦总部又打来了电话,总部配置了新的电脑,要求新加坡分行还是按老规矩行事,所有的错误记录仍由"99905"账户直接向伦敦报告。"88888"错误账户刚刚建立就被搁置,但仍旧存于电脑之中,并没有被真正取消。

1992年7月17日,里森手下一名加入巴林仅一星期的交易员金·王犯了一个错误:当客户(富士银行)要求买进20手日经指数期货合约时,此交易员误为卖出20手,这个错误在当天晚上进行清算工作时被发现。如果纠正此项错误,必须买回40手合约,以当日收盘价计算,损失为2万英镑。但在种种考虑下,里森决定利用错误账户"88888"承接了这40手空头期货合约。然而,如此一来,里森所进行的交易便成了"自营交易"。数天之后,由于日经指数上升200点,损失扩大为6万英镑了。此时的里森更不敢向上呈报了。

另一个与此类似的错误是里森的好友及委托执行人乔治犯的。乔治与妻子离婚了,整日沉浸在痛苦之中,并开始自暴自弃。乔治是他最好的朋友,也是最棒的交易员之一,里森很欣赏他。但很快乔治开始出错了。里森示意他卖出100份9月期货合约,结果却是做了多头,价值高达800万英镑。如果乔治的错误泄露出去,里森将不得不告别他已很如意的生活。为了赚回足够的钱来补偿所有损失,里森加大了"自营交易"。在一段时日内,里森还是做得极为顺手。到1993年7月,他已将"88888"号账户亏损的600万英镑转为略有盈余。当时他的年薪为5万英镑,年终奖金则将近10万英镑。

三、陷入泥沼

除了为交易员遮掩错误,另一个严重的失误是为了争取日经市场上最大的客户波尼弗伊。在1993年下半年,接连几天,每天市场价格破纪录地飞涨1000多点,用于清算记录的电脑屏幕故障频繁,无数笔的交易入账工作都积压起来。因为系统无法正常工作,交易记录都靠人力。等到发现各种错误时,里森在一天之内的损失便已高达将近170万美元。在无路可走的情况下,里森决定继续隐藏这些失误。

1994年,里森对损失的金额已经麻木了,"88888"号账户的亏损由2000万、3000万英镑,到7月时已达5000万英镑。私下交易也因此越做越大,目的就是一个,幻想着以一己之力影响市场的变动,反败为胜,补足亏空。

在损失达到5000万英镑时,巴林银行总部曾派人调查里森的账目。但里森通过假造花旗银行5000万英镑存款就蒙混过关了。总部查了一个月的账,却没有人去核实花旗银行的账目,以致没有人发现花旗银行账户中并没有5000万英镑的存款。巴林自以为没有什么风险,因为里森宣称他所做的巨额买进是根据客户的指令进行的,而且被认为是使用客户的资金。此外,使巴林感到高兴的是,里森在该行持有的日经指数业务上还赚了一些小钱。巴林所不知道的是,这些交易是通过私设的"88888"号账户进行的,而且不受任何约束。

四、最后的疯狂

1994 年年底,里森判断日经 225 指数可能会在 19000 点左右盘整,于是卖出了许多执行价格在 18500～19500 点的跨式期权。只要日经 225 指数不大涨或大跌,里森便可赚到跨式期权上收到的权利金。当时日本经济在 30 个月的萧条后已开始复苏,因而看起来似乎是一个安全的下注。

1995 年 1 月 17 日凌晨,神户发生了 7.2 级的大地震。1 月 23 日,日经 225 指数一日内暴跌 1000 多点,19000 点因此失守,里森的损失也因此高达 2 亿多美元。为了挽救跨式期权空头的损失,里森进行了一场豪赌,除了大量买进日经指数期货外,还卖出指数看跌期权,以收取的权利金支付期货保证金,同时他还大量卖空日本政府债券期货。所有这些头寸都是在赌日经指数会回升,如果日经指数回升至 19000 点之上,不仅可以扳回前面的损失,而且还可以大赚一笔。

1 月 30 日开始,里森以每天 1000 万英镑的速度从伦敦获得资金,在 2 月的头一周,由于日经指数稍有反弹,里森因此而赚了 1000 万美元,巴林银行高层为此欣喜若狂,梦想着里森每周都能为他们赚进这么多。2 月 10 日,里森手中已握有 55000 份日经期货及 2 万份日本政府债券合约。这可是新加坡期货交易所交易史上创纪录的数量。巴林银行总部一直为里森的疯狂举动供给资金,4 个星期内达 8.5 亿美元。显然,巴林的财务已经失控,地狱之门已经被打开了。

1995 年 2 月 23 日,巴林的末日来临了。这一天,日经指数下跌了 350 点,日本政府债券也在一路上扬,而此时的里森却仍在买进日经指数期货合约和卖出债券期货。(1994 年 12 月 1 日—1995 年 2 月 23 日日经 225 指数日 K 线图见图 6-1。)到收市时,里森·总共持有 61039 份日经指数期货的多头合约和 26000 份日本政府债券期货的空头合约。其中,1995 年 3 月期指合约、1995 年 6 月期指合约持仓数占市场总持仓的比例分别高达 49% 和 24%。巴林期货新加坡分行(Barings Futures Singapore,BFS)无力交纳 2 月 23 日这天的保证金,里森为巴林所带来的损失,达到了 8.6 亿英镑的高点,这个数量已经是巴林银行全部资本及储备金的 1.2 倍。

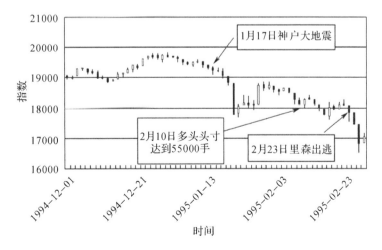

图 6-1　1994 年 12 月 1 日—1995 年 2 月 23 日日经 225 指数日 K 线图

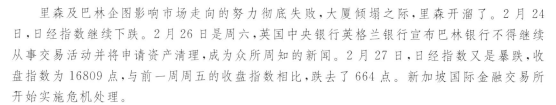

里森及巴林企图影响市场走向的努力彻底失败,大厦倾塌之际,里森开溜了。2月24日,日经指数继续下跌。2月26日是周六,英国中央银行英格兰银行宣布巴林银行不得继续从事交易活动并将申请资产清理,成为众所周知的新闻。2月27日,日经指数又是暴跌,收盘指数为16809点,与前一周周五的收盘指数相比,跌去了664点。新加坡国际金融交易所开始实施危机处理。

一代枭雄就此玩完。

五、评　点

从案情过程看,巴林银行的倒闭似乎是里森的赌徒性格一手造成的。里森在服狱中,还因此出版了《我是怎样搞垮巴林银行的》一书。然而,如果追究一下为什么里森可以如此肆无忌惮,就不难发现,正是巴林银行在管理制度上的混乱与无效,以及管理层对金融衍生品风险的无知、无畏才是更重要的原因。

巴林银行不是没有管理制度,在整个过程中,例行的检查及针对性的调查也经历过很多次,但每一次里森都能靠简单的造假蒙混过关。连里森自己也不得不感到惊讶,他在回忆录中说道:"没有人来制止我,这让我觉得不可思议。伦敦的人应该知道我的数字都是假造的,这些人都应该知道我每天向伦敦总部要求的现金是不对的,但他们仍旧支付这些钱。"从中不难体察到巴林管理制度的混乱与无效程度。

管理层对金融衍生品风险的无知、无畏也是重要的原因。1994年12月,那是巴林破产前的两个月,巴林在纽约举行了一次巴林金融成果会议。在会上,250名在世界各地的巴林银行工作者,还将里森当成巴林的英雄,对其报以长时间热烈的掌声。在巴林管理层的眼中,金融衍生品意味着利润而不是风险。

特别要指出的是:在巴林的最后4个星期内,总部频频为里森供给资金,其数量高达8.5亿美元。显然,继续将此解释为决策层轻信里森的造假是无法令人信服的。笔者认为,在最后的时间段内,决策层应该是知情的。只是因为他们知道,此时的巴林已经无法脱身,高风险已经铸成,因而与里森一样,只能寄希望于放手一搏,争取出现反败为胜的结局。从这个角度看,他们已经被里森绑架,成为里森的同盟。

巴林银行倒闭后,英国监管当局进行了全面深入的调查,形成了一份300余页的研究报告——《巴林银行倒闭的教训》(*Lessons Arising from the Collapse of Barings*),对改善跨国银行的内部控制,提高其风险防范能力提出了具体的建议和要求。监管当局总结的五条重要经验教训如下:①管理层必须对其所经营管理的业务有充分的认识。②银行内各项业务的职责必须确立并明示。③利益冲突业务的隔离是内部控制有效性必不可少的一个环节。④必须建立专门的风险管理机制以应对可能的业务风险。⑤内部审计或稽核部门应当迅速将查悉的内部控制漏洞报告最高管理层和审计委员会,后者应尽快采取措施解决上述问题。

(资料来源:刘仲元,《股指期货教程》,上海远东出版社2007年版。)

第一节 股指期货概述

一、股指期货的定义

所谓股指期货,就是以某种股票指数为标的资产的标准化的期货合约。买卖双方报出的价格是一定时期后的股票指数价格水平。在合约到期后,股指期货通过现金结算差价的方式来进行交割。

股指期货交易与股票交易相比,有很多明显的区别。

(1)在交易期限上,股指期货合约有到期日,不能无限期持有。股票买入后正常情况下可以一直持有,但股指期货合约有确定的到期日。因此交易股指期货必须注意合约到期日,以决定是提前平仓了结持仓,还是等待合约到期进行现金交割。

(2)在交易方式上,股指期货采用保证金交易,即在进行股指期货交易时,投资者不需要支付合约价值的全额资金,只需支付一定比例的资金作为履约保证;而目前我国股票交易则需要支付股票价值的全部金额。由于股指期货是保证金交易,亏损额甚至可能超过投资本金,这一点和股票交易也不同。

(3)在交易方向上,股指期货交易可以卖空,既可以先买后卖,也可以先卖后买,因而股指期货交易是双向交易。而部分国家的股票市场没有卖空机制,股票只能先买后卖,不允许卖空,此时股票交易是单向交易。

(4)在结算方式上,股指期货交易采用当日无负债结算制度,交易所当日要对交易保证金进行结算,如果账户保证金余额不足,则必须在规定的时间内补足,否则可能会被强行平仓;而股票交易采取全额交易,并不需要投资者追加资金,并且买入股票后在卖出以前,账面盈亏都是不结算的。

二、股指期货的特点

股指期货主要有四大特点。

(1)跨期性。股指期货是交易双方通过对股票指数变动趋势的预测,约定在未来某一时间按照一定条件进行交易的合约。因此,股指期货的交易是建立在对未来预期的基础上,预期的准确与否直接决定了投资者的盈亏。

(2)杠杆性。股指期货交易不需要全额支付合约价值的资金,只需要支付一定比例的保证金就可以签订较大价值的合约。例如,假设股指期货交易的保证金为12%,投资者只需支付合约价值12%的资金就可以进行交易。这样,投资者就可以控制8倍于所投资金额的合约资产。当然,在收益可能成倍放大的同时,投资者可能承担的损失也是成倍放大的。

(3)联动性。股指期货的价格与其标的资产——股票指数的变动联系极为紧密。股票指数是股指期货的标的资产,对股指期货价格的变动具有很大的影响。与此同时,股指期货是对未来价格的预期,因而对股票指数也有一定的反映。

(4)高风险性和风险的多样性。股指期货的杠杆性决定了它具有比股票市场更高的风险性。此外,股指期货还存在着一定的信用风险、结算风险和因市场缺乏交易对手而不能平

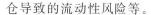

仓导致的流动性风险等。

三、股指期货的主要功能

股指期货主要有三方面的功能。

（1）风险规避功能。股指期货的风险规避是通过套期保值来实现的，投资者可以通过在股票市场和股指期货市场反向操作达到规避风险的目的。股票市场的风险可分为非系统性风险和系统性风险两个部分，非系统性风险通常可以采取分散化投资的方式将这类风险的影响减低到最小，而系统性风险则难以通过分散投资的方法加以规避。股指期货具有做空机制，股指期货的引入，为市场提供了对冲风险的途径，担心股票市场会下跌的投资者可通过卖出股指期货合约对冲股票市场整体下跌的系统性风险，有利于减轻集体性抛售对股票市场造成的影响。

（2）价格发现功能。股指期货具有价格发现的功能，通过在公开、高效的期货市场中众多投资者的竞价，有利于形成更能反映股票真实价值的股票价格。期货市场之所以具有价格发现的功能，一方面在于股指期货交易的参与者众多，价格形成当中包含了来自各方对价格预期的信息；另一方面在于股指期货具有交易成本低、杠杆倍数高、指令执行速度快等优点，投资者更倾向于在收到市场新信息后，优先在期市调整持仓，也使得股指期货价格对信息的反应更快。

（3）资产配置功能。股指期货由于采用保证金交易制度，交易成本很低，因此被机构投资者广泛用来作为资产配置的手段。例如，一个以债券为主要投资对象的机构投资者，认为近期股市可能出现大幅上涨，打算抓住这次投资机会，但由于投资于债券以外的品种有严格的比例限制，不可能将大部分资金投资于股市，此时该机构投资者可以利用很少的资金买入股指期货，获得股市上涨的平均收益，提高资金总体的配置效率。

第二节　股票价格指数和沪深 300 指数

一、股票价格指数

股票价格指数就是用以反映整个股票市场上各种股票市场价格的总体水平及其变动情况的指标，简称股票指数或股指。它是由证券交易所或金融服务机构编制的，表明股票行市变动的一种供参考的指示数字。股票指数是描述股票市场总的价格水平变化的指标。它是选取有代表性的一组股票，把它们的价格进行加权平均，通过一定的计算得到，是表明股票行市变动情况的价格平均数。各种指数具体的股票选取和计算方法是不同的。

编制股票指数，通常先选定过去某一时点为基期，以这个基期的部分有代表性的股票或全部股票的价格水平作为 100 或 1000，然后用计算日的股票价格与基期价格比较，计算出升降的百分比，就是计算日的股票价格指数。为了使股票指数更精确地反映股价变化的情况，一般对各采样股票加上适当的权数，如以股票发行量作为权数等。投资者根据指数的升降，可以判断出股票价格的变动趋势。并且为了能实时地向投资者反映股市的动向，所有的股市几乎都是在股价变化的同时即时公布股票价格指数。

由于上市股票种类繁多，计算全部上市股票的价格平均数或指数的工作是艰巨而复杂的，因此人们常常从上市股票中选择若干种富有代表性的样本股票，并计算这些样本股票的价格平均数或指数，用以表示整个市场的股票价格总趋势及涨跌幅度。股价指数的变动不仅能够反映整个股票市场的变动情况，而且能够在一定程度上反映整个国家的经济状况。这就是为什么我们常说股市是国民经济"晴雨表"的原因所在。

二、沪深 300 指数

(一)沪深 300 指数概述

沪深 300 指数是由中证指数公司编制、维护和发布的。该指数的 300 只成分股从沪深两家交易所选出，是反映国内沪、深两市整体走势的指数。沪深 300 指数以 2004 年 12 月 31 日为基期，以该日 300 只成分股的调整市值为基期值，基期指数定为 1000 点，指数代码为 000300。沪深 300 股票指数由沪深交易所于 2005 年 4 月 8 日正式推出。截至 2010 年 1 月，样本股包括 208 家沪市个股和 92 家深市个股，选择标准为规模大、流动性好的股票。沪深 300 指数依据样本稳定性和动态跟踪相结合的原则，每半年审核一次成分股，并根据审核结果调整指数成分股。定期调整指数样本时，每次调整比例一般不超过 10％。在指数的加权计算中，沪深 300 指数以调整股本作为权重。调整股本是对自由流通股本分级靠档后获得的，以调整后的自由流通股本为权重。指数样本覆盖了沪深市场六成左右的市值，具有良好的市场代表性。

沪深 300 指数覆盖了银行、钢铁、石油、电力、煤炭、水泥、家电、机械、纺织、食品、酿酒、化纤、有色金属、交通运输、电子器件、商业百货、生物制药、酒店旅游、房地产等数十个主要行业的龙头企业。它的推出，丰富了市场现有的指数体系，增加了一项用于观察市场走势的指标，有利于投资者全面把握市场运行状况，也进一步为指数投资产品的创新和发展提供了基础条件。

沪深 300 指数主要是供股指期货使用。在中国金融期货交易所（China Financial Futures Exchange，CFFE）的上市品种就是沪深 300 股指期货。沪深 300 指数是内地首只股指期货的标的指数，被境内外多家机构开发为指数基金和交易所交易基金（Exchange Traded Funds，ETF）产品，跟踪资产在 A 股股票指数中高居首位。

(二)沪深 300 指数与上证综合指数编制方法的不同之处

沪深 300 指数和上证综合指数是我国证券市场的两个主要指数。沪深 300 指数是在上海和深圳证券市场中选取 300 只 A 股作为样本编制而成的成分股指数。上证综合指数（以下简称"上证综指"）的样本股则是上海证券交易所全部上市股票，包括 A 股和 B 股，从总体上反映了上海证券交易所上市股票价格的变动情况，自 1991 年 7 月 15 日起正式发布。两者的编制模式存在较大区别。

1.基日和基点

沪深 300 指数以 2004 年 12 月 31 日为基日，基点为 1000 点，以基日 300 只成分股的调整市值为基期。上证综指基日是 1990 年 12 月 19 日，基点为 100 点。

2.成分股数量

沪深300指数的成分股数量为300只。上证综指的成分股是上海证券交易所全部上市股票。

3.样本股选择方法

沪深300指数样本空间由同时满足以下条件的A股股票组成:上市时间超过一个季度,除非该股票上市以来日均A股总市值在全部沪深A股中排在前30位;非ST股票,非＊ST股票,非暂停上市股票;经营状况良好,最近一年无重大违法违规事件,财务报告无重大问题;股价无明显的异常波动或市场操纵;剔除其他经专家委员会认定的应该剔除的股票。

选样方法如下:计算样本空间内股票最近一年(新股为上市以来)的A股日均成交金额与日均总市值;对样本空间股票在最近一年的A股日均成交金额由高到低排名,剔除排名后50%的股票;对剩余股票按照最近一年日均A股总市值由高到低进行排名,选取排名在前300名的股票作为样本股。

上证综指则是上海证券交易所全部上市股票。

4.指数计算方法

沪深300指数采用派许加权综合价格指数公式进行计算,计算公式见式6-1与6-2。

$$报告期指数 = \frac{报告期成分股的总调整市值}{基期} \times 1000 \qquad 式6-1$$

$$总调整市值 = \sum(市价 \times 样本股调整股本数) \qquad 式6-2$$

指数计算中的调整股本数是根据分级靠档的方法对成分股股本进行调整而获得。要计算调整股本数,需要确定自由流通量和分级靠档两个因素。

上证综指采用派许加权综合价格指数公式进行计算,计算公式见式6-3与6-4。

$$报告期指数 = \frac{报告期采样股的总市值}{基日采样股的市价总值} \times 100 \qquad 式6-3$$

$$市价总值 = \sum(市价 \times 发行股数) \qquad 式6-4$$

5.指数修正方法

沪深300指数采用"除数修正法"修正,修正公式见式6-5与6-6。

$$\frac{修正前调整市值}{原除数} = \frac{修正后调整市值}{新除数} \qquad 式6-5$$

$$修正后调整市值 = 修正前调整市值 + 新增(减)调整市值 \qquad 式6-6$$

由此公式得出新除数(即修正后的除数,又称新基期),并据此计算以后的指数。

需要修正的情况有:

(1)除息。凡有样本股除息(分红派息),沪深300指数不予修正,任其自然回落;沪深300全收益指数在成分股除息日前按照除息参考价予以修正。

(2)除权。凡有成分股送股或配股,在成分股的除权基准日前修正指数,按照新的股本与市值计算成分股调整市值,计算公式见式6-7。

$$修正后调整市值 = 除权报价 \times 除权后调整股本数 + 修正前调整市值(不含除权股票)$$
$$式6-7$$

(3)停牌。当某一成分股停牌时,取其停牌前收盘价计算即时指数,直至复牌。

(4)股本变动。凡有成分股发生其他股本变动(如增发新股、配股上市和内部职工股上市引起的股本变化等),在样本股的股本变动日前修正指数,计算公式见式6-8。

修正后调整市值＝收盘价×变动后调整股本数＋修正前调整市值（不含变动股票）

式 6-8

（5）样本股调整。当指数样本股定期调整或临时调整生效时，在生效之日前修正指数。

上证综指采用"除数修正法"修正。当成分股名单发生变化或成分股的股本结构发生变化或成分股的市值出现非交易因素的变动时，采用"除数修正法"修正原固定除数，以保证指数的连续性。修正公式见式 6-9 与 6-10。

$$\frac{修正前市值}{原除数}=\frac{修正后市值}{新除数}$$

式 6-9

修正后市值＝修正前市值＋新增（减）市值

式 6-10

由此公式得出新除数（即修正后的除数，又称新基期），并据此计算以后的指数，见式 6-11。

$$\frac{修正前采样股的市价总值}{原除数}=\frac{修正后采样的市价总值}{新除数}$$

式 6-11

需要修正的情况：新股上市，股票摘牌，股本数量变动（送股、配股、减资），撤权，复权，汇率变动，等等。

6. 成分股调整

沪深 300 指数依据样本稳定性和动态跟踪相结合的原则，每半年审核一次成分股，并根据审核结果调整指数成分股。定期调整指数样本时，每次调整比例一般不超过 10%。在成分公司有特殊事件发生，以致影响指数的代表性和可投资性时，中证指数有限公司将对沪深 300 指数成分股做出必要的调整。这些事件包括但不限于：成分股的破产、退市、暂停上市、增发、重组、收购、吸收合并和分拆等。

对于上证综指，凡有成分证券新上市，上市后第 11 个交易日计入指数。

第三节　中国金融期货交易所的股指期货交易

一、中国金融期货交易所

（一）中国金融期货交易所概况

中国金融期货交易所（以下简称"中金所"）是经国务院同意，中国证监会批准设立的，专门从事金融期货、期权等金融衍生品交易与结算的公司制交易所。中金所由上海期货交易所、郑州商品交易所、大连商品交易所、上海证券交易所和深圳证券交易所共同发起，于 2006 年 9 月 8 日在上海正式挂牌成立。

中金所的主要职能是：组织安排金融期货等金融衍生品上市交易、结算和交割，制定业务管理规则，实施自律管理，发布市场交易信息，提供技术、场所、设施服务，以及中国证监会许可的其他职能。中金所实行会员分级结算制度，会员分为结算会员和交易会员。结算会员按照业务范围分为交易结算会员、全面结算会员和特别结算会员。

（二）中金所组织机构

股东大会是公司的权力机构。公司设董事会,对股东大会负责,并行使股东大会授予的权力。董事会设执行委员会,作为董事会日常决策、管理、执行机构。

中金所内设部门 21 个,分别为:党委办公室(董事会办公室)、监事会办公室、纪检监察室、办公室、交易部、结算部、监查部、法律部、信息技术部、市场部、研发部、财务部、内审部、人力资源部(党委组织部)、投资者教育中心、国际发展部、股指事业部、债券事业部、外汇事业部、期权事业部和行政中心。中金所下属公司 3 家,分别为:上海金融期货信息技术有限公司、北京金融衍生品研究院有限责任公司、上海唐银投资发展有限公司。

（三）中金所上市品种

上市产品有 5 种:沪深 300 股指期货(IF)(见表 6-1)、中证 500 股指期货(IC)(见表6-2)、上证 50 股指期货(IH)(见表 6-3)、2 年期国债期货(TS)(见表 6-4)、5 年期国债期货(TF)(见表 6-5)和 10 年期国债期货(T)(见表 6-6)。

中证 500 指数是根据科学客观的方法,挑选沪深证券市场内具有代表性的中小市值公司组成样本股,以便综合反映沪深证券市场内中小市值公司的整体状况。其样本空间内股票扣除沪深 300 指数样本股及最近一年日均总市值排名前 300 名的股票,剩余股票按照最近一年(新股为上市以来)的日均成交金额由高到低排名,剔除排名后 20% 的股票,然后将剩余股票按照日均总市值由高到低进行排名,选取排名在前 500 名的股票作为中证 500 指数样本股。

上证 50 指数是根据科学客观的方法,挑选上海证券市场规模大、流动性好的最具代表性的 50 只股票组成样本股,以便综合反映上海证券市场最具影响力的一批龙头企业的整休状况。上证 50 指数自 2004 年 1 月 2 日起正式发布。其目标是建立一个成交活跃、规模较大、主要作为衍生金融工具基础的投资指数。

表 6-1　沪深 300 股指期货合约

合约标的	沪深 300 指数	最低交易保证金	合约价值的 8%
合约乘数	300 元/点	最后交易日	合约到期月份的第 3 个周五,遇国家法定节假日顺延
报价单位	指数点	交割日期	同最后交易日
最小变动价位	0.2 点	交割方式	现金交割
合约月份	当月、下月及随后 2 个季月	交易代码	IF
交易时间	上午 9:30—11:30 下午 1:00—3:00	每日价格 最大波动限制	上一交易日结算价±10%

表 6-2　中证 500 股指期货合约

合约标的	中证 500 指数	最低交易保证金	合约价值的 8%
合约乘数	200 元/点	最后交易日	合约到期月份的第 3 个周五,遇国家法定节假日顺延
报价单位	指数点	交割日期	同最后交易日
最小变动价位	0.2 点	交割方式	现金交割
合约月份	当月、下月及随后 2 个季月	交易代码	IC
交易时间	上午 9:30—11:30 下午 1:00—3:00	每日价格 最大波动限制	上一交易日结算价±10%

表 6-3　上证 50 股指期货合约

合约标的	上证 50 指数	最低交易保证金	合约价值的 8%
合约乘数	300 元/点	最后交易日	合约到期月份的第 3 个周五,遇国家法定节假日顺延
报价单位	指数点	交割日期	同最后交易日
最小变动价位	0.2 点	交割方式	现金交割
合约月份	当月、下月及随后 2 个季月	交易代码	IH
交易时间	上午 9:30—11:30 下午 1:00—3:00	每日价格 最大波动限制	上一交易日结算价±10%

表 6-4　2 年期国债期货合约

合约标的	面值为 200 万元人民币、票面利率为 3% 的名义中短期国债	每日价格 最大波动限制	上一交易日结算价±0.5%
可交割国债	发行期限不高于 5 年、合约到期月份首日剩余期限为 1.5～2.25 年的记账式附息国债	最低交易保证金	合约价值的 0.5%
报价方式	百元净价报价	最后交易日	合约到期月份的第 2 个周五
最小变动价位	0.005 元	最后交易日	最后交易日后的第 3 个交易日
合约月份	最近的 3 个季月(3、6、9、12 月中的最近 3 个月循环)	交割方式	实物交割
交易时间	上午 9:15—11:30 下午 1:00—3:15	交易代码	TS
最后交易日 交易时间	上午 9:15—11:30		

表 6-5　5 年期国债期货合约

合约标的	面值为 100 万元人民币、票面利率为 3% 的名义中期国债	每日价格最大波动限制	上一交易日结算价 ±1.2%
可交割国债	发行期限不高于 7 年、合约到期月份首日剩余期限为 4～5.25 年的记账式附息国债	最低交易保证金	合约价值的 1%
报价方式	百元净价报价	最后交易日	合约到期月份的第 2 个周五
最小变动价位	0.005 元	最后交割日	最后交易日后的第 3 个交易日
合约月份	最近的 3 个季月(3、6、9、12 月中的最近 3 月循环)	交割方式	实物交割
交易时间	上午 9:15—11:30 下午 1:00—3:15	交易代码	TF
最后交易日交易时间	上午 9:15—11:30		

表 6-6　10 年期国债期货合约表

合约标的	面值为 100 万元人民币、票面利率为 3% 的名义长期国债	每日价格最大波动限制	上一交易日结算价 ±2%
可交割国债	发行期限不高于 10 年、合约到期月份首日剩余期限不低于 6.5 年的记账式附息国债	最低交易保证金	合约价值的 2%
报价方式	百元净价报价	最后交易日	合约到期月份的第 2 个周五
最小变动价位	0.005 元	最后交割日	最后交易日后的第 3 个交易日
合约月份	最近的 3 个季月(3、6、9、12 月中的最近 3 月循环)	交割方式	实物交割
交易时间	上午 9:15—11:30 下午 1:00—3:15	交易代码	T
最后交易日交易时间	上午 9:15—11:30		

二、中金所的股指期货交易概况

(一)股指期货的涨跌停板幅度

与股票市场一样,为了维护市场正常交易秩序,股指期货也设置了价格日涨跌幅限制,内容主要包括三点:①股指期货合约的涨跌停板幅度为上一交易日结算价±10%。②季月合约上市首日涨跌停板幅度为挂盘基准价±20%。上市首日成交的,于下一交易日恢复到合约规定的涨跌停板幅度;上市首日无成交的,下一交易日继续执行前一交易日的涨跌停板幅度。③股指期货合约最后交易日涨跌停板幅度为上一交易日结算价的±20%。

可见,一般情况下,股指期货市场的日涨跌幅限制也是±10％,这与股票市场一致。但是,股指期货市场有其特殊之处:在季月合约上市首日以及各合约最后交易日这两个特殊情况下,涨跌停板幅度为±20％。这种做法,借鉴了国内外其他期货交易所的有关规定,考虑到了季月合约的波动性可能较近月合约大的情况,并有助于更好地促进期货价格在到期日向现货收敛,更有利于满足市场交易需求,保障市场平稳运行。同时,值得注意的是,股指期货涨跌停价格的基础,是前一交易日的结算价,或上市当日的基准价,而不是昨日的收盘价,这与股票市场也有不同。因此,特别提醒广大投资者,要正确理解股指期货涨跌停板制度的内容和幅度,不要产生误解和混淆。

(二)沪深 300、上证 50、中证 500 股指期货的交易代码的制定

沪深 300 股指期货是我国首个股指期货品种,交易代码为 IF,是股指期货(index futures)的首字母组合。根据"可识别性、传承性、兼容性和扩展性"的设计原则,在广泛征求相关机构、专家的基础上,上证 50 和中证 500 股指期货采用了类似沪深 300 股指期货命名的设计,交易代码分别为 IH 和 IC。其中,I 代表指数期货(index),H 代表上海(Shanghai)证券交易所,指代上证 50 指数,C 是中证指数 CSI 首字母,指代中证 500 指数。

(三)中证 500 指数、中证 500 全收益指数、中证 500 红利指数的区别

1.中证 500 指数

中证 500 指数由中证指数有限公司开发。样本空间内股票是扣除沪深 300 指数样本股及最近一年日均总市值排名前 300 名的股票,剩余股票按照最近一年(新股为上市以来)的日均成交金额由高到低排名,剔除排名后 20％的股票,然后将剩余股票按照日均总市值由高到低进行排名,选取排名在前 500 名的股票作为中证 500 指数样本股。采用各成分股的市价,并按权重进行加权编制,反映了沪深证券市场内小市值公司的整体状况。

2.中证 500 全收益指数

中证 500 全收益指数是中证 500 指数的衍生指数,与中证 500 的区别在于指数的计算中将样本股分红计入指数收益,供投资者从全收益角度考量指数的走势。

3.中证 500 红利指数

中证 500 红利指数是以中证 500 的成分为样本空间,选取过去两年有连续现金分红且平均税后股息率大于 1％的个股,按照过去两年的平均税后股息率进行排名,选取前 50 只股票作为样本,对股价和股息率的乘积进行加权编制。

第四节　世界主要股指期货

一、股指期货发展历程

(一)产　生

股票指数期货是现代资本市场的产物。20 世纪七八十年代,西方各国受石油危机的影响,通货膨胀日益严重,投机和套利活动盛行,股价大幅波动,股市风险日益突出。股票投资者迫切需要一种能够有效规避风险实现资产保值的手段。在这一背景下,1982 年 2 月 24

日,美国堪萨斯期货交易所(Kansas City Board of Trade,KCBT)推出全球第一份股票指数期货合约——价值线综合指数(Value Line Index)期货合约。此后,国际股指期货不断发展。1982年5月,纽约证券交易所推出纽约证券交易所综合指数期货交易。股指期货是金融期货中历史最短、发展最快的金融产品,已成为国际资本市场中最有活力的风险管理工具之一。

(二)发 展

1.1982—1985年股指期货作为投资组合替代方式与套利工具

在 KCBT 推出价值线综合指数期货之后的三年中,投资者除了继续使用以往进出股市的方式,即挑选某只股票或某组股票以外,还主要运用两种投资工具:①复合式指数基金(synthetic index fund),即投资者可以通过同时买进股指期货及国债的方式,达到买进成分指数股票投资组合的同等效果;②指数套利(return enhancement),可套取几乎没有风险的利润。在股指期货推出的最初几年,市场效率较低,常常出现现货与期货价格之间基差较大的现象。交易技术较高的专业投资者可通过同时交易股票和股指期货的方式获取几乎没有风险的利润。

2.1986—1989年股指期货作为动态交易工具

股指期货经过几年的交易后市场效率逐步提高,运作较为正常,逐渐演变为实施动态交易策略的工具,主要体现在以下两个方面:①通过动态套期保值(dynamic hedging)技术,实现投资组合保险(portfolio insurance),即利用股指期货来保护股票投资组合的跌价风险;②进行策略性资产分配(asset allocation),期货市场具有流动性高、交易成本低、市场效率高的特征,恰好符合全球金融国际化、自由化的客观需求,为解决迅速调整资产组合这一难题提供了一条有效的途径。

3.1988—1990年股指期货的停滞期

1987年10月19日,美国华尔街股市一天暴跌近25%,从而引发全球股市重挫的金融风暴,即著名的"黑色星期五"。对于为何造成恐慌性抛压,至今众说纷纭。股指期货一度被认为是"元凶"之一,但即使著名的"布莱迪报告"也无法确定期货交易是引发恐慌性抛盘的唯一原因。特别是进入20世纪90年代以后,随着全球证券市场的迅猛发展,国际投资日益广泛,投、融资者及作为中介机构的投资者对于套期保值工具的需求猛增,这使得股指期货的数量增长很快,无论是市场经济发达国家,还是新兴市场国家,股指期货交易都呈现良好的发展势头。至1999年年底,全球已有140多种股指期货合约在各国交易。

4.1990年至今股指期货蓬勃发展

股指期货的创新与推广使其在世界各国迅速发展起来,到20世纪80年代末和90年代初,许多国家和地区都推出了各自的股票指数期货交易。进入20世纪90年代之后,关于股指期货的争议逐渐消失,投资者的投资行为更为明智,发达国家和部分发展中国家相继推出股指期货,使股指期货的运用更为普遍。

股指期货的发展还引起了其他各种指数期货品种的创新,如以消费者物价指数为标的的商品价格指数期货合约、以二氧化硫排放量为标的的大气污染期货合约以及以电力价格为标的的电力期货合约等等。可以预见,随着金融期货的日益深入发展,这些非实物交收方式的指数类期货合约交易将有着更为广阔的发展前景。

二、世界主要股指期货

世界主要股指期货及推出时间见表 6-7。

表 6-7　世界主要股指期货及推出时间

股指期货合约名称	推出时间
标普 500 指数期货	1982 年 2 月
金融时报 100 指数期货	1984 年 5 月
恒生指数期货	1986 年 5 月
日经 225 指数期货	1986 年 9 月
法国证协 40 指数期货	1988 年 11 月
德国 DAX 指数期货	1990 年 11 月
韩国 KOSPI200 指数期货	1996 年 5 月
台湾综合指数期货	1998 年 7 月
印度 SENSEX 指数期货	2000 年 6 月
沪深 300 股指期货	2010 年 4 月
上证 50 股指期货	2015 年 4 月

以下主要介绍日经 225 指数期货与恒生指数期货。

（一）日经 225 指数期货

新加坡国际金融交易所（Singapore International Monetary Exchange Ltd，SIMEX）首开先河，于 1986 年推出了日本的日经 225 指数期货交易，并获得成功。而日本国内在两年以后才由大阪证券交易所（Osaka Securities Exchange，OSE）推出日经 225 指数期货交易。1990 年，美国的芝加哥商业交易所（CME）也推出日经 225 指数期货交易，形成三家共同交易日经 225 指数期货的局面。表 6-8 为 OSE 日经 225 指数期货合约。

表 6-8　OSE 日经 225 指数期货合约

交易标的	日经平均股价（日经 225）
交易时间	日间交易　上午 8：45—下午 3：15 晚间交易　下午 4：30—次日凌晨 5：30
合约月份	季度合约月份（最长 8 年），其中 6、12 月为最近 16 个合约月份，3、9 月为最近 3 个合约月份
最后交易日	各合约月份的第 2 个周五（如果是非交易日，则依次提前）前 1 个交易日
SQ 日	最后交易日的次营业日
交易单位	日经平均股价×1000 日元
报价单位	10 日元

续　表

涨跌幅限制	1.在指定期间,以日经225期货中心交割月份的每个交易日的涨跌幅基准价格计算得出的涨跌幅限制价格为基准,与以下比例相乘而算出的涨跌幅(每个季度更新):通常涨跌幅为0.08,第一次扩大涨跌幅为0.12,第二次扩大涨跌幅为0.16 注:①涨跌幅以熔断机制(circuit breaker)的实施情况,最多扩大到第二阶段(仅单向扩大);②涨跌幅限制价格会根据市场情况临时更新 2.立即合约涨跌幅:以最优价的中间价格,或最近合约价格为基准上下0.8%
市场熔断机制	在涨跌幅限制价格的上限(下限)价格已有合约或买(卖)单,且1分钟之内没有超过涨跌幅10%的其他合约,则中断交易10分钟
策略交易	有(日历套利)
J-Net交易	有(报价单位:0.0001日元;最低交易单位:1单位)
结算价	从下午3点至日间收盘之间的最后合约数值等
最终结算价(SQ值)	以最后交易日的第2营业日的各个成分股开盘价为基准,来算出特殊日经225价格(SQ值)
保证金	利用SPAN®计算(可与其他指数期货及期权交易抵消风险)
结算方法	回购或转让;最后结算交割(以最后结算值做结算交割)

(二)恒生指数期货

恒生指数不仅是我国香港股票市场变化的指标,也是亚洲地区广受注目的指数。同时,它亦被广泛使用作为衡量基金表现的标准。恒生指数是以加权资本市值法计算的,该指数共有50只成分股。该50只成分股分别属于工商、金融、地产及公用事业四个分类指数,而某一种股份价格的变动相对恒生指数的影响,乃视该家公司的市值而定。市值越高,对恒生指数上落波幅的影响就越大。

恒生指数期货以港元为货币单位,最低波幅为1个指数点,每张合约价值为每指数点乘50港币,短期期货的合约月份为当月、下月及之后的2个季月,远期期货的合约月份为再之后5个12月合约,合约以现金结算。

恒生指数期货及期权合约主要有以下优点。

(1)经得起市场考验。不管是经验丰富的还是一般的投资者,都可通过买卖恒生指数期货及期权合约,就33只指数成分股做出投资。由于本地投资者及国际投资者均视恒生指数为量度香港股市及投资组合表现的指标,因此投资者一直沿用恒生指数期货及期权合约作买卖和风险管理。

(2)成本效益高。恒生指数期货及期权合约能提供成本效益更高的投资机会。投资者买卖恒生指数期货及期权合约只需缴纳保证金,而保证金只占合约面值的一部分,令对冲活动更合乎成本效益。

(3)交易费用低廉。每一张恒生指数期货及期权合约等同于一篮子高市值的股票,而每次交易只收取一次佣金,所以交易成本相比买入或沽出该组成分股的交易成本更为低廉。

(4)结算公司履约保证。正如其他在香港期货交易所买卖的期货及期权合

问题思考

约,恒生指数期货及期权合约现正由香港期货交易所全资拥有的香港期货结算有限公司登记、结算及提供履约保证。

【项目结论】

1. 股指期货,就是以某种股票指数为标的资产的标准化的期货合约。买卖双方报出的价格是一定时期后的股票指数价格水平。在合约到期后,股指期货通过现金结算差价的方式来进行交割。股指期货具有跨期性、杠杆性、联动性、高风险性和风险的多样性的特点。股指期货主要有风险规避、价格发现和资产配置三方面的功能。

2. 股票价格指数就是用以反映整个股票市场上各种股票市场价格的总体水平及其变动情况的指标,简称"股票指数"或"股指"。沪深300指数是由中证指数公司编制、维护和发布的。该指数的300只成分股从沪深两家交易所选出,是反映国内沪、深两市整体走势的指数。

3. 中国金融期货交易所是经国务院同意,中国证监会批准设立的,专门从事金融期货、期权等金融衍生品交易与结算的公司制交易所。中金所上市产品有5种:沪深300股指期货(IF)、中证500股指期货(IC)、上证50股指期货(IH)、5年期国债期货(TF)和10年期国债期货(T)。

4. 中金所的股指期货交易概况。股指期货的涨跌停板幅度,沪深300、上证50和中证500股指期货的交易代码的制定,中证500指数、中证500全收益指数和中证500红利指数的区别。

【项目训练】

请通过互联网,完成以下实训项目的操作:

1. 查询LIFFE 2017年期货市场的交易量与交易额的数据;
2. 查询亚洲4家期货交易所的网站,并进入了解相关信息。
3. 收集中金所期货交易的品种。

项目延伸

第七章 外汇期货与利率期货

【知识目标】 了解外汇风险与利率风险的形成因素；熟悉外汇期货合约与利率期货合约的主要条款和标准化交易标的；重点掌握外汇期货与利率期货的投机套利交易与套期保值交易。

【技能目标】 能够结合汇率与利率的宏观基本面与技术面的变动影响趋势，灵活地选择外汇期货与利率期货的头寸交易，从而达到投机套利与套期保值的基本目标。

【案例导入】

黄金彰显久违强势　年涨幅 20％值得期待

随着经济形势动荡，投资者对于现行货币体系愈发不信任，数据显示，欧元区国家信用互换违约（credit default swap，CDS）逐渐攀升。分析人士指出，非美货币上扬及美元短期回调成为欧元此番上涨的主要原因，不过市场避险情绪升温也恰好是金银上涨的重要推动力。

案例延伸

然而，美国商品期货交易委员会（Commodity Futures Trading Commission，CFTC）公布的数据显示，截至 2012 年 2 月 2 日，欧元空头持仓量达 202646 手，多头持仓量为 31299 手，净空仓数量为 171347 手，较前一周上升 7.1％，并连续第五周创出新高。随着市场对于欧元空头的坚定看法，未来美元指数有望继续走高，黄金、白银有可能在本周出现新的一轮回调。

从欧元区空头持仓创新高来分析，若欧元反弹结束，美元指数则依旧会有一定涨幅，从而对金银走势形成压制。从美元指数走势来看，自触及81.78点的中期高点以来，在美国联邦储备委员会公开市场委员会（Federal Open Market Committee，FOMC）会议维持低利率决议打压下大幅下挫，然而在 77.8 点附近有着强劲支撑。因此，美元指数在此波回撤结束后，上涨概率极大。按照近期金银走势与美元指数极大负相关性的推理，美元指数上扬势必利空金价。

（资料来源：《黄金彰显久违强势　年涨幅 20％值得期待》，《证券日报》2012 年 2 月 3 日。）

第一节　外汇与外汇期货概述

一、外汇与外汇风险

(一)外汇的概念

外汇(foreign exchange)是以外币表示的用于国际结算的支付凭证,外汇的概念具有双重含义,即有动态和静态之分。外汇的静态概念又有狭义和广义之分,狭义的外汇是指以外国货币表示的,为各国普遍接受的,可用于国际债权、债务结算的各种支付手段;广义的外汇是指一国拥有的一切以外币表示的资产。外汇的动态概念是指货币在各国间的流动以及把一个国家的货币兑换成另一个国家的货币,借以清偿国际债权、债务关系的一种专门性的经营活动,它是国际汇兑的简称。

国际货币基金组织对外汇的解释为:外汇是货币行政当局(中央银行、货币机构、外汇平准基金和财政部)以银行存款、财政部库券、长短期政府证券等形式所保有的在国际收支逆差时可以使用的债权,包括外国货币、外币存款、外币有价证券(政府公债、国库券、公司债券、股票等)、外币支付凭证(票据、银行存款凭证、邮政储蓄凭证等)。

中国于 2008 年修订的《外汇管理条例》规定:"外汇,是指下列以外币表示的可以用作国际清偿的支付手段和资产:一是外币现钞,包括纸币、铸币;二是外币支付凭证或者支付工具,包括票据、银行存款凭证、银行卡等;三是外币有价证券,包括债券、股票等;四是特别提款权;五是其他外汇资产。"

(二)外汇风险的界定

外汇风险(foreign exchange exposure)是指一个金融公司、企业组织、经济实体、国家或个人在一定时期内对外经济、贸易、金融、外汇储备的管理与营运等活动中,以外币表示的资产(债权、权益)与负债(债务、义务)因未预料的外汇汇率的变动而引起的价值的增加或减少的可能性。外汇风险可能具有两种结果,一是获利得,二是遭受损失。在一个国际企业组织的全部活动中,即在它的经营活动过程、结果、预期经营收益中,都存在着由于外汇汇率变化而引起的外汇风险。经营活动中的风险为交易风险,经营活动结果中的风险为会计风险,预期经营收益的风险为经济风险。

外汇风险的识别是衡量和防范汇率风险的前提,对于某一主体来说,在明确自己所面临的外汇风险的性质与类型的基础上,需要进一步识别该风险的受险部分,为制定相应的防范对策提供依据。外汇风险的金融度量方法主要有外汇敞口分析、VAR 度量与极端情况下的各类方法。由于外币资产和负债组合的不相匹配或外汇买卖的不相匹配,外汇敞口分析研究经济主体因其可能产生的各种外汇亏损,这种方法具有计算简便、清晰易懂的优点,但它忽略了各币种汇率变动的相关性,难以揭示由于各币种汇率变动的相关性所带来的外汇风险。目前,为大多数学者所使用的外汇风险直接度量方法,主要是 VAR 度量法以及在极端情况下所使用的各种直接度量方法,这里主要研究外汇风险的 VAR 度量法。

VAR 的度量法可以将不同市场因子、不同市场的风险集成一个数,较准确地测量由不同风险来源及其相互作用而产生的潜在损失的风险。VAR 是指在一定概率水平（置信度）下，某一金融资产或证券组合价值在未来特定时期内的最大可能损失。期货交易中 VAR 值的计算见式 7-1，$E(\omega)$ 为资产组合的预期价值；ω 为资产组合的期末价值；ω^* 为置信水平 α 下投资组合的最低期末价值。VAR 值可以使期货投资者了解目前市场上的风险是不是过大，可以让期货投资者在做期货交易之前判断期货交易的时机是否恰当，是否适合立即进行期货合约买卖的操作。期货保证金所涵盖的风险应指正常交易状况下的所持期货头寸的损益，所以保证金不应被设计成为涵盖极端市场波动的机制，而这一点恰好符合 VAR 值在估算正常市况下最大可能损失金额的特性，见式 7-2。

$$VAR = E(\omega) - \omega^* \qquad \text{式 7-1}$$

结算保证金 ＝ 指数 × 指数每点价值 × 风险价格系数　　　　　　　　式 7-2

虽然期货交易均使用保证金制度，但实际交易的是期货合约总值，因此需要注意的是，在计算 VAR 值时，应采用整个期货合约总值（投资组合）来评估，而不是投入的保证金。在式 7-2 中，其中风险价格系数决定于四个样本群（30 个交易日、60 个交易日、90 个交易日、180 个交易日）的风险值最大者（VAR_{max}），也就是风险价格系数等于 $\text{Max}\{ VAR_{max}, 5\% \}$。

二、外汇期货

（一）外汇期货概述

外汇期货（foreign futures）是一种交易所制定的标准化的法律契约，该合约规定交易双方各自支付一定的保证金和佣金，并按照交易币种、数量、交割月份与地点等买卖一定数量的外汇。在实践中，交易双方很少进行实际货币的交割，而是在到期前做反向操作对冲原有合约。外汇期货又称为货币期货，是一种在最终交易日，按照协定的汇率将一种货币兑换成另外一种货币的期货合约。

1972 年 5 月，CME 正式成立 IMM 分部，推出了七种外汇期货合约，从而揭开了期货市场创新发展的序幕。自 1976 年以来，外汇期货市场迅速发展，交易量激增了数十倍。1978年，NYMEX 也增加了外汇期货业务；1979 年，NYSE 亦宣布，设立一个新的交易所来专门从事外币和金融期货；1981 年 2 月，CME 首次开设了欧洲美元期货交易。随后，澳大利亚、加拿大、荷兰、新加坡等国家和地区也开设了外汇期货交易市场，从此，外汇期货市场便蓬勃发展起来。目前，外汇期货交易的主要品种有美元、英镑、欧元、日元、瑞士法郎、加拿大元、澳大利亚元等。

从世界范围看，外汇期货的主要市场在美国，如 CME 的 IMM 分部、中美洲商品交易所（Mid-America Commodity Exchange，MCE）和 PBOT。IMM 主要进行澳大利亚元、英镑、加拿大元、日元和瑞士法郎的期货合约交易；MCE 主要进行英镑、加拿大元、日元和瑞士法郎的期货交易；PBOT 主要交易英镑、加拿大元、澳大利亚元、日元、瑞士法郎和欧洲货币单位。此外，外汇期货的主要交易所还有：伦敦国际金融期货及期权交易所（LIFFE）、新加坡国际货币交易所（SIMEX）、东京国际金融期货交易所（TIFFE）、法国国际期货交易所（MATIF）等，每个交易所基本都有本国货币与其他主要货币交易的期货合约。交易所、期货佣金商以及期货行情表都是用代号来表示外汇期货，如英镑 BP、加元 CD、欧元 EU、日元 JY、墨西哥比索 MP 和瑞士法郎 SF 等。

（二）几种主要的外汇期货标准合约

外汇期货是标准化的远期合约,合约的交易币种、数量、交割日期、交割月份、交割地点等都是标准化的,汇率是唯一的变量,如表7-1与表7-2为CME的IMM分部的两种主要的外汇期货标准合约。在期货交易所内,外汇期货交易通过公开竞价方式展开,清算公司负责交易双方的合约关系,不存在交易的违约风险。为避免交易者承担过高的风险和交易所计算保证金,期货交易实行限价制度,规定一日之内的涨跌幅度,即"涨跌停板"。

问题思考

表7-1　欧元/美元期货标准合约

合约单位	125000欧元
合约月份	6个季月(3、6、9、12月)
结算程序	实物交割
持仓限制	10000手
合约代码	CME GLOBEX电子市场:6E 公开喊价:EU AON合约代码:UG
最小价格增幅	0.0001美元—欧元增幅(12.50美元/手) 0.00005美元—欧元增幅(6.25美元/手);适用于人工交易、电子盘交易以及AON系统交易执行欧元/美元期货内部利差者
交易时间	公开喊价　上午7:20—下午2:00(美中时间)
	GLOBEX(ETH)　周日下午5:00—次日下午4:00(美中时间) 周一至周五下午5:00—次日下午4:00;周五除外,于下午4:00关闭,周日下午5:00重开(美中时间)
	CME ClearPort　周日至周五下午5:00—次日下午4:15;每天于下午4:15休息45分钟(美中时间)
最后交易日/时间	时间:上午9:16(美中时间) 日期:合约到期月份的当月第3个周三之前的第2个营业日
交易规则	合约需符合CME规范
巨额交易	是
最小巨额交易规模	150手
EFP	是

表7-2　美元/离岸人民币期货标准合约

合约规则	"标准"期货合约	100000美元(≈693900元人民币)
	电子微型期货合约	10000美元(≈69390元人民币)
最小变动价位	标准合约	直接以0.0001元人民币/美元＝10元人民币(≈1.44美元)报价 日历价差以0.00005元人民币/美元＝5元人民币(≈0.72美元)报价
	电子微型合约	直接以0.00001元人民币/美元＝1元人民币(≈0.14美元)报价

续　表

CME GLOBEX 代码	标准:CNH 电子微型:MNH	
离岸人民币计价	每日收付以离岸人民币计算与计价	
交易时间	GLOBEX(ETH)	周日至周五下午 5:00—次日下午 4:00; CME GLOBEX 平台于周五下午 4:00 收市并于周日下午 5:00 复市(美中时间)
	CME ClearPort	周日至周五下午 5:00—次日下午 4:15; 其中每天从下午 4:15 开始休市 45 分钟(美中时间)
合约月份	标准	13 个连续日历月份(当年 1—12 月以及第二年 1 月)加上 8 个 3 月季度周期月份(3 年到期范围)
	电子微型	12 个连续日历月份(当年 1—12 月)
最后交易日	紧接在合约月份第 3 个周三之前的第 1 个香港交易日上午 11:00 交易终止	
交割流程/交割日	最终结算通过 CME 清算所批准银行于合约月份第 3 个周三之后的交易日:由空方向多方交割 100000 美元(标准合约)或 10000 美元(电子微型合约);与之相对,多方向空方交割相当的离岸人民币价值。CME 清算所通过终止从多空双方收取支付委托来禁止离岸人民币对美元的支付。	
持仓量限制/套期保值豁免	对投机客户的持仓量限制是标准合约与电子微型合约头寸的加总。每个客户在任何时间不能持有多于 CME 标准合约大小的 1000 张合约(或相当于 100000000 美元)。这 1000 张合约包括所有月份的持仓量加总,净多头或净空头。同时,任何客户均不能在最后交易日前 1 周当日或之后的日子持有多于 CME 标准合约大小的 500 张交割月份合约(或相当于 50000000 美元)净多头或净空头。 持仓量限制豁免适用于真正的套期保值用户,但是不适用于处于最后 5 个交易日内的交割月合约。	
冲销标准 vs. 电子微型美元/离岸人民币期货(可互换)	若由同一账户持有并经账户控制人授权,10 份多头(空头)电子微型美元/离岸人民币期货可与 1 份空头(多头)标准规格的美元/离岸人民币期货抵消	
CME、GLOBEX 错误交易政策	40 个最小变动价位单位或低于"不得取消区间(no bust range)"	
CME、GLOBEX 价格约束*	直接报价为 60 个最小变动价位单位,价差交易为 5 个最小变动价位单位	
大宗交易最低门槛	标准	50 份合约
	电子微型	不适用
期货转现货(EFRP)资格	是	
须申报的持仓量	标准	25 份合约
	电子微型	250 份合约

* 对 CME GLOBEX 交易而言,自动化的价格约束能防止委托按照交易所当天收盘价、最佳买入价或最佳卖出价的 60 个最小价格变动单位(直接报价交易)或 5 个最小价格变动单位(价差交易)以外的价格执行。在买入报价下,价格约束阻止输入超过收盘价的一个预设金额的限价委托;在卖出报价下,则阻止输入超过低于收盘价之同一预设金额的限价委托。当价格约束对新交易、更高的买入价与更低的卖出价做出回应时,它将起到"监视"当前期货价格的作用。

第二节　外汇期货交易

一、外汇期货投机套利交易

（一）外汇期货投机交易

外汇期货投机交易，是通过买卖外汇期货合约，从外汇期货价格的变动中获利并同时承担风险的行为，其基本原理是投机者根据对外汇期货价格走势的预测，买进或卖出一定数量的外汇合约。如果价格走势如所预测的，则可以在某一价格上顺利平仓，合约的买卖差价即为赢利。如果价格走势与预测方向相反，则投机就要承担风险，买卖差价即为亏损。投机者进行期货交易并不掌握现汇头寸，而是依据对期货价格变动趋势的预测，从而在期货价格变动中获利。外汇头寸交易策略是为谋取汇率水平绝对变动的利益而进行外汇期货交易，如果预测期货价格上涨，投机者就持有多头；反之，就持有空头（见图7-1）。从投机者的持仓头寸方向上研究，外汇期货投机交易可区分为多头投机与空头投机。

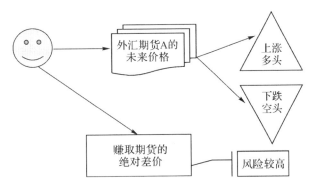

图7-1　外汇头寸交易策略

1.外汇期货多头投机的交易策略

外汇期货多头投机的交易策略，是投机者预测外汇期货价格将要上升，先买（买入开仓）后卖（卖出平仓），以低价买入，以高价卖出，从而达到获利目的的一种交易方式。

【案例7-1】　某一外汇期货交易者浏览了CME的欧元EUR兑日元JPY的期货行情日K线图（见图7-2）。从2012年11月份市价行情触底以来，市价行情获得了强有力的反弹。

解析：在2013年1月至2月初，K线图的柱状体开始伸长，即价格的振荡幅度加剧了，阴阳线相继交替出现，尤其在2013年2月5日附近，阴阳线的振荡幅度接近，而且上下影线的长度较短，这说明欧元兑美元的未来市价行情并不明朗，交易者应在场外守候进一步观察或结合基本面分析。欧元走势的转折点出现在2012年夏季，当时欧洲央行承诺支持受困成员国国债市场，并继续维护欧元区的完整。自2012年7月末欧洲央行行长德拉吉（Mario Draghi）阐述支持计划以来，欧元兑美元累计上涨了约12％。2013年年初以来，欧元兑包括美元、日元在内的主要货币均保持强劲走势。

图 7-2　欧元 EUR 兑日元 JPY 的期货行情日 K 线图

2. 外汇期货空头投机的交易策略

外汇期货空头投机的交易策略,是投机者预测外汇期货价格将要下跌,从而先卖(卖出开仓)后买(买入平仓),以高价卖出,以低价买入,从而达到获利目的的一种交易方式。

【案例 7-2】　某一外汇期货交易者浏览了 CME 的英镑 GBP 兑瑞士法郎 CHF 的期货行情日 K 线图(见图 7-3)。从 2012 年 11 月份市价行情触顶以来,市价行情反映为一路下跌,自 2013 年 1 月中旬至 2 月初以来,下跌的幅度进一步加剧,相继出现了大的阴线,2013 年 2 月 3 日的日 K 线触底,其较长的下影线有力地支撑了市价行情的反弹。

解析:次级折返走势(second reactions)是多头市场中重要的下跌走势,或空头市场中重要的上涨走势,持续的时间通常在 3 个星期至数个月。次级折返走势经常被误认为是主趋势的改变,因此,判断次级折返走势是"道氏理论"中最微妙、最困难的一关。判断中期趋势是否为次级折返走势时,需要观察成交量的关系、修正走势之历史或然率的统计资料以及市

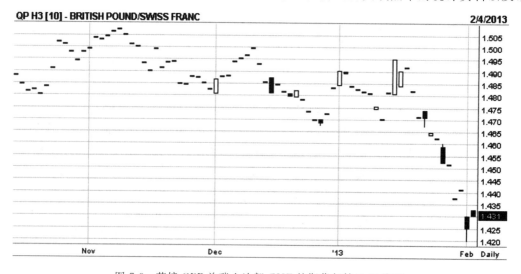

图 7-3　英镑 GBP 兑瑞士法郎 CHF 的期货行情日 K 线图

场参与者的普遍态度。市价行情主趋势的正确判断是投机行为取得成功的关键,因此,作为外汇期货的投机交易者要识别主趋势与次级折返走势的差别。根据罗伯特·雷亚(道氏理论提出者之一)的经验分析:相对于主趋势而言,次级折返走势有暴涨暴跌的倾向,大多数次级修正走势的折返幅度约为前一个主要走势波段(介于两个次级折返走势之间的主趋势)的1/3 至 2/3 之间,持续的时间大约为 3 个星期至 3 个月。

(二)外汇期货套利交易

外汇期货套利交易,是指交易者同时买进和卖出两种相关的外汇期货合约,然后再将其手中合约同时对冲,从两种合约的相对价格变化中获利的交易行为,赚取差价策略是根据两种期货价格(相对价格)关系的变动来赚取利润(见图7-4)。外汇期货套利形式与商品期货套利形式大致相同,套利可以分为跨期套利、跨市套利和跨币种套利三种基本方式。

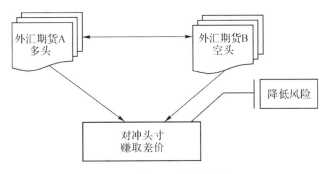

图 7-4 外汇差价交易策略

1.外汇期货跨期套利交易策略

外汇期货跨期套利交易策略,是套利交易中最普遍的一种,是利用同一外汇期货合约的不同交割月份之间正常价格差距出现异常变化时,进行对冲而获利的一种交易方式,其套利形式又可分为牛市套利和熊市套利两种。进行跨期套利的经验法则是:如果较远月份的合约价格升水,并且两国利率差将下降,则买入较近月份的期货合约,卖出较远月份的期货合约;如果较远月份的合约价格升水,并且两国利率差将上升,则买入较远月份的期货合约,卖出较近月份的期货合约;如果较远月份的合约价格贴水,并且两国利率差将下降,则买入较远月份的期货合约,卖出较近月份的期货合约;如果较远月份的合约价格贴水,并且两国利率差将上升,则买入较近月份的期货合约,卖出较远月份的期货合约。当交易者预测某种外汇汇率看涨时,将买进期限较长的该种货币期货,同时卖出期限较短的该种外汇期货。当交易者预测某种外汇汇率看跌时,将买进期限较短的该种货币期货,同时卖出期限较长的该种外汇期货。

【案例 7-3】 2013 年 1 月 1 日,欧元 EUR 兑美元 USD 振荡上行,广大市场交易者将集中关注欧盟峰会,若此次欧盟峰会无果而终,将利空欧元走势;反之若能取得一定进展,将利好欧元走势。某一欧元期货交易者分析了欧元兑美元的 1 个月与 3 个月期的期货行情走势,预测欧元看跌的基本面较大,并且 3 个月期的欧元期货跌幅要大于 1 个月期的欧元期货;在 1 月 1 日,买入 5 份 1 个月期欧元期货合约(1.2658 美元/欧元),同时卖出 5 份 3 个月期欧元期货合约(1.4286 美元/欧元);在 2 月 4 日,卖出 5 份 1 个月期欧元期货合约(1.1919美元/欧元),同时买入 5 份 3 个月期欧元期货合约(1.2346 美元/欧元)。该交易者跨期套利收益情况见表7-3。通过跨期套利方式,该交易者在 1 个月期欧元期货上亏损 46187.5 美元,而在 3 个月期欧元期货上赢利 121250 美元,因此,通过这一套利交易而获得的净收益是 75062.5 美元。

表 7-3　跨期套利收益情况

日　　期	1 个月期欧元期货	3 个月期欧元期货
1 月 1 日	买入 5 份 1 个月期欧元期货合约	卖出 5 份 3 个月期欧元期货合约
	价格:1.2658 美元/欧元	价格:1.4286 美元/欧元
	总价值:791125 美元	总价值:892875 美元
2 月 4 日	卖出 5 份 1 个月期欧元期货合约	买入 5 份 3 个月期欧元期货合约
	价格:1.1919 美元/欧元	价格:1.2346 美元/欧元
	总价值:744937.5 美元	总价值:771625 美元
	亏损:46187.5 美元	获利:121250 美元

2. 外汇期货跨市套利交易策略

外汇期货跨市套利交易策略,是指交易者根据对同一外汇期货合约在不同交易所的价格走势预测,在一个交易所买入一种外汇期货合约,同时在另一个交易所卖出同种外汇期货合约,从而进行价格差异的套利交易的方式。当同一期货商品合约在两个或更多的交易所进行交易时,由于区域间的地理差别,各商品合约间存在一定的价差关系,这就形成了外汇期货交易的套利机会。进行跨市套利的经验法则是:买高卖低(AB 两个市场相对高低),当两个市场都进入牛市时,A 市场的涨幅高于 B 市场,则在 A 市场买入,在 B 市场卖出;当两个市场都进入牛市时,A 市场的涨幅低于 B 市场,则在 A 市场卖出,在 B 市场买入;当两个市场都进入熊市时,A 市场的跌幅高于 B 市场,则在 A 市场卖出,在 B 市场买入;当两个市场都进入熊市时,A 市场的跌幅低于 B 市场,则在 A 市场买入,在 B 市场卖出。

【案例 7-4】　某一期货交易者发现国际货币市场和伦敦国际金融期货及期权交易所的英镑期货合约报价存在差别,因此,该交易者决定进行跨市套利交易,以期从中获取价差收益。3 月 1 日,在国际货币市场上买入 4 份 6 个月期的英镑期货合约,价格是 1.5310 美元/英镑,每份合约的交易单位是 62500 英镑,并且同时在伦敦国际金融期货及期权交易所卖出 10 份 6 个月期英镑期货合约,价格是 1.5480 美元/英镑,每份期货合约的交易单位是 25000 英镑。在 5 月 1 日,这个交易者在两个交易所分别做了对冲交易,交易的价格都是 1.5500 美元/英镑,将手中的合约平仓,该交易者跨市套利收益情况见表 7-4。通过跨市套利方式,该交易者在国际货币市场上收益 4750 美元,而在伦敦国际金融期货及期权交易所损失 500 美元,因此,通过这一套利交易而获得的净收益是 4250 美元。

表 7-4　跨市套利收益情况

日　　期	国际货币市场	伦敦国际金融期货及期权交易所
3 月 1 日	买入 4 份 6 个月期英镑期货合约	卖出 10 份 6 个月期英镑期货合约
	价格:1.5310 美元/英镑	价格:1.5480 美元/英镑
	总价值:382750 美元	总价值:387000 美元

日　期	国际货币市场	伦敦国际金融期货及期权交易所
5月1日	卖出4份6个月期英镑期货合约	买入10份6个月期英镑期货合约
	价格:1.5500美元/英镑	价格:1.5500美元/英镑
	总价值:387500美元	总价值:387500
	获利:4750美元	损失:500美元

3.外汇期货跨币种套利交易策略

外汇期货跨币种套利交易策略,是交易者根据对交割月份相同而币种不同的期货合约在某一交易所的价格走势的预测,买进某一币种的期货合约,同时卖出另一币种相同交割月份的期货合约,从而进行套利交易。进行跨币种套利的经验法则是:买升卖降(AB两个货币相对升降),当预期A货币对美元贬值时,B货币对美元升值,则卖出A货币期货合约,买入B货币期货合约;当预期A货币对美元升值时,B货币对美元贬值,则买入A货币期货合约,卖出B货币期货合约;当预期A、B两种货币都对美元贬值,但A货币的贬值速度比B货币快时,则卖出A货币期货合约,买入B货币期货合约;当预期A、B两种货币都对美元升值,但A货币的升值速度比B货币快,则买入A货币期货合约,卖出B货币期货合约;当预期A货币对美元汇率不变,B货币对美元升值时,则卖出A货币期货合约,买入B货币期货合约,若B货币对美元贬值,则相反;当预期B货币对美元汇率不变,A货币对美元升值时,则买入A货币期货合约,卖出B货币期货合约,若A货币对美元贬值,则相反。

【案例7-5】　2013年1月1日,某一外汇期货交易者分析了英镑与欧元的外汇期货行情走势,预测英镑期货看跌而欧元期货看涨;在1月1日,卖出4份1个月期英镑期货合约(1.6250美元/英镑),同时买入2份1个月期欧元期货合约(1.3200美元/欧元);在2月4日,买入4份1个月期英镑期货合约(1.5745美元/英镑),同时卖出2份1个月期欧元期货合约(1.3572美元/欧元);该交易者跨币种套利收益情况见表7-5;2012年年底至2013年2月5日的英镑及欧元期货行情走势分别见图7-5和图7-6。通过跨币种套利方式,该交易者在英镑期货上赢利12625美元,而在欧元期货上赢利9300美元,因此,通过这一套利交易而获得的净收益是21925美元。即使期货行情走势与该交易者的预期正好相反,通过两个币种的期货套利交易(市价行情走势相反)也能互相抵补风险与收益,这就是外汇期货套利交易相对于其投机交易的比较优势。

表7-5　跨币种套利收益情况

日　期	英镑期货	欧元期货
1月1日	卖出4份1个月期英镑期货合约	买入2份1个月期欧元期货合约
	价格:1.6250美元/英镑	价格:1.3200美元/欧元
	总价值:406250美元	总价值:330000美元
2月4日	买入4份1个月期英镑期货合约	卖出2份1个月期欧元期货合约
	价格:1.5745美元/英镑	价格:1.3572美元/欧元
	总价值:393625美元	总价值:339300美元
	获利:12625美元	获利:9300美元

图 7-5 英镑期货行情走势

图 7-6 欧元期货行情走势

二、外汇期货套期保值交易

外汇期货套期保值,是指在现汇市场上买进或卖出的同时,又在期货市场上卖出或买进金额大致相当的期货合约;在合约到期时,因汇率变动造成的现汇买本盈亏可由外汇期货交易上的盈亏弥补。外汇套期保值的原理就是利用价格变动的同向性,通过反向交易,平补现货的头寸,从而规避汇率风险,是以期货的盈亏来弥补现货的盈亏(见图 7-7)。外汇套期保值就是利用外汇期货交易,确保外汇资产或外汇负债的价值不受或少受汇率变动带来的损失,套期保值的方式可分为多头(买入)套期保值和空头(卖出)套期保值。

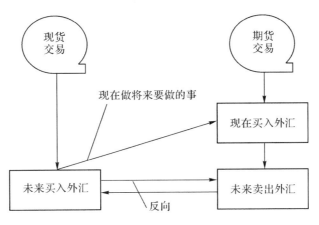

图 7-7　外汇套期保值的原理

(一)多头外汇期货套期保值交易

多头外汇期货套期保值(long hedging),是指处于现货空头地位的交易者,即持有外汇负债的人,为防止将来汇价升值,在期货市场上,当前做一笔相应的买入交易(当前买,将来卖)。

【案例7-6】　某一美国企业在某年的 6 月进口价款为 50 万欧元的设备,3 个月后结算货款,预计未来欧元将大幅升值,即期汇价 1 美元＝0.7126 欧元,6 个月的欧元期货报价为 1 美元＝0.4712 欧元;在到期日,现货的汇价为 1 美元＝0.6998 欧元,6 个月的欧元期货报价为 1 美元＝0.4403 欧元,则该企业如何运用期货交易来进行套期保值?

解析:在 3 个月后,将支付 50 万欧元的现货,预计未来欧元将大幅升值,在这个案例中,美国企业属于欧元的空头一方;在未来 3 个月后,该企业将美元的现货兑换成 50 万欧元的现货(买入欧元);在未来 3 个月后,该企业应做一笔与现货交易方向相反的期货交易,即卖出欧元的期货,而在当前,买入 4 份欧元期货合约。

在现货交易中,该企业的汇率结算损失 $= 500000 \times \left(\dfrac{1}{0.6998} - \dfrac{1}{0.7126} \right) \approx 12834$(美元)

在期货交易中,该企业的汇率结算盈余 $= 4 \times 125000 \times \left(\dfrac{1}{0.4403} - \dfrac{1}{0.4712} \right) \approx 74469$(美元)

因此,通过期货的交易,该企业超额地实现了套期保值目标。

【案例7-7】　美国某一厂商在瑞士有分厂,该分厂有多余的 50 万瑞士法郎,可暂时(如 6 个月)给美国的厂使用,而美国厂这时也正需要一笔短期资金;最好的办法是把瑞士的这笔资金转汇到美国,让美国厂使用 6 个月,然后归还;要做这样一笔交易,厂商为了避免将来重新由美元兑换成瑞士法郎时发生汇率风险,就可以把 50 万瑞士法郎以现汇出售换成美元,买成远期交投的瑞士法郎,这样就不会发生汇率波动的风险,这种操作方法就是多头套期保值,具体操作及盈亏情况见表 7-6。

表 7-6　多头外汇套期保值的盈亏

日　期	现货市场	期货市场
3月1日	卖出 50 万瑞士法郎 汇率：10216 美元/万瑞士法郎 价值：510800 万美元	买入 4 份 9 个月期的瑞士法郎期货合约，每份合约价值 125000 瑞士法郎 汇率：10218 美元/万瑞士法郎 价值：510900 万美元
9月1日	买入 50 万瑞士法郎 汇率：10220 美元/万瑞士法郎 价值：511000 万美元 亏损：200 万美元	卖出 4 份 9 个月期的瑞士法郎期货合约，每份合约价值 125000 瑞士法郎 汇率：10223 美元/万瑞士法郎 价值：511150 万美元 获利：250 万美元

从表 7-6 中可以看出，套期保值者在现货市场上亏损 200 万美元，而在期货市场上获利 250 万美元，足以抵补其损失且多余 50 万美元。美国厂商先在现货市场卖出，期货市场买进，然后在现货市场买进，期货市场卖出，这就是等量相对的原则，一个市场上所受的损失才能由另一个市场的赢利来弥补，无论现货瑞士法郎还是期货瑞士法郎，其价格变动受同样的因素支配。

（二）空头外汇期货套期保值交易

空头外汇期货套期保值（short hedging），是指处于现货多头地位的交易者，即持有外汇资产的人，为防止将来汇价贬值，在期货市场上，当前做一笔相应的卖出交易（当前卖，将来买）。

【案例 7-8】　某一美国企业在某年的 3 月出口价款为 1 亿瑞士法郎的产品，6 个月后结算货款，预计未来瑞士法郎将大幅贬值，即期汇价 1 美元＝0.4526 瑞士法郎，6 个月的瑞士法郎期货报价为 1 美元＝0.4403 瑞士法郎；在到期日，现货的汇价为 1 美元＝0.5003 瑞士法郎，6 个月的瑞士法郎期货报价为 1 美元＝0.4712 瑞士法郎，则该企业如何运用期货交易来进行套期保值？

解析：在 6 个月后，将收到 1 亿瑞士法郎的现货，预计未来瑞士法郎将大幅贬值，在这个案例中，美国企业属于瑞士法郎现货多头的一方；在未来 6 个月后，该企业将 1 亿瑞士法郎的现货兑换成美元的现货（卖出瑞士法郎）；在未来 6 个月后，该企业应做一笔与现货交易方向相反的期货交易，即买入瑞士法郎的期货，而在当前，卖出 800 份瑞士法郎期货合约。

在现货交易中，该企业的汇率结算损失 $=100000000\times\left(\dfrac{1}{0.4526}-\dfrac{1}{0.5003}\right)\approx21065575$（美元）

在期货交易中，该企业的汇率结算盈余 $=800\times125000\times\left(\dfrac{1}{0.4403}-\dfrac{1}{0.4712}\right)\approx14893766$（美元）

因此，通过期货的交易，该企业部分地实现了套期保值目标。

【案例 7-9】　美国某一厂商在瑞士有分厂，该分厂急需资金以支付即期费用，6 个月后财力情况会因购买旺季到来而好转；美国厂正好有多余的资金可供瑞士厂使用，于是便汇去了 30 万瑞士法郎；为了避免将来汇率变动带来损失，一方面在现货市场买进瑞士法郎；另一方面又在期货市场卖出同等数量的瑞士法郎，这种操作方法就是空头套期保值，具体操作及盈亏情况见表 7-7。

表 7-7 空头外汇套期保值的盈亏

日　　期	现货市场	期货市场
6 月 1 日	买入 30 万瑞士法郎	卖出 2 份 12 个月期的瑞士法郎期货合约，每份合约价值 125000 瑞士法郎
	汇率：10220 美元/万瑞士法郎	汇率：10219 美元/万瑞士法郎
	价值：306600 万美元	价值：255475 万美元
12 月 1 日	卖出 30 万瑞士法郎	买入 2 份 12 个月期的瑞士法郎期货合约，每份合约价值 125000 瑞士法郎
	汇率：10216 美元/万瑞士法郎	汇率：10216 美元/万瑞士法郎
	价值：306480 万美元	价值：255400 万美元
	亏损：120 万美元	获利：75 万美元

从表 7-7 中可以看出，套期保值者在现货市场上亏损 120 万美元，而在期货市场上获利 75 万美元，尽管不足以抵补其损失，但是外汇期货交易降低了汇率风险的损失程度。然而，未来汇率波动趋势的准确判断却是外汇套期保值交易的前提，如果交易者对汇率预测失误，那么外汇套期保值交易将适得其反。

问题思考

第三节　我国的外汇期货交易

一个成熟的外汇期货市场的诞生和发展必须要有一系列基础条件，包括充分的市场需求、完善发达的基础市场、市场化的汇率和利率形成机制、作为完整经纪人的交易者、成熟的法律框架和完整的制度体系等等。我国外汇期货市场的建立不是一蹴而就的，它的发展既要以一定的宏观经济制度为基础，又要以一定的金融市场条件为前提。

一、我国建立外汇期货市场的先决条件

（一）人民币自由兑换与汇率形成的市场化

随着我国外汇储备的与日俱增，人民币面临巨大的升值压力，人民币自由兑换的问题被提升至议事日程，相应地，我国开展外汇期货的呼声也在逐渐高涨。一国货币能成功地实行自由兑换（特别是资本与金融账户下自由兑换），应满足的基本条件包括：①健康的宏观经济状况；②健全的微观经济主体；③合理的经济结构和国际收支的可维持性；④恰当的汇率形成机制与汇率水平。国内经济自由程度越高，市场经济越发达，作为连接世界市场与国内市场桥梁的货币自由兑换才具有更为扎实可靠的基础。从国际上货币可兑换的进程来看，在经常项目实现可兑换后，逐步推进资本项目可兑换大体要 10 年时间。1993 年 10 月，在人民币汇率并轨前，我国承诺在 2000 年以前接受国际货币基金组织协定第八条，并已在 1996 年

12月1日提前实现了经常项目可兑换。在"有序、积极、稳妥"的开放原则下,首先实现资本项目有条件的可兑换,在此基础上再实现资本项目的完全可兑换。

2005年7月21日,中国人民银行宣布,中国开始实行以市场供求为基础、参考一篮子货币进行调节、有管理的浮动汇率制度,人民币兑美元升值2%。伴随着人民币汇率的波动区间扩大,汇率风险逐步地逼近广大交易者是毋庸置疑的现象。外汇期货市场的产生是为了规避汇率风险,如果汇率波动幅度趋于平稳,外汇期货市场将无法发挥套期保值的作用,同时投机于汇差的可能性也消失了,从而,外汇期货市场也就没有建立的必要性了。我国外汇交易在市场结构上可分为两个层次:①客户与外汇指定银行之间的交易;②银行间的外汇交易,包括外汇指定银行之间的交易和外汇指定银行与中央银行之间的交易,后者占据主导地位。近年来,我国外汇交易量涨幅明显,尤其是兑港币与日元,但交易量最大的是美元,其汇率变化幅度却是微小的。远期结售汇业务是目前国内市场唯一的保值工具,外汇指定银行与境内机构签订合同,约定将来办理结汇或售汇的外汇币种、金额、汇率和期限。但由于对国际汇市变动方向的可预见性差和美元兑人民币汇价相对稳定的原因,远期结售汇业务并未发挥其真正的保值作用。

(二)外汇现货市场交易的日益完善与逐步深化

外汇现货市场的充分发展是期货市场建立与发展的基础,同时,期货市场的功能也要以现货市场为基础才能充分发挥。作为一种虚拟资本交易形态,期货市场是在现货市场和远期结售汇业务充分发展的基础上逐步形成的。从我国外汇现货市场和远期结售汇业务来看,外汇市场至今发展仍不成熟,其不足包括:①从外汇市场组织体系上看,按照国际惯例,一个完整的外汇市场组织体系应包括央行、外汇银行、客户(企业、个人)和外汇经纪人,而目前我国外汇交易市场实际上只有两个主体——央行和外汇银行,而没有实际意义上的经纪人;②从交易性质上看,我国的外汇交易市场仅是一个与现行外汇制度相适应的本外币头寸转换市场,不具有现代外汇市场所具有的金融性;③从市场公平上看,由于实行银行结售汇业务,企业贸易和非贸易项下的外汇需卖给银行,因此,我国外汇交易市场是一个不完全竞争的市场,供求关系不平衡;④从对外联系上看,我国外汇交易市场与国际交易市场基本上是隔离的,因而对国际汇市的变动预见性较差。

规范化的市场监管是外汇期货成功运作的关键,外汇衍生工具作为规避汇率风险进行投机保值的工具具有高风险性,其基本风险有市场风险、信用风险、流动性风险、营运风险和法律风险,它们的相互作用导致外汇衍生市场严重的不稳定性。为使我国外汇衍生市场能顺利地走上规范化的发展道路,保证外汇衍生工具的风险不波及整个市场,除了交易者自身的风险控制之外,还必须在宏观上建立起适合我国国情的监管制度。人民币汇率形成体制改革推动了我国外汇衍生市场的发展,这就更加突出我国外汇衍生市场监管制度构建和完善的必要性。由于外汇衍生市场监管制度的构建仍要受制于我国政治、经济、文化等各方面因素的综合影响,因此,监管制度应遵循"政府导向,立法先行"的原则,走一条政府推动型的发展道路。国家通过专门立法来制定具有法律效力的外汇衍生市场监管制度,集中监管模式、机构型监管及功能型监管并重,合理确定监管对象,明确监管主体。外汇市场监管采取三元监管体制,即政府监管为主、行业协会自律为辅、交易所自我管理协调。

二、我国开展外汇期货交易的必要性与可行性分析

（一）我国开展外汇期货交易的必要性分析

2005 年，我国对人民币汇率形成机制进行了改革，汇率形成依据外汇市场的供求状况，参照多边汇率进行调节，汇率波动幅度不断拓宽，因此，规避汇率风险的外汇衍生工具是不可或缺的。然而，当前境内人民币外汇衍生市场的发展状况显然难以满足汇率机制改革之后的需要，人民币外汇衍生市场的进一步发展是新形势下的必然选择。1971 年，芝加哥商业交易所（CME）已经意识到，一旦布雷顿森林体系瓦解，浮动汇率制度必将给期货市场带来新的机遇，于是 1972 年 5 月 16 日，CME 即正式推出了英镑、加元、德国马克、日元、瑞士法郎、墨西哥比索及意大利里拉 7 种外汇期货合约。如今的中国所面临的外汇市场状况与 20 世纪 70 年代初的美国非常相近，为了尽量避免外汇市场上的交易损失，我国应及时推出外汇期货合约。在我国设立外汇期货市场不仅可以使企业和金融机构规避外汇风险与信用风险，同时可以完善我国外汇市场的组织体系，加强我国外汇市场同国际外汇市场的联系，促进外汇市场的发展；但是，人民币不是国际性货币，因而不能直接进行人民币兑外币的期货交易。

（二）我国开展外汇期货交易的可行性分析

我国上海外汇调剂中心 1992 年试办人民币外汇期货交易给出的一个最重要的启示就是，不能脱离市场生存和发展的基础来开展期货衍生交易。我国商品期货的功能作用得到了一定的发挥，其成功运作为开展外汇期货积累了丰富经验，可充分借鉴商品期货在资金清算、保证金制度等方面的经验来开展外汇期货。国内银行已经为客户提供远期结售汇业务，目前是采用一天一价，由于远期定价和期货定价原理都是通过无套利均衡分析法，运算过程相对简单，国内银行提供期货业务的实时报价不存在技术上的障碍。从风险角度来考虑，虽然外汇期货由于杠杆作用而存在巨大的风险，但该业务基本上是一种零和博弈，既有亏损的一方必然有赢利的一方。我国金融监管当局的监管手段、监管技术和监管水平与国际监管机构的联系日益紧密，这为开展外汇期货交易奠定了坚实的基础。目前，尽管我国企业与银行有利用外汇期货市场规避外汇风险、进行套期保值的需求，但是，由于我国的汇率体制与外汇市场的不健全，外汇期货市场交易就无法充分发挥其作用。

问题思考

第四节 利率期货概述

一、利率与利率风险

（一）利率的概念

利率又称利息率，表示一定时期内利息量与本金的比率，通常用百分比来表示，其计算公式见式 7-3。

$$利息率 = \frac{利息量}{本金 \times 时间} \times 100\%$$ 式 7-3

一般来说,根据计量的期限标准不同,表示方法有年利率、月利率和日利率。利率是借款人因使用资金而支付的代价,亦是放款人延迟其消费,借给借款人所获得的回报。利率是货币政策调控的重要工具之一,用以控制消费需求、投资需求、通货膨胀及失业率等,继而影响一国的宏观经济增长。利率期货交易主要研究利率的宏观与微观影响因素,并对未来的利率变动趋势做出科学的判断;最后,依据利率变动趋势的总体预测,来进行利率的投机套利交易与套期保值交易,从而规避利率风险。利率变动的主要影响因素包括四方面:经济层面、政策层面、制度层面以及国际金融市场层面。

经济层面的因素有利润率的平均水平、资金的供求状况、物价变动的幅度。在市场经济中,利息仍作为平均利润的一部分,因而利息率是由平均利润率所决定的;在平均利润率既定时,利息率的变动则取决于平均利润分割为利息与企业利润的比例,而这个比例是由借贷资本的供求双方通过竞争确定的;名义利率水平与物价水平具有同步变动的趋势,物价变动的幅度制约着名义利率水平的高低。利率不是完全随着信贷资金的供求状况自由波动,它还取决于国家调节经济的需要,并受一国的政策控制和调节。在开放经济体中,国际经济联系使国内市场利率受到国际市场利率的深刻影响,这种影响是通过国际资本流动来实现的。当国际市场利率高于国内利率时,国内货币资本流向国外;反之,当国际市场利率低于国内利率时,国际货币资本流进国内。不论国内利率水平是高于还是低于国际利率,在资本自由流动的条件下,都会引起国内货币市场上资金供求状况的变动,从而导致国内利率发生变化。

(二)利率风险的界定

利率风险是指市场利率变动的不确定性给广大市场交易者所造成的损失,如原本投资于固定利率的金融工具,当市场利率上升时,可能导致其价格下跌的风险。巴塞尔委员会在1997 年发布的《利率风险管理原则》中将利率风险定义为:利率变化使商业银行的实际收益与预期收益或实际成本与预期成本发生背离,使其实际收益低于预期收益,或实际成本高于预期成本,从而使商业银行遭受损失的可能性。巴塞尔银行监管委员会(即"巴塞尔委员会")将利率风险分为重新定价风险、基差风险、收益率曲线风险和选择权风险四类。

重新定价风险是最主要的利率风险,它产生于银行资产、负债和表外项目头寸重新定价时间(对浮动利率而言)和到期日(对固定利率而言)的不匹配。通常把某一时间段内对利率敏感的资产和对利率敏感的负债之间的差额称为"重新定价缺口",该缺口不为零,则利率变动就会使银行面临利率风险。

基差风险是指当一般利率水平发生变化时,引起不同种类的金融工具的利率发生程度不等的变动,这是商业银行所面临的风险。目前我国商业银行贷款所依据的基准利率一般都是中央银行所公布的利率,因此,基差风险比较小;但随着利率市场化的推进,特别是与国际接轨后,我国商业银行因业务需要可能会以 LIBOR(London Interbank Offered Rate,伦敦银行同业拆借利率)为参考,这样基差风险的产生也将相应地增加。

收益率曲线风险是指当银行的存贷款利率都以国库券收益率为基准来制定时,由于收益曲线的意外位移或斜率的突然变化,对银行净利差收入和资产内在价值造成的风险损失。正收益率曲线一般表示长期债券的收益率高于短期债券的收益率,这时没有收益率曲线风险;而负收益率曲线则表示长期债券的收益率低于短期债券的收益率,这时有收益率曲线风险。

选择权风险是指利率变化时,银行客户行使隐含在银行资产负债表内业务中的期权给银行造成损失的可能性,即在客户提前归还贷款本息和提前支取存款的潜在选择中,产生的各种利率风险。随着银行客户的利率风险意识不断增强,由于我国目前对于客户的"借新还旧""提前还贷"等违约行为还缺乏政策性限制,因此,选择权风险对我国商业银行的负面影响将日益严重。

在利率预测和利率风险衡量的基础上,进行利率风险控制的具体方法主要有两大类:①传统的表内管理方法,即通过增加(或减少)资产或负债的头寸,或者改变资产或负债的内部结构,达到控制利率风险的目的;②表外管理方法,即为现有资产负债头寸的暂时保值以及针对个别风险较大,或难以纳入商业银行利率风险衡量体系的某一项(类)资产或负债业务,往往是通过金融衍生工具等表外科目的安排来对其进行"套期保值"。利率衍生产品将成为商业银行产品创新和资金成本管理的主要突破点,为满足客户特定的风险收益要求,银行可以在资产管理产品中引入利率衍生产品,并进行结构性设计。

二、利率期货

(一)利率期货概述

利率期货是指以债券类证券为标的物的期货合约,它可以回避银行利率波动所引起的证券价格变动的风险。按照合约标的期限划分,利率期货可分为短期利率期货和长期利率期货两大类。短期利率期货是指期货合约标的期限在一年以内的各种利率期货,即以货币市场的各类债务凭证为标的的利率期货均属短期利率期货,包括各种期限的商业票据期货、国库券期货及欧洲美元定期存款期货等。长期利率期货是指期货合约标的期限在一年以上的各种利率期货,即以资本市场的各类债务凭证为标的的利率期货均属长期利率期货,包括各种期限的中长期国库券期货和市政公债指数期货等。

20世纪70年代中期以来,西方各国纷纷推行金融自由化政策,以往的利率管制得以放松甚至取消,导致利率波动日益频繁而剧烈。面对日趋严重的利率风险,各类金融商品持有者,尤其是各类金融机构迫切需要一种既简便可行,又切实有效的管理利率风险的工具,利率期货正是在这一背景下应运而生的。1975年10月,CBOT推出了政府国民抵押贷款协会(Government National Mortgage Association, GNMA)抵押凭证期货合约,标志着利率期货这一新的金融期货类别的诞生。在这之后不久,为了满足人们管理短期利率风险的需要,在1976年1月,CME的IMM分部推出了3个月期的美国短期国库券期货交易,并大获成功,在整个20世纪70年代后半期,它一直是交易最活跃的短期利率期货。1977年8月22日,美国长期国库券期货合约在CBOT上市,这一合约获得了空前的成功,成为世界上交易量最大的一个合约。1981年12月,国际货币市场推出了3个月期的欧洲美元定期存款期货合约,其交易量现已超过短期国库券期货合约,成为短期利率期货中交易最活跃的一个品种。

利率期货交割一般有实物交割和现金交割两种方式:实物交割是指期货合约的买卖双方于合约到期时,根据交易所制定的规程,通过转移期货合约标的物的所有权,将到期未平仓合约进行了结的行为;现金交割是指到期未平仓期货合约进行交割时,用结算价格来计算未平仓合约的盈亏,以现金支付的方式最终了结期货合约的交割方式。实物交割目前也是利率期货中国债期货交易一般采用的方式,由于国债期货的标的是名义债券,实际上并没有完全相同的债券,因此,在实物交割中采用指定一篮子近似的国债来交割的方式,符合条件的交割券通过转换因子进行发票金额计算。由于期货交易不是以现货买卖为目的,而是以买卖合约赚取差价来达到保值的目的,因此,实物交割的期货合约并不多。现金交割方式主要用于金融期货中期标的物无法进行实物交割的期货合约,在利率期货中主要用于短期利率期货的交割。

利率期货交易具有优化资金配置的功能,具体表现为:①降低交易成本,利率期货的多空双向交易制度可以使投资者无论在债券价格涨还是跌时都获得,以避免资金在债券价格下跌时出现闲置;②利率期货可以方便投资者进行组合投资,从而提高交易的投资收益率;③提高资金使用效率,方便进行现金流管理。由于期货交易的杠杠效应能极大地提高资金使用效率,因此,投资者建立同样金额头寸的速度要比现货市场快得多。交易者能够运用利率期货来达到两方面的套期保值目的:其一是固定未来的贷款利率,利率期货合约可以用来固定从经营中所获得的现金流量的投资利率或预期债券利息收入的再投资率;其二是固定未来的借款利率,债券期货合约可以用来锁定某一浮动借款合同的变动利息支付部分。

(二)几种主要的利率期货标准合约

利率期货是标准化的远期合约,合约的交易标的物、数量、交割日期、交割月份、交割地点等都是标准化的,利率是唯一的变量,如表7-8至表7-20为几种主要的利率期货标准合约。

1. 芝加哥期货交易所(CBOT)的利率期货合约

在 CME 集团中,CBOT 主要推出中长期国债期货,如 30 年期美国国债期货(见表7-8)、10 年期美国国债期货(见表7-9)、5 年期美国国债期货及 2 年期美国国债期货,CBOT 占据着美国国债期货市场最大的市场份额。

表 7-8　30 年期美国国债期货标准合约

合约推出时间	1977 年
合约标的	30 年期美国国库券(30 Year U. S. Treasury Bonds)
合约单位	面额为 10 万美元的公债
合约代码	US
交易时间	正常交易时间:周一至周五上午 7:20—下午 2:00(美中时间) 电子交易时间:周日至周五下午 5:00—次日下午 4:00(美中时间)
最小升降单位	1/32 (31.25 美元)
报价方式	以点数(每一点 1000 美元)及 1/32 点表示
合约月份	3、6、9、12 月 4 个季月
交割日	交割月份最后 1 个营业日
最后交易日	交割月份最后 1 个营业日之前的第 7 个营业日
涨跌幅度限制	无

表 7-9　10 年期美国国债期货标准合约

合约推出时间	1982 年
合约标的	10 年期美国国库券(10 Year U.S. Treasury Notes)
合约单位	面额为 10 万美元的公债
合约代码	TY
交易时间	正常交易时间:周一至周五上午 7:20—下午 2:00(美中时间) 电子交易时间:周日至周五下午 5:00—次日下午 4:00(美中时间)
最小升降单位	1/64 (15.625 美元)
报价方式	以点数(每一点 1000 美元)及 1/64 点表示
合约月份	3、6、9、12 月 4 个季月
交割日	交割月份最后 1 个营业日
最后交易日	交割月份最后 1 个营业日之前的第 7 个营业日
涨跌幅度限制	无

2. 芝加哥商品交易所(CME)的利率期货合约

CME 主要推出的期货合约有 10 年期日本政府公债期货(见表 7-10)、3 个月期欧洲美元定期存款期货(见表 7-11)、3 个月期欧洲日元定期存款期货、1 个月期伦敦银行间利率期货(见表 7-12)和 28 天墨西哥银行间利率期货等。

表 7-10　10 年期日本政府公债期货标准合约

合约标的	10 年期日本政府公债
合约单位	面额为 1000 万日元的日本政府公债券
合约代码	JB
交易时间	场内交易时间:上午 7:20—下午 2:00(美中时间) 电子交易时间:下午 9:00—上午 4:00(美中时间)
最小升降单位	0.01 点(1000 日元)
合约月份	3、6、9、12 月 4 个季月
交割日	交割月份的第 20 日
最后交易日	比东京期货交易所的政府公债最后交易日提前 1 日,东京期货交易所的政府公债最后交易日为交割日前第 7 日
涨跌幅度限制	无
仓位限制	所有月份多空部位不超过 5000 个合约

表 7-11　3 个月期欧洲美元定期存款期货标准合约

合约标的	3 个月期欧洲美元定期存款(3 Month Eurodollar Time Deposit)
合约单位	面额为 100 万美元的 3 个月欧洲美元定期存款
合约代码	ED
交易时间	上午 7:20—下午 2:00(美中时间) GLOBEX2 交易时间:周一至周四下午 4:30—次营业日下午 4:00(美中时间) 　　　　　　周日及假日下午 5:30—次营业日下午 4:00(美中时间) SGX 交易时间:周日至周四下午 9:20—次营业日上午 4:00(美中时间)
最小升降单位	0.01 点或 25 美元
合约月份	最近的 2 个月份以及 4 个季月
交割日	最后交易日
最后交易日	契约月份第 3 个周三之前的第 2 个伦敦银行营业日
涨跌幅度限制	无
仓位限制	所有月份多空部位超过 10000 个合约,向 CME 提供相关信息

表 7-12　1 个月期伦敦银行间利率期货标准合约

合约标的	1 个月期伦敦银行间利率(1 Month LIBOR)
合约单位	面额为 300 万美元的欧洲美元 1 个月 LIBOR
合约代码	EM
交易时间	场内交易时间:周一至周五上午 7:20—下午 2:00(美中时间) 电子交易时间:周一至周四下午 5:00—次营业日下午 4:00(美中时间) 　　　　　　周日及假日下午 5:00—次营业日下午 4:00(美中时间)
最小升降单位	0.005 点(12.5 美元)
合约月份	1—12 月
交割日	最后交易日
最后交易日	交割月份第 3 个周三之前的第 2 个伦敦银行营业日
涨跌幅度限制	无
仓位限制	所有月份多空部位不超过 5000 个合约

3.伦敦国际金融期货及期权交易所(LIFFE)的利率期货合约

LIFFE 主要推出的中长期期货合约有 1 年期英国政府债券期货(见表 7-13)、德国政府国库券期货和日本政府债券期货等;短期期货合约有 3 个月欧元利率期货(见表 7-14)、3 个月英镑利率期货(见表 7-15)和 3 个月瑞士法郎利率期货(见表 7-16)等。

表 7-13　1 年期英国政府债券期货标准合约

合约标的	10 万英镑面额的英国政府债券,票面利率 6%
合约单位	10 万英镑

续　表

交易时间	上午 8:00—下午 6:00
报价单位	100 英镑
最小升降单位	0.01 点（10 英镑）
合约月份	3、6、9、12 月中最近的 3 个月份
第一通知日	交割月份的第 1 个营业日
最后通知日	最后交易日后的第 1 个营业日
交割日	交割月份最后营业日前的第 2 个营业日上午 11:00
最后交易日	交割月任何一个营业日（由卖方选择）

表 7-14　3 个月欧元利率期货标准合约

合约标的	100 万欧元 3 个月的利率（EURIBOR）
合约单位	100 万欧元
交易时间	上午 7:00—下午 6:00
报价单位	100 减利率
最小升降单位	0.005 点（12.50 欧元）
合约月份	3、6、9、12 月中最近的 6 个月份
交割日	最后交易日后的第 1 个营业日
最后交易日	交割月份第 3 个周三之前的第 2 个营业日上午 10:00

表 7-15　3 个月英镑利率期货标准合约

合约标的	50 万英镑 3 个月的利率（Short Sterling）
合约单位	50 万英镑
交易时间	上午 7:30—下午 6:00
报价单位	100 减利率
最小升降单位	0.01 点（12.50 英镑）
合约月份	3、6、9、12 月中最近的 3 个月份
交割日	最后交易日后的第 1 个营业日
最后交易日	交割月份第 3 个周三前的第 2 个营业日上午 11:00

表 7-16　3 个月瑞士法郎利率期货标准合约

合约标的	100 万欧洲瑞士法郎 3 个月的利率（Euroswiss）
合约单位	100 万瑞士法郎
交易时间	上午 7:30—下午 6:00
报价单位	100 减利率

续　表

最小升降单位	0.01 点(25 瑞士法郎)
合约月份	3、6、9、12 月
交割日	最后交易日后的第 1 个营业日
最后交易日	交割月份第 3 个周三前的第 2 个营业日上午 11:00

4.欧洲期货交易所(EUREX)的利率期货合约

EUREX 主要推出的中长期期货合约有 1.75～2.25 年期德国联邦政府债券期货(见表 7-17)、4.5～5.5 年期德国联邦政府债券期货、8.5～10.5 年期德国联邦政府债券期货、20～30.5 年期德国联邦政府债券期货、8～13 年期瑞士联邦政府债券期货(见表 7-18);短期期货合约有 1 个月期欧元隔夜拆借利率期货(见表 7-19)与 3 个月期欧元银行间定期存款利率期货(见表 7-20)。

表 7-17　1.75～2.25 年期德国联邦政府债券期货标准合约

合约标的	100000 欧元 1.75～2.25 年期德国联邦政府债券,票面利率 6%
合约单位	100000 欧元
交易时间	上午 8:30—下午 7:00
报价单位	以面额的百分比表示,小数点后 2 位
最小升降单位	0.01%点(10 欧元)
合约月份	3、6、9、12 月
交割日	交割月份第 10 个日历日,此日非营业日顺延至最近的交易日
最后交易日	交割日前的第 2 个营业日下午 12:30

表 7-18　8～13 年期瑞士联邦政府债券期货标准合约

合约标的	100000 瑞士法郎 8～13 年期瑞士联邦政府债券,票面利率 6%
合约单位	100000 瑞士法郎
交易时间	上午 8:30—下午 7:00
报价单位	以面额的百分比表示,小数点后 2 位
最小升降单位	0.01%点(10 瑞士法郎)
合约月份	3、6、9、12 月
交割日	交割月份第 10 个日历日,此日非营业日顺延至最近的交易日
最后交易日	交割日前的第 2 个营业日下午 12:30

表 7-19　1 个月期欧元隔夜拆借利率期货标准合约

合约标的	3000000 欧元 1 个月的隔夜拆借利率(EONIA)
合约单位	3000000 欧元
交易时间	上午 8:00—下午 7:00

续　表

报价单位	100 减利率
最小升降单位	0.005 点(12.5 欧元)
合约月份	当前月份和接下来的 11 个日历月
交割日	最后交易日
最后交易日	欧洲央行确定欧元隔夜拆借利率的营业日

表 7-20 3 个月期欧元银行间定期存款利率期货标准合约

合约标的	1000000 欧元 3 个月的隔夜拆借利率(EURIBOR)
合约单位	1000000 欧元
交易时间	上午 8:30—下午 7:00
报价单位	100 减利率
最小升降单位	0.005 点(12.5 欧元)
合约月份	3、6、9、12 月
交割日	最后交易日
最后交易日	交割月份第 3 个周三之前的第 2 个营业日

此外,全球主要的利率期货交易所还有日本东京金融期货交易所(TIFFE)、中国香港期货交易所(HKFE)和中国台湾期货交易所(TAIFEX)等,这些期货交易所也都纷纷推出了种类繁多的中长期利率期货与短期利率期货,敬请广大读者认真掌握各个期货交易所的利率期货标准条款项目。

问题思考

第五节　利率期货交易

利率期货交易的基本功能有价格发现、风险规避和资产配置优化,利率期货价格一般领先于利率现货市场价格的变动,并有助于提高债券现货市场价格的信息含量,并通过套利交易促进价格合理波动。目前,与商品期货交易类似,利率期货交易包括投机套利交易与套期保值交易这样两种类型。

一、利率期货投机套利交易

(一)利率期货投机交易

利率期货投机交易就是通过买卖利率期货合约,从利率期货价格变动中博取风险收益的交易行为,若投机者预期未来利率水平将下降,即利率期货价格将上涨,便可买入期货合约,期待利率期货价格上涨后平仓获利;若投机者预期未来利率水平将上升,即利率期货价格将下跌,则可卖出期货合约,期待利率期货价格下跌后平仓获利。

1.利率期货多头投机的交易策略

利率期货多头投机的交易策略就是指投机者预期未来利率水平将下降,即利率期货价格将上涨,便可买入期货合约,期待利率期货价格上涨后平仓获利的一种交易行为。

【案例 7-10】 2012 年 11 月 14 日,《第一财经日报》报道:美国走在"财政悬崖",日本也走在"财政悬崖",加之欧债危机又迟迟不得缓解,全球投资者的避险情绪再次受到推升。瑞士标志性的 10 年期政府国债收益率在欧洲市场交易时间触及 0.42% 的低位,跌破今年 8 月 0.45% 的历史纪录,再创新低。

解析:瑞士作为欧美国家的一方"净土",其资产备受青睐——虽然受外围经济影响,瑞士自身的经济也遇阻减速,但其国债收益率却创下了历史新低。虽然瑞士资产备受青睐,但瑞士经济的疲弱和国内的通货紧缩状况仍无好转迹象,另外,为了控制瑞士法郎走高而设的兑欧元上限,已经导致该国外汇储备不断膨胀。信用评级机构标准普尔日前发布报告预测,瑞士经济减速,制造业和出口首当其冲,该国 2012 和 2013 年的经济增长率仅为 0.8% 和 1.1%。在 2012 年年末,欧洲各国债市的后期走势仍趋于振荡过程,因此,作为理性的利率期货投机交易者不要草率地建立多头头寸。

2.利率期货空头投机的交易策略

利率期货空头投机的交易策略就是指投机者预期未来利率水平将上升,即利率期货价格将下跌,便可卖出期货合约,期待利率期货价格下跌后平仓获利的一种交易行为。

【案例 7-11】 某一利率期货交易者浏览了芝加哥商业交易所(CME)的美国 10 年期国债期货行情日 K 线图(见图 7-8),从 2012 年 12 月份市价见顶后,市价行情的主趋势发生了反转,呈现出振荡下跌的基本趋势。

解析:在 2013 年 2 月初,K 线图的柱状体开始呈现小的阴阳线,即美国 10 年期国债期货价格处于横盘整理状态,这说明未来的市场行情并不明朗,交易者应在场外守候进一步观察或结合基本面分析。2013 年 2 月 4 日,美国国债价格开始上扬,高收益率吸引市场买家且欧洲政治风险升温,令投资者购入美债避险。根据经济学基本原理,债券的价格与收益率会呈反向走势,在一个国家信用评级被下调时,其借债成本会相应增加,国债收益率会提高。2013 年年底,美国国债期货与追踪美债的上市基金存在大规模的卖权未平仓合约,这是因为 10 年期美国国债的收益率向上突破 2% 的历史高位,即预期 10 年期美国国债价格仍然有下跌空间。

图 7-8 美国 10 年期国债期货行情日 K 线

(二)利率期货套利交易

利率期货套利交易是指利用相关利率期货合约间的价差变动来博取风险收益的交易行为,交易者同时买进和卖出数量相当的两个或两个以上相关的利率期货合约,期待合约间价差朝有利的方向变动,将其头寸同时平仓并获利。但在利率期货套利交易的应用实践中,跨市套利机会一般很少,跨期套利和跨品种套利机会相对较多。

1.利率期货跨期套利交易策略

利率期货跨期套利交易策略是指在利率期货交易中,当同一市场、同一品种、不同交割月份合约间存在着过大或过小的价差关系时,就存在着跨期套利的潜在机会。正向市场也称为正常市场,即在正常情况下,期货价格高于现货价格(或者近期月份合约价格低于远期月份合约价格),基差为负值。反向市场又称为逆向市场,是指在特殊情况下,现货价格高于期货价格(或者近期月份合约价格高于远期月份合约价格),基差为正值。利率期货跨期套利可分为正向市场中的套利与反向市场中的套利,正向市场中的套利又分为牛市套利与熊市套利;同样,反向市场中的套利也分为牛市套利与熊市套利,其逻辑结构关系如图7-9所示。

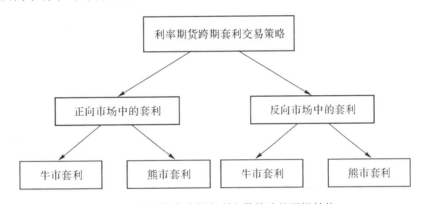

图 7-9 利率期货跨期套利交易策略的逻辑结构

正向市场中的牛市套利可以分为实盘套利与对冲套利,正向市场中实盘套利的机会仅出现在价差的绝对值大于持仓成本的情况下,此时,可以在近月合约做多,而在远月上建立同等头寸的空头合约;对冲套利是指在正向市场上,如果供给不足,需求相对旺盛,则会导致近期月份合约价格的上升幅度大于远期月份合约,或者近期月份合约价格的下降幅度小于远期月份合约,交易者可以通过买入近期月份合约的同时卖出远期月份合约而进行牛市套利。正向市场中的熊市套利是指如果市场中供给过剩,需求相对不足,则会导致近期月份合约价格的上升幅度小于远期月份合约,或者近期月份合约价格的下降幅度大于远期月份合约,此时可进行在近月合约做空,而在远月上建立同等头寸的多头合约的套利操作。反向市场中的牛市套利策略是指由于需求远大于供给,现货价格高于期货价格,近期合约价格相对于远期合约价格升幅更大时,就可以入市做牛市套利。无论是在正向市场还是在反向市场,熊市套利的策略都是卖出近期合约同时买入远期合约,但是,反向市场中的牛市套利获利潜力巨大而风险却有限。

【**案例7-12**】 据意大利安莎社2012年10月24日报道,在第一季度意大利以123.7%的国债率打破了1995年120.9%的历史峰值后,欧洲统计局最新数据显示,2012年第二季度意大利国债率攀升至126.1%,仅次于希腊150.3%,再创历史新高;近几个月内,受到欧洲央行行长德拉吉有关"不惜代价拯救欧元"言论以及欧洲央行推出收购信贷成本过高国家国债计划的影响,海外投资者纷纷回归意大利债券市场。上述言论散播开来后,意大利 10 年期国债收益率下跌了超过 160 个基本点,某一利率期货套利交易者做出了理性判断,并预期意大利 10 年期国债的市场价格将放缓看涨的趋势甚至出现反跌的行情。

解析:该交易者选择反向市场中的牛市套利策略,在 2012 年 11 月 10 日买入 1 个月后交割的 10 年期国债期货合约(104.00 点),并于 2012 年 12 月 10 日卖出此合约对冲平仓(110.20 点);在 2012 年 11 月 10 日卖出 3 个月后交割的 10 年期国债期货合约(108.60 点),并于 2013 年 2 月 10 日买入此合约对冲平仓(110.20 点)。该合约单位是面值为 10 万欧元的意大利 10 年期国债,报价采用以面额的百分比表示,即小数点后 2 位,其最小升降单位是 0.01% 点(10 欧元)。该交易者跨期套利收益情况见表 7-21,1 个月后交割的 10 年期国债期货获利 6.2 点,而 3 个月后交割的 10 年期国债期货亏损 1.6 点,该交易者实现了跨期套利的目的。

表 7-21　跨期套利收益情况

1 个月后交割的意大利 10 年期国债期货	3 个月后交割的意大利 10 年期国债期货
2012 年 11 月 10 日 买入 1 份 10 年期国债期货合约(104.00)	2012 年 11 月 10 日 卖出 1 份 10 年期国债期货合约(108.60)
2012 年 12 月 10 日 卖出 1 份 10 年期国债期货合约(110.20)	2013 年 2 月 10 日 买入 1 份 10 年期国债期货合约(110.20)
获利:62 万欧元 $\dfrac{6.2}{0.01\%}\times 10$ 10000	亏损:16 万欧元 $\dfrac{1.6}{0.01\%}\times 10$ 10000

2.利率期货跨品种套利交易策略

利率期货跨品种套利主要包括短期利率期货与中长期利率期货合约间的套利交易策略,以及中长期利率期货合约内部的套利交易策略。利率期货跨品种套利交易的基本策略是当市场利率上升时,标的物期限较长的国债期货合约价格的跌幅会大于期限较短的国债期货合约价格的跌幅,这时套利交易者可以择机持有较长期国债期货的空头和较短期国债期货的多头,以获取套利收益;当市场利率下降时,标的物期限较长的国债期货合约价格的涨幅会大于期限较短的国债期货合约的涨幅,套利交易者可以择机持有较长期国债期货的多头和较短期国债期货的空头,以获取套利收益。

【案例 7-13】 2012 年 1 月 25 日,美国联邦储备委员会宣布将把联邦基金利率在 0～0.25% 的历史最低水平至少维持到 2014 年下半年,以刺激美国经济复苏;2012 年 9 月 13 日,美国联邦储备委员会在货币政策例会上宣布出台新一轮量化宽松货币政策,并将超低利率期限延长至 2015 年中期。某一利率期货交易者分析了美国 5 年期国债期货(见图 7-10)与 10 年期国债期货(见图 7-11)的市价行情走势,并决定采用利率期货跨品种套利交易策略。在 2012 年 11 月 1 日,该交易者买入 5 份 10 年期国债期货(132.08 点),并同时卖出其持有的 5 份 5 年期国债期货(124.00 点);在 2012 年 12 月 1 日,该交易者卖出 5 份 10 年期国债期货(133.16 点),并同时买入 5 份 5 年期国债期货(124.20 点);该交易者的利率期货跨品种套利收益情况见表 7-22。通过跨品种套利方式,该交易者在 10 年期国债期货上获利

34.56 万美元,而在 5 年期国债期货上亏损 6.4 万美元,因此,通过这一套利交易而获得的净收益是 28.16 万美元。

表 7-22 跨品种套利收益情况

日 期	10 年期国债期货	5 年期国债期货
11 月 1 日	买入 5 份期货合约	卖出 5 份期货合约
	成交价:132.08 点	成交价:124.00 点
12 月 1 日	卖出 5 份期货合约	买入 5 份期货合约
	成交价:133.16 点	成交价:124.20 点
	获利:34.56 万美元(上涨 1.08 点) $\dfrac{5 \times 1.08 \times 64 \times 1000}{10000}$	亏损:6.4 万美元(上涨 0.20 点) $\dfrac{5 \times 0.20 \times 64 \times 1000}{10000}$

图 7-10　美国 5 年期国债期货市价行情走势

图 7-11　美国 10 年期国债期货市价行情走势

二、利率期货套期保值交易

利率期货套期保值交易是指为配合现货市场上的金融债券买卖,在期货市场买进或卖出与现货市场交易品种、数量相同,但交易方向相反的期货合约,以期在未来某一时间,通过卖出或买进此期货合同,来补偿因利率变动所带来的金融债券价格风险。利率期货市场的一般规律是当市场利率下跌时,金融产品的价格会升高;当市场利率上升时,金融产品的价格会下跌。利率期货套期保值的交易策略是预期市场利率下跌时,交易者进行买入套期保值(多头套期保值),即买进有关利率期货;预期市场利率上升时,交易者进行卖出套期保值(空头套期保值),即卖出有关利率期货。

(一)多头利率期货套期保值交易

多头利率期货套期保值交易,是指按固定利率计息债务的交易者在期货市场买入利率期货合约,以防止将来债券价格上升而使其买入成本提高。由于市场利率下降导致债券价格上升,因此,多头套期保值的目的是规避因利率下降而出现损失的风险。

【案例 7-14】 美国经历 2008 年的次级债务危机后,为了刺激经济复苏与拉动就业增长,货币当局联邦储备委员会决定进一步降息。某一投资者在 2009 年 4 月 1 日买入 20 份 7 月 5 日到期的面值 2000 万美元国库券,当时国库券贴现率为 9%,相当于 IMM 指数 91.00 点;由于预测到 7 月份市场利率会下降,为避免因利率下降导致购买国库券收益受损的风险,在 2009 年 4 月 1 日从期货市场购入 20 份 3 个月期的美国国库券期货合约,合约成交价为 IMM 指数 91.00 点;到 7 月 5 日,该交易者在现货市场上兑现到期的 2000 万美元国库券,再购买面值为 2000 万美元 3 个月到期国库券,此时国库券贴现率为 8%,相当于 IMM 指数 92.00 点;同时,在期货市场卖出 20 份 3 个月期的美国国库券期货合约,此时成交价为 IMM 指数 92.00 点。表 7-23 为这一多头利率期货套期保值的盈亏情况。

表 7-23　多头利率期货套期保值的盈亏

日　期	现货市场	期货市场
4 月 1 日	买入面值 2000 万美元国库券	买入 20 份 3 个月期的美国国库券期货合约
	贴现率:9%(IMM 指数 91.00 点)	成交价:IMM 指数 91.00 点
	价值:1955 万美元	价值:1955 万美元
7 月 5 日	卖出兑现到期的 2000 万美元国库券(价值为 1955 万美元) 买入面值 2000 万美元国库券	卖出 20 份 3 个月期的美国国库券期货合约
	贴现率:8%(IMM 指数 92.00 点)	成交价:IMM 指数 92.00 点
	价值:1960 万美元	价值:1960 万美元
	损失:5 万美元 $\dfrac{2000 \times (8\% - 9\%) \times 3}{12}$	获利:5 万美元 $\dfrac{20 \times \dfrac{92.00 - 91.00}{0.01} \times 25}{10000}$

3 个月期美国国库券期货的合约单位为面值 100 万美元的国库券,IMM 指数报价

91.00 点就是采用 1 减去其年贴现率 9% 再乘以 100 的方法,最小升降单位是 0.01 点(25 美元)。该交易者持有 20 份 3 个月期的美国国库券期货合约,对应于 IMM 指数 91.00 点,其市场价值的计算如下(折价发行)。

$$P = \frac{票面价值}{\left(1 + \dfrac{9\%}{12}\right)^3} = \frac{20 \times 100}{\left(1 + \dfrac{9\%}{12}\right)^3} \approx 1956(万美元)$$

该交易者持有 20 份 3 个月期的美国国库券期货合约,对应于 IMM 指数 92.00 点,其市场价值的计算如下(折价发行)。

$$P = \frac{票面价值}{\left(1 + \dfrac{8\%}{12}\right)^3} = \frac{20 \times 100}{\left(1 + \dfrac{8\%}{12}\right)^3} \approx 1960(万美元)$$

根据上述分析计算结果可知,该交易者在期货市场上获利 5 万美元,弥补了其在现货市场上的损失。国库券的贴现率从 4 月初的 9%(IMM 指数 91.00 点)跌到 7 月初的 8%(IMM 指数 92.00 点)时,由于该投资者在期货市场做了套期保值,从而规避了现货市场上的风险,锁定了国库券买卖成本。

【案例 7-15】 在 3 月 15 日,某一美国厂商预计 6 月 15 日将有一笔 1000 万美元的存款到期,这笔资金将投资于美国 30 年期国债现货,在 3 月 15 日,30 年期国债现货的利率为 9.00%;该厂商又担心到 6 月 15 日时利率会下跌,于 3 月 15 日在 CBOT 买入 100 份 30 年期国债期货合约,成交价为 91.05;到了 6 月 15 日,30 年期国债现货的利率为 7.00%,30 年期国债期货合约报价为 92.15。表 7-24 为这一多头利率期货套期保值的盈亏情况,该厂商通过多头利率期货套期保值交易弥补了现货市场的利率风险损失。

美国 30 年期国债期货的合约单位是面额为 10 万美元的公债,其报价方式采用以点数(每一点 1000 美元)及 $\frac{1}{32}$ 点表示,合约最小升降单位是 $\frac{1}{32}$ 点(31.25 美元)。美国国债中,treasury bill 是指期限在一年以下的国债,采用零息券方式,不附息,折价竞标发行,到期归还票面本金;treasury note 是指期限在 1~10 年的国债;treasury bond 是指期限在 10 年以上的国债,这两种国债都是附息国债,利息每半年支付一次(浮动利率计息)。

表 7-24　多头利率期货套期保值的盈亏

日　期	现货市场	期货市场
3 月 15 日	国债现货 1000 万美元 利率:9%	买入 100 份 30 年期的美国国债期货标准合约 成交价:91.05 点 $价值 = \dfrac{100 \times 1000 \times (91 + 0.05 \times \frac{1}{32})}{10000}$ $\approx 910(万美元)$
6 月 15 日	国债现货 1000 万美元 利率:7%	卖出 100 份 30 年期的美国国债期货标准合约 成交价:92.15 点 $价值 = \dfrac{100 \times 1000 \times (92 + 0.15 \times \frac{1}{32})}{10000}$ $\approx 920(万美元)$
	亏损:5 万美元	获利:10 万美元

（二）空头利率期货套期保值交易

空头利率期货套期保值交易是指按固定利率计息资产的交易者担心市场利率上涨，在期货市场上卖出利率期货合约，以防止将来债券价格下跌而使其资本利得为负数。由于市场利率下降导致债券价格下跌，因此，空头套期保值的目的是规避因利率上涨而出现损失的风险。

【案例 7-16】 2012 年 2 月 4 日以来，美国国债期货与追踪美债的上市基金存在大规模的卖权未平仓合约，这是因为 10 年期美国国债的收益率向上突破 2% 的历史高位，即预期 10 年期美国国债价格仍然有下跌空间；某一交易者手中持有面值为 1000 万美元的 10 年期美国国债现货，其收益率为 1.915%；为了规避利率上升的风险，该交易者于 2012 年 2 月 5 日在期货市场上卖出 100 份 10 年期美国国债期货，成交价为 148.16 点；在 2012 年 5 月 5 日，10 年期美国国债现货的收益率为 2.035%，该交易者买入 100 份 10 年期美国国债期货，成交价 145.16 点。表 7-25 为这一空头利率期货套期保值交易的盈亏情况，该交易者通过空头利率期货套期保值交易弥补了现货市场的利率风险损失。

表 7-25　空头利率期货套期保值的盈亏

日　　期	现货市场	期货市场
2 月 5 日	国债现货 1000 万美元	卖出 100 份 10 年期的美国国债期货标准合约
	收益率：1.915%	成交价：148.16 点
5 月 5 日	国债现货 1000 万美元	买入 100 份 10 年期的美国国债期货标准合约
	收益率：2.035%	成交价：145.16 点
	亏损：0.3 万美元 $\dfrac{1000 \times (1.915\% - 2.035\%) \times 3}{12}$	获利：0.3 万美元 $\dfrac{100 \times 10 \times (148.16 - 145.16)}{10000}$

【案例 7-17】 在 6 月 10 日，某交易者计划在 9 月 10 日借入期限为 3 个月，金额为 1000 万美元的借款，6 月 10 日的利率是 9.75%，由于担心到 9 月 10 日利率会升高，于是该交易者利用 CME 3 个月期美国国库券期货合约进行套期保值，持有 10 份 3 个月期国库券合约的空头头寸，成交价为 90.25；到了 9 月 10 日，3 个月期美国国库券现货的利率是 12%，3 个月期美国国库券期货合约报价为 88.00。表 7-26 为这一空头利率期货套期保值的盈亏情况，该交易者通过空头利率期货套期保值交易弥补了现货市场的利率风险损失。

3 个月期美国国库券期货的合约单位为面值 100 万美元的国库券，IMM 指数报价就是采用 1 减去其年贴现率再乘以 100 的方法，最小升降单位是 0.01 点（25 美元）。该交易者持有 10 份 3 个月期的国库券期货合约，对应于其点数的变化是 225 基点，每一个单位基点为 25 美元，所以，该交易者在期货市场上的赢利是 5.625 万美元。采用点数来计算期货交易盈亏的方法是通用的，这种方法比前述的贴现值法计算更加简便易行。

问题思考

表 7-26 空头利率期货套期保值的盈亏

日 期	现货市场	期货市场
6 月 10 日	借入现货 1000 万美元	卖出 10 份 3 年期的美国国库券期货标准合约
	利率:9.75%	成交价:90.25 点
9 月 10 日	借入现货 1000 万美元	买入 10 份 3 年期的美国国库券期货标准合约
	利率:12%	成交价:88.00 点
	亏损:5.625 万美元 $\dfrac{1000\times(9.75\%-12\%)\times3}{12}$	获利:5.625 万美元 $\dfrac{10\times\dfrac{90.25-88.00}{0.01}\times25}{10000}$

第六节　我国的国债期货交易

一、我国国债期货交易的发展背景及意义

国债期货(treasury futures)是利率期货的一种。由于未来的国债价格实际隐含了市场利率的预期,因此,在 20 世纪 70 年代美国金融市场不稳定的背景下,为满足投资者规避利率风险的需求,产生了国债期货。国债期货交易不牵涉国债券所有权的转移,只是转移与这种所有权相关的价格变动风险,其报价方式采取指数报价法,即 100 减去年收益率。国债期货交易必须在指定的交易场所进行,期货交易市场以公开化和自由化为宗旨,禁止场外交易和私下对冲。国债期货合同都是标准化合同,实行保证金交易制度,它是一种杠杆交易。

国债期货是一种金融期货,在中国期货市场发展史上具有重要的地位和作用,可谓是中国金融期货的先驱。1992 年 12 月,上海证券交易所最先开放了国债期货交易,上海证券交易所共推出 12 个品种的国债期货合约,仅对机构投资者开放。1993 年 10 月 25 日,上海证券交易所对国债期货合约进行了修订,并向个人投资者开放国债期货交易。1995 年以后,国债期货交易更加火爆,经常出现日交易量达 400 亿元的市况,而同期市场上流通的国债现券不到 1050 亿元。由于可供交割的国债现券数量远小于国债期货的交易规模,因此,市场上的投机气氛越来越浓厚,风险也越来越大。1995 年 2 月,国债期货市场上发生了著名的"327 国债"违规操作事件,对市场造成了沉重的打击。1995 年 2 月 25 日,为规范整顿国债期货市场,中国证监会和财政部联合颁发了《国债期货交易管理暂行办法》。2012 年 2 月 13 日,中国国债期货仿真交易重启,根据《中国金融期货交易所 5 年期国债期货仿真交易合约》规则,5 年期国债期货合约代码 TF,标的为面额 100 万元人民币、票面利率 3% 的每年付息一次的 5 年期名义标准国债。

利率市场化是一个成熟的市场经济的重要标志。在货币市场上,上海银行间同业拆借利率(shibor)也是一个基准利率,但是目前在整个利率市场化过程中,基准利率体系尚未形成。在我国各层次的金融市场上,仍然存在大规模的非市场化利率,如信贷市场中的存贷款利率都是中央银行管制下的利率。整个国债市场交易不活跃,国债现货交易量太少,机构过

于单一等是制约我国利率市场化进程的主要因素,国债期货的推出恰恰可以改变这一现状。国债期货是整个利率市场化的基石,国债期货本身是利率衍生品,是影响整个利率市场体系的重要环节。国债期货投资的交易者不仅有商业银行和大型保险公司,还有很多个人投资者和券商,它会反映不同市场投资者对利率的不同判断,这是市场化利率形成的根本。另外,在不同的交易所之间,国债期货利率有竞价,不同的机构同时报价,最后形成一个市场认可的利率,这样的利率体系有利于形成宏观的标准收益率曲线。国债期货的推出将提高债券市场定价效率,增强市场流动性,促进银行间和交易所市场的互动,推动利率市场化进程以及金融创新发展,这对于机构投资者固定收益投资以及理财业务的开展具有重大历史意义。

二、我国的国债期货标准合约及交易策略

(一)5 年期国债期货仿真交易标准合约

我国 5 年期国债期货标准合约见表 7-27。与股指期货相同,国债期货竞价交易采用集合竞价和连续竞价两种方式。集合竞价在交易日上午 9:10—9:15 进行,其中上午 9:10—9:14 为指令申报时间,上午 9:14—9:15 为指令撮合时间。交易所的结算实行保证金制度、当日无负债结算制度、结算担保金制度、风险准备金制度和会员分级结算制度。

表 7-27　我国 5 年期国债期货标准合约

合约标的	面额为 100 万元人民币、票面利率 3% 的每年付息一次的 5 年期名义标准国债
合约代码	TF
交易时间	交易日上午 9:15—11:30(第一节)和下午 1:00—3:15(第二节)
报价单位	百元人民币,以净价方式报价
最小变动价位	0.01 元(合约交易报价为 0.01 元的整数倍)
交易单位	手(1 手等于 1 张合约)
合约月份	最近的 3 个季月,季月是指 3、6、9、12 月
每日价格最大波动限制	上一交易日结算价±2%
最低交易保证金	合约价值的 3%
手续费	不高于成交金额的 1‰
最后交易日	合约到期月份的第 2 个周五
交割日	最后交易日后的连续 1 个交易日
交割结算价	最后交易日全天成交量加权平均价
实物交割	可交割债券为在最后交割日剩余期限 4～7 年(不含 7 年)的固定利息国债

(二)我国国债期货的基本交易策略

从影响国债价格因素的角度来看,投资者应重点关注中央银行的货币政策和公开市场业务操作,因为国债期货直接反映市场利率变化。消费物价指数、货币供应量、国家信用、全球经济环境及政府预算收支等都是影响国债期货价格波动的主要因素,但最核心的因素是

利率,国债期货的价格与利率成反比,利率涨得越高,国债价格下滑的幅度越大。国债期货交易策略根据其目的的不同而不同,主要分为投机、套利和套期保值三种交易方式,每一种交易方式都具有不同的交易策略。

1.国债期货的投机交易策略

国债期货的投机交易就是在价格变动中,通过低买高卖来获得价差收益的行为。根据预测涨跌方向的不同,国债期货的投机策略又分为多头投机策略与空头投机策略。多头投机策略就是预计未来价格将上涨,在当前价格低位时建立多头仓位,持券待涨之后,通过平仓或者对冲而获利。空头投机策略就是预计价格将下跌,建立空头仓位,等价格下跌之后再平仓获利。在策略上,一般分为这样几种:①部位交易,投机者预测未来一段时间内将出现的行情走势,在当前建立相应头寸并在未来行情结束时进行对冲平仓,这种交易策略主要基于基本面走势的判断,是最常见的交易策略之一;②当天交易,投机者只关注当天的市场行情变化,在早一些时间建立仓位,在当天闭市之前结束交易;③频繁交易,投机者随时观察市场行情,即使波动幅度不大,也积极参与期货交易,每次交易的金额巨大,以赚取微薄利润,这种策略的特点是周转快、赢利少。

2.国债期货的套利交易策略

国债期货的套利交易就是指利用两种商品之间不合理的价格关系,通过买进或卖出低估或高估的商品,在未来价格重新回归合理的过程中获取价差收益的行为。在国债期货市场中,不合理的价格关系包括同种期货合约在不同市场之间的价格关系,不同交割月份间的价格关系,不同交割国债期货的价格关系。根据这三种不同的价格关系,套利可以分为跨市场套利、跨期套利和跨品种套利。由于当前国债期货仅在中金所上市,而不像1994年推出的国债期货,在北京、上海、深圳等交易所上市,所以,我国国债期货几乎没有跨市场套利的机会。跨期套利就是在同一期货品种的不同月份合约上建立数量相等、方向相反的交易部位,最后以对冲或交割方式结束交易、获得收益的方式。比如当前正在仿真交易的国债期货品种 TF1203 和 TF1209,这两个品种都是 5 年期、票面价值 100 万元人民币、票面利率 3% 的国债期货,交割期分别为 3 月和 9 月,它们之间相差半年。由于目前我国推出的国债期货品种之间不存在较高的相关度,因此,交易者很难找到稳定的套利空间。

3.国债期货的套期保值交易策略

国债期货的套期保值交易就是在现货市场和期货市场对同一类商品进行数量相等但方向相反的买卖活动,或者通过构建不同的组合来避免未来价格变化带来损失的行为。基差就是现货价格与期货价格和转换因子乘积的差(基差＝现货价格－期货价格×转换因子)。国债期货的基差反映国债现货价格与期货价格的收敛程度,其大小直接取决于国债现券价格、国债期货价格以及转换因子的大小。一般而言,对于同一国债期货合约,其转换因子和国债期货价格不变时,基差与国债现货价格成正相关的关系;当国债现货价格不变的时候,基差与转换因子及国债期货价格成负相关的关系。套期保值交易又称为基差交易,其交易策略是:当基差扩大时,做多国债期货合约;当基差缩小时,做空国债期货合约。以新发行的 120003 和国债期货合约 1209 的套期保值交易为例。如果投资者在 2012 年 2 月 15 日购买 120003 时,不知道未来利率是上升还是下降,这时需要对其进行套期保值(在期货市场上卖出国债期货合约 1209),转移其利率风险并获取其利息收益。

问题思考

【项目结论】

1. 外汇期货是一种交易所制定的标准化的法律契约，该合约规定交易双方各自支付一定的保证金和佣金，并按照交易币种、数量、交割月份与地点等买卖一定数量的外汇。

2. 外汇期货投机交易是通过买卖外汇期货合约，从外汇期货价格的变动中获利并同时承担风险的行为，其基本原理是投机者根据对外汇期货价格走势的预测，买进或卖出一定数量的外汇合约。

(1) 外汇期货多头投机的交易策略，是投机者预测外汇期货价格将要上升，从而先买(买入开仓)后卖(卖出平仓)，以低价买入，以高价卖出，从而达到获利目的。

(2) 外汇期货空头投机的交易策略，是投机者预测外汇期货价格将要下跌，从而先卖(卖出开仓)后买(买入平仓)，以高价卖出，以低价买入，从而达到获利目的。

3. 外汇期货套利交易是指交易者同时买进和卖出两种相关的外汇期货合约，然后，再将其手中合约同时对冲，从两种合约的相对价格变化中获利的交易行为，赚取差价策略是根据两种期货价格(相对价格)关系的变动来赚取利润。

(1) 外汇期货跨期套利交易策略，是套利交易中最普遍的一种，是利用同一外汇期货合约的不同交割月份之间正常价格差距出现异常变化时，进行对冲而获利的一种交易方式。

(2) 外汇期货跨市套利交易策略，是指交易者根据对同一外汇期货合约在不同交易所的价格走势预测，在一个交易所买入一种外汇期货合约，同时在另一个交易所卖出同种外汇期货合约，从而进行价格差异的套利交易行为。

(3) 外汇期货跨币种套利交易策略，是交易者根据对交割月份相同而币种不同的期货合约在某一交易所的价格走势的预测，买进某一币种的期货合约，同时卖出另一币种相同交割月份的期货合约，从而进行套利交易的行为。

4. 外汇期货套期保值就是利用外汇期货交易，确保外汇资产或外汇负债的价值不受或少受汇率变动带来的损失，套期保值的方式可分为多头(买入)套期保值和空头(卖出)套期保值。

(1) 多头外汇期货套期保值，是指处于现货空头地位的交易者，即持有外汇负债的人，为防止将来汇价升值，在期货市场上，当前做一笔相应的买入交易(当前买，将来卖)。

(2) 空头外汇期货套期保值，是指处于现货多头地位的交易者，即持有外汇资产的人，为防止将来汇价贬值，在期货市场上，当前做一笔相应的卖出交易(当前卖，将来买)。

5. 利率期货是指以债券类证券为标的物的期货合约，它可以回避银行利率波动所引起的证券价格变动的风险。按照合约标的期限划分，利率期货可分为短期利率期货和长期利率期货两大类。

(1) 短期利率期货，是指期货合约标的期限在一年以内的各种利率期货，即以货币市场的各类债务凭证为标的的利率期货均属短期利率期货，包括各种期限的商业票据期货、国库券期货及欧洲美元定期存款期货等。

(2) 长期利率期货，是指期货合约标的期限在一年以上的各种利率期货，即以资本市场的各类债务凭证为标的的利率期货均属长期利率期货，包括各种期限的中长期国库券期货和市政公债指数期货等。

6. 利率期货投机就是通过买卖利率期货合约，从利率期货价格变动中博取风险收益的交易行为,若投机者预期未来利率水平将下降,即利率期货价格将上涨,便可买入期货合约,期待利率期货价格上涨后平仓获利;若投机者预期未来利率水平将上升,即利率期货价格将下跌,则可卖出期货合约,期待利率期货价格下跌后平仓获利。

7.利率期货套利交易是指利用相关利率期货合约间的价差变动来博取风险收益的交易行为,交易者同时买进和卖出数量相当的两个或两个以上相关的利率期货合约,期待合约间价差朝有利的方向变动,将其头寸同时平仓并获利。

8.利率期货套期保值交易是指为配合现货市场上的金融债券买卖,在期货市场买进或卖出与现货市场交易品种、数量相同,但交易方向相反的期货合约,以期在未来某一时间,通过卖出或买进此期货合同,来补偿因利率变动所带来的金融债券价格风险。利率期货市场的一般规律是当市场利率下跌时,金融产品的价格会升高;当市场利率上升时,金融产品的价格会下跌。利率期货套期保值的交易策略是预期市场利率下跌时,交易者进行买入套期保值(多头套期保值),即买进有关利率期货;预期市场利率上升时,交易者进行卖出套期保值(空头套期保值),即卖出有关利率期货。

【项目训练】

一、单项选择题

1.外汇期货是标准化的远期合约,下列哪一项不属于其合约标准化的内容?

A.交易币种。　　　　　B.交割结算汇率。　　　C.交割月份。　　　　　D.交割地点。

2.下列关于英镑/美元期货标准合约的说法,哪一项不正确?

A.合约单位是62500英镑。

B.可交易月份是3月开始每季。

C.最小变动价位是0.0005美元(6.25美元/手)。

D.最后交易日是合约到期月份的当月第3个周三之前的第2个营业日。

3.下列关于美元/离岸人民币期货标准合约的说法,哪一项不正确?

A.合约单位是100000美元。

B.最小变动价位是日历价差以0.00005元人民币/美元=5元人民币报价。

C.合约报价直接以0.00001元人民币/美元=1元人民币报价。

D.每日收付以离岸人民币计算与计价。

4.下列关于外汇期货交易的说法,哪一项不正确?

A.外汇套期保值的原理就是利用价格变动的同向性,通过反向交易,平补现货的头寸,从而规避汇率风险。

B.外汇期货投机交易是通过买卖外汇期货合约,从外汇期货价格的变动中获利并同时承担风险的行为。

C.交易者很少进行货币的实物交割,而是在到期前做反向操作对冲原有合约。

D.外汇期货套利交易是指交易者同时买进和卖出两种相关的外汇期货合约,然后再将其手中合约同时对冲,从两种合约的绝对价格变化中获利的交易行为。

5.下列关于外汇期货套利交易的说法,哪一项不正确?

A.外汇期货跨期套利交易策略是最普遍的一种。

B.不同外汇期货合约在不同交易所的价格差异是跨市套利交易的关注点。

C.同一交割月份而不同币种的外汇期货合约价格差异是跨币种套利交易的关注点。

D.同一外汇品种而不同交割月份的外汇期货合约价格差异是跨期套利交易的关注点。

6.下列关于 CME 30 年期美国国债期货标准合约的说法,哪一项不正确?

A.合约单位是面额为 10 万美元的公债。

B.最小升降单位是 1/32 (31.25 美元)。

C.报价方式以点数(每一点 1000 美元)及 1/32 点表示。

D.最后交易日是交割月份最后 1 个营业日之前的第 2 个营业日。

7.下列关于 CME 1 个月期伦敦银行间利率期货标准合约的说法,哪一项不正确?

A.合约单位是面额为 300 万美元的欧洲美元 1 个月 LIBOR。

B.最小升降单位是 0.001 点(12.5 美元)。

C.仓位限制是所有月份多空部位不超过 5000 个合约。

D.最后交易日是交割月份第 3 个周三之前的第 2 个伦敦银行交易日。

8.下列关于 EUREX 1 个月期欧元隔夜拆借利率期货标准合约的说法,哪一项不正确?

A.合约单位是 3000000 欧元。

B.报价单位是 100 减利率。

C.最小升降单位是 0.001 点(12.5 欧元)。

D.最后交易日是欧洲央行确定欧元隔夜拆借利率的营业日。

9.下列哪一项存在利率期货跨期套利的潜在机会?

A.同一市场、同一品种、不同交割月份合约间存在着过大或过小的价差关系时。

B.不同市场、同一品种、不同交割月份合约间存在着过大或过小的价差关系时。

C.同一市场、不同品种、不同交割月份合约间存在着过大或过小的价差关系时。

D.不同市场、不同品种、不同交割月份合约间存在着过大或过小的价差关系时。

10.下列关于利率期货跨品种套利的说法,哪一项不正确?

A.利率期货跨品种套利主要包括短期利率期货与中长期利率期货合约间的套利交易策略,以及中长期利率期货合约内部的套利交易策略。

B.市场利率上升时,套利交易者可以择机持有较长期国债期货的多头和较短期国债期货的空头,以获取套利收益。

C.市场利率下降时,套利交易者可以择机持有较长期国债期货的多头和较短期国债期货的空头,以获取套利收益。

D.市场利率上升时,套利交易者可以择机持有较长期国债期货的空头和较短期国债期货的多头,以获取套利收益。

二、多项选择题

1.全球主要的外汇期货交易所包括( )。

A.芝加哥商业交易所的国际货币市场(IMM)

B.伦敦国际金融期货及期权交易所(LIFFE)

C.东京国际金融期货交易所(TIFFE)

D.中国金融期货交易所(CFFE)

2.下列关于欧元/美元期货标准合约的说法,哪些是正确的?

A.合约单位是 125000 欧元。

B. 结算程序采用实物交割。

C. 持仓限制是 10000 手。

D. 最后交易日是合约到期月份的当月第 3 个周三之前的第 2 个营业日。

3. 下列关于瑞士法郎/美元期货标准合约的说法,哪些是正确的?

A. 合约单位是 100000 瑞士法郎。

B. 结算程序采用实物交割。

C. 持仓限制是 10000 手。

D. 电子盘交易的最小价格增幅是 0.00005 美元—瑞士法郎增幅(6.25 美元/手)。

4. 下列关于外汇期货投机交易的说法,哪些是正确的?

A. 通过买卖外汇期货合约,从外汇期货价格的变动中获利并同时承担风险的行为。

B. 其基本原理是投机者根据对外汇期货价格走势的预测,买进或卖出一定数量的外汇合约。

C. 预测外汇期货价格将要上升,先买(买入开仓)后卖(卖出平仓)。

D. 预测外汇期货价格将要下跌,先卖(卖出开仓)后买(买入平仓)。

5. 下列关于外汇期货套期保值交易的说法,哪些是正确的?

A. 利用外汇期货交易,确保外汇资产或外汇负债的价值不受或少受汇率变动带来的损失。

B. 在合约到期时,因汇率变动造成的现汇买本盈亏可由外汇期货交易上的盈亏弥补。

C. 持有外汇资产的人,为防止将来汇价升值,在期货市场上,当前做一笔相应的买入交易(当前买,将来卖)。

D. 持有外汇负债的人,为防止将来汇价贬值,在期货市场上,当前做一笔相应的卖出交易(当前卖,将来买)。

6. 一个成熟的外汇期货市场的诞生和发展必须要有一系列基础条件,其中包括(　　　)。

A. 充分的市场需求　　　　　　　　B. 市场化的汇率和利率形成机制

C. 作为完整经纪人的交易者　　　　D. 成熟的法律框架和完整的制度体系

7. 利率期货交易具有优化资金配置的功能,具体表现在(　　　)。

A. 降低交易成本　　　　　　　　　B. 提高投资收益率

C. 锁定借贷融资成本　　　　　　　D. 提高资金使用效率

8. 下列关于 LIFFE 1 年期英国政府债券期货标准合约的说法,哪些是正确的?

A. 合约单位是 10 万英镑。

B. 报价单位是 100 英镑。

C. 最小升降单位是 0.01 点(10 英镑)。

D. 最后交易日是交割月份任何一个营业日(由买方选择)。

9. 下列关于利率期货交易的说法,哪些是正确的?

A. 利率期货交易有价格发现功能。

B. 利率期货交易有风险规避功能。

C. 利率期货交易有资产配置优化功能。

D. 利率期货价格一般领先于利率现货市场价格的变动。

10. 利率期货跨期套利的策略有(　　　)。

A. 正向市场中的牛市套利　　　　　　B. 正向市场中的熊市套利

C. 反向市场中的牛市套利　　　　　　D. 反向市场中的熊市套利

三、判断题

1. 外汇期货交易既可以在场内集中交易,也可以在场外分散交易。（　　）

2. 外汇期货交易是一种零和博弈行为,也就是说外汇期货交易本身不会创造利润的增值。（　　）

3. 外汇期货的投机套利交易者一方面持有现货头寸,另一方面持有期货头寸。（　　）

4. 我国已经具备开展外汇期货交易的基本条件。（　　）

5. 现金交割方式主要用于金融期货中期货标的物无法进行实物交割的期货合约,在利率期货中主要用于短期利率期货的交割。（　　）

6. 利率期货是指以利率为标的物的期货合约,它可以回避银行利率波动所引起的证券价格变动的风险,按照合约标的期限划分,利率期货可分为短期利率期货和长期利率期货两大类。（　　）

7. 利率期货多头投机的交易策略就是指投机者预期未来利率水平将上涨,便可买入期货合约,期待利率上涨后平仓获利的一种交易行为。（　　）

8. 在利率期货套利交易的应用实践中,跨市套利机会一般很少,跨期套利和跨品种套利机会相对较多。（　　）

9. 预期市场利率上升时,交易者进行买入套期保值（多头套期保值）,即买进有关利率期货。（　　）

10. 预期市场利率下降时,交易者进行卖出套期保值（空头套期保值）,即卖出有关利率期货。（　　）

四、案例分析题

1. 材料Ⅰ:瑞士法郎汇率仍居高不下

（新浪财经讯）东京时间 2012 年 10 月 10 日下午,瑞士央行行长乔丹（Thomas Jordan）在 2012 IMF 与世界银行年会上表示:"一年前为瑞士法郎汇价设限是在非常环境下的非常措施,目前来看,这一决策是正确的。但瑞士法郎的汇率仍然处于高位,是威胁瑞士经济的最大因素。"2011 年 9 月 6 日,瑞士央行将瑞士法郎兑欧元汇价上限设定在 1∶20,以防止欧债危机下的避险资金将瑞士法郎推高至触发通缩和衰退的汇率水平,但随着欧债危机的持续发展,瑞士央行已为此耗尽巨资。

瑞士央行行长乔丹在 2013 年 2 月 12 日重申,将继续捍卫瑞士法郎兑欧元汇率波动的 1∶20 上限,并准备随时动用其他手段。乔丹在一次媒体见面会上表示,瑞士法郎币值依然被高估,瑞士央行将坚持设置汇率限制,这是因为它给瑞士经济带来了稳定。乔丹指出,当前总体经济形势好于 2012 年,经济增长面临的风险正在消退,不过欧元区经济前景依然脆弱。

材料Ⅱ:欧元区经济萎缩——美元兑欧元呈现强势

（新华讯）纽约 2013 年 2 月 14 日,美元兑主要货币汇率涨跌不一,由于数据显示欧元区仍处于衰退阶段,欧元兑美元汇率大幅下跌,截至纽约汇市尾盘,1 欧元兑换 1.3347 美元。欧盟统计局 14 日发布的数据显示,欧元区经济 2012 年第四季度环比萎缩 0.6%,连续第三个季度出现下滑,也创下欧元区经济 2009 年以来最大萎缩幅度。由于欧洲中央银行可能再度推出货币刺激的政策措施,市场预期使欧元兑美元汇率大幅下跌。

欧元兑美元汇率在1月底受欧债危机形势好转刺激突破1.3600水平后,由于西班牙和意大利政治存在不确定性,以及经济前景仍然暗淡,又跌回1.3300水平。G7国家财政部部长和央行行长于2013年2月12日发表声明承诺将坚持由市场决定货币汇率,财政政策和货币政策将坚持以达到本国国内的经济目标为目的,而不会以改变汇率为目的。另外,美国劳工部当日公布的数据显示,上周首次申请失业救济人数大幅下降2.7万~34.1万人,就业市场前景改善对美元形成了支撑。

根据材料Ⅰ、Ⅱ所述内容,某一外汇期货交易者分析了CME的瑞士法郎/美元(CHF/USD)合约市价行情:2013年3月交割的市价行情(见图7-12),2013年6月交割的市价行情(见图7-13),2013年12月交割的市价行情(见图7-14)。问:该交易者如何利用期货工具来进行外汇风险管理?

图7-12 2013年3月交割的CHF/USD合约市价行情

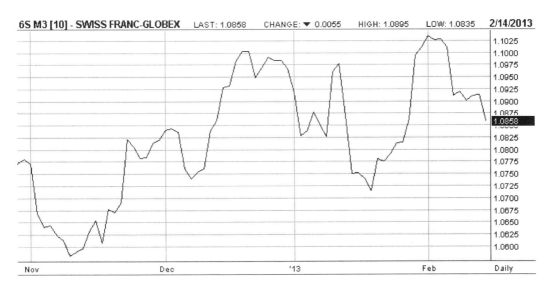

图7-13 2013年6月交割的CHF/USD合约市价行情

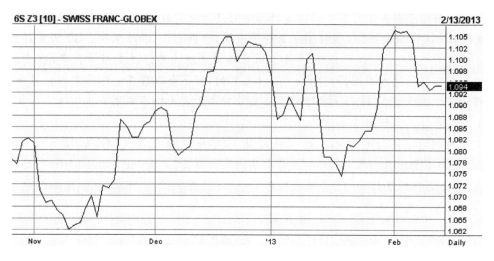

图 7-14 2013 年 12 月交割的 CHF/USD 合约市价行情

2. 材料:欧洲美元利率期货走势显示美联储政策将稳定

(路透纽约 2012 年 3 月 19 日电)美联储将再次出台量化宽松政策的预期显然有所消退,这使得美国公债收益率在上周攀高,但欧洲美元远期利率曲线并未有明显证据表明美联储政策会转而趋紧。另外,欧洲美元利率期货 2014 年合约并未反映借款成本升高的预期,这将给升息预测带来疑问。以往美国公债收益率上升都能够暗示美联储政策已不适宜,但欧洲美元远期利率曲线是否反映了美联储货币政策的预期?

就 2014 年 12 月欧洲美元利率期货合约而言,短期利率的远期曲线(即欧洲美元利率期货较联邦基金利率的利差)截至上周五上涨 14 基点,报 1.435%;该利差在 2012 年 1 月 24 日美联储对基金利率做出预估时报 1.295%。欧洲美元期货 IMM 报价采用 100-LIBOR 方式,因此 LIBOR 上涨则报价下跌,多头亏损,反之 LIBOR 下降则报价上升,多头赢利。1 个月 LIBOR 的基本走势见图 7-15,它与 CME 的 1 个月欧洲美元期货市价行情的走势恰好成反方向。

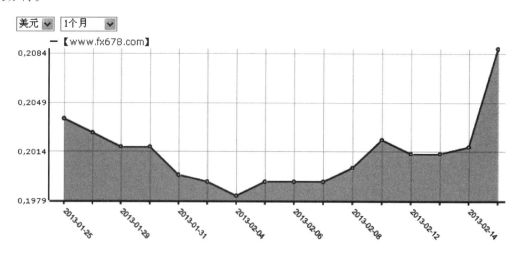

图 7-15 1 个月 LIBOR 的基本走势

根据该材料所述内容,2013 年 1 月 15 日,国内某一金融机构交易者分析了 CME 的 1 个月欧洲美元期货市价行情:2013 年 3 月交割的市价行情(见图 7-16),2013 年 6 月交割的市价行情(见图 7-17)。该交易者预计在 2013 年 2 月 15 日借入一笔价值 5000 万美元的资金(期限 1 个月)。问:该交易者如何利用期货工具来进行利率风险管理?

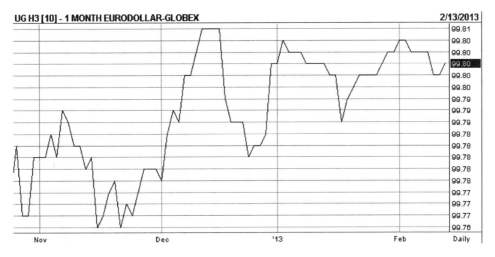

图 7-16　2013 年 3 月交割的 1 个月欧洲美元期货市价行情

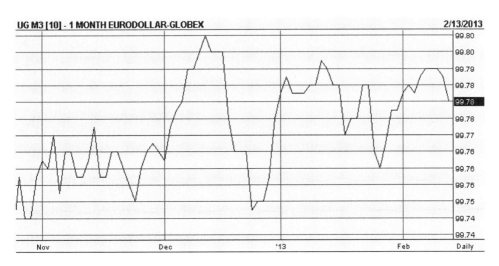

图 7-17　2013 年 6 月交割的 1 个月欧洲美元期货市价行情

项目延伸

第二部分

实训篇

第八章　期货交易软件的下载与安装

【知识目标】　了解南华期货博易大师软件的特征,熟悉该软件系统的运行配置环境,重点掌握南华期货博易大师软件的"南华模拟行情交易"程序的下载与安装方法。

【技能目标】　能够识别南华期货博易大师软件的下载模块菜单,并能够熟练掌握"南华模拟行情交易"程序的下载与安装方法。

【案例导入】

某投资者在 2011 年 12 月 30 日买进 3 月沪深 300 股指期货 10 手(张),成交价格为 1450 点,这时,他就有了 10 手多头持仓。到 2012 年 1 月 10 日,该投资者见期货价格上涨到 1500 点,于是按此价格卖出平仓 5 手 3 月股指期货,成交之后,该投资者实际持仓还剩 5 手多单。如果当日该投资者在报单时报的是卖出开仓 5 手 3 月股指期货,成交之后,该投资者的实际持仓就应该是 15 手,即 10 手多头持仓和 5 手空头持仓。

期货市场未来价格变动趋势的预测与多空交易时点的判断是决定期货交易者成败的决定因素,南华期货博易大师软件自带用户名与密码,买卖点提示与指标,并能够对未来期货价格的变化趋势做出理性分析。

南华期货博易大师软件采用领先的计算机开发技术、全方位的设计方案,支持国内、国际期货、金融指数、上海深圳证券、外汇等市场的实时行情显示及图表技术分析,支持 24 小时全球品种看盘需求。南华期货博易大师软件行情系统提供国内期货、LME、CBOT、COMEX、TOCOM、NYME、美汇、全球主要指数、期货评论、农产品信息、金属市场信息及财经信息。

南华期货博易大师软件使用简捷方便、功能完备实用、行情数据接收快速准确,集成自定义指标、套利分析、商品叠加、快速下单程序化交易等多种实用工具,还可进行期货模拟交易等,因此,本书采用南华期货博易大师的模拟交易软件作为期货投资分析的工具。

第一节　期货交易软件的下载

进入南华期货经纪有限公司网站的主页(http://www.nanhua.net),点击主页上端窗口的"软件下载"（见图 8-1），再点击软件下载模块中的"南华模拟行情交易"，接着就会出现下载任务（见图 8-2），选择存储路径后即可下载。

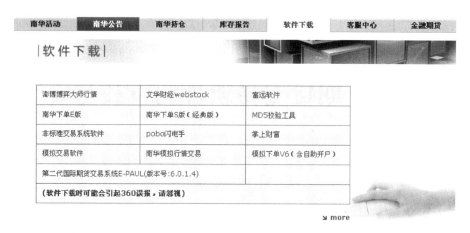

图 8-1　南华期货主页的"软件下载"

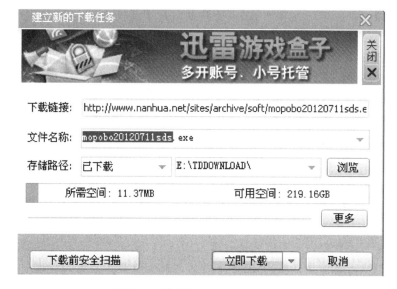

问题思考

图 8-2　博易大师软件下载任务

第二节　期货交易软件的安装

在下载的存储路径下，找到"南华期货模拟交易"的安装程序（见图 8-3），双击安装程序的图标，再点击"下一步"继续安装程序（见图 8-4），点击"同意"软件授权使用许可协议（见图 8-5），选择目标目录（见图 8-6）后，再点击"下一步"开始安装（见图 8-7），进入安装过程（见图 8-8），点击"完成"（见图 8-9）后退出安装程序，最后，在计算机桌面上，出现"南华期货—博易云交易版"图标（见图 8-10）。

图 8-3 "南华期货模拟交易"的安装程序

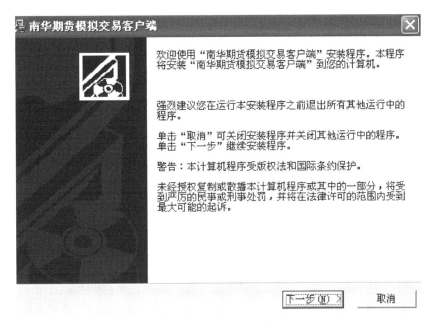

图 8-4 继续安装程序

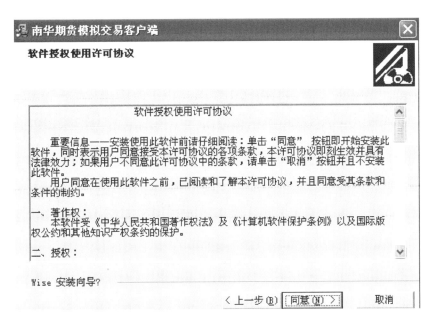

图 8-5 软件授权使用协议

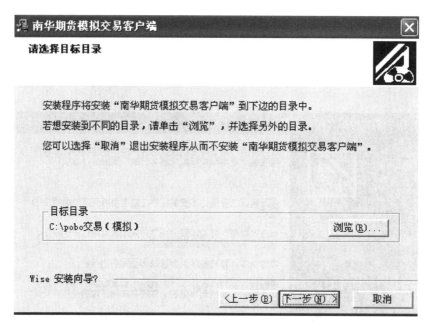

图 8-6　目标目录的选择

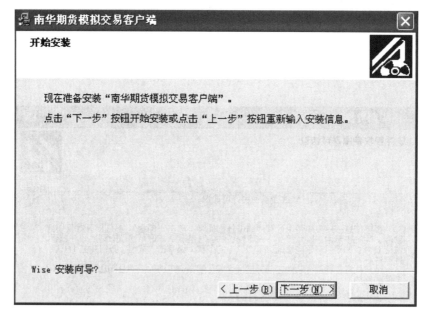

图 8-7　开始安装

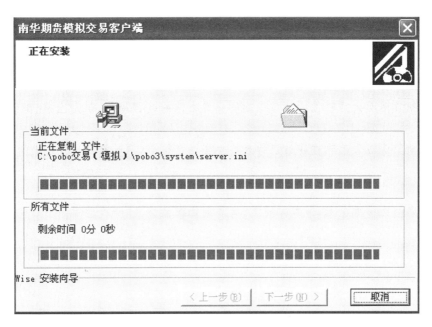

图 8-8　安装过程

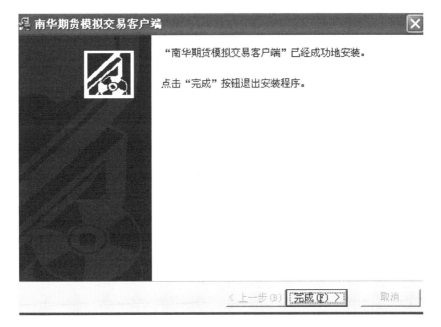

图 8-9　安装完成

图 8-10　"南华期货—博易云交易版"图标

问题思考

【项目结论】

1.南华期货博易大师软件是国内第一款交易系统级别的商品期货、股指期货综合版智能操盘决策分析系统。

2.南华期货博易大师软件应用简单,非常清晰。

3.南华期货博易大师软件能够明确期货品种当前的运行趋势,识别上涨、下跌、调整、反弹的时点。

4.南华期货博易大师软件能够把握大的投资潜在机会,同时有效地规避大的风险。

【项目训练】

在实训室的交易平台上,下载并安装"南华期货模拟交易"的软件程序。

项目延伸

第九章　期货交易软件的使用与操作

【**知识目标**】　了解南华期货博易大师软件界面的构成，熟悉该软件系统的进入和退出方法，重点掌握南华期货模拟自助开户与模拟下单交易的操作。

【**技能目标**】　能够熟悉南华期货博易大师软件各个交易窗口的功能，并能够熟练地进行小窗口委托、批量下单、条件单、盈损单的网络下单操作，能够根据下单情况及时进行结算单、通知信息、当日委托汇总、当日成交汇总的查询。

【**案例导入**】

股指期货下单交易有别于股票，股指期货投资者在具体的期货交易过程中，需要注意一些细节。

首先，要注意防止下单方向和性质的错误。股指期货交易方向上可以做多和做空，交易性质上又有开仓和平仓的概念，这和股票单纯的先买入后卖出有很大的差别。由于股指期货具有做空机制，所以无论下买单还是下卖单都可以成交。例如，投资者预期价格将要上涨，应该开仓买入期货指数合约，但如果下单时错把买单下成了卖单，或者把开仓弄成了平仓，都会带来操作上的风险。

其次，要注意下单的数量。数量上股票投资者都能明白，做 1 手股票就是统一的 100 股，而期货市场的"手"的单位就不一样，比如期货铜做 1 手是 5 吨铜，而大豆做 1 手是 10 吨大豆。而对于沪深 300 股指期货，合约乘数为 300 元/点，比如期货指数为 3000 点，对应合约价值为 90 万元，期货交易用 10% 的保证金进行交易，即需要 9 万元做 1 手，门槛较高，投资者在决策时需要万分注意。

最后，投资者还需要注意输入正确的网上交易合约代码，否则将不能成交，甚或交易成另外的品种。股指期货的交易代码为 IF 加合约月份，比如，投资者想要买 3 月期指合约，对应代码为 IF0703，当然个别交易系统或许有所不同，投资者下单时应该注意系统提示。

第一节　期货交易软件的简单使用

一、登录行情系统

双击桌面上的"南华期货—博易云交易版"图标(见图 9-1),进入"博易大师"登录界面(见图 9-2),按照默认的用户名与密码来登录,并进入模拟交易界面(见图 9-3)。

图 9-1　"南华期货—博易云交易版"图标

图 9-2　"博易大师"登录界面

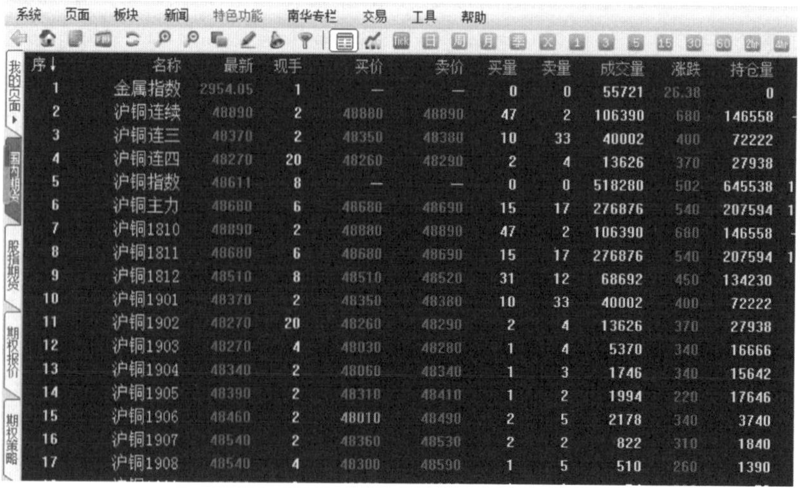

图 9-3　"博易大师"模拟交易界面

二、板块的选择与行情浏览

在窗口上端的"板块"菜单内,有各个板块的期货交易行情,例如选择"国内期货"中的"大连商品期货交易所"行情端口。在"大连商品期货交易所"行情端,主要有各类农产品期货,包括玉米、大豆、豆粕、豆油、棕榈期货及农产品指数期货。例如,查看豆一1905的行情,选中豆一1905后,再双击进入行情界面,首先看到的是分时图(见图9-4);然后,可以点击窗口上端的"Tick"将行情切换为闪电图(见图9-5);点击"分钟""小时""日""周""月""季"将行情切换为相应的K线图(见图9-6)。

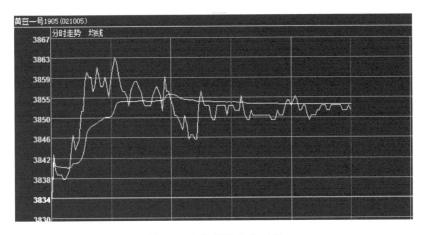

图 9-4　市价行情的分时图

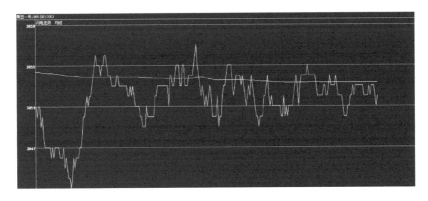

图 9-5　市价行情的闪电图

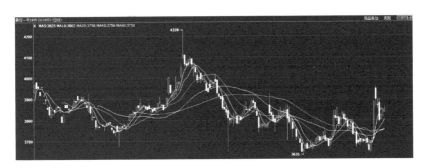

图 9-6　市价行情的K线图

三、期货交易的最新消息

点击窗口上端的"新闻"菜单,这里有即时新闻、背景资料、信息地雷等,例如选择"即时新闻"子菜单。在即时新闻窗口中,点击"乌克兰 2017/18 年度白糖出口降至 560400 吨"的消息(见图 9-7)。这则新闻对于广大的农产品期货交易者来说,是投资决策的关键影响因素。

基辅 2018 年 9 月 17 日消息,乌克兰糖生产商协会 Ukrtsukci 称,该国 2017/18 年度(9 月—次年 8 月)白糖出口 560400 吨,较上一年度的 769300 吨减少 27%。全球糖价下滑是出口减少的主要原因。

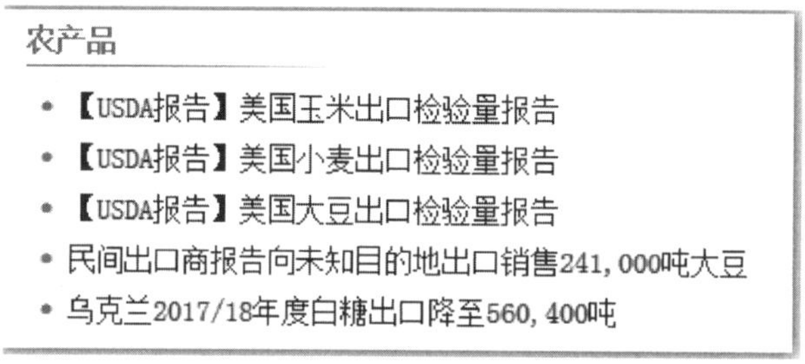

农产品

- 【USDA报告】美国玉米出口检验量报告
- 【USDA报告】美国小麦出口检验量报告
- 【USDA报告】美国大豆出口检验量报告
- 民间出口商报告向未知目的地出口销售241,000吨大豆
- 乌克兰2017/18年度白糖出口降至560,400吨

图 9-7　农产品期货的最新消息

四、退出行情系统

点击窗口上端的"系统"菜单,选择"退出系统"子菜单,弹出是否退出系统的对话框(见图 9-8),选择"是(Y)",确认退出系统。

问题思考

图 9-8　是否退出系统对话框

第二节　期货交易软件的常用操作

一、模拟开户

点击窗口上端的"交易"菜单,选择"南华期货模拟自助开户",进入"南华期货模拟交易系统客户注册机"的界面(见图 9-9),填入相关信息后,点击"注册",出现一个注册成功对话框(见图 9-10),记录下客户号、交易密码、资金密码后,点击"确定"即可。

图 9-9 "南华模拟行情交易"的客户注册

图 9-10 注册成功对话框

二、登录模拟交易系统

点击窗口上端的"交易"菜单,选择"南华期货模拟交易"子菜单,进入"客户登录"界面(见图 9-11),并填入客户号、交易密码、验证码等相关信息,再点击"登录"。首次登录网上交

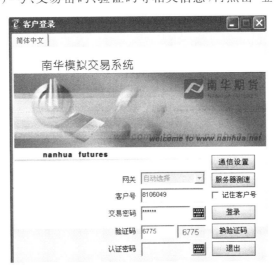

图 9-11 客户登录界面

易,为了账号安全,修改交易密码和资金密码(见图9-12),点击"确认"。在修改交易密码界面(见图9-13),录入原密码与新密码后,点击"修改",最后显示密码修改成功(见图9-14),再点击"确认"。退出系统后,重新进入模拟交易系统,并填入客户号、新交易密码、验证码等相关信息,再点击"登录"即可。

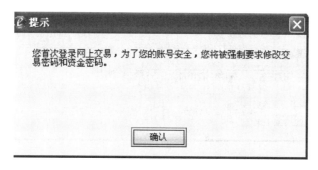

图9-12　修改密码提示

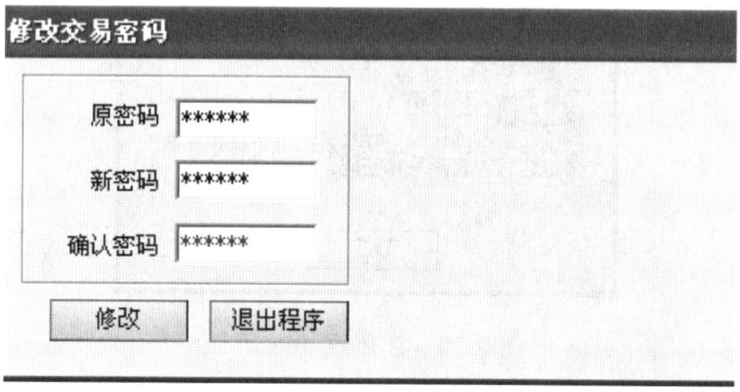

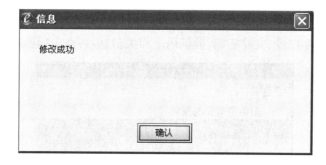

图9-13　修改密码界面

图9-14　密码修改成功

三、模拟下单的相关操作

(一)键盘下单的参数设置

点击窗口上端的"交易"菜单,选择"南华期货模拟交易"子菜单,进入"客户登录"界面,并填入客户号、交易密码、验证码等相关信息,再点击"登录"即可进入期货网上模拟交易的界面(见图9-15)。点击窗口上端的"设置"菜单,选择"委托参数设置"子菜单,进入委托参数设置界面,包括"品种参数设置""常规""高级""一键下单"四个子菜单。第一步,进入品种参数设置界面(见图 9-16),这里可以选择期货交易所、交易品种、默认交易手数等批量设置操作;第二步,进入常规参数设置界面(见图 9-17),根据交易者的指令来设置常规项目;第三步,进入高级参数设置界面(见图 9-18),根据交易者的指令来设置高级项目;第四步,进入一键下单参数设置界面(见图 9-19),为了提高操作的效率,根据实际情况,可以进行一键下单的参数设置。

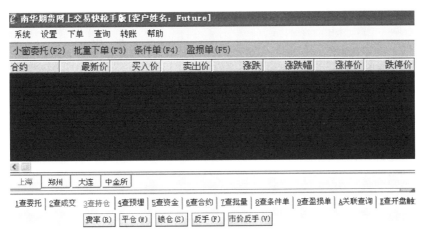

图 9-15 期货网上模拟交易界面

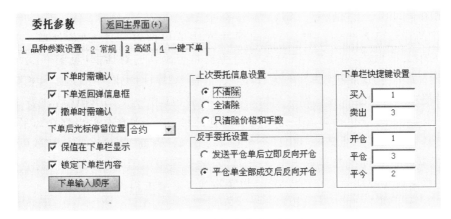

图 9-16 品种参数设置界面

图 9-17 常规参数设置界面

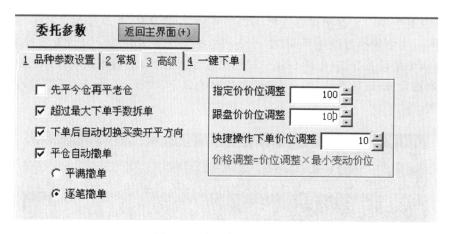

图 9-18　高级参数设置界面

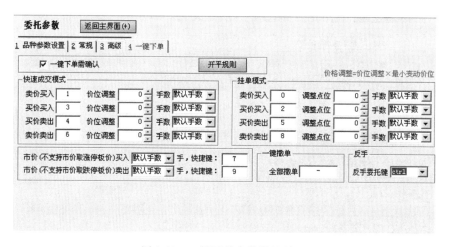

图 9-19　一键下单参数设置界面

(二)网上下单的操作

点击窗口上端的"下单"菜单,包括"小窗委托""批量下单""条件单""盈损单"三个子菜单项目。进入"小窗委托"界面(见图 9-20),填入相关信息,点击"下单"后,弹出是否确认的对话框(见图 9-21),点击"是(Y)"确认后,"委托单"发送成功(见图 9-22)。进入"批量下单"界面(见图 9-23),填入相关信息后,按同样的方法下单即可。进入"条件单"界面(见图 9-24),填入相关信息后,点击"下条件单"后,弹出是否确认的对话框(见图 9-25),点击"确定"后,"条件下单"指令发送(见图 9-26)。进入"盈损单"界面(见图 9-27),填入相关信息后,点击"下盈损单",弹出是否确认的对话框(见图 9-28),点击"是(Y)"确认后,"委托单"发送成功(见图 9-29)。开仓包括买入开仓与卖出开仓两种方式,平仓有平当日仓与平历史仓两种方式,交易者根据实际情况来运用。点击窗口上端的"查询"菜单,包括"结算单""通知信息""当日委托汇总查询""当日成交汇总查询"四个子菜单项目,交易者要及时查询相关信息,如委托单未成交或部分成交可以撤单,以免造成不必要的损失。

图 9-20　小窗委托界面

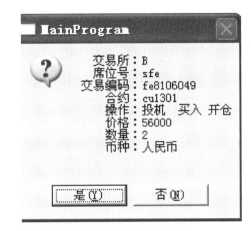

图 9-21　下单确认对话框

图 9-22　委托单发送成功

图 9-23　批量下单界面

图 9-24　条件单下单界面

图 9-25　条件下单确认对话框

图 9-26　条件下单指令发出

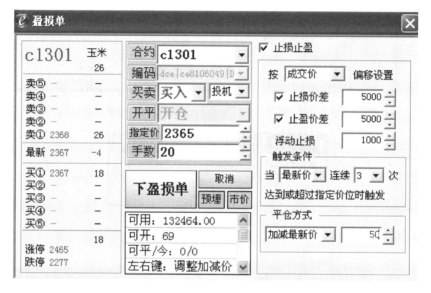

图 9-27　盈损单下单界面

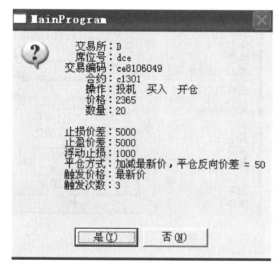

图 9-28　盈损单确认对话框

问题思考

图 9-29　盈损单指令发出

【项目结论】

1.期货交易软件的简单使用,包括登录行情系统、板块的选择与行情浏览、期货交易的最新消息、退出行情系统。

2.期货交易软件的常用操作,包括模拟开户、登录模拟交易系统、模拟下单的相关操作,模拟下单又分为"小窗口委托""批量下单""条件单""盈损单"。

【项目训练】

项目延伸

1.在实训室的模拟交易平台,期货经纪公司的客户经理如何为客户代办开户?

2.根据客户的交易指令,期货经纪公司的客户经理如何为客户下"条件单"与"盈损单"?

第十章　期货价格基本面分析方法

【知识目标】　掌握基本面分析方法的概念和特点;了解基本面分析的缺点;掌握供求因素分析,熟悉影响商品供求的主要因素;掌握金融期货的供求关系及其特殊性;掌握影响基本面的其他因素;了解经济波动周期;了解大户操纵的概念和投机心理对期货市场的影响;掌握宏观基本面分析的基本内容;熟悉宏观经济分析法的优缺点和适用范围;掌握国内生产总值(gross domestic product,GDP)的概念,熟悉 GDP 的核算方法;掌握 GDP 对期货市场的影响;掌握衡量通货膨胀率变化的两个主要指标(生产者价格指数和消费者价格指数);了解通货膨胀的类型;熟悉通货膨胀的原因。

【技能目标】　熟悉宏观经济数据的收集方法;能够对宏观经济数据进行简单的解读;熟悉期货交易品种市场评论的收集方法;熟悉常用的政府网站和财经类网站;熟悉期货交易所和期货公司网站。

【案例导入】

美经济数据提振铜价企稳

因美国耐用品订单及个人支出数据均好于预期,伦铜在大跌之后于上周五(2012 年 12 月 21 日)企稳反弹,但美国财政悬崖问题仍制约了铜价反弹高度。LME 3 月期铜收涨 0.8%,至 7831.5 美元/吨。

数据显示,美国 11 月耐用品订单月率上升 0.7%,预期上升 0.2%,至 2209.4 亿美元,前值修正为上升 1.1%,初值上升 0.5%。美国 11 月个人消费支出出现反弹,月率增幅超预期,实际个人消费支出月率增幅创 2009 年 8 月以来新高。数据显示,美国 11 月个人消费支出月率上升 0.4%,预期上升 0.3%,前值修正为下降 0.1%,初值下降 0.2%。博纳本来希望在众议院通过所谓的"B 计划"来展示共和党内部的团结一致。这份"B 计划"要求把对美国最富裕人群的加税范围限制在年收入达到 100 万美元的家庭,加税范围远远小于奥巴马的期望。但博纳未能在党内争取到足够支持,故取消了投票。很多保守的共和党议员都反对增税,即使是对收入最高的阶层。这场戏剧性的转变令避免财政悬崖的努力陷入混乱。如果不能达成协议,明年(2013 年)年初将自动启动的 6000 亿美元节支增税举措可能将美国经济拖入衰退。

沪铜上周五低开后振荡走高,缩减跌幅,1304 合约收跌 210 元至 56780 元/吨。当前市场关注的焦点无疑在美国财政悬崖问题的磋商进展上,如美国在年底之前无法达成协议,金融市场恐慌情绪或卷土重来。而沪铜基本面上依然较为疲弱,现货需求低迷,现货贴水走高到 400 元/吨的水平。操作上建议仍然以逢高沽空为主。

案例延伸

（资料来源：朱遂科，《美经济数据提振铜价企稳》，http://futures.hexun.com/2012-12-24/149393227.html。）

第一节 基本面分析概述

一、基本面分析的概念和特点

(一)基本面分析的概念

1.期货投资分析简介

期货投资分析是期货投资的主要步骤,其目的在于实现投资收益的最大化及投资风险的最小化。能否正确地分析和预测期货价格的变化趋势,是期货交易成败的关键。因此,每一个期货交易者都必须十分重视期货价格变化趋势的分析和预测。期货投资分析的范围很广,其方法也多种多样,但目前主要有两种期货投资分析方法。一种方法是对影响期货价格的社会、政治、经济因素进行分析,其理论依据是期货价格由价值决定,通过分析影响期货价格的基础条件和决定因素以及期货商品的供求状况及其影响因素,来解释和预测期货价格变化趋势,这种分析方法称为基本面分析法。另一种方法是对期货市场价格变化的现状和动向进行分析,从中找出变化规律,以期寻找合适的投资对象和时机,这种分析方法称为技术分析法。

期货交易是以现货交易为基础的。期货价格与现货价格之间有着十分紧密的联系。商品供求状况及影响其供求的众多因素对现货市场商品价格产生重要影响,因而也必然会对期货价格产生重要影响。所以,通过分析商品供求状况及其影响因素的变化,可以帮助期货交易者预测和把握商品期货价格变化的基本趋势。在现实市场中,期货价格不仅受商品供求状况的影响,而且还受许多其他非供求因素的影响。这些非供求因素包括:金融货币因素、政治因素、政策因素、投机因素、心理预期等。因此,期货价格走势基本因素分析需要综合地考虑这些因素的影响。

2.基本面分析的概念

基本面分析,是指期货投资分析人员根据经济学、金融学、财务管理学及投资学的基本原理,通过对决定期货投资价值及价格的基本要素,如宏观经济指标、经济政策走势、行业发展状况等的分析,评估期货品种的投资价值,判断期货品种的合理价位,从而提出相应的投资建议的一种分析方法。

基本面分析的理论基础为:任何一种投资对象都有一种可以被称为"内在价值"的固定基准,且这种"内在价值"可以通过对该种投资对象的现状和未来前景的分析而获得;基本面分析认为市场价格和"内在价值"之间的差距最终会被市场所纠正,因此市场价格低于(或高于)内在价值之日,便是买(卖)机会到来之时。

（二）基本面分析的特点

1. 基本面分析的特点

（1）基本面分析是期货价格波动的成因分析。基本面分析要弄懂的是期货价格波动的原因，因此就必须对各种因素进行研究，分析它们对期货价格有何种方向的影响。如果期货市场某品种大势向下，基本面分析就必须对近期该品种期货市场供求关系和影响因素做出合理的分析，并指明期货的整体走向。由此可见，投资者可以借助基本面分析来解决买卖"什么"的问题，以纠正技术分析可能提供的失真信息。

（2）基本面分析是定性分析。在基本面分析过程中，涉及的虽主要是经济指标的数量方面，但这些指标对期货市场的影响程度却难以量化，只能把它们对期货市场的影响方向加以定性。以股指期货为例，当有关部门公布某个时点的失业率下降了两个百分点后，基本面分析并不能指明沪深300股票指数的涨跌幅度与这两个百分点之间的数量关系，只能就其影响方向做出大致的判断。

（3）基本面分析是长线投资分析。基本面分析是定性分析的特点就决定了它也是长线投资分析工具，而非短线投资分析工具，因为基本面分析侧重于对大势的判断，分析时所考察的因素也多是宏观和中观因素，它们对期货市场的影响较深远，由此分析得出的结论自然具有一定的前瞻性，对长线投资具有一定的指导意义。

2. 基本面分析的缺点

（1）信息搜集的难度大。由于影响期货价格的宏观因素很多，因此信息搜集的难度很大。这就会造成信息分析不对称、分析结果滞后于市场价格变化等问题。但随着信息技术的进步、交易制度的逐渐完善，以及信息的公平共享，信息搜集的难度也会大大降低。

（2）分析主观性强。对于同样的宏观经济数据或其他基本面资料，不同的分析者使用不同的分析方法和理论会给出截然不同的结论。因此，如何辨别信息的真伪、主次和克服信息处理过程中过于主观的判断的缺陷，是影响分析结果是否正确的关键所在。

（3）对于短线和进出场时机的把握帮助有限。基本面分析的优点在于它能较准确地把握期货市场的走向，给投资者从事长线投资提供决策依据，而其很重要的缺点是分析时间效应长，对具体的入市出市时间较难做出准确的判断，要想解决此问题，还要靠技术分析的辅助。因此，基本面分析只适用于对大势的研判，而不适用于具体入市出市时机的决断。

二、供求因素分析

商品供求状况对商品期货价格具有重要的影响。商品价格与供给成反比，与需求成正比。这种供求与价格相互影响、互为因果的关系，使商品供求分析更加复杂化，即不仅要考虑供求变动对价格的影响，还要考虑价格变化对供求的反作用。

由于期货交易的成交到实物交割有较长的时间差距，加上期货交易可以采取买空卖空方式进行，因此，商品供求关系的变化对期货市场价格的影响会在很大程度上受交易者心理预期变化的左右，从而导致期货市场价格以反复的频繁波动来表现其上升或下降的总趋势。

（一）期货商品供给分析

期货商品供给分析主要考察本期商品供给量的构成及其变化。本期商品供给量主要由期初存量、本期产量和进口量三部分组成。

1. 期初存量

期初存量是指上年或上季积存下来可供社会继续消费的商品实物量。根据存货所有者身份的不同,可以分为生产供应者存货、经营商存货和政府储备。前两种存货可根据价格变化随时上市供给,可视为市场商品可供量的实际组成部分。而政府储备的目的在于为全社会整体利益而储备,不会因一般的价格变动而轻易投放市场。但当市场供给出现严重短缺,价格猛涨时,政府可能动用它来平抑物价,因而对市场供给产生重要影响。

2. 本期产量

本期产量是指本年或本季的商品生产量。它是市场商品供给量的主体,其影响因素也甚为复杂。从短期看,它主要受生产能力制约,受资源和自然条件、生产成本及政府政策的影响。不同商品生产量的影响因素可能相差很大,必须对具体商品生产量的影响因素进行具体的分析,以便较为准确地把握其可能的变动。以下以大豆为例讲解本期产量对供给量的影响。

(1) 大豆种植、供应是季节性的。我国和美国大豆的收获期在每年的10—11月份,南美国家大豆的收获期在每年的4—5月份,一般来说,在收获期,大豆的价格比较低。美国农业部在每月中旬发布的《世界农产品供求预测》中预测世界大豆等农产品的供应量,以及分国别的供应量。这一报告对芝加哥大豆期价有相当大的影响。美国农业部在每月中旬发布的《油料作物概况》对世界油料作物的供应量进行预测。这些资料对了解国际市场的变化,掌握芝加哥大豆期价的变化规律是有帮助的。

(2) 种植面积的变化对大豆市场价格的影响。我国大豆种植面积预测报告由国家统计局农调队在每年3月中、下旬发布。美国大豆种植面积预测报告——《种植展望》,由美国农业部在每年3月底在互联网上发布,并在月度报告——《世界农产品供求预测》中进行调整。目前来看,美国大豆种植面积预测报告对芝加哥大豆期货价格影响较大,可以用3—4月期价变化来说明。国内市场参与者对国内大豆种植面积预测报告关注较少,因此,这一报告对大连大豆期价变化影响较小。实际上这是一个重要的参考数据,将来会对市场产生影响。

(3) 种植期内气候因素、生长情况、收获进度的影响。在每年的5—9月份,芝加哥大豆期价的炒作因素中气候因素非常重要。美国农业部每周三发布《每周气象与作物公报》,并在每周一发布《作物进展》,内容包括播种进度、生长情况和收获进度,是大豆期价的一个重要炒作因素。对大豆而言,5—6月份,《作物进展》报告美国大豆播种进度;6—8月份,报告美国大豆开花、生长等作物生长进度报告;8—10月份,报告美国大豆收获进度。

我国国内报刊,如《期货日报》等经常发布有关农业气象方面的报道,但没有一个权威机构专司此职,经常是由一些地方性气象台或统计局农调队发布这方面的信息。作物进展情况,国内较少专门报道,有些报道内容附于农业气象报道之后。在收获期,一些经纪公司会专门去主产区调查大豆收获情况,主产区的农调队亦会发布这方面的调查信息。

3. 本期进口量

本期进口量是对国内生产量的补充,通常会随着国内市场供求平衡状况的变化而变化。同时,进口量还会受到国际国内市场价格差、汇率、国家进出口政策以及国际政治因素的影响而变化。我国自1995年开始,已从一个大豆出口国变成一个净进口国。我国大豆进口量的大小直接影响大连大豆期价的变动。进口数据可以从每月海关的统计数据中获得,进口预测数据的主要来源有:美国农业部周四发布的《每周出口销售报告》及有关机构对南美大豆出口装运情况的报告。进口预测数据对大连大豆期价的影响较大,但由于贸易商在国际

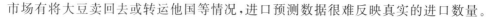
市场有将大豆卖回去或转运他国等情况，进口预测数据很难反映真实的进口数量。

（二）期货商品需求分析

商品市场的需求量，是指在一定时间、地点和价格条件下买方愿意购买并有能力购买的某种商品数量。它通常由国内消费量、出口量和期末结存量三部分组成。

1. 国内消费量

国内消费量主要受消费者的收入水平或购买能力、消费者人数、消费结构变化、商品新用途发现、替代品的价格及获取的方便程度等因素的影响，这些因素变化对期货商品需求及价格的影响往往大于对现货市场的影响。具体分析一下大豆的情况，大豆的食用消费相对稳定，对价格的影响较弱。大豆的压榨需求变化较大，对价格的影响较大。大豆压榨后，豆油、豆粕产品的市场需求变化不定，影响因素较多。豆油作为一种植物油，受菜籽油、棉籽油、棕榈油、椰子油、花生油、葵籽油等其他植物油供求因素的影响。大豆压榨后的主要副产品（80%以上）是豆粕。豆粕是饲料中的主要配料之一，与饲养业的景气状况密切相关。豆粕的需求情况对大豆期价的影响很大。

大豆主要进口国家和地区包括欧盟、日本、中国及东南亚国家和地区。欧盟、日本的大豆进口量相对稳定，而中国、东南亚国家和地区的大豆进口量变化较大。稳定的进口量虽然量值大但对国际市场价格影响甚小；不稳定的进口量虽然量值小，但对国际市场价格影响很大。例如，中国与东南亚国家在1995、1996年对大豆需求的迅速增长导致芝加哥大豆期价的上涨。美国农业部在每月上、中旬发布《世界农产品供求预测》，对主要进口国的需求情况做分析并进行预测。美国农业部还在每月中旬发布《油籽：世界市场与贸易》作为上一报告的分报告，内容更为专业、详细，包括菜籽、棉籽、花生、葵籽等。

2. 出口量

出口量是本国生产和加工的商品销往国外市场的数量，它是影响国内需求总量的重要因素之一。分析其变化应综合考虑影响出口的各种因素的变化情况，如国际、国内市场供求状况，内销和外销价格比，本国出口政策和进口国进口政策变化，关税和汇率变化等。例如，我国是玉米出口国之一，玉米出口量是影响玉米期货价格的重要因素。

3. 期末结存量

期末结存量具有双重的作用：一方面，它是商品需求的组成部分，是正常的社会再生产的必要条件；另一方面，它又在一定程度上起着平衡短期供求的作用。当本期商品供不应求时，期末结存将会减少；反之就会增加。因此，分析本期期末结存量的实际变动情况，即可从商品实物运动的角度看出本期商品的供求状况及其对下期商品供求状况和价格的影响。以大豆为例，美国农业部在每月发布的《世界农产品供求预测》中公布各国大豆的库存情况。主要生产国美国、巴西、阿根廷的库存情况对芝加哥大豆期价的中长期走势产生影响，并存在很大的相关性。我国国内大豆库存情况没有权威的报告。因为国内农户规模小，存量情况难以精确统计。

（三）金融期货的供求关系分析

金融期货的供求关系分析与商品期货不同，具有自身的特殊性。股票指数期货标的物股票指数的供求关系变化表现为成分股的供给与需求的变化。利率期货标的物国债的供求关系变化表现为国债的供给与需求的变化。外汇期货的供求关系变化表现为国际收支、国际储备的变化。

基本因素分析法认为,为了更好地把握进行期货交易的有利时机,交易者在利用上述各项因素对商品期货价格走势进行定性分析的同时,还应利用统计技术进行定量分析,提高预测的准确度,甚至还可以通过建立经济模型,系统地描述影响价格变动的各种供求因素之间相互制约、相互作用的关系。计算机的应用,使基本因素分析中的定量分析变得更加全面和精确。利用计量经济模型来分析各经济要素之间的制约关系,已成为基本因素分析法的重要预测手段之一。

三、影响基本面的其他因素

(一)经济波动周期

商品市场波动通常与经济波动周期紧密相关,期货价格也不例外。由于期货市场是与国际市场紧密相连的开放市场,因此,期货市场价格波动不仅受国内经济波动周期的影响,而且还受世界经济的景气状况影响。

经济周期一般由复苏、繁荣、衰退和萧条四个阶段构成。复苏阶段开始时是前一周期的最低点,产出和价格均处于最低水平。随着经济的复苏,生产的恢复和需求的增长,价格也开始逐步回升;繁荣阶段是经济周期的高峰阶段,由于投资需求和消费需求的不断扩张超过了产出的增长,刺激价格迅速上涨到较高水平;衰退阶段出现在经济周期高峰过去后,经济开始滑坡,由于需求的萎缩,供给大大超过需求,价格迅速下跌;萧条阶段是经济周期的谷底,供给和需求均处于较低水平,价格停止下跌,处于低水平上。在整个经济周期演化过程中,价格波动略滞后于经济波动。

经济周期阶段可由一些主要经济指标值的高低来判断,如 GDP 增长率、失业率、价格指数、汇率等,这些都是期货交易者应密切注意的。

(二)金融货币因素

商品期货交易与金融货币市场有着紧密的联系。利率的高低、汇率的变动都直接影响商品期货价格变动。

1. 利率

对于投机性期货交易者来说,保证金利息是其交易的主要成本。因此,利率的高低变动将直接影响期货交易者的交易成本,如果利率提高,交易成本上升,投机者风险增大,就会减少期货投机交易,使交易量减少。如果利率降低,期货投机交易成本降低,交易量就会放大。

利率调整是政府紧缩或扩张经济的宏观调控手段。利率的变化对金融衍生品交易影响较大,而对商品期货的影响较小。如 1994 年开始,为了抑制通货膨胀,中国人民银行大幅度提高利率水平,提高中长期存款和国库券的保值贴补率,导致国债期货价格狂飙;1995 年5 月 18 日,国债期货被国务院命令暂停交易;2013 年 9 月 6 日,国债期货正式在中国金融期货交易所上市交易。

2. 汇率

期货市场是一种开放性市场,期货价格与国际市场商品价格紧密相连。国际市场商品价格比较必然涉及各国货币的汇率。当本币贬值时,即使外国商品价格不变,但以本国货币表示的外国商品价格将上升,反之则下降。因此,汇率的高低变化必然影响相应的期货价格变化。据测算,美元兑日元贬值10%,日本东京谷物交易所的进口大豆价格会相应下降10%左右。同样,如果人民币兑美元贬值,那么,国内大豆期货价格也会上涨。主要出口国的货币政策,如1998年巴西货币雷亚尔大幅贬值,使巴西大豆的出口竞争力大幅增强,相对而言,大豆供应量增加,对芝加哥大豆期价产生负面影响。主要进口国的货币政策,如1997年韩国及东盟各国货币大幅贬值,其对大豆、豆粕需求大幅萎缩,导致世界大豆价格下跌。这充分说明了汇率变动对有关期货价格的影响。

(三)政治、政策因素

期货市场价格对国际国内政治气候、相关政策的变化十分敏感。政治因素主要指国际国内政治局势、国际性政治事件的爆发及由此引起的国际关系格局的变化、各种国际性经贸组织的建立及有关商品协议的达成、政府对经济干预所采取的各种政策和措施等。这些因素将会引起期货市场价格的波动。在分析政治因素对期货价格的影响时,要注意的是不同商品所受影响的程度是不同的。在国际局势紧张时,对战略性物资价格的影响就比其他商品的影响大。

1.农业政策的影响

在国际上,大豆主产国农业政策对大豆期货价格影响很大。例如,1996年,美国国会批准新的《1996年联邦农业完善与改革法》,使1997年美国农场主播种大豆的面积猛增10%,从而导致大豆的国际市场价格大幅走低。

国内农业政策的变化也会对农产品期货价格产生影响,如1998年的粮改政策,对主要农产品稻米、玉米、小麦等实行价格保护政策,大豆不在保护之列,大豆价格随市场供需的变化而变动,为大豆期货交易提供广阔的舞台。农产品保护价政策也影响农民的种植行为,1999年国家农调队的种植意向调查显示,玉米种植面积增加120万公顷,而豆类作物减少110万公顷。种植面积减少,商品供应量减少,农产品价格会有所上涨。

2.贸易政策的影响

贸易政策将直接影响商品的可供应量,对商品未来价格的影响特别大。例如,1999年11月10日开始,中美贸易代表团在北京举行关于中国加入世界贸易组织(World Trade Organization,WTO)的谈判,消息一出,大连大豆期价即告下跌,猛跌一周,大豆2000年5月合约价格从2240元/吨下跌至2060元/吨。

3.食品政策的影响

欧盟是世界大豆的主要进口地区,其食品政策的变化对世界大豆市场会产生较大影响。现在,英国及一些欧盟国家,如德国,对"基因改良型"大豆的进口特别关注,这些国家的绿色和平组织认为,"基因改良型"大豆对人类健康有害,要求政府限制这类大豆进口。如果这一食品政策实施,那么就会对世界大豆市场产生影响。

4.国际经济贸易组织及其协定

为了协调贸易国之间的经济利益关系,许多贸易国之间建立了国际性或区域性的经济或贸易组织。这些国际经贸组织经常采取一些共同的政策措施来影响商品供求关系和商品价格。国际大宗商品,如石油、铜、糖、小麦、可可、锡、茶叶、咖啡等商品的价格及供求均受有关国际经济贸易组织及其协定的左右。因此,期货价格分析必须注意有关国际经济贸易组织的动向。

在分析政治因素对期货价格的影响时,应注意不同的商品所受影响的程度是不同的。

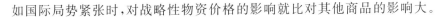

如国际局势紧张时,对战略性物资价格的影响就比对其他商品的影响大。

(四)大户操纵和投机心理

1.大户操纵

期货市场虽是一种"完全竞争"的市场,但仍难免受一些实力雄厚的大户的操纵和控制,造成投机性的价格起伏。美国白银大王亨特兄弟在1980年年初炒白银不幸失手就是一个典型的范例。

20世纪70年代初期,白银价格在2美元/盎司附近徘徊。由于白银是电子工业和光学工业的重要原料,邦克·亨特和赫伯特·亨特兄弟俩图谋从操纵白银的期货价格中获利。白银价格从1973年12月的2.9美元/盎司开始启动和攀升。此时,亨特兄弟已经持有3500万盎司的白银合约。此后的4年间,亨特兄弟积极地买入白银,到1979年,亨特兄弟通过不同公司,伙同沙特阿拉伯皇室以及大陆、阳光等大的白银经纪商,拥有和控制着数亿盎司的白银。当他们开始行动时,白银价格正停留在6美元/盎司附近。之后,他们在纽约商业交易所(NYMEX)和芝加哥期货交易所(CBOT)以每盎司6~7美元的价格大量收购白银。年底,他们已控制了NYMEX 53%的存银和CBOT 69%的存银,拥有1.2亿盎司的现货和0.5亿盎司的期货。在他们的控制下,白银价格不断上升,到1980年1月17日,银价已涨至每盎司48.7美元。1月21日,银价已涨至有史以来的最高价,每盎司50.35美元,比一年前上涨了8倍多。就在亨特兄弟疯狂采购白银的过程中,每张合约保证金只需要1000美元。一张合约代表着5000盎司白银。在2美元/盎司时,1000美元合500盎司白银;而价格涨到49美元/盎司时就显得少得可怜了。所以,交易所决定提高交易保证金。交易所理事会鉴于形势严峻,开始缓慢推行交易规则的改变,但最终把保证金提高到6000美元。后来,索性出台了"只许平仓"的规则。新合约不能成交,交易池中的交易只能是平去已持有的旧头寸。最后,NYMEX在CFTC的督促下,对1979—1980年的白银期货市场采取措施,这些措施包括提高保证金、实施持仓限制和只许平仓交易等。其结果是降低空盘量和强迫逼仓者不是退出市场就是持仓进入现货市场,当然,由于占用了大量保证金,持仓成本会很高。当白银市场的高潮在1980年1月17日来临之时,意图操纵期货价格的亨特兄弟无法追加保证金,在1980年3月27日接盘失败。价格下跌时,索还贷款的要求降临在亨特兄弟面前。他们借贷来买进白银,再用白银抵押来贷更多款项。现在他们的抵押品的价值日益缩水,银行要求更多的抵押品。3月25日,纽约投资商Bache向亨特兄弟追索1.35亿美元,但是他们无力偿还。于是Bache公司指示卖出亨特兄弟抵押的白银以满足自己的要求。白银倾泻到市场上,价格崩溃了。亨特兄弟持有数千张合约的多头头寸。单单为了清偿债务,他们就要抛出850万盎司白银,外加原油、汽油等财产,总价值接近4亿美元。

2.投机心理

投机者加入期货交易的目的是利用期货价格的上下波动来获利。因此,何时买进卖出,主要取决于其对期货价格走势的判断,即预期价格将上涨时买进,预期价格将下跌时卖出,预期价格将盘整时则观望。投机者的价格预期不仅受期货价格变动的各种信息的影响(基本因素分析),而且还受他们对当前和历史的价格走势判断的影响(技术分析)。因此,在利好因素的刺激下,人们预期价格将上涨而纷纷购进,从而推动价格上涨;而价格上涨的趋势信息又进一步加强了人们的价格上涨预期,人们进一步购进,从而推动价格进一步上涨。反之,在价格下跌时,人们预期价格将进一步下跌,纷纷卖出,从而推动价格进一步下跌。可见,期货交易中的价格预期和投机心理对期货价格波动具有极强的推波助澜、加剧波动的作用。

1980 年黄金市场出现的空前大风暴,明显地反映了投机心理和价格预期对期货价格的影响力。1979 年 11 月,金价仅每盎司 400 美元左右,1980 年 1 月 21 日,已暴涨至 838 美元的历史高峰。其暴涨原因是多方面的:经济方面是石油输出国组织宣布大幅度提高油价;政治因素是苏联入侵阿富汗,伊朗劫持美国人质,美国—伊朗关系恶化,美国冻结伊朗在美资产等。而一些大金商肆意渲染、哄抬金价所造成的投机心理更是金价暴涨的重要原因。当金价涨到最高峰时,又谣传美国政府将在 1 月份拍卖大量存金,使投机者心理突然逆转,竞相抛售黄金期货。1 月 22 日当天,金价下跌 103 美元,到 3 月份跌到 460 美元。这次金价的大起大落,除了经济和政治因素的影响外,投机心理因素也起了巨大的推波助澜作用。而到 5 月份,黄金市场风浪基本平息,人心转趋看淡,金价疲软。尽管出现一些小的刺激金价上涨的因素,但仍未能改变人们的心理预期,因而无法促使金价回升。因此,在预测价格走势时,必须结合各种因素分析大多数交易者的心理预期。

以上举了影响期货价格的主要因素的一些例子,实际中的影响因素要复杂得多。为了更好地预测期货价格走势,把握有利的交易时机,期货交易者必须注意及时而广泛地收集有关因素的准确而详尽的信息资料,综合地分析它们可能带来的影响,并注意与定量分析工具以及技术分析方法结合起来加以综合应用。

问题思考

第二节　宏观基本面分析

一、宏观基本面分析概述

宏观基本面分析主要探讨宏观经济运行状况和宏观经济政策对期货投资活动和期货市场的影响。通常,期货投资分析常用的指标包括货币供应量、利率水平、国民生产总值、通货膨胀率等。宏观经济政策主要包括:货币政策、财政政策、期货市场政策等。

在期货投资领域,宏观基本面分析是非常重要的。只有把握住经济发展的大方向,才能做出正确的长期投资决策;只有密切关注宏观经济因素的变化,才能抓住市场机遇。然而宏观基本面分析包含的内容较多,各项经济指标以及经济政策相互作用,需要投资者掌握较深的政治、经济、文化、心理等相关领域的背景知识,才能够做出准确的解读和判断。在本节中,我们将重点放在国内生产总值(GDP)和通货膨胀这两个关乎国计民生的最为重要也最具代表性的宏观经济运行指标。

二、宏观经济运行指标——GDP

(一)GDP 的概念

通常对 GDP 的定义为:一定时期内(一个季度或一年),一个国家或地区的经济中所生产出的全部最终产品和提供劳务的市场价值的总值。

GDP 是宏观经济中最受关注的经济统计数字,因为它被认为是衡量国民经济发展情况

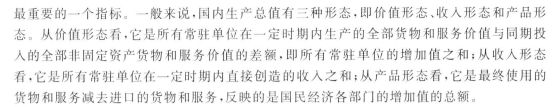

最重要的一个指标。一般来说,国内生产总值有三种形态,即价值形态、收入形态和产品形态。从价值形态看,它是所有常驻单位在一定时期内生产的全部货物和服务价值与同期投入的全部非固定资产货物和服务价值的差额,即所有常驻单位的增加值之和;从收入形态看,它是所有常驻单位在一定时期内直接创造的收入之和;从产品形态看,它是最终使用的货物和服务减去进口的货物和服务,反映的是国民经济各部门的增加值的总额。

(二)GDP 对期货市场的影响

GDP 的变化对期货市场具有一定影响,但对期货市场的影响程度要具体情况具体分析(以下以股票指数期货为例)。

1. 持续、稳定、高速的 GDP 增长

持续、稳定、高速的 GDP 增长会从以下几个方面对股指期货市场产生正面、积极的影响:上市公司的利润总体水平持续上升,从而带来股息红利的增加和投资风险的降低,投资者对未来经济形势形成良好的预期,提高对证券市场投资的积极性,从而增加对股票投资的需求,这就有利于股票价格指数的上升。

2. 高通货膨胀下的 GDP 高速增长

当宏观经济处于严重失衡状态下的高速度经济增长时,由于总需求大大超过总供给,就会导致出现比较严重的通货膨胀,这会导致居民实际收入的下降,从而造成股指期货市场行情的下跌。

3. 宏观调控下的 GDP 减速增长

发生 GDP 在失衡状态下的高速增长时,政府就要采取一定的宏观调控措施来保持宏观经济的稳定增长,为今后的经济发展创造良好的条件,这样股指期货市场也会对此做出良好的反应,出现平稳上升的行情。

4. 转折性的 GDP 变动

如果 GDP 一定时期以来呈现负增长,而在负增长速度逐渐减缓并且向正增长转变的时候,则表明恶化的经济形势逐步得到改善,股指期货市场的走势也将由下跌转为上升。反之,如果 GDP 一定时期以来呈现正增长,而在正增长速度逐渐减缓并且向负增长转变的时候,则表明经济形势逐步恶化,股指期货市场也会逐步地趋于冷淡。

三、宏观经济运行指标——通货膨胀

(一)通货膨胀的概念

通货膨胀,一般指物价水平在一定时期内持续的普遍的上升过程,或者是说货币价值在一定时期内持续的下降过程。可见,通货膨胀不是指这种或那种商品及劳务的价格上涨,而是物价总水平的上升。通货膨胀的程度通常用通货膨胀率来衡量,通货膨胀率被定义为从一个时期到另一个时期一般价格水平变动的百分比。这里的价格不是单一的某个商品或某种服务的价格,而是一组能够反映社会商品和服务的总体价格水平变动的商品和服务的价格。

(二)衡量通货膨胀率变化的两个主要指标

1. 生产者价格指数

生产者价格指数(producer price index,PPI),是衡量制造商和农场主向商店出售商品的价格指数。它主要反映生产资料的价格变化状况,用于衡量各种商品在不同生产阶段的

成本价格变化情况。在我国,这个指数被称为工业品出厂价格指数。生产者物价指数是用来衡量生产者在生产过程中所需采购品的物价状况,因而这项指数包括了原料、半成品和最终产品等三个生产阶段的物价资讯。将食物及能源去除后的生产者价格指数,称为"核心PPI"(core PPI)指数,可以正确判断物价的真正走势,这是因为食物及能源价格一向受到季节及供需的影响,波动剧烈。理论上来说,生产过程中所面临的物价波动将反映至最终产品的价格上,因此观察 PPI 的变动情形将有助于预测未来物价的变化状况,因此这项指标受到市场重视。

生产者物价指数被用来预测价格的变化,该价格是制造商和批发商在生产的不同阶段为商品支付的价格。这里任何一点的通货膨胀都可能最终被传递到零售业。毕竟,如果销售商不得不为商品支付更多,那么他们更乐于把更高的成本转嫁给消费者。

2.消费者价格指数

消费者价格指数(consumer price index,CPI),是对一个固定的消费品篮子价格的衡量,主要反映消费者支付商品和劳务的价格变化情况,也是一种度量通货膨胀水平的工具,以百分比变化为表达形式。它度量居民生活消费品和服务价格水平随着时间变动的相对数,综合反映居民购买的生活消费品和服务价格水平的变动情况。它是进行国民经济核算、宏观经济分析和预测、实施价格总水平调控的一项重要指标,并且世界各国一般用 CPI 作为测定通货膨胀的主要指标。

问题思考

【项目结论】

1.期货投资分析是期货投资的主要步骤,其目的在于实现投资收益的最大化及投资风险的最小化。能否正确地分析和预测期货价格的变化趋势,是期货交易成功的关键。

2.基本面分析,是指期货投资分析人员根据经济学、金融学、财务管理学及投资学的基本原理,通过对决定期货投资价值及价格的基本要素,如宏观经济指标、经济政策走势、行业发展状况等的分析,评估期货品种的投资价值,判断期货品种的合理价位,从而提出相应的投资建议的一种分析方法。

3.期货商品供给分析主要考察本期商品供给量的构成及其变化。本期商品供给量主要由期初存量、本期产量和进口量三部分组成。

4.商品市场的需求量,是指在一定时间、地点和价格条件下买方愿意购买并有能力购买的某种商品数量。它通常由国内消费量、出口量和期末结存量三部分组成。

5.期货市场价格波动不仅受国内经济波动周期的影响,而且还受世界经济的景气状况影响。经济周期一般由复苏、繁荣、衰退和萧条四个阶段构成。

6.通常对国内生产总值(GDP)的定义为:一定时期内(一个季度或一年),一个国家或地区的经济中所生产出的全部最终产品和提供劳务的市场价值的总值。

7.生产者价格指数(PPI)和消费者价格指数(CPI)是衡量通货膨胀率的两个重要指标。

8.期货宏观分析涉及信息量巨大,提高信息收集、资料检索的能力,在纷繁复杂的信息中对信息资料进行高效整理鉴别,是投资者必备的基本素质。

【项目训练】

请通过互联网，完成以下实训项目的操作：

1. 查询我国 2008—2018 年这十年期间季度 GDP 数据。

2. 查询我国 2008—2018 年月度 CPI 和 PPI 数据，并加以分析。

3. 结合网络资源，分析海湾战争和美国"9·11"事件对国际黄金期货价格的影响。

项目延伸

4. 收集焦炭期货和玻璃期货的品种信息和期货公司的研究报告。

5. 收集 5 个以上期货类财经网站，并找出各自特点。

第十一章　期货价格技术分析方法
——图形分析

【知识目标】　掌握期货价格技术分析方法的概念和特点；掌握技术分析的三大假设条件和基本原则；了解技术分析的主要类别；了解 K 线的起源；掌握 K 线的基本形态和优缺点；掌握常用的 K 线组合；了解形态分析的概念和分类；掌握反转形态和持续形态。

【技能目标】　熟悉 K 线的绘制方法，能够对单根 K 线进行分析；熟悉 K 线组合形态，能够准确识别锤子线、上吊线、倒锤线、射击之星、看涨吞没、看跌吞没、刺透、乌云盖顶、孕线、反击线、十字星、平头顶底、早晨之星、黄昏之星、上升三法和下降三法等 K 线组合；熟悉形态分析方法，能够准确识别头肩顶底、双重顶底、多重顶底、圆弧顶底和 V 形反转等反转形态；能够准确识别三角形、箱形和旗形等持续形态。

【案例导入】

铜价收敛三角面临向下突破

上周五(2013 年 1 月 11 日)，沪铜 1304 合约盘中刷新 2013 年年内高点 58980 元/吨后，昨日继续振荡回落。目前铜价自 12 月下旬以来的反弹行情已经结束，考虑到当前一方面市场人气较低，另一方面国内进口买盘量居高不下，短期铜价将维持当前区间内振荡回落态势，见图 11-1。

图 11-1　铜价走势

考虑到我国正处深化结构调整期,我们认为,年内我国经济增速总体仍将维持振荡回落态势,但我国经济仍处增长阶段,并且增速的绝对值水平也是依旧高于欧元区和美国。宏观经济的增长使国内精铜进口将有望延续,这将限制铜价的下跌空间。

当前铜价上下两难,技术上,铜价继续在大三角形区间内振荡运行,12月下旬以后的日线级别反弹在短期已经结束并开始在三角形区间回落,后市需耐心等待场外力量来打破当前的平衡,国外美指以及国内铜进口将是两大重要变量。

操作上,鉴于铜价短期偏空,可以参与三角形区间内的日线级别操作,坚持动态调整止损止盈。对于现货商而言,宜坚持按需采购原则,目前阶段不适合囤货待涨,建议维持高比例卖保、低比例买保,总体套保开平仓操作严格按内控原则及实际采购销售情况进行。

案例延伸

（资料来源：徐峰,《铜价收敛三角面临向下突破》,《期货日报》2013 年 1 月 16 日。）

第一节　期货价格技术分析概述

一、技术分析方法简介

（一）技术分析方法的概念

技术分析方法是根据期货市场现在与过去的行为和轨迹来分析期货价格变动趋势的方法。其特点是通过对市场过去和现在的行为,应用数学和逻辑上的方法,归纳总结一些典型的行为,据以预测期货市场未来的变化趋势。市场行为包括价格与成交量的高低及其变化,以及完成这些变化所经历的时间。

技术分析法的基本功能是利用市场交易行情的记录,把各种期货品种每天、每周、每月,甚至更长时间的开盘价、收盘价、最高价、最低价、成交量等进行统计分析,使期货投资者通过交易动态分析买卖双方的力量对比态势,找出期货市场上涨、下跌和盘整的信号,预测期货市场相关上市交易品种的趋势,为投资者的投资决策服务。

（二）技术分析的三大假设

技术分析的理论基础是基于三项市场假设:市场行为包容消化一切、价格沿趋势移动、历史会重演。

1. 市场行为包容消化一切

这条假设认为任何一个因素对期货市场的影响最终都必然体现在期货价格的变动上。技术分析者认为,能够影响某种商品期货价格的任何因素实际上都反映在其价格之中。由此推论,我们必须做的事情就是研究价格变化。

2. 价格沿趋势移动

"趋势"概念是技术分析的核心,是进行技术分析最根本的因素。其主要思想是期货价格的变动是按一定规律进行的,期货价格有保持原来方向运动的惯性。一般说来,一段时间内期货价格一直是持续上涨或下跌,那么,今后一段时间,如果没有内部和外部因素,期货价格也会按这一方向继续上涨或下跌,没有理由改变这一既定的运动方向。因此,技术分析人员应试图找出期货价格变动的规律,以此指导今后的期货买卖活动。

3.历史会重演

这条假设是从人的心理因素方面考虑的。在市场中进行具体买卖的是人,是由人决定最终的操作行为,这一行为受人类心理学中某些规律的制约。在期货市场中,一个人在某种情况下按一种方法进行操作取得了成功,那么以后遇到相同或相似的情况,就会按同一方法进行操作;如果前一次失败了,后面这一次就不会按前一次的方法操作。

(三)技术分析的三个基本原则

1.长期形态比短期形态更重要

短期的走势是在相对较小的区间中运动的,也容易受到各种各样因素的影响而随时变化。所以,投资者把握期货的短期走势难度较大,容易陷入繁多的影响因素中而迷失方向。如果在分析短期价格走势前对长期的走势有一个透彻的认识,做到胸有成竹,那么投资者就可以俯瞰短期走势,抓住主要矛盾,做出正确的分析判断。

2.位置比形态更重要

深入研究技术分析会发现,技术分析有很多法则。但如果这些法则不结合位置形态来分析,那么这些法则就都成了空中楼阁,没有任何的意义。如"头肩底"形态是一个非常经典的底部反转形态,它通常出现在期货价格的底部区域,但如果在期货价格的高价区出现一个"头肩底"形态,那么成熟的投资者宁可退出市场观望,也绝不会相信此形态。因为"在高位最可能出现头部,在低位最可能出现底部"是最朴素,也是最有效的投资规律。

3.市场方向比位置更重要

价格的高低不重要,价格的趋势才是最重要的。也许期货价格已经达到很高或很低的区域,但只要投资者能够准确判断价格的趋势,就仍然可以买进或者持有。对投资者来说,最重要的,但也是最难的就是分析市场的走势方向。

二、技术分析方法的分类

一般说来,可以将技术分析方法分为如下五类:指标类、切线类、形态类、K线类和波浪类。

(一)指标类

指标类要考虑市场行为的各个方面,建立一个数学模型,给出数学上的计算公式,得到一个体现期货市场的某个方面内在实质的数字,这个数字叫指标值。目前,期货市场上的各种技术指标数不胜数。例如,相对强弱指标(RSI)、随机指标(KDJ)、趋向指标(DMI)、平滑异同移动平均线(MACD)、能量潮(OBV)、心理线(PSY)、乖离率(BIAS)等。在本书第十二章中,我们将重点介绍三种常见的技术分析指标。

(二)切线类

切线类是按一定方法和原则,在由期货价格的数据所绘制的图表中画出一些直线,然后根据这些直线的情况推测期货价格的未来趋势,这些直线就叫切线。切线主要是起支撑和压力的作用。支撑线和压力线的往后延伸位置对价格趋势起一定的制约作用。目前,切线的画法有很多种,主要有趋势线、通道线等,此外还有黄金分割线、甘氏线、角度线等。

(三)形态类

形态类是根据价格图表中过去一段时间走过的轨迹形态来预测期货价格未来趋势的方法。主要的形态有 M 头、W 底、头肩顶、头肩底等十几种。

(四)K 线类

K 线类侧重若干天的 K 线组合情况,推测期货市场多空双方力量的对比,进而判断期货市场多空双方谁占优势,是暂时的,还是决定性的。K 线图是进行各种技术分析的最重要的图表。K 线最初由日本人发明,许多期货投资者进行技术分析时往往首先接触的就是 K 线图。

(五)波浪类

波浪理论起源于 1978 年美国人查尔斯·J. 柯林斯(Charles J. Collins)发表的专著《波浪理论》。波浪理论的实际发明者和奠基人是拉尔夫·尼尔森·艾略特(Ralph Nelson Ellioto),他在 20 世纪 30 年代就有了波浪理论最初的想法。

波浪理论较之于别的技术分析流派,最大的区别就在于它能提前很长的时间预计到行情的底和顶,而别的流派往往要等到新的趋势已经确立之后才能看到。但是,波浪理论又是公认的较难掌握的技术分析方法。

作为一种从实践中来的经验理论,技术分析理论一直被认为缺乏坚实的理论基础,没有得到学术界的认可。有效市场理论认为,在弱势有效市场中技术分析是无用的,但是技术分析在实际中却被广泛运用,尤其是在我国投资者中非常盛行。不少投资者运用技术分析取得长期赢利。

问题思考

第二节　K 线分析法

一、K 线基本形态

(一)K 线图绘制方法

1. K 线的起源

K 线又称日本线,英文名称是蜡烛线(candlestick),起源于日本米市交易,距今已有 200 多年的历史。它是采用图示的方法来计算米价每日的涨跌,创始人叫本间宗久,其创立的"酒田战法"曾在米市中取得过连续 100 笔赢利的记录。后经过投资者的深入研究和改进,将其引入证券市场。K 线是将每日的开盘价、收盘价、最高价、最低价用蜡烛型连接起来的图形。

2. K 线的画法与基本形状

K 线是一条柱状的线条,由影线和实体组成。影线在实体上方的部分叫上影线,下方的部分叫下影线。实体分阳线和阴线两种,又称红(阳)线和黑(阴)线(如图 11-2 所示)。一条 K 线记录的是某一种期货品种一天(或一个时间周期)的价格变动情况。将每天的 K 线按时间顺序排列在一起,就组成该期货品种每天的价格变动情况,这就叫日 K 线图。

价格的变动主要体现在四个价格上,即开盘价、最高价、最低价和收盘价。

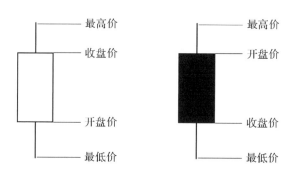

图 11-2　K 线的基本形态

日开盘价是指每个交易日的第一笔成交价格,这是传统的开盘价定义。日最高价和日最低价是每个交易日该期货品种成交的最高成交价格和最低成交价格。它们反映当日该期货品种价格上下波动幅度的大小。最高价和最低价如果相差很大,说明该品种当日交易活跃,买卖双方斗争激烈。日收盘价是指每个交易日的最后一笔成交价格。K 线还有分钟线、小时线、周线、月线,其基本原理与日 K 线相同。

3.K 线的优缺点

(1)K 线的优点

K 线图具有直观、立体感强、携带信息量大等特点,能够全面透彻地观察市场的变化,即从 K 线图中就可看到价格的趋势,还可以同时了解每天市场的波动情况。K 线图蕴含丰富的东方哲学思想,能充分显示期货价格趋势的强弱、买卖双方力量平衡的变化,预测的后市走向比较准确,是目前计算机实时行情分析系统应用较多的技术分析手段。可以说,K 线是一种特殊的市场语言,不同的 K 线或 K 线组合有着不同的含义,利用 K 线可以寻找进场和出场的“买卖点”。技术分析是一种理性分析,其结论比较客观,图表、技术指标反映的各种信号都不能因人为主观的意愿而改变。技术分析的许多方法简明易懂,在科学技术手段发达的今天,任何投资者都可运用。技术分析广泛适用于各种交易媒介(股票、期货、汇率等)和任何时间尺度(数周、月、年等)。技术分析已经通过价格等市场行为容纳了基础性因素,因此技术分析可在很大程度上替代基础分析,甚至很多投资者只应用技术分析进行交易。

(2)K 线的缺点

K 线分析只是通过理性的层面,告诉投资者市场趋势发展方向的最大可能性,而不可能告诉投资者趋势必然这样发展,更不可能指示每一次价格波动的最高、最低点,也无法告知每一次上升或下跌何时完结。K 线指示的各种买卖信号具有时滞性,投资者可能会失去机会或掉入所谓的“K 线陷阱”。K 线中阴线和阳线的变化繁多,对于初学者来说,在掌握分析方面会有一定的困难。

(二)常见的 K 线图

从单根 K 线来看,由于其涨跌幅度及上下影线的长度不同,可能具有不同的市场意义。而即使是同样形状的 K 线,出现在高价位或低价位的意义也将有所不同。

图 11-3 是一根大阳线,又称光头光脚阳线,表明该日交易以最高价收盘,并且最低价就是当日的开盘价,这说明该期货品种的涨势很强,一路上涨,阻力不大。阳线越长,则表明涨势越强,多方势力很强大。图 11-4 是一根大阴线,又称光头光脚阴线,表明该日交易以最低

价收盘,并且最高价就是当日的开盘价,这说明该期货品种的跌势很强,一路下跌,支撑力不大。阴线越长,则表明跌势越强,空方势力很强大。图 11-5 是一根带下影线而不带上影线的阳线,表明该日开盘后交易价曾跌破开盘价,但随即上涨,并且以最高价收盘,这说明该期货品种在上涨过程中曾遇抵抗,但有强有力的支撑,表明涨势很强,后市看涨。图 11-6 是一根带下影线而不带上影线的阴线,表明该日开盘后,交易价一路下跌,但是在买方势力的抵抗下,在价位跌到当天最低价时,买方迫使价位回升了一定的幅度,并以较高价收盘,这说明该期货品种在下跌过程中,出现了支撑的力量,虽不足以立即止跌,但已不可轻视。

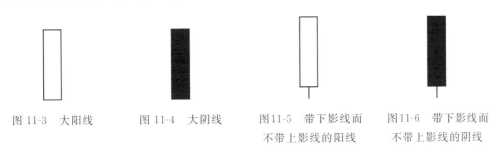

图 11-3　大阳线　　　　图 11-4　大阴线　　　　图11-5　带下影线而　　　图11-6　带下影线而
　　　　　　　　　　　　　　　　　　　　　　　　不带上影线的阳线　　　　不带上影线的阴线

图 11-7 是一根带上影线而不带下影线的阳线,表明该日开盘后,交易价一路上涨,但是在最高价又跌了下来,没能以最高价收盘,这说明该期货品种在上涨过程中曾遇较强阻力,被迫未能以最高价收盘,多方优势已受到有力的挑战,上影线越长,表明阻力越强。图 11-8 是一根带上影线而不带下影线的阴线,表明该日开盘后,交易价曾涨过开盘价,但是在卖方势力的打压下价位被压在开盘价以下,并以最低价收盘,这说明该期货品种在下跌过程中,多方虽做了拉动上涨的努力,但阻力较强,空方力量很强大,后市看跌。图 11-9 是一根带上下影线的阳线,表明该日开盘后,买方力量曾使交易价涨过开盘价,但是卖方势力也曾将价位打压在开盘价以下,双方交锋之后,多方略胜一筹,但受空方影响并没能以最高价收盘。这种情况如果是在上涨了一段时间后出现,表明空方力量有所增强,涨势快到头了;如果是在跌了一段时间后出现,则表明多方力量在逐步凝聚,跌势很可能止住。图 11-10 是一根带上下影线的阴线,表明该日开盘后,买方力量曾使交易价涨过开盘价,但是卖方势力也曾将价位打压在开盘价以下,双方交锋之后,空方略胜一筹,但受多方影响并没能以最低价收盘。这种情形如果是在跌了一段时间后出现,表明多方力量在逐步凝聚,有力地牵制了跌势,后市可能出现反转;如果在上涨了一段时间后出现,表明空方力量渐强,涨势快到头了。

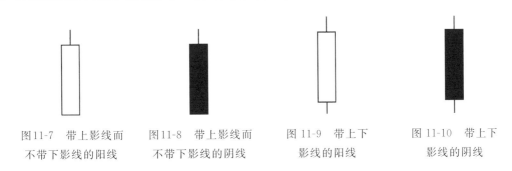

图11-7　带上影线而　　图11-8　带上影线而　　图 11-9　带上下　　　图 11-10　带上下
　不带下影线的阳线　　　不带下影线的阴线　　　　影线的阳线　　　　　影线的阴线

图 11-11 是一根带上下影线的阳线,但是下影线比上影线长,表明该日开盘后,遇到空方势力打压。价位一度跌得很低,但是多方力量不仅弥补了这一下跌,还将收盘价拉到高于

开盘价的地方收盘,尽管没能以最高价收盘。这说明多方力量构成的支撑力比空方力量压力大,后市将继续上涨,下影线越长于上影线,说明支撑力越大。图 11-12 是一根带上下影线的阴线,但是下影线比上影线长。只要它的实体不是很长,跌幅不是很大,就表明支撑力比压力大,后市极可能止跌,开始上涨。下影线越长于上影线,说明支撑力越大。图 11-13 是一根带上下影线的阳线,但是上影线比下影线长,表明该日开盘后,多方力量虽然将价位拉得很高,但是遇到空方势力打压,收盘价并不比开盘价高多少。这说明多方力量构成的支撑力并不比空方力量的压力大,后市极可能下跌,上影线越长于下影线,说明压力越大。图 11-14 是一根带上下影线的阴线,但是上影线比下影线长,只要它的实体不是很长,跌幅不是很大,就表明支撑力不如压力大,后市极有可能继续下跌,上影线越长于下影线,说明压力越大。图 11-15 是一根带上下影线的"十字星",表示开盘价与收盘价相同,而上下影线基本相同,这说明多方力量构成的支撑力与空方力量的压力差不多。这种形态可能出现在上涨或下跌过程中,可能说明趋势的延伸,也可能是反转的信号。

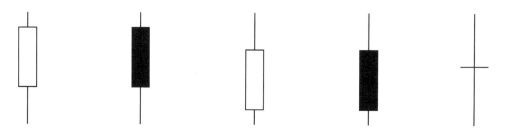

图 11-11　下影线比　　图 11-12　下影线比　　图 11-13　上影线比　　图 11-14　上影线比　　图 11-15　十字星
上影线长的阳线　　　上影线长的阴线　　　下影线长的阳线　　　下影线长的阴线

二、K 线组合分析

(一)锤子线和上吊线

锤子线和上吊线具有明显的特点,它们的下影线较长,而实体较小,并且在其全天价格区间里,实体处于接近顶端的位置上。这两种 K 线中如果出现在下降趋势中,那么它就是下降趋势即将结束的信号,在这种情况下此种 K 线称为锤子线(如图 11-16 所示);如果出现在上冲行情之后,则表明之前的市场上行或已结束,那么这种 K 线称为上吊线(如图 11-17 所示)。

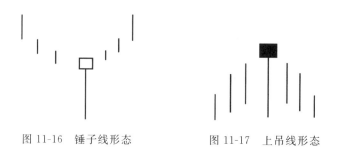

图 11-16　锤子线形态　　　　　图 11-17　上吊线形态

判别 K 线图是否为锤子线或上吊线主要有以下三个依据:①实体处于整个价格区间的

上端,而实体本身的颜色是无所谓的;②下影线的长度至少达到实体高度的 2 倍;③在这类
K 线中,应当没有上影线,即使有上影线,其长度也是极短的。

　　【实例 11-1】　股指期货 2012 年 1 月 6 日在连续下跌之后,当日报收锤子线形态,随后
迎来一波涨幅,见图 11-18 的锤子线。

图 11-18　锤子线实例

(二)倒锤线和射击之星

　　倒锤线和射击之星形态有三个特点:①小 K 线的实体部分在期货价格位置的底部;②上
影线的长度通常是实体长度的 2~3 倍;③下影线没有,或者很短。

　　不同的是,倒锤线出现在近期期货价格的底部,表示期价有可能回升;而射击之星线出
现在近期期货价格的顶部,表示期价有可能回落。严格意义上此两者形态反转强度不如上
吊线和锤子线大,此反转形态的确立,必须结合第二天的 K 线和其他技术指标相互验证,见
图 11-19 射击之星和倒锤线。

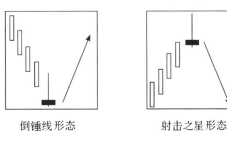

倒锤线形态　　　　　　　射击之星形态

图 11-19　倒锤线和射击之星形态

　　【实例 11-2】　如图 11-20 所示,股指经过一段时间的连续上涨后达到阶段性的高点,在
2012 年 2 月 27 日形成射击之星形态,股指上冲乏力,预示着一波上升行情的结束。

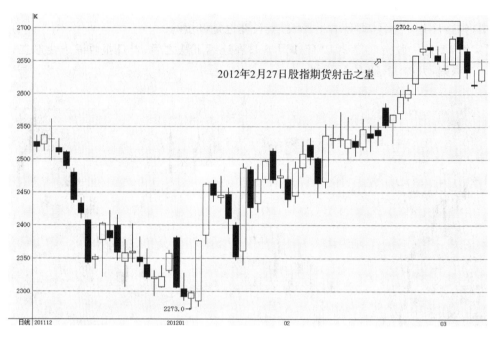

图 11-20　射击之星实例

(三)看涨吞没和看跌吞没

图 11-21 是看涨吞没形态,图中市场本来处于下降趋势中,但是后来出现了一根坚挺的白色实体,这根白色实体将它前面的那根黑色实体吞没了。这就构成了底部反转的信号。

图 11-22 是看跌吞没形态,图中市场原本正向着更高的价位趋势,但是当前一根白色实体被后一根黑色实体吞没,这就构成了顶部反转的信号。

图 11-21　看涨吞没形态　　　　　图 11-22　看跌吞没形态

判别 K 线组合是否为看涨吞没或看跌吞没主要有以下三个依据:①在吞没形态之前,市场必须处在清晰可辨的上升趋势或下降趋势中;②吞没形态必须由 2 条 K 线组成,其中第二根 K 线的实体必须覆盖第一根 K 线的实体;③吞没形态的第二根实体与第一根实体的颜色相反(例如第一条 K 线的实体必须非常小,小得几乎构成了一根十字线)。

(四)刺透和乌云盖顶

图 11-23 是刺透形态,在这形态中第一根 K 线具有黑色实体,而第二根 K 线则具有长长的白色实体,在白色 K 线这一天,市场的开市价曾急剧地下跌至前一根黑色 K 线的最低价

之下,但是不久市场又将价格推升回来,形成了一根相对较长的白色实体,并且收市价已经向上超越了前一天的黑色实体的中点。这构成了底部反转信号。图 11-24 是乌云盖顶形态,在这一形态中,第一天是一根坚挺的白色实体,第二天的开市价超过了第一天的最高价,但是市场却收市在接近当日的最低价的水平,并且收市明显地向下扎入第一天的白色实体的内部。这构成了顶部反转信号。

图 11-23　刺透形态　　　　图 11-24　乌云盖顶形态

(五)孕　线

孕线形态(如图 11-25 所示)有如下三个特征:①在此形态之前,市场应有清晰的上升或下降趋势;②孕线形态要求第一天的实体较长,第二天的实体较短,且颜色相反;③孕线形态的反转程度不如看涨吞没、乌云盖顶等形态强烈。它并不属于主要的反转形态,但其中的十字孕线不同,它是一种强烈的反转信号,在市场顶部时效力更大。

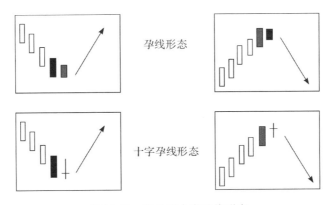

孕线形态

十字孕线形态

图 11-25　孕线和十字孕线形态

(六)反击线

反击线形态(如图 11-26 所示)有如下四个特征:①此形态也发生在上升趋势或下降趋势中;②收市价并没有推进到前一天的 K 线实体内部,而仅仅回升到前一天收市价的位置;③此形态的反转意义不如吞没、乌云盖顶等形态,它的出现意味着市场看法不统一,期价发展有可能反转,也有可能形成调整阶段;④此形态形成后,应结合第二天 K 线的开、收盘价以及其他的技术指示对走势进行综合判断。

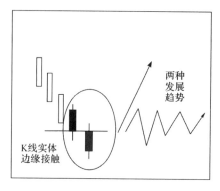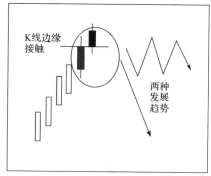

图 11-26　反击线形态

（七）十字星

十字星形态（如图 11-27 所示）有如下三个特征：①十字星是一种特殊的 K 线形态，它表示着这一时间段内期价开盘价与收盘价相同，形态上表示为一条直线。此形态的出现说明多空双方争夺激烈，互不相让。②上下影线的长度对形态也具有非常重要的指导意义，通常影线越长，表示多空双方争夺越激烈；行情一旦确认，期价的趋势发展时间也会越长。③十字星通常有两种作用：确认行情和确认反转，两种情况下分别被称为"整固十字星"和"反转十字星"。反转十字星的规模比整固十字星大（即上下影线较长），多出现在顶部或底部。整固十字星形态较小，上下影线较短，多出现在趋势中部。

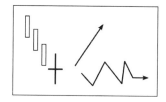

图 11-27　十字星形态

【实例 11-3】　如图 11-28 所示，方框内为 2006 年 5 月初上海期货铜合约的反转十字星形态。

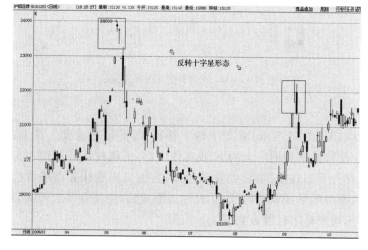

图 11-28　反转十字星实例

（八）平头顶底

在期价形成近期上涨或下跌的持续性行情中，底部出现两根最低价相同的 K 线或顶部出现两根最高价相同的 K 线，形成"平头"形态，这应该引起投资者的警觉，因为这是反转的信号。如果前一天的低（高）点在第二天得到验证，成功地经受了市场的试探，那么这个低（高）点就可能构成重要的支撑（阻挡）线，也可以理解为市场正在构筑近期的底（顶）部，这种形态下极容易引发反转行情，如图 11-29 所示。

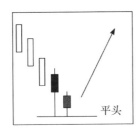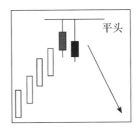

图 11-29 平头顶底形态

【实例 11-4】 2012 年 6 月和 7 月初白糖期货两次试探 5948 元的高点，形成平顶形态；在同年的 9 月末，连续触及 5100 元的相对低点，形成平底形态，如图 11-30 所示。

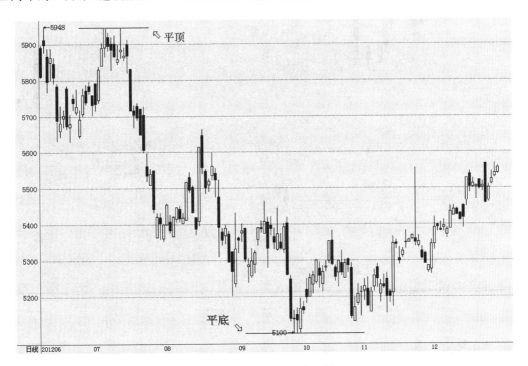

图 11-30 平顶和平底实例

（九）早晨之星（希望之星）

早晨之星，又称希望之星（如图 11-31 所示），是一种典型的底部反转形态，有如下几条特征：①第一天必须是阴线，并且这根阴线处于下跌趋势中；②第二天的星形线是阳线是阴线并不重要，重要的是实体部分最好与前一个阴线实体之间有跳空缺口；③第二天的实体部分很小,期价在一个小幅范围内波动或者完全成为一个十字星;④第三天必须是阳线,阳线实体要深入第一天阴线实体内部,大小与阴线类似。若实体与第二天的实体也存在跳空缺口,则反转意义更大。

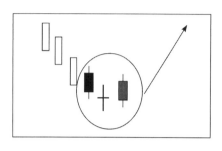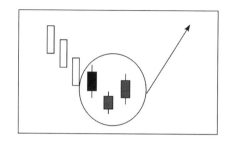

图 11-31 早晨之星(希望之星)形态

【实例 11-5】 大连玉米期货在 2011 年经过长时间单边下跌后,于 11 月末走出了早晨之星形态,表明下降趋势的结束,见图 11-32。

图 11-32 早晨之星实例

(十)黄昏之星

黄昏之星(如图 11-33 所示)与早晨之星相对应,是一种比较典型的顶部反转形态,可靠性较高,特征如下:①第一天必须是阳线,并且这根阳线处于上升趋势中;②第二天是星形线(即实体和上下影线都是很小的 K 线),星形线本身是阴线还是阳线并不重要,重要的是实体与第一天的阳线实体之间存在窗口跳空;③第二天的实体部分很小,期价当天在很小范围内波动;④第三天必须是阴线,阴线实体要深入第一天阳线实体内部,大小相似。若存在窗口跳空,则反转的意义更大。

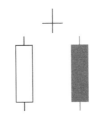

图 11-33 黄昏之星形态

【实例 11-6】 黄昏之星形态在小级别周期中经常出现。如图 11-34 所示,股指期货在 2012 年 9 月 12 日早盘开盘后冲高回落,在 5 分钟 K 线图上出现了黄昏之星。

图 11-34 黄昏之星实例

(十一)上升三法和下降三法

上升三法是保持原有期价趋势走向的一种中继 K 线组合,主要特征如下,见图 11-35,(下降三法特征与上升三法相反,不再赘述):①大阳线的形成代表了当前的趋势。②大阳线后被一组小实体的 K 线相跟随,小 K 线可以是阴线也可以是阳线,包括星形线和十字星。③小 K 线沿现趋势相反的方向或高或低地排列着,并保持在第一天大阳线的实体内。一组小实体的出现是对上升趋势的一种修正,消化压力,调整完毕后继续上行。④最后由一根大阳线确定了升势,期价维持向上发展。

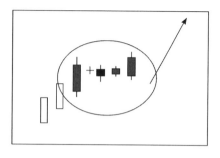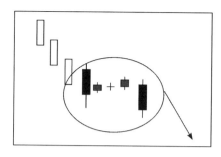

图 11-35　上升三法(左图)和下降三法(右图)

【实例 11-7】　白糖期货经过 2008 年下半年的一波涨幅后,于 2008 年年末到 2009 年年初进行了小幅的整理回调。2009 年 2 月 6 日—2 月 12 日走出了典型的上升三法 K 线组合,继续创出新高,延续了之前的上升趋势,见图 11-36。

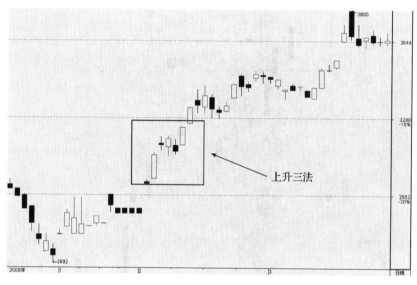

问题思考

图 11-36　上升三法实例

第三节　形态分析法

形态分析是 K 线分析的延伸。众多的 K 线组合就形成了一条上下波动的曲线,这条曲线便是价格在这段时间移动的轨迹,形态分析正是通过研究价格所走过的轨迹,分析和挖掘出曲线告诉我们多空双方力量的对比结果,进而指导我们的投资行动。形态有两种类型:反转形态和持续整理形态。反转形态主要有头肩形态、双重顶(底)形态、三重顶(底)形态、圆弧底(顶)形态、V 形反转等;持续整理形态主要有三角形、楔形、箱形和旗形等。

一、反转形态

1.头肩形态

头肩形态是最基础的一种反转形态,因为大多数反转形态都可被看作是头肩形的变形,因此头肩形的可靠性最大。根据形态出现前后的不同趋势,可分为头肩顶形态和头肩底形态,见图 11-37 和图 11-38。

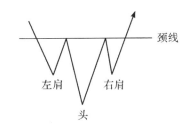

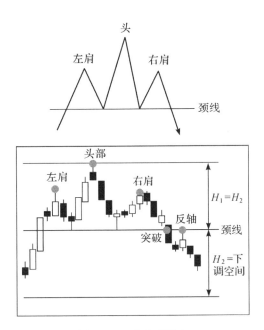

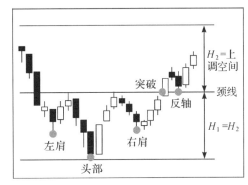

图 11-37　头肩顶形态　　　　　　图 11-38　头肩底形态

(1)确立方法。在头肩顶形态中,原有的上升趋势开始发生变化,在价格顶部依次形成明显的三个波峰,中间的一个波峰要高于左右两个波峰,这就是所谓的"头部",而它左右两个相对较低的波峰大致等高,分别被称为左肩和右肩。将三个波峰之间的两个波谷相连可以得到一条较为平缓的趋势线,这显示价格走势正处于某种整理过程中。这条趋势线被称为颈线。当价格走势向下有效突破颈线后,头肩形态即告完成。

(2)突破的判断。突破的有效性判断可参照突破趋势线的标准。头肩顶形态完成后,价格走势有可能在下跌一段距离后再向上回探,并到达颈线附近,然后再继续下降趋势。这一回探的动作可以用来判断头肩形态的真伪。如果回探突破颈线,那么这个头肩形态就失败了。在技术分析中,即使是成功率很高的头肩形态也不是百分百有效,据此作出交易决策时,必须考虑判断失误可能造成的风险并对此有所准备。

(3)目标价位。预测头肩形态完成后目标价位的方法是:从颈线的突破点计算,头部至颈线的垂直距离将是价格下跌的幅度。目标价位表明新趋势可能到达的价位,当然也可能超过这一价位。

(4)交易策略。

①在形成右肩时卖出,如果成功,赢利丰厚。但此时尚未确认头肩形态是否形成,因此风险很大。

②在价格走势有效突破颈线后卖出,风险相对较小,预期赢利也减少。但仍存在头肩形态失败的可能。

③在价格回探后卖出,此策略最为稳妥。但并不是每次头肩形态都会发生价格回探现

象,因此有可能坐失良机。

【实例 11-8】 上海橡胶期货经过多次拉升后,在 2010 年 10 月—2011 年 4 月形成头肩顶反转形态,见图 11-39。

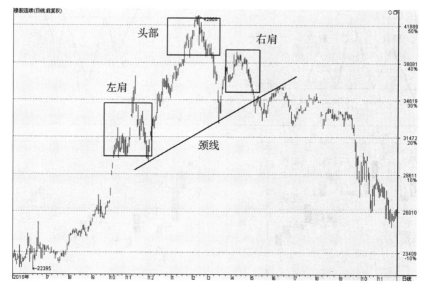

图 11-39 橡胶期货头肩顶实例

应该注意的是,一旦期货价格突破了颈线,头肩形态在理论上应该完成,市场也就不应再返回颈线的另一边。但在底部,如果价格重新回到颈线的下方,就值得高度警惕,因为这表明价格之前对颈线的突破很可能是假突破。这种貌似头肩形态的反转具有强烈的欺骗性,大多出现在单边下跌趋势中,显示出空方力量的强大。图 11-40 是股指期货在 2011 年10 月—2012 年 4 月出现的失败的头肩底形态。

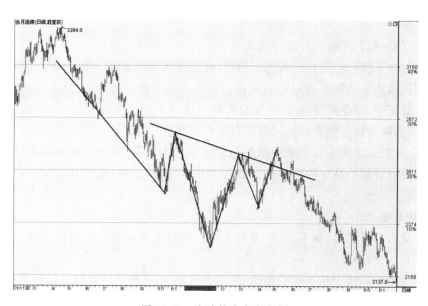

图 11-40 失败的头肩底实例

头肩反转还有很多特殊形态，即复合头肩形态。该种形态可能呈现双头或两个左肩和两个右肩的情况。其分析方法与头肩反转形态基本相同，值得注意的是，要利用头肩形态所具有的强烈对称倾向，单个左肩通常对应单个右肩，双重左肩则使出现双重右肩的可能性增加了许多。下面列出两种较常见的形态，如图 11-41 所示。

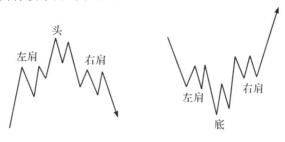

图 11-41　复合头肩顶（左图）和复合头肩底（右图）

2. 双重顶（底）形态

（1）确立方法。双重顶（底）形态是头肩形的一种变化，又称"M 头"和"W 底"，如图11-42所示。

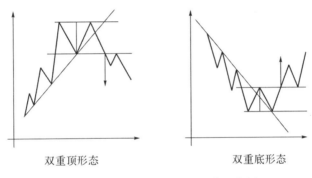

双重顶形态　　　　　　　　双重底形态

图 11-42　"M 头"（左图）和"W 底"（右图）

当期货价格上升到某一价格水平时，出现大成交量，期价随之下跌，成交量减少，接着期价又升至与前一个价格几乎相等之顶点，成交量再随之增加却不能达到上一个高峰的成交量，再第二次下跌，期价的移动轨迹就像 M 字，这就是双重顶，又称"M 头"走势。同理，当期货价格持续下跌到某一水平后出现技术性反弹，但回升幅度不大，时间亦不长，期价又再下跌，当跌至上次低点时却获得支持，再一次回升，这次回升时的成交量要大于前次反弹时的成交量，期价在这段时间的移动轨迹就像 W 字，这就是双重底，又称"W 底"走势。

无论是"双重顶"还是"双重底"，都必须突破颈线（双头的颈线是第一次从高峰回落的最低点；双底之颈线就是第一次从低点反弹之最高点），形态才算完成。

（2）市场含义。期价持续上升为投资者带来了相当的利润，于是他们卖出平仓，这一股平仓力量令上升的行情转为下跌。当期价回落到某水平，吸引了短期投资者的兴趣，另外较早前卖出获利的亦可能在这水平再次买入补回，于是行情开始恢复上升。但与此同时，对该价格信心不足的投资者会因觉得错过了在第一次的高点出货的机会而马上在市场出货，加上在低水平获利回补的投资者亦同样在这水平再度卖出，强大的卖出压力令期价再次下跌。由于高点两次都受阻而回，令投资者感到该价格没法再继续上升（至少短期该是如此），假如越来越多的投资者卖出，令期价跌破上次回落的低点（即颈线），于是整个双头形态便告形成。

双底走势的情形则完全相反。期价持续的下跌令持多单的投资者觉得价太低而惜售，而另一些的投资者则因为新低价的吸引尝试买入,于是期价呈现回升,当上升至某水平时,较早前短线投机买入者获利回吐,那些在跌市中持货的亦趁回升时卖出,因此期价又再一次下挫。但对后市充满信心的投资者觉得他们错过了上次低点买入的良机,所以这次期价回落到上次低点时便立即跟进,当越来越多的投资者买入时,求多供少的力量便推动期价上扬,而且还突破上次回升的高点(即颈线),扭转了过去下跌的趋势。

双头或双底形态也是一个典型的反转形态。当出现双头时,即表示期价的升势已经终结,当出现双底时,即表示跌势告一段落。通常这些形态出现在长期性趋势的顶部或底部,当双头颈线跌破,就是一个可靠的卖出信号;而双底颈线冲破,则是一个买入的信号。

(3)操作策略。

①双头的两个最高点并不一定需要在同一水平,两者相差少于3%是可接受的。通常来说,第二个头可能较第一个头低出一些。一般双底的第二个低点都较第一个低点稍高,原因是先知先觉的投资者在第二次回落时已开始买入。

②双头最少跌幅的量度方法是由颈线开始计起,至少会再下跌从双头最高点至颈线之间的差价距离。双底最少涨幅的量度方法也是一样,至少会再涨双底之最低点和颈线之间的距离,股价于突破颈线后至少会升抵相当长度。形成第一个头部(或底部)时,其回落的低点约是最高点的10%~20%(底部回升的幅度也是相似)。双重顶(底)不一定都是反转信号,有时也会是整理形态,这要视二个波谷的时间差决定,通常两个高点(或两个低点)形成的时间相隔超过一个月为常见。

③双头的两个高峰都有明显的高成交量,这两个高峰的成交量同样尖锐和突出,但第二个头部的成交较第一个头部显著为少,反映出市场的购买力量已在转弱。双底第二个底部成交量十分低沉,但在突破颈线时,必须得到成交量激增的配合方可确认。双头跌破颈线时,不需要成交量的上升也应该信赖。通常突破颈线后,会出现短暂的反方向移动,称之为反抽,双底只要反抽不低于颈线(双头之反抽则不能高于颈线),形态依然有效。

【实例 11-9】 大连商品交易所大豆(豆一连三)在 2010 年 5—7 月形成双重底形态,见图 11-43;棕榈油则在 2010 年 12 月—2011 年 2 月连续 3 月形成了双重顶形态,见图 11-44。

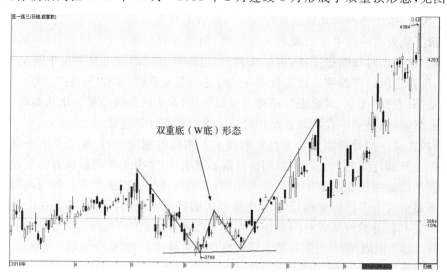

图 11-43 大豆双重底实例

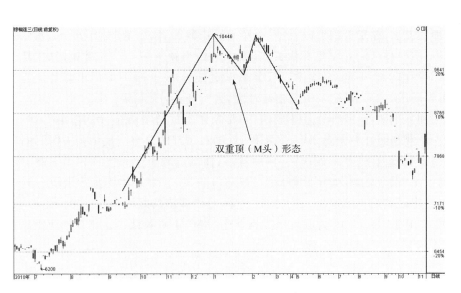

图 11-44 棕榈油双重顶实例

3. 三重顶(底)形态

(1)确立方法。任何头肩形态,特别是头部超过肩部不够多时,可称为三重顶(底)形态。三重顶形态和双重顶十分相似,只是多一个顶,且各顶分得很开、很深。成交量在上升期间一次比一次少。三重底则是倒转的三重顶。

(2)市场含义。期价上升一段时间后投资者开始获利回吐,市场在他们的抛售下从第一个峰顶回落,当期价落至某一区域即吸引了一些看好后市的投资者的兴趣,另外以前在高位卖出的投资者亦可能逢低回补,于是行情再度回升,但市场买气不是十分旺盛,在期价恢复至前一高位附近时即在一些平仓盘的抛售下令期价再度走软,但在前一次回档的低点被错过前一低点买进机会的投资者及短线客的买盘拉起,但由于高点两次都受阻而回,令投资者在期价接近前两次高点时都纷纷减仓,期价逐步下滑至前两次低点时一些短线买盘开始止损,此时若越来越多的投资者意识到大势已去均沽出,令期价跌破上两次回落的低点(即颈线),于是整个三重顶形态便告形成。

三重底走势则完全相反,期价下跌一段时间后,由于期价的调整,使得部分胆大的投资者开始逢低吸纳,而另一些高抛低吸的投资者亦部分回补,于是期价出现第一次回升,当升至某一水平时,前期的短线投机者及解套盘开始卖出,期价出现再一次回挫。当期价落至前一低点附近时,一些短线投资者高抛后开始回补,由于市场抛压不重,期价再次回弹,当回弹至前次回升的交点附近时,前次未能获利而出的持仓者纷纷回吐,令期价重新回落,但这次在前两次反弹的起点处买盘活跃,当越来越多的投资者跟进买入,期价放量突破两次转折回调的高点(即颈线),三重底走势正式成立。

(3)操作策略。

①三重顶(底)之顶峰与顶峰,或底谷与底谷的间隔距离与时间不必相等,同时三重顶之底部与三重底之顶部不一定要在相同的价格时形成,相差 3% 以内就可以了。三重顶的第三个顶,成交量非常小时,即显示出下跌的征兆,而三重底在第三个底部上升时,成交量大增,即显示出股价具有突破颈线的趋势。从理论上讲,三重底或三重顶最小涨幅或跌幅,底部或顶部越宽,力量越强。

②某种意义上,期货价格可以说是一种"信心指数"。你在某个价位买入,意味着你对后市有信心;三次到顶后无人以更高价买入,表示对后市缺乏信心。相反地,你在某个价位卖出,显示你对后市信心不足;三次到底后无人以更低价杀出,证明对后市恢复信心。大家信心减弱,人气涣散,就形成跌势;大家信心增强,人气旺盛,就出现升势。

③三次到顶不破,是两种力量造成的:一是顶附近的价位有强大的新单卖盘;二是一到顶部就有人作获利回吐平仓卖出,三次不破,说明在顶部的多空交战中买方"踢到铁板",《左传》的《曹刿论战》篇有云:"一鼓作气,再而衰,三而竭。"到了第三次到顶而未能越过雷池半步时,买气已是"强弩之末,矢不穿鲁缟"。此消彼长,接下来必是卖盘占上风。顺势而行去做空头,正是跟强者走。反过来,三次到底不穿,是做多头的好机会。

【实例 11-10】 图 11-45 为股指期货隔季连续 30 分钟 K 线图上出现的三重顶实例。

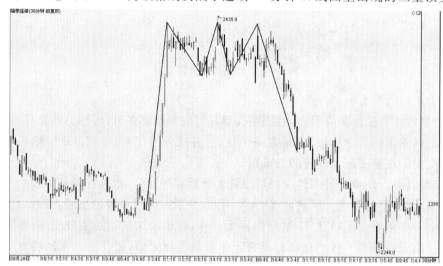

图 11-45　股指期货隔季连续三重顶实例

4.圆弧底(顶)形态

顾名思义,圆弧底(顶)是指期货价格在底部或顶部形成的圆弧形态。这种形态出现的概率较小,而且圆底比圆顶出现的可能性要高一些。不过,这种形态形成的时间往往很长,而相应地,其形态规模也很大,所以一旦突破形态,行情的力度非常惊人,如图 11-46 所示。

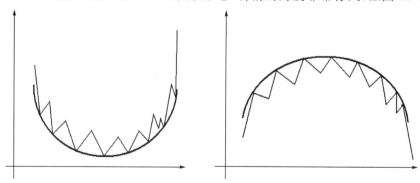

图 11-46　圆弧底形态(左图)和圆弧顶形态(右图)

(1)确立方法。期价呈弧形上升,即使不断升高,但每一个高点过不了多久就回落,先是新高点较前点高,后是回升点略低于前点,这样把短期高点连接起来,就形成一圆形顶,在成交量方面也会有一个圆形状。

(2)市场含义。经过一段买方力量强于卖方力量的升势之后,买方趋弱或仅能维持原来的购买力量,使涨势缓和,而卖方力量却不断加强,最后双方力量均衡,此时期价会保持没有上落的静止状态。如果卖方力量超过买方力量,期价就回落,开始只是慢慢改变,跌势不明显,但后期则由卖方完全控制市场,跌势便告转急,说明一个大跌市将来临,未来下跌之势将转急转大,那些先知先觉者在形成圆形顶前离市,但在圆形顶完全形成后,仍有机会撤离。

(3)操作策略。

①有时当圆形头部形成后,期价并不马上下跌,只反复向横发展形成徘徊区域,这徘徊区称作碗柄。一般来说,这碗柄很快便会突破,股价继续朝着预期中的下跌趋势发展。

②圆形反转在期价的顶部和底部均会出现,其形态相似,意义相反。在底部时表现为期价呈弧形下跌,初时卖方的压力不断减轻,于是成交量持续下降,但买入的力量仍畏缩不前,这时候期价虽是下跌,然而幅度缓慢细小,其趋势曲线渐渐接近水平。在底部时买卖力量达到均衡状态,因此仅有极小的成交量。然后需求开始增加,价格随之上升,最后买方完全控制市场,价格大幅上扬,出现突破性的上升局面。成交量方面,初时缓慢地减少到一个水平,然后又增加,形成一个圆底形。这形态显示一个巨大的升市即将到临。投资者可以在圆形底升势转急之初追入。

③在各种转势的图形中,大圆顶和大圆底是酝酿时间最长的形态,一般耗时两三个月之久,是个慢动作。在圆顶和圆底形成过程中,每日成交量及未平仓合约显著减少。买卖双方也意兴阑珊,所以转市的节奏、步伐相对显得缓慢。虽然圆弧顶和圆弧底的形成旷日持久,但从技术分析层面看,这种形态比较可靠,不容易是个假动作。

【实例 11-11】　图 11-47 为上海期货交易所铜期货连续在 2010 年 10 月—2011 年 6 月形成的大圆弧顶形态。

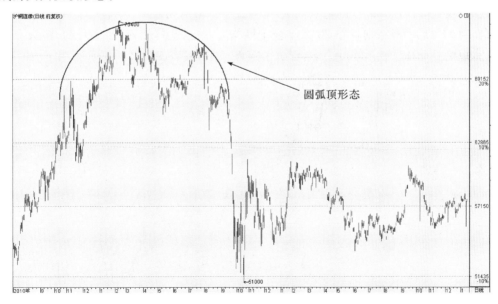

图 11-47　铜期货连续圆弧顶实例

5. V 形反转

这种形态发生在顶部（底部）急速的拉升（下跌）过程中，即期价突然呈反向运动，出现大跌（大涨）的情况，随后基本走势出现反转。V 形反转形态通常发生在基本面有突发性事件发生时，行情具有极大爆发力，见图 11-48。

图 11-48　V 形反转形态

（1）确立方法。V 形走势，可分为三个部分。

①下跌阶段：通常 V 形的左方跌势十分陡峭，而且持续一段短时间。

②转势点：V 形的底部十分尖锐，一般来说形成这转势点的时间仅两三个交易日，而且成交在这低点明显增多。有时候转势点就在恐慌交易日中出现。

③回升阶段：接着期价从低点回升，成交量亦随之而增加。

"伸延 V 形"走势是"V 形"走势的变形。在形成 V 形走势期间，其中上升（或是下跌）阶段呈现变异，期价有一部分出现向横发展的成交区域，其后打破这徘徊区，继续完成整个形态。倒转 V 形和倒转伸延 V 形的形态特征，与 V 形走势正相反。

（2）市场含义。由于市场中卖方的力量很大，令期价稳定而又持续地挫落，当这股抛售力量消失之后，买方的力量完全控制整个市场，使得期价出现戏剧性的回升，几乎以与下跌时同样的速度收复所有失地，因此在图表上期价的运行，形成一个 V 字般的移动轨迹。倒转 V 形情形则刚刚相反，市场看好的情绪使得期价节节攀升，可是突如其来的一个因素扭转了整个趋势，卖方以与上升时同样的速度下跌，形成一个倒转 V 形的移动轨迹。通常这一形态由一些突如其来的因素与一些消息灵通的投资者所不能预见的因素造成。伸延 V 形走势在上升或下跌阶段，其中一部分出现横行的区域，这是因为形成这一走势期间，部分人士对形态没有信心，当这股力量被消化之后，期价又再继续完成整个形态。在出现伸延 V 形走势的徘徊区时，我们可以在徘徊区的低点买进，等待整个形态的完成。

【实例 11-12】　股指期货在 2012 年全年以单边下行为主，然而在 12 月初，多头力量突然发力，短短一个月涨幅达 400 余点，形成了 V 形反转，见图 11-49。

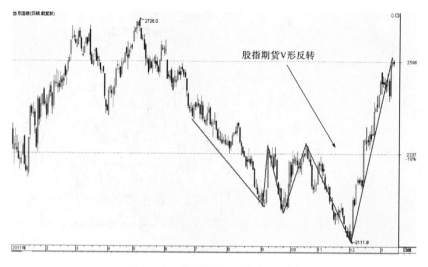

图 11-49　股指期货 V 形反转实例

二、持续整理形态

1.三角形整理

在三角形中,将价格走势的波峰以一条直线相连,波谷也以一条直线相连,这两条直线将在右侧相交。价格走势形成一个三角形,至少需要两个波峰和两个波谷,共四个价格运动的转折点。但在多数情况下,三角形都会有六个转折点。根据直线的位置不同,三角形可以分为三种形态:对称三角形、上升三角形和下降三角形。上升三角形和下降三角形也可以称为直角三角形。价格走势出现三角形通常意味着盘整,但有时在三角形结束之后也会发生转势。

(1)对称三角形。在对称三角形中,由波峰和波谷相连而成的两根直线互相倾斜聚拢,交汇于右侧,这两条直线都可以看作趋势线。由波峰相连而成的直线作为阻力线,由波谷相连而成的直线作为支撑线。阻力线与支撑线的相交处称为顶点,如图 11-50 所示。

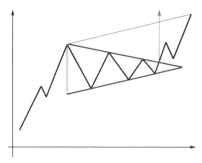

图 11-50　对称三角形形态

在价格走势中出现对称三角形表明买卖双方力量暂时达到平衡,而且价格波幅越来越窄,直到最终按原趋势发生突破。价格走势的突破点通常位于三角形横向宽度的 $\frac{1}{2} \sim \frac{3}{4}$ 的中间区域。三角形的宽度是指三角形的底边至顶点的水平距离。若价格走势超过宽度的 $\frac{3}{4}$ 位置后仍未发生突破,这个三角形很可能被破坏,价格走势继续横向盘整。

价格走势突破对称三角形之后的目标价位可通过两种方法来测算。从突破点开始,价格按原趋势运动幅度等于三角形底边的垂直距离;或者从构成三角形的最高或最低那个转折点向右引出一条与支撑线或阻力线相平行的通道线。该通道线就是可能的目标价位。

【实例 11-12】　图 11-51 是外汇市场中欧元兑美元汇率的对称三角形形态。

(2)上升三角形。上升三角形是对称三角形的变形。在上升三角形中阻力线是水平的,而支撑线则向上倾斜并与阻力线相交于右侧。顾名思义,上升三角形表明突破后产生上升趋势。其目标价位的测算方法是:从突破点开始,价格上升幅度等于三角形底边的垂直距离。

通常上升三角形是一种继续形态,但有时上升三角形也出现在下降趋势之后,成为转势形态。有鉴于此,针对三角形的交易策略通常

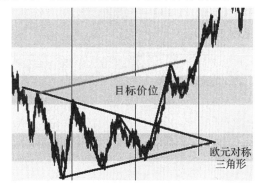

图 11-51　欧元对称三角形实例

比较谨慎,投资者往往需要等待三角形被突破并出现明显的趋势后再跟进。

如果期价原有的趋势是向上,遇到上升三角形后,几乎可以肯定今后是向上突破。一方面要保持原有的趋势,另一方面形态本身就有向上的愿望。这两方面的因素使期价逆大方向而动的可能性很小。

如果原有的趋势是下降,则出现上升三角形后,前后期价的趋势判断起来有些难度。一方要继续下降,保持原有的趋势,另一方要上涨,两方必然发生争执。如果在下降趋势处于末期时(下降趋势持续了相当一段时间),出现上升三角形还是以看涨为主,这样,上升三角形就成了反转形态的底部。

(3)下降三角形。下降三角形也是对称三角形的变形,同上升三角形正好反向,是看跌的形态。它的基本内容同上升三角形相似,只是方向相反。在下降三角形中支撑线是水平的,而阻力线则向下倾斜并与支撑线相交于右侧。下降三角形表明突破后将出现下降趋势。其目标价位的测算方法是:从突破点开始,价格下降幅度等于三角形底边的垂直距离。下降三角形是一种继续形态,但也不排除出现在上升趋势之后,成为转势形态的可能性。

需要注意的是下降三角形的成交量一直十分低沉,突破时不必有大成交量配合;另外,如果期价原有的趋势是向上的,则遇到下降三角形后,趋势的判断有一定的难度;但如果在上升趋势的末期,出现下降三角形后,可以看成是反转形态的顶部。

图 11-52 分别显示了上升三角形形态(左图)和下降三角形形态(右图)的目标价位测算方法。

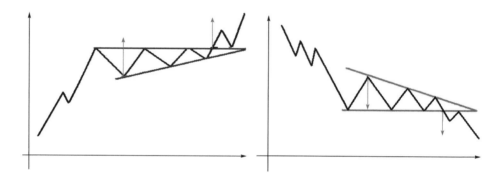

图 11-52　上升三角形形态(左图)和下降三角形形态(右图)

【实例 11-13】 上海期货交易所锌期货连续在 2008 年 4—8 月形成了上升三角形形态,见图 11-53。

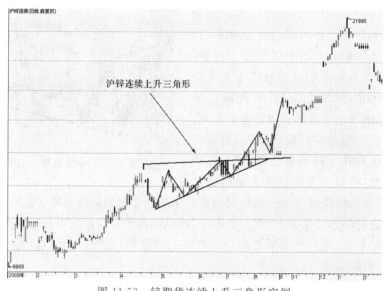

图 11-53　锌期货连续上升三角形实例

2. 楔形整理

楔形与三角形相似,不过它具有明显的与原趋势相反的倾斜方向。楔形系期价介于两条收敛的直线中变动。与三角形不同处在于两条界线同时上倾或下斜。成交量变化和三角形一样向顶端递减。楔形又分为看涨楔形和看跌楔形。

看涨楔形(见图 11-54 左图)中,高点一个比一个低,低点亦一个比一个低,形成两条同时下倾的斜线。而看跌楔形(见图 11-54 右图)则相反,期价经过一次下跌后有强烈的技术性反弹,价格升至一定水平又掉头下落,但回落点较前次为高,又上升至比上次反弹点高的新高点,再回落形成一浪高一浪之势。把短期高点相连,短期低点相连各形成一条向上倾斜直线,下面一条则较为陡峭。

在上升趋势中,楔形会向下倾斜;在下降趋势中,楔形会向上倾斜。

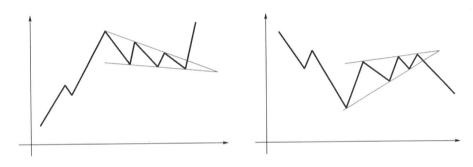

图 11-54　看涨楔形形态(左图)和看跌楔形形态(右图)

楔形的可靠性较低,特别是和三角形相比。因为楔形有可能发展成为一种转势形态,即价格走势完全反转了。当出现楔形时,投资者需要特别注意。楔形持续时间长,通常为 1～3 个月。价格突破经常发生在整个楔形横向宽度的 $\frac{2}{3}$ 处之后,有时甚至到达顶点才会突破,这是区别于对称三角形的重要特征。

看跌楔形和看涨楔形有一点明显不同之处:看涨楔形在跌破下限支持后经常会出现急跌;但看跌楔形往上突破阻力后,可能会横向发展,形成徘徊状态,成交量仍然十分低迷,然后才慢慢开始上升,成交量也随之而增加。这种情形的出现,我们可待期价打破徘徊闷局后才考虑跟进。

3. 箱形整理

箱形整理又称为矩形整理,是由一连串期价在两条水平的上下界线之间变动而成的形态。期价在其范围之内出现上落。价格上升到某水平时遇上阻力,掉头回落,但很快便获得支持而升,可是回升到上次同一高点时再一次受阻,而挫落到上次低点时则再得到支持。这些短期高点和低点分别以直线连接起来,便可以绘出一条通道,这通道既非上倾,亦非下降,而是平行发展,这就是矩形形态。

箱形整理形态在升市和跌市中都可能出现,长而窄且成交量小的矩形在原始底部比较常出现。突破了上下限后有买入和卖出的信号,涨跌幅度通常等于矩形本身宽度。

通常情况下,一个狭窄而长的箱形整理形态往往具有很大的威力,它为下一波行情的爆发积蓄了能量。这就是期货市场中那句名言"横有多长,竖有多高"的原因所在。如图 11-55 所示,圆圈处为理论预测涨幅,方框突破处为买入点。

箱形形成的过程中,除非有突发性的消息扰乱,其成交量应该是不断减少的。如果在形态形成期间,有不规则的高成交出现,形态可能失败。当期价突破矩形上限的水平时,必须有成交量激增的配合;但若跌破下限水平时,就不需要高成交量的增加。

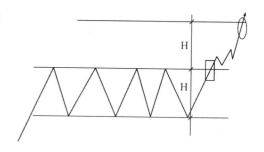

图 11-55　箱形整理形态

箱形呈现突破后,期价经常出现反抽,这种情形通常会在突破后的 3 天至 3 星期内出现。反抽将止于顶线水平之上,往下跌破后的假性回升将受阻于底线水平之下。

【实例 11-14】　箱形整理不仅会出现在日线图中,在小周期级别中更为常见。图 11-56 展示的是股指期货在 1 分钟 K 线级别上经常出现的箱形整理形态。

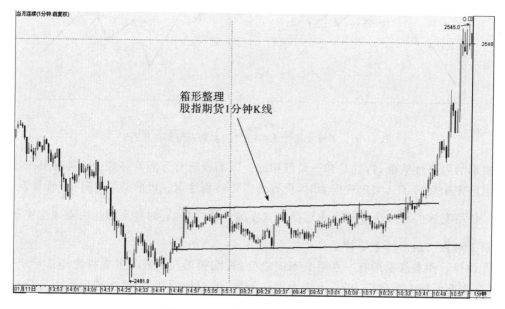

图 11-56　股指期货箱型整理实例

4.旗形整理

旗形走势的形态就像一面挂在旗杆顶上的旗帜,这形态通常在急速而又大幅的市场波动中出现,期价经过一连串紧密的短期波动后,形成一个稍微与原来趋势呈相反方向倾斜的长方形,这就是旗形走势。旗形走势又可分作上升旗形和下降旗形。

旗形整理形态完成后期价将继续按原来的趋势方向移动,上升旗形将向上突破,而下降旗形则是往下跌破。旗形有一个时间标准,即旗形整理时间一般在 7～14 日。突破旗形后,上涨的幅度一般都不会少于旗形之前紧邻旗形的那波行情的空间。如图 11-57 所示,左图为上升旗形,右图为下降旗形。

旗形整理形态必须在急速上升或下跌之后出现,成交量则必须在形成形态期间不断地显著减少。当上升旗形往上突破时,必须要有成交量激增的配合;当下降旗形向下跌破时,成交量也是大量增加的。在旗形形态形成过程中,若期价趋势形成旗形而其成交量为不规

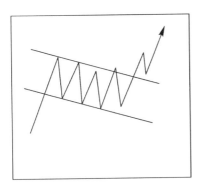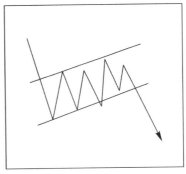

图 11-57　上升旗形形态(左图)和下降旗形形态(右图)

则或很多又非渐次减少的情况时,下一步将是很快的反转,而不是整理。即上升旗形往下突破而下降旗形则是向上升破。换言之,出现高成交量的旗形形态时市况可能出现逆转,而不是整理。因此,成交量的变化在旗形走势中是十分重要的,它是观察和判断形态真伪的唯一方法。

【实例 11-15】　股指期货在 2011 年整体上处于单边下降趋势,在这一过程中出现了多次旗形整理,然后向下突破继续下行。这也提醒投资者,在投资过程中要顺应趋势,特别是当旗形这种整理形态没有形成反转信号时市场还将延续原有的方向运行,而这时任何"抢反弹"或逆势做多的行为都是极其危险的,见图 11-58。

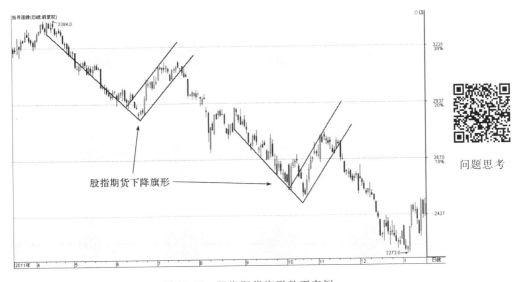

图 11-58　股指期货旗形整理实例

【项目结论】

1. 技术分析方法是根据期货市场现在与过去的行为和轨迹来分析期货价格变动趋势的方法。其特点是通过对市场过去和现在的行为,应用数学和逻辑上的方法,归纳总结一些典型的行为,据以预测期货市场未来的变化趋势。

2. 技术分析的理论基础是基于三项市场假设:市场行为包容消化一切、价格沿趋势移动、历史会重演。

3.一般说来,可以将技术分析方法分为如下五类:指标类、切线类、形态类、K线类和波浪类。

4.K线是一条柱状的线条,由影线和实体组成。影线在实体上方的部分叫上影线,下方的部分叫下影线;实体分阳线和阴线两种。

5.常见的K线组合有:锤子线、上吊线、倒锤线、射击之星、看涨吞没、看跌吞没、刺透、乌云盖顶、孕线、反击线、十字星、平头顶底、早晨之星、黄昏之星、上升三法和下降三法等。

6.重要的反转形态有:头肩形态、双重顶(底)形态、三重顶(底)形态、圆弧底(顶)形态、V形反转等。

7.重要的持续整理形态有:三角形整理、楔形整理、箱形整理和旗形整理等。

【项目训练】

请通过期货行情分析软件和互联网,查看期货历史行情,完成以下实训项目的操作:

项目延伸

1.找出头肩顶形态并写出头肩顶形态的操作策略;

2.分别找出希望之星形态和黄昏之星形态;

3.结合网络资源,找到关于铜期货的技术分析评论文章;

4.找出股指期货中三种不同的中继形态,并分析它们的区别;

5.分析当前大豆主力合约的K线形态并对未来走势做出分析判断。

第十二章 期货价格技术分析方法
——指标分析

【知识目标】 掌握移动平均线的原理；掌握移动平均线的种类；了解简单移动平均线、指数平滑移动平均线、通畅移动平均线和线性加权移动平均线的计算方法；了解移动平均线的特征；掌握平滑异同移动平均线（MACD）指标的原理；掌握 MACD 指标的计算方法。

【技能目标】 熟悉葛兰碧移动平均线八大法则，能够应用该八大法则对期货价格和移动平均线的关系进行分析；熟悉多条移动平均线的应用方法，能够通过短中长期移动平均线的关系进行期货价格分析；熟悉 MACD 和 DIF 数值的研判，能够对 MACD 柱状图和背离形态进行分析。

【案例导入】
商品期货品种技术点评

一、白　糖

SR1301 合约期价站上 20 日均线后连续 3 个交易日上涨。技术上，均线系统开始顺势向上排列，其中 5 日均线分别与 10 日均线和 20 日均线形成"金叉"，而 10 日均线与 20 日均线也形成"金叉"。此外，期价沿着 5 日均线上方运行，且近期保持较为良好的上涨趋势，料期价已经展开针对 4 月中旬开始的下跌趋势的反弹行情，预计上方第一阻力位在 60 日均线附近。操作上，前期多单可继续持有。

二、强　麦

WS1301 合约期价止跌反弹，但是仍处于 2427～2572 元/吨的振荡区间，且振幅收窄，市场呈现上行无力局面，见图 12-1。同时，由于缺乏资金关注，短期小麦市场难以出现突破性走势。因此，建议投资者以区间振荡思路操作，在 2470～2540 元/吨的区间高抛低吸。

三、早籼稻

ER1301 合约期价先抑后扬，见图 12-2。技术上，期价在跌至布林通道中轨时止跌反弹，上周四、周五的日 K 线阳实体几乎已经收复了周三的阴实体，显示短期价格仍有反弹空间，不过，上方阻力位在布林通道的上轨。操作上，可在 2670～2735 元/吨的区间进行高抛低吸的短线投机操作。

图 12-1　强麦 1301 合约日线

图 12-2　早籼稻 1301 合约日线

四、豆　粕

M1301 合约期价周初延续调整走势,周三开始大幅上扬,周五行至上升通道上沿 3650元/吨一线受阻回落,收于 10 日均线上方。目前,虽然 M1301 期价仍处于上行通道中,但是承压布林道上轨顶部,或有调整需求,预计下方第一支撑位在 3600 元/吨,一旦跌破则建议多单获利了结。而在技术性调整中,前期未有仓位者可尝试在 3540～3560 元/吨的区间逢低回补多单。

五、玉　米

玉米连续期价偏强振荡,在前期高点受到压力。下方 5 日均线与 10 日均线支撑显著,MACD 红柱区有所收窄,预示上方存在压力,而慢线 DEA 和快线 DIF 仍呈现上涨趋势,可见上涨走势尚未终结,见图 12-3。同时,近月 1209 合约周内突破前高,后期玉米市场仍有涨势,且本周这种振荡走势还将继续,下方 2320 元/吨一线支撑较为强劲,投资者可以以偏多思路操作。

图 12-3　玉米 1301 合约日线

六、棉　花

棉花 CF1301 合约期价在 19500～19600 元/吨的窄幅区间横盘整理,显示多空力量暂时处于平衡状态;宏观经济政策趋向稳增长,棉花收储政策均支撑棉价,相反,高库存压制棉价。技术面上,19600 元/吨已经成为多空分水岭,若短时间内不能攻破,则回归弱势的可能性较大,届时可以轻仓建立空单,见图 12-4。

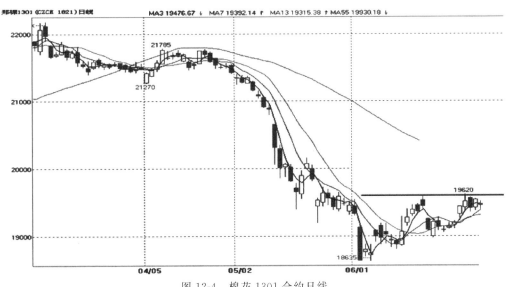

图 12-4　棉花 1301 合约日线

(资料来源:上海中期农产品小组,《一周技术点评》,《期货日报》2012 年 7 月 9 日。)

第一节　移动平均线指标(MA)

一、移动平均线的原理和分类

(一)移动平均线的原理

Moving average,简称 MA,原本的意思是移动平均,由于我们将其制作成线形,所以一般称之为移动平均线,简称均线。移动平均线是由著名的美国投资专家葛兰碧(Joseph E. Granville,又译为格兰威尔)于 20 世纪中期提出来的。均线理论是当今应用最普遍的技术指标之一。

(二)移动平均线的种类

移动平均线按时间周期分类,可分为短期、中期、长期移动平均线。

依据葛兰碧法则中的穿越原理,当期价与均线交叉时,乖离值正好在零轴附近,因此零轴为多空的分界点。正常情形下指标将在零轴上下波动,故中期走势的波段高低点可以利用该指标特性来研判。以下详细阐述葛兰碧法则的具体内容,如图 12-5 所示。

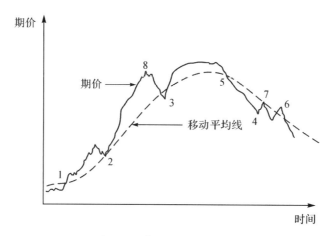

图 12-5　葛兰碧移动平均线

葛兰碧移动平均线八大法则八大法则分两部分:第一部分是买进信号,即 1、2、3、4 是买点;第二部分是卖出信号,即 5、6、7、8 是卖点。

第一部分买进信号:1 是指移动平均线从下降逐渐走平且略向上方抬头,而期价从移动平均线下方向上方突破,为买进信号。2 是指期价位于移动平均线之上运行,回档时未跌破移动平均线后又再度上升时为买进时机。3 是指期价位于移动平均线之上运行,回档时跌破移动平均线,但短期移动平均线继续呈上升趋势,此时为买进时机。4 是指期价位于移动平均线以下运行,突然暴跌,距离移动平均线太远,极有可能向移动平均线靠近,此时为买进时机。

第二部分卖出信号:5 是指期价位于移动平行线之上运行,连续数日大涨,离移动平均线越来越远,说明近期内购买者获利丰厚,随时都会产生获利回吐的卖压,应暂时卖出持仓。(BIAS(10)>40)6 是指移动平行线从上升逐渐走平,而期价从移动平行线上方向下跌破移动平行线时说明卖压渐重,应卖出所持仓位。7是指期价位于移动平行线下方运行,反弹时未突破移动平行线,且移动平行线跌势减缓,趋于水平后又出现下跌趋势,此时为卖出时机。8是指期价反弹后在移动平行线上方徘徊,而移动平行线却继续下跌,宜卖出所持仓位。

具体应用原则归纳如下:

①葛兰碧八大法则的总体精神为上升的平均线不宜做空,下跌的平均线不宜做多。

②移动平均线本身即支撑、阻力与助涨助跌功效,为特性之一,并可起到多空研判的趋势线作用。

③多头市场时,期价大于短期均线,短期均线大于中期均线,中期均线又大于长期均线,此即多头排列。空头市场时,期价小于短期均线,短期均线小于中期均线,中期均线又小于长期均线,此即空头排列。

④黄金交叉,即短期平均线突破中期平均线交叉后,移动平均线持续上扬,可作买进信号。死亡交叉,即短期平均线跌破中期平均线交叉后,移动平均线持续下跌,可作卖出信号。

⑤短期投资人应于期价向下穿越平均线便卖出,向上穿越平均线便买入,但要注意"真假突破"的技术认定问题。

⑥原本持续上升的移动平均线开始往横向走平时,多头应获利了结。持续下降的移动平均线开始走平时,空头亦应平仓获利回补。

问题思考

第二节　平滑异同移动平均线指标(MACD)

一、MACD指标的原理与计算方法

(一)MACD指标的原理

平滑异同移动平均线(moving average convergence divergence,MACD)是杰拉尔德·阿佩尔(Gerald Appel)于1979年提出的,它是一项利用短期(常用为12日)移动平均线与长期(常用为26日)移动平均线之间的聚合与分离状况,对买进、卖出时机做出研判的技术指标。MACD是通过对指数型平滑移动平均线EMA的乖离曲线(DIF)以及DIF值的指数型平滑移动平均线(DEA)这两条曲线走向之异同、乖离的描绘和计算,进而研判市势的一种技术方法。

MACD指标是运用快速(短期)和慢速(长期)移动平均线及其聚合与分离的征兆,加以双重平滑运算。而根据移动平均线原理发展出来的MACD,一则去除了移动平均线频繁发出假信号的缺陷,二则保留了移动平均线的效果,因此,MACD指标同样具有类似于均线的趋势性、稳重性、安定性等特点。

MACD指标主要是通过EMA、DIF和DEA(或叫MACD、DEM)这三个值之间关系的研判,DIF和DEA连接起来的移动平均线的研判以及DIF减去DEM值而绘制成的柱状图(BAR)的研判等来分析判断行情,是预测期价中短期趋势的主要的技术分析指标。其中,DIF是核心,DEA是辅助。DIF是快速平滑移动平均线(EMA₁)和慢速平滑移动平均线(EMA₂)的差。BAR柱状图通常在期货行情分析软件中用红柱和绿柱的收缩来研判行情。

(二)MACD 指标的计算方法

MACD 在应用上,首先计算出快速移动平均线(即 EMA_1)和慢速移动平均线(即 EMA_2),以此两个数值,来作为测量两者(快慢速线)间的离差值(DIF)的依据,然后再求 DIF 的 N 周期的平滑移动平均线 DEA(也叫 MACD、DEM)线。下面以 EMA_1 的参数为 12 日,EMA_2 的参数为 26 日,DIF 的参数为 9 日为例来说明 MACD 的计算过程。

1.计算移动平均值(EMA)

12 日 EMA 的计算公式见式 12-1。

$$EMA(12) = 前一日 EMA(12) \times \frac{11}{13} + 今日收盘价 \times \frac{2}{13} \qquad 式 12\text{-}1$$

26 日 EMA 的计算公式见式 12-2。

$$EMA(26) = 前一日 EMA(26) \times \frac{25}{27} + 今日收盘价 \times \frac{2}{27} \qquad 式 12\text{-}2$$

2.计算离差值(DIF)(见式 12-3)

$$DIF = 今日 EMA(12) - 今日 EMA(26) \qquad 式 12\text{-}3$$

3.计算 DIF 的 9 日 EMA

根据离差值计算其 9 日的 EMA,即离差平均值,是所求的 MACD 值。为了不与指标原名相混淆,此值又称为 DEA 或 DEM,其计算公式见式 12-4。

$$今日 DEA(MACD) = 前一日 DEA \times \frac{8}{10} + 今日 DIF \times \frac{2}{10} \qquad 式 12\text{-}4$$

计算出的 DIF 和 DEA 的数值均为正值或负值。

理论上,在持续的涨势中,12 日 EMA 线在 26 日 EMA 线之上,其间的正离差值(+DIF)会越来越大;反之,在跌势中离差值可能变为负数(-DIF),也会越来越大,而在行情开始好转时,正负离差值将会缩小。指标 MACD 正是利用正负的离差值(±DIF)与离差值的 N 日平均线(N 日 EMA)的交叉信号作为买卖信号的依据,即再度以快慢速移动线的交叉原理来分析买卖信号。

另外,MACD 指标在期货行情分析软件中还有个辅助指标——BAR 柱状线,其计算公式见式 12-5。

$$BAR = 2 \times (DIF - DEA) \qquad 式 12\text{-}5$$

我们还是可以利用 BAR 柱状线的收缩来决定买卖时机。离差值 DIF 和离差平均值 DEA 是研判 MACD 的主要工具。其计算方法比较烦琐,由于目前这些计算值都会在分析软件上由计算机自动完成,因此,投资者只要了解其运算过程即可,而更重要的是掌握它的研判功能。

和其他指标的计算一样,由于选用的计算周期的不同,MACD 指标也包括日 MACD 指标、周 MACD 指标、月 MACD 指标、年 MACD 指标以及分钟 MACD 指标等各种类型。经常被用于期市研判的是日 MACD 指标和周 MACD 指标。虽然它们在计算时的取值有所不同,但基本的计算方法一样。在实践中,将各点的 DIF 和 DEA(MACD)连接起来就会形成在零轴上下移动的两条快速(短期)和慢速(长期)线,此即 MACD 图。

在常用的期货行情分析软件中(以我们前面介绍过的博易大师分析系统为例),BAR 柱状线的值是 DIFF 和 DEA 的差,若 DIFF 线在 DEA 线的上方,则差值为正,柱状线在 0 轴的上方,软件中显示为红柱;相反的,若 DIFF 线在 DEA 线的下方,则差值为负,柱状线在 0 轴的下方,软件中显示为绿柱。图 12-6 所示为 MACD 指标。

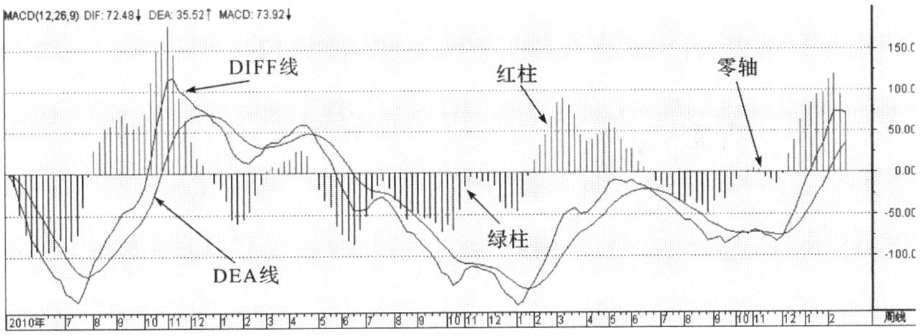

图 12-6　MACD 指标

二、MACD 指标的应用

　　MACD 指标是市场上绝大多数投资者熟知的分析工具,但在具体运用时,投资者可能会觉得 MACD 指标运用的准确性、实效性和可操作性上有很多茫然的地方,有时会发现用从书上学来的 MACD 指标的分析方法和技巧去研判期价走势,所得出的结论往往和实际走势存在着特别大的差异,甚至会得出相反的结果。这其中的主要原因是市场上绝大多数论述期货市场技术分析的书中关于 MACD 的论述只局限在表面的层次,只介绍 MACD 的一般分析原理和方法,而对 MACD 分析指标的一些特定的内涵和分析技巧的介绍鲜有涉及。这里将在介绍 MACD 指标的一般研判技巧和分析方法基础上,详细阐述 MACD 的特殊研判原理和功能。

　　MACD 指标的一般研判标准主要是围绕快速和慢速两条均线及红、绿柱线状况和它们的形态展开。一般分析方法主要包括 DIF 和 MACD 值及它们所处的位置、DIF 和 MACD 的交叉情况、红柱状的收缩情况和 MACD 图形背离形态这四个大的方面分析。

(一)DIF 和 MACD 的值及曲线的位置

　　1. DIF 和 MACD 均大于 0,并向上移动

　　当 DIF 和 MACD 均大于 0(即在图形上表示为它们处于零线以上)并向上移动时,一般表示期市处于多头行情中,可以买入或持有多头头寸,如图 12-7 所示。

图 12-7　DIF 和 MACD 均大于 0,并向上移动

2. DIF 和 MACD 均小于 0,并向下移动

当 DIF 和 MACD 均小于 0(即在图形上表示为它们处于零线以下)并向下移动时,一般表示期市处于空头行情中,可以卖出或持有空头头寸,如图 12-8 所示。

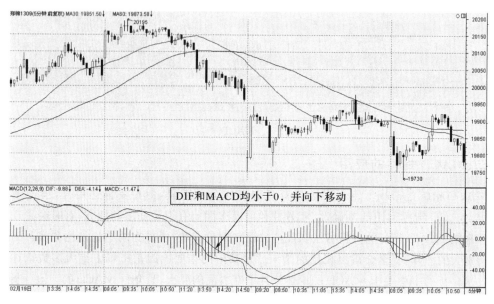

图 12-8　DIF 和 MACD 均小于 0,并向下移动

3. DIF 和 MACD 均大于 0,但都向下移动

当 DIF 和 MACD 均大于 0(即在图形上表示为它们处于零线以上)但都向下移动时,一般表示期货行情处于退潮阶段,期价将下跌,可以卖出或持有空头头寸,如图 12-9 所示。

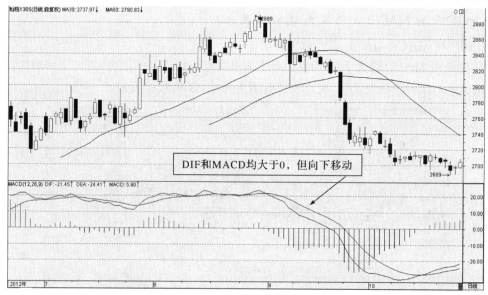

图 12-9　DIF 和 MACD 均大于 0,但向下移动

4. DIF 和 MACD 均小于 0,但都向上移动

当 DIF 和 MACD 均小于 0（即在图形上表示为它们处于零线以下）但都向上移动时,一般表示为行情即将启动,期价将上涨,可以买进或持有多头头寸,如图 12-10 所示。

图 12-10　DIF 和 MACD 均小于 0,但向上移动

(二)DIF 和 MACD 的交叉情况

1. DIF 在零线上方向上突破 MACD

当 DIF 与 MACD 都在零线以上,而 DIF 向上突破 MACD 时,表明期市处于一种强势之中,期价将再次上涨,可以加码买进或持有多头头寸,这就是 MACD 指标"黄金交叉"的一种形式,如图 12-11 所示。

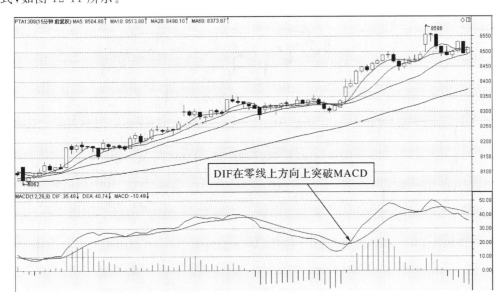

图 12-11　DIF 在零线上方向上突破 MACD

2. DIF 在零线下方向上突破 MACD

当 DIF 和 MACD 都在零线以下,而 DIF 向上突破 MACD 时,表明期市即将转强,期价跌势已尽,将止跌朝上,可以开始买进或持有多头头寸,这是 MACD 指标"黄金交叉"的另一种形式,如图 12-12 所示。

图 12-12　DIF 在零线下方向上突破 MACD

3. DIF 在零线上方向下突破 MACD

当 DIF 与 MACD 都在零线以上,而 DIF 却向下突破 MACD 时,表明期市即将由强势转为弱势,期价将下跌,这时应当卖出或持有空头头寸,这就是 MACD 指标的"死亡交叉"的一种形式,如图 12-13 所示。

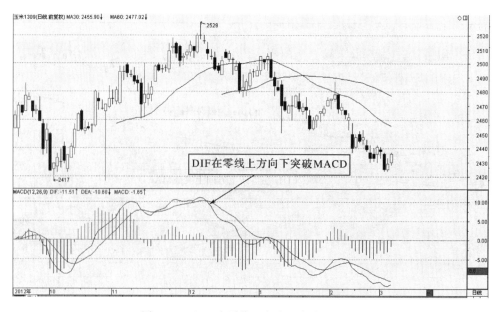

图 12-13　DIF 在零线上方向下突破 MACD

4.DIF在零线下方向下突破MACD

当DIF和MACD都在零线以下,而DIF向下突破MACD时,表明期市将再次进入极度弱市,期价还将下跌,可以加仓卖出或持有空头头寸,这是MACD指标"死亡交叉"的另一种形式,如图12-14所示。

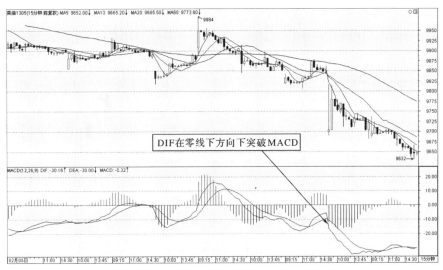

图 12-14 DIF在零线下方向下突破MACD

(三)MACD指标中的柱状图分析

我们在前文曾介绍过在期货行情分析软件中通常采用DIF值减DEA(即MACD、DEM)值而绘制成柱状图,用红柱状和绿柱状表示,红柱表示正值,绿柱表示负值。用红绿柱状来分析行情,既直观明了又实用可靠。下面详细阐述柱状图的分析方法。

1.红柱持续放大

当红柱持续放大时,表明期市处于牛市行情中,期价将继续上涨,这时应持有多头头寸或买入,直到红柱无法再放大时才考虑平仓卖出,如图12-15所示。

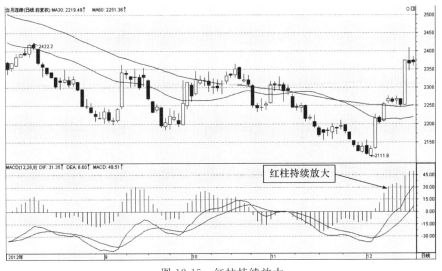

图 12-15 红柱持续放大

2.绿柱持续放大

当绿柱持续放大时,表明期市处于熊市行情,期价将继续下跌,这时应持有空头头寸或卖出,直到绿柱开始缩小时才可以考虑平仓买入,如图12-16所示。

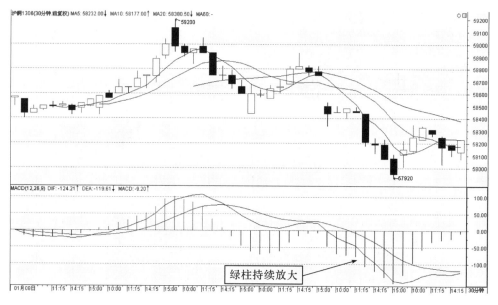

图 12-16　绿柱持续放大

3.红柱开始缩小

当红柱开始缩小时,表明期市牛市即将结束(或要进入调整期),期价将大幅下跌,这时应卖出或持有空头头寸,如图12-17所示。

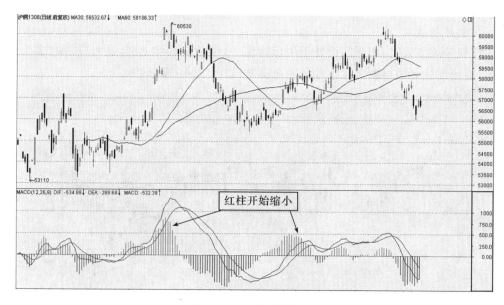

图 12-17　红柱开始缩小

4.绿柱开始缩小

当绿柱开始缩小时,表明期市的大跌行情即将结束,期价将止跌向上(或进入盘整),这时可以少量买入而不要轻易卖出开仓,如图 12-18 所示。

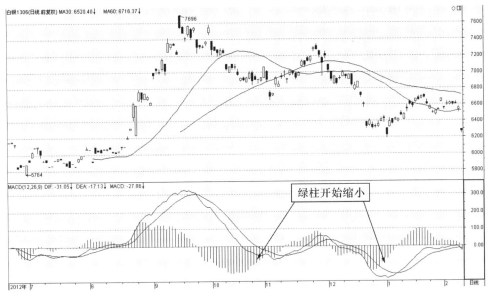

图 12-18　绿柱开始缩小

5.红柱消失,绿柱开始出现

当红柱开始消失,绿柱开始出现时,这是期市转市信号之一,表明期市的上涨行情(或高位盘整行情)即将结束,期价将开始加速下跌,这时应开始准备卖出开仓或持有空头头寸,如图 12-19 所示。

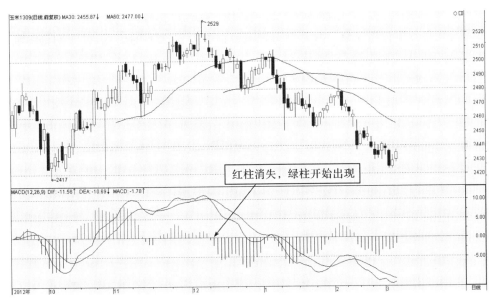

图 12-19　红柱消失,绿柱开始出现

6.绿柱消失,红柱开始出现

当绿柱开始消失,红柱开始出现时,这也是期市转市信号之一,表明期市的下跌行情(或低位盘整行情)已经结束,期价将开始加速上升,这时应开始买入或持有多头头寸,如图12-20所示。

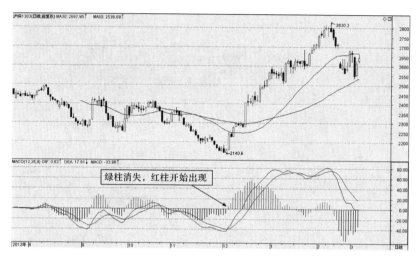

图 12-20　绿柱消失,红柱开始出现

(四)MACD 背离形态分析

MACD 指标的背离就是指 MACD 指标图形的走势和 K 线图的走势方向正好相反。该指标的背离有顶背离和底背离两种。指标背离虽然不经常出现,但却是一种比较可靠的交易形态。在实际投资中,成功率远远大于前述三种分析。

1.顶背离

K 线图上的期货价格走势一峰比一峰高,期价一直在向上涨,而 MACD 指标却不能相应地创出新高,即期价的高点比前一次的高点高,而 MACD 指标的高点比前一次的高点低,这叫顶背离现象。顶背离现象一般是期价在高位即将反转向下的信号,表明期价短期内即将下跌,是卖出信号,如图 12-21 所示。

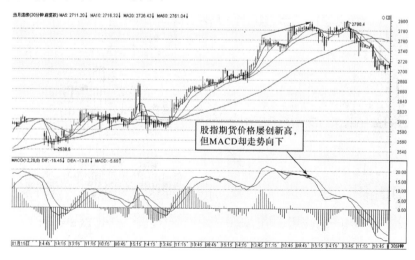

图 12-21　MACD 顶背离

2.底背离

底背离一般出现在期价的低位区。K线图上的期货价格不断下跌,而MACD指标的低点却比前一次的低点高或者走平不再创出新低,这叫底背离现象。底背离现象一般是预示期价在低位可能反转向上的信号,表明期价短期内可能反弹向上,是买入信号,如图12-22所示。

股指期货价格不断创出新低,但MACD低点却比前期低点要高

图 12-22 MACD 底背离

在投资实践中,MACD指标的背离一般出现在强势行情中比较可靠。期价在高价位时,通常只要出现一次背离的形态即可确认为期价即将反转;而期价在低价位时,一般要反复出现几次背离后才能确认。因此,MACD指标的顶背离研判的准确性要高于底背离,这一点投资者要加以留意。

问题思考

【项目总结】

1. Moving average,简称MA,原本的意思是移动平均,由于我们将其制作成线形,所以一般称之为移动平均线,简称均线。

2. 移动平均线按照计算的方法不同,可以分为简单移动平均线(SMA)、指数平滑移动平均线(EMA)、通畅移动平均线(SMMA)和线性加权移动平均线(LWMA)四种。

3. 移动平均线具有趋势、稳重、安定和助涨助跌的特性。

4. 平滑异同移动平均线(moving average convergence divergence,MACD)是杰拉尔德•阿佩尔(Gerald Appel)于1979年提出的,它是一项利用短期(常用为12日)移动平均线与长期(常用为26日)移动平均线之间的聚合与分离状况,对买进、卖出时机做出研判的技术指标。MACD是通过对指数型平滑移动平均线EMA的乖离曲线(DIF)以及DIF值的指数型平滑移动平均线(DEA)这两条曲线走向之异同、乖离的描绘和计算,进而研判市势的一种技术方法。

5. MACD指标的一般研判标准主要是围绕快速和慢速两条均线及红、绿柱线状况和它们的形态展开。一般分析方法主要包括 DIF 和 MACD 值及它们所处的位置、DIF 和 MACD 的交叉情况、红(绿)柱状的收缩情况和 MACD 图形背离形态这四个大的方面分析。

6. MACD 指标的背离就是指 MACD 指标图形的走势和 K 线图的走势方向正好相反。该指标的背离有顶背离和底背离两种。

【项目训练】

项目延伸

请通过期货行情分析软件和互联网,查看期货历史行情,完成以下实训项目的操作:

1. 构建一个 30 日和 60 日的均线组合,指出其在螺纹钢期货 30 分钟 K 线图上的支撑和压力作用。

2. 查看我国上海期货交易所燃料油期货主力合约 2012 年的历史 K 线,根据葛兰碧移动平均线八大法则指出买卖点。

3. 结合网络资源,找到关于玉米期货的技术分析评论文章。

4. 找出股指期货中的顶背离和底背离形态并分析它们的区别。

5. 分析当前豆粕主力合约 MACD 指标形态并对未来走势做出分析判断。

第十三章　套期保值

【知识目标】　了解套期保值对企业的意义和作用,掌握企业通过套期保值回避价格波动风险的原理;了解企业的生产经营流程,熟悉企业在不同环节可能出现的风险敞口;掌握制定企业套期保值方案的原则和要求;了解企业套期保值需求的确定,掌握企业套期保值方向、合约、数量、价格、入场出场时机的选择和确定要求;了解企业申请套期保值交易的条件和审批流程;熟悉单一目标价位建仓和分级目标价位建仓的操作和区别;了解国内各期货品种的套期保值申请期限、套期保值头寸建仓期限和套期保值额度禁止重复使用的期限;掌握企业在套期保值持仓过程中遇到的投机风险、基差风险、保证金风险、展期风险出现的原因及防范措施;了解企业在评价套期保值效果时的正确理念和评价标准。

【技能目标】　掌握企业通过套期保值回避价格波动风险的原理;熟练分析典型企业在经营过程中的各项风险,了解企业套期保值的目的;掌握企业申请进行套期保值业务的流程及相关管理规定,能够根据企业实际情况和市场状况制定套期保值方案;掌握企业套期保值操作的过程监控及效果评价。

【案例导入】

钢材主要应用于房地产、汽车、造船、机械制造、家电等行业,产业链长,涉及面广,原料、半成品、成品种类、材质及数量繁多,钢材价格的波动牵动着众多行业的运作和发展。近年来,钢材价格几经跌宕起伏,上下游企业都面临着不同的经营风险。

1997年东南亚金融危机的爆发,导致外部需求急剧萎缩,给中国经济以沉重打击,进而使钢材价格持续走低,从2966.5元/吨跌到2001年的2602.1元/吨,跌幅为12%。

直到2002年,在国内固定资产快速增长和房地产投资热潮的共同作用下,钢铁行业的固定资产投资扭转了连续多年的下滑局面,钢材价格随之回升,2004年涨至4170.7元/吨。

经过2年的投资建设,钢铁行业的产能迅速扩张,2005年或2006年建成投产后,导致产能过剩,钢材价格再度下跌至2006年的3949.4元/吨。

从2006年开始,国民经济持续快速增长,城镇固定资产投资同比增长也以高水平运行,再加上铁矿石、焦煤和焦炭等原材料价格的上涨,钢材价格开始大幅上扬,2008年涨至5213.7元/吨。

2008年,由美国次贷危机引发的全球性经济危机很快影响到实体经济,使得世界各主要经济体的经济从2008年下半年开始进入衰退期,国际钢铁行业陷入停滞阶段,中国的钢材出口大幅下滑,价格跌至 3860.4 元/吨。

　　随着中国 4 万亿元投资经济刺激计划和钢铁等九大产业振兴计划的推出,加之 2009 年 4 月钢材期货上市,拉动钢材现货在淡季走高,2009 年钢材价格出现全面上涨。到了 2010 年钢材价格达到阶段性高点后,由于当时全国社会钢材库存在高位徘徊难下,库存消化极为缓慢,而下游用户观望气氛浓厚且普遍调整采购计划,在国内钢铁产量屡创新高的形势下,国内钢铁供需矛盾集中爆发,同时在房地产调控、人民币汇率改革、热轧等钢材出口退税调整等一系列利空因素的影响下,钢材价格从 2011 年 9 月又开始持续下跌,到 2012 年 9 月钢材价格走向冰点,1 吨钢材利润仅 1.68 元,钢铁企业面临全线亏损。图 13-1 显示了国内钢材综合平均价格指数走势。

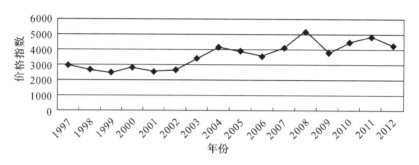

图 13-1　国内钢材综合平均价格指数走势

第一节　认识套期保值对企业的意义

　　在现代经济活动中,任何行业任何企业都不可避免地遇到各种风险,如市场风险、管理风险、操作风险、法律风险和信用风险等,其中经常会面临市场价格波动风险。如在农业生产中,自然灾害导致农产品减产,不仅影响农民的收成,而且由此引起的供求矛盾还会使粮食加工商支付更高的采购成本,进而直接引起粮油等其他消费品的价格上涨。对于制造业而言,原油、燃料等原材料的供给减少将会引起制成品价格的上涨。原材料能否以较低价格购进,产品能否以较高价格卖出,始终是困扰生产经营者的主要问题。正确利用期货市场的套期保值交易,可有效规避因价格波动所带来的风险。

　　套期保值,是涉险企业在期货市场上做一笔与现货交易品种相同、数量相当、时间相近、方向相反的期货交易,当某一市场出现价格风险时在另一市场实施对冲,以达到锁定价格、化解风险的目的。一次完整的套期保值,应该包括买(卖)现货、期货市场建仓、期货市场平仓三个交易。根据期货市场建仓的方向,可分为买入套期保值和卖出套期保值。套期保值交易适合有上市品种经营背景的现货商,如生产商、加工商、中间贸易商等,他们参与套期保值的目的可概括为两锁一降,即锁定原材料成本、锁定产品销售利润、降低原材料或产品的库存成本和风险。

问题思考

第二节　识别企业风险

套期保值的目的是规避价格朝不利方向变动时给企业带来的风险损失,在进行套期保值之前,首先要对企业的主营业务和经营流程进行分析,确定企业在生产经营过程中存在的风险点,分析采购、生产、销售、库存中可能存在的价格波动风险。

一、分析企业经营流程

生产经营性企业的经营流程大都包括生产、加工、储存和销售等过程。对于企业来说,只要产(买入)和销(卖出)没有同时锁定,就会出现风险敞口。风险敞口,指承担价格涨跌风险的原材料或产品数量。不同企业的风险敞口会出现在生产和流通的不同环节,按照风险敞口的方向可将企业分成以下三类。

1. 下游敞口/上游闭口企业

下游敞口/上游闭口企业,即上游原材料的采购成本相对固定,但下游产品的销售价格却不能固定的企业。这类企业一般处于产业链的上游,如资源开采类企业,其成本取决于开采费用而相对固定,而产品销售价格随市场需求而上下波动。

2. 上游敞口/下游闭口企业

上游敞口/下游闭口企业,即上游原材料的采购成本变化较大,但下游产品的销售价格因与原材料价格相关性不大而相对固定的企业。这类企业一般处于产业链的下游,如终端消费企业。

3. 双边敞口企业

双边敞口企业即上游原材料的采购成本和下游产品的销售价格都不能固定。这类企业一般处于产业链的中游,如加工商、中间贸易商等。

二、发现风险点

通过分析企业的经营流程,不难发现企业在生产经营过程中面临的风险点所在。

1. 下游敞口/上游闭口企业的风险点

对于下游敞口/上游闭口企业来说,风险点主要集中在下游,其主要风险就是产品价格的下跌,具体包括:①销售风险;②产品库存风险。

2. 上游敞口/下游闭口企业的风险点

对于上游敞口/下游闭口企业来说,风险点主要集中在上游,其主要风险就是原材料价格的上涨,具体包括:①采购风险;②原材料补库风险。

3. 双边敞口企业的风险点

对于双边敞口企业来说,风险点集中在两端,上下游都存在一定风险,其主要风险表现在原材料价格的上涨和产品价格的下跌两个方面,具体包括:①采购风险;②销售风险;③产品库存风险;④原材料补库风险。如钢铁生产企业的基本业务流程是按市场价格采购铁矿石,经过冶炼生产出钢材,然后以市场价格进行销售。可知,钢铁生产企业在原材料采购环节中,面临着铁矿石价格上涨时采购成本增加的风险;在销售环节,当螺纹钢、线材等价格下跌时面临滞销带来的积压风险,当价格上

问题思考

涨时又面临囤货带来的资金风险;在库存环节中,主要面临铁矿石或钢材价格下跌时场内库存贬值的风险。

第三节　确定套期保值方案

尽管不同企业在生产经营流程、风险敞口等方面存在明显差异,但企业确定套期保值策略的流程却不尽相同。

一、确定企业的套期保值需求——是否需要进行套期保值(Whether)

企业应该根据自身的生产经营特点或投资目标,统一确定风险偏好和风险承受度,据此确定风险预警线,确定是否需要并且适合进行套期保值。在此过程中,企业应综合考虑以下两个问题:

(1)是否担心有价格风险?这需要对当前市场的运行趋势做出正确判断,且判断的偏差不能太大,当然就得依赖现货企业的敏感度和对市场的理解。如果价格相对稳定或价格朝有利方向变动的趋势较明显,则可考虑暂不做套期保值。

(2)如果价格风险真的发生,是否能承担得起?一旦价格朝不利方向变动的可能性增大,而且企业无力承担这种价格风险损失,那么就必须做套期保值了。

二、确定对应的套期保值方向——如何做套期保值(How)

企业确定进行套期保值后,应根据套期保值目标的性质和任务,严格确定套期保值工具的买卖方向。不同类别的风险敞口,意味着不同的套期保值方向。决定套期保值方向时,企业应根据自身的经营状况判明现货风险敞口所在,针对风险来源做反向操作,担心什么就保什么。对于采购风险,因担心原材料价格上涨,可进行原材料买入套期保值以锁定成本。对于库存风险和销售风险,因担心库存原材料或产品价格下跌,可根据产品和原材料之间的价格比例进行卖出套期保值以锁定利润。如果价格跌破了企业的生产成本,则可缩减生产,同时对产品做买入套期保值,建立虚拟库存。

但是,在现实中有很多企业不能简单地被划归为某一类企业,可能其某些业务具备第一类的特征,而某些业务具备第二类的特征。以铜生产企业为例,从原材料的获得到最终制成成品铜材销售这一产业链的不同环节,其作价模式不同,风险敞口也有所不同,如自有铜矿开采部分属于下游敞口/上游闭口型,而外购原料部分则属于双边敞口型,这时就需要针对不同的业务环节区分不同风险,按照不同的风险敞口和业务类型制订相应的套期保值方向,决定哪些业务做买入套期保值,哪些业务做卖出套期保值。

三、选择合适的套期保值合约——用什么保(What)

在确定好套期保值方向后,就要选择合适的交易合约。根据套期保值交易时间相近的原则,理论上企业应根据自身经营的时间特点,选择月份相同或相近的合约进行操作。如小麦农场主预计明年5月份收获1吨小麦,为防止未来小麦销售价格下跌,应卖出小麦5月合约。但在实际操作过程中,与企业现货对应的期货合约不一定就是当前的主力合约,交易冷清,当套期保值交易规模较大时,可能会因为期货合约的流动性不足而产生较大的冲击成本,甚至出现无法完成建仓的情况,因此通常选择成交比较活跃的主力合约建仓。而且随着主力合约的换月,企业还需及时对套期保值头寸进行月份之间的移仓操作,即在平仓原主力合约头寸的同时建立新的主力合约头寸。

四、确定最优的套期保值数量——保多少(How Many)

随着生产加工和销售的进行,企业的现货库存数量不断变化。套期保值是根据企业现货库存的数量和性质在期货市场上进行对冲,企业在估计风险大小时,一般应以自己所持有的风险敞口净头寸为依据,对期货套期保值头寸做出相应的调整,以保证期货市场和现货市场头寸在数量上保持一致,不可保值不足,也不可保值过度。风险敞口的计算公式为:当日风险敞口=前日风险敞口+(当日定价的原材料采购数量+当日期货多头保值数量)-(当日定价的产品销售数量+当日期货空头保值数量)。

【案例 13-1】 国内某大豆压榨厂从美国进口 6 万吨大豆,预计可压榨出 1.2 万吨的豆油和 4.68 万吨的豆粕。与此同时,该厂销售人员签订了 1 万吨豆油和 3 万吨豆粕的销售合同。则该厂豆油敞口净头寸为 1.2-1=0.2(万吨),豆粕敞口净头寸为 4.68-3=1.68(万吨)。通过分析,该厂认为豆类行情下跌的概率较高,决定对 0.2 万吨豆油和 1.68 万吨豆粕的敞口净头寸做全额套保,于是卖出 1680 手豆粕合约和 200 手豆油合约。第二天,销售人员新签了 1 万吨豆粕的销售合同,豆粕敞口净头寸变为 1.68-1=0.68(万吨),则应在期货市场上平仓 1000 手豆粕合约。

五、确定合理的套期保值区间——什么价格保(Which)

确定合理的套期保值区间,实际上就是要计算套期保值的成本和利润。

对于卖出套期保值企业来说,一般是为了规避销售过程中产品价格下跌带来的风险。企业应计算并比较期货合约价格与套期保值成本,对未来收益进行合理预期,从而锁定现货经营利润。套期保值成本=现货成本+持仓交割成本+资金占用成本+预期利润。当期货合约价格高于套期保值成本时,企业进行卖出套期保值就能锁定利润,其套期保值区间为(套期保值成本,+∞)。

对于买入套期保值企业来说,一般是为了规避采购过程中原材料价格上涨带来的风险。为了锁定合理的利润,企业应根据销售订单的利润,推算出原材料的采购成本。销售订单利润=原材料采购成本+经营利润+持仓成本,由于销售订单利润事先确定,就能计算出原材料的采购成本。当期货合约价格低于原材料采购成本时,企业进行买入套期保值就能锁定利润,其套期保值区间为(0,原材料采购成本)。

六、选择有利的套期保值时机——什么时候保(When)

一个完整的套期保值方案,必须建立在对未来价格趋势进行正确判断的基础上,这种判断的结果可作为套期保值时机的参考。套保时机包括入场时机和出场时机两个方面。

(一)入场时机的选择

为了避免风险长时间地暴露在外,大型企业一般是在净头寸生成的当日或次日即展开套期保值,尤其是在后市趋势改变非常紧迫的时候更应及时进行。此外,企业还可根据是否存在有利的日间基差来选择套期保值的入场时机,一方面需要跟踪基差的不合理区间,另一方面还需要考虑基差的恢复。由于基差走强对卖出套期保值有利,那么在进行卖出套期保值时,入场时机应尽量选择在历史基差水平下基差相对较小时进行,这样随着交割期的临近,期现价格趋于一致,基差走强的概率较大,有利于提高卖出套期保值的效果。反之,在进行买入套期保值时,入场时机应尽量选择在历史基差水平下基差相对较大时进行。

(二)出场时机的把握

套期保值是基于现货经营,为了规避现货经营的价格波动风险而进行的操作,因此期货套期保值头寸必须与现货库存保持同步。如果现货库存减少,则应在期货市场进行相应比例的期货头寸的了结,从而减少风险敞口。如案例 13-1 中,因销售人员新签销售合同使该厂豆粕敞口净头寸减少 1 万吨,则相应在期货市场上平仓 1000 手豆粕合约。大型企业一般是在净头寸灭失的当日或者是次日即结束套保。与入场时机类似,套期保值者还应根据对后市趋势改变的紧急程度和是否存在有利的日间基差两个条件来把握出场时机。了结套期保值头寸的方式有平仓和实物交割两种,其中平仓占主要地位,实物交割所占的比重非常小。这主要是因为平仓了结更灵活,而实物交割需要运输费、检验费、入库费等相关费用,手续相对麻烦。表 13-1 为某企业套期保值方案实例。

问题思考

表 13-1 企业套期保值方案

企业名称:　　　　　　　　　　　　　客户编码:　　　　　　　　　　　年　月　日

套期保值方案							企业上年期货交割情况		企业本年期货交易量情况		企业目前期货持仓情况	
品种月份	买/卖	申请数量(手)	是否已建仓或拟建仓时间	拟平仓数量(手)	拟交割数量(手)	拟注册仓单时间或接货时间	接货(张)	交货(张)	买(手)	卖(手)	买(数量、价位)	卖(数量、价位)

风险来源分析(保值原因):

保值目标:
买期保值如要接仓单,目的是:

备注:

客户负责人签字:　　　　　　　　　　联系电话:　　　　　　　　　　　客户盖章:

第四节　套期保值操作实施

套期保值方案制定以后,就需要相关部门严格执行。

一、套期保值申请

期货交易所实行套期保值头寸审批制度,凡需进行套期保值交易的,必须办理申报手续,否则只能视为投机交易。申请套期保值交易的会员和客户,必须具备与套期保值交易品种相关的生产经营资格。以郑州商品交易所为例,符合申报条件的企业法人,应填写郑州商品交易所套期保值交易申请(审批)表(见表13-2)和企业套期保值操作说明(见表13-3),根据实际需求在交割月前1个月的第15个交易日(不含该交易日)之前提交申请,并提交相关证明材料。非期货公司会员可直接向期货交易所办理申报手续;单位客户则应向其开户的期货公司会员申报,由期货公司会员进行审核后再向期货交易所办理申报手续。

期货交易所自收到套期保值申请之日起5个交易日内,应对套期保值申请者的主体资格是否符合,套期保值品种、交易部位、买卖数量、套期保值时间与其生产经营规模、历史经营状况、资金、套期保值历史交易和交割等情况是否相当进行审核。对不符合套期保值条件的,通知其不予办理;对相关证明材料不足的,通知申请人补充相关证明材料;对符合套期保值条件的,通知其准予办理,并确定套期保值额度,通常交易所确定的套期保值额度不超过申报人所提供的套期保值证明材料中所申报的数量。

表 13-2　郑州商品交易所套期保值申请(审批)表

会员名称			会员号	
客户名称			客户编码	
会员联系人			电话	
客户联系人			电话	
合约月份	买/卖	申请数量	是否建仓	交易所审批数量

客户负责人签字:	会员意见:	交易所意见:
公章 年　月　日	公章 年　月　日	公章 年　月　日

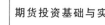

表 13-3 企业套期保值操作说明

企业名称			客户编码	
企业类型	□ 生产企业　　　　□ 加工企业　　　　□ 消费企业 □ 流通企业　　　　□ 其他			
现货贸易情况	□ 已订生产计划　　　□ 已订购销计划 □ 已订购销合同　　　□ 其他			
	上一年度现货经营总量			万吨
现货价格 走势预测	□ 上涨	主要原因分析	1. 2. 3.	
	□ 下跌	主要原因分析	1. 2. 3.	
套期保值交易 操作计划	锁定 价格	建仓	□ 是 □ 否	建仓价格	元/吨
		平仓	□ 是 □ 否	平仓价格	元/吨
	实物 交割	卖期保值 交售仓单	□ 是 □ 否	拟交仓单数量	张
		买期保值 接受仓单	□ 是 □ 否	拟接仓单数量	张
		接受仓单目的	□ 自用　　　　　　□ 转抛远月 □ 转售到现货市场 □ 持续接仓单		
本年度已批准套 保额度使用情况	额度使用率： □ 0～10%　　　　□ 10%～50%　　　　□ 50%以上			

客户盖章　　　　　　　　　　　　　　　　　　　　　　　　　年　月　日

申请套期保值交易须提供的材料清单：

1.郑州商品交易所套期保值申请(审批)表一式两份。

2.企业套期保值操作说明。

3.企业营业执照副本复印件。

4.企业近 2 年的现货经营业绩说明。

5.卖出套期保值申请客户另须提供的材料:保值商品的现货购销合同、保值商品仓单、交割预报通知单、拥有实货的其他凭证。

6.买入套期保值申请客户另须提供的材料:保值商品的现货购销合同或其他证明材料。

7.申请套保客户如果是国有企业,另须提供法定代表人签署的同意套期保值交易的证明。

上述由客户提供的材料属复印件的须加盖客户公章,经期货公司审核代后为向交易所提供。

郑州商品交易所套保申请业务联系电话:0371—65612121、65610987,传真:0371—65610752。

二、建　仓

获批套期保值持仓额度的会员和客户,应在规定的期限之前通过交易指令按获批的交易部位和额度直接建立套期保值持仓,也可通过对历史投机持仓确认的方式建立套期保值持仓。规定期限内未建仓的,视为自动放弃套期保值持仓额度。套期保值额度在规定的期限内不得重复使用,已建立的套期保值持仓只能平仓或实物交割。套期保值交易的持仓量在正常情况下不受交易所规定的持仓限量的限制,未超出持仓限额的套期保值交易无须审批,按正常投机持仓对待。

【案例 13-2】 某铝锭厂未来 3 个月的月均产量大约是 1 万吨,生产成本约 1.4 万元/吨,由于铝价变化趋势复杂多变,该企业决定在期货市场上做卖出套期保值,实际建仓时有两种方式可供选择。

1. 单一目标价位建仓

单一目标价位建仓,即在一定价位一次性卖出建仓完成保值操作,这样无论未来市场价格如何变动,3 个月内铝锭的销售价格都是锁定的,市场上铝锭的价格波动不再对企业产生实质性影响。根据铝锭厂的保值目标,需要在 AL1212、AL1301、AL1302 三个合约上分别卖出 2000 手(1 万吨),建仓价格分别为 19900 元/吨、19400 元/吨和 19000 元/吨,若期货公司规定的保证金比例为 9%,交易手续费为成交金额的 0.2‰,则此时占用的保证金为(19900＋19400＋19000)×2000×5×9%＝52470000(元),需支付交易手续费(19900＋19400＋19000)×2000×5×0.2‰＝116600(元),为了避免价格上涨造成追加保证金的麻烦,该企业至少需要存入 6000 万元的保证金。建仓过程见表 13-4。

表 13-4 单一目标价位建仓过程

合 约	数量(手)	价格(元/吨)	保证金(万元)	账户权益(万元)
AL1212	2000	19900		
AL1301	2000	19400	5247	5883.4
AL1302	2000	19000		

2. 分级目标价位建仓

单一目标价位建仓在锁定预期利润、规避价格下跌风险的同时,也拒绝了未来价格上涨时企业可能获得额外利润的机会。为了避免一次性操作带来不必要的损失,力争使套期保值价格接近市场平均价格,可根据期货市场走势采用动态调整策略与分级目标价位对未来 3 个月的产量逐步分批建立保值头寸,以三次建仓为例。

(1)第一次建仓。结合期货市场铝价走势,分别以 19900 元/吨在 AL1212、19400 元/吨在 AL1301、19000 元/吨在 AL1302 各卖出 600 手(3000 吨),保证金为(19900＋19400＋19000)×600×5×9%＝15741000(元),交易手续费为(19900＋19400＋19000)×600×5×0.2‰＝34980(元),为了避免价格上涨造成追加保证金的麻烦,需要存入保证金 2000 万元,账户权益为 2000－3.498＝1996.502(万元)。

(2)第二次建仓。虽然铝价仍在继续上涨,但通过分析认为后期铝价有下跌的趋势,因此分别以 20500 元/吨在 AL1212、20000 元/吨在 AL1301、19600 元/吨在 AL1302 各卖出 800 手(4000 吨),保证金为(20500＋20000＋19600)×800×5×9%＝21636000(元),交易手续费为(20500＋20000＋19600)×800×5×0.2‰＝48080(元)。由于价格上涨,第一批套期保值头寸亏损为[(19900－20500)＋(19400－20000)＋(19000－19600)]×600×5＝

－5400000（元），且第一批持仓所需的保证金上升为（20500＋20000＋19600）×600×5×9％＝16227000（元），两批持仓共占用保证金为2163.6＋1622.7＝3786.3（万元），企业需要再存入保证金2500万元，账户权益为1965.02＋2500－540－4.808＝3920.212（万元）。

（3）第三次建仓。不久，铝价果真开始下跌，铝锭厂决定将剩余的保值量600手（3000吨）全部卖出，当时AL1212、AL1301、AL1302的价格分别为19600元/吨、19100元/吨和18400元/吨，交易手续费为（19600＋19100＋18400）×600×5×0.2‰＝34260（元），保证金为（19600＋19100＋18400）×600×5×9％＝15417000（元）。此时全部持仓占用资金为（19600＋19100＋18400）×2000×5×9％＝51390000（元），而前两批套保头寸合计赢利为[（19900－19600）＋（19400－19100）＋（19000－18400）]×600×5＋[（20500－19600）＋（20000－19100）＋（19600－18400）]×800×5＝15600000（元），此时的账户权益达3920.212＋540＋1560－3.426＝6016.786（万元），不需要再次存入保证金。建仓过程见表13-5。平均建仓价格见表13-6。

表 13-5　分级目标价位建仓过程

时　间	合　约	数量 （手）	价格 （元/吨）	保证金占用 （万元）	账户权益 （万元）
第一次建仓	AL1212	600	19900	1574.1	1996.502
	AL1301	600	19400		
	AL1302	600	19000		
第二次建仓	AL1212	800	20500	3786.3	3920.212
	AL1301	800	20000		
	AL1302	800	19600		
第三次建仓	AL1212	600	19600	5139	6016.786
	AL1301	600	19100		
	AL1302	600	18400		

表 13-6　套期保值头寸的平均建仓价格

合　约	数量（手）	平均建仓价格（元/吨）
AL1212	2000	20050
AL1301	2000	19550
AL1302	2000	19060

由此可见，采用分级目标价位建仓，前期准备金约4500万元即可完成建仓，比单一目标价位建仓法需准备的资金数量少，而且还可根据市场价格走势灵活调整建仓数量和建仓价位。表13-7为上海期货交易所、大连商品交易所、郑州商品交易所和中国金融期货交易所各期货品种的套期保值申请期限和建仓期限。

表 13-7　套期保值申请期限和建仓期限

交易所	品　种	套期保值申请期限	套期保值建仓期限	套期保值额度禁止重复使用的期限
上海期货交易所	铜 铝 锌 铅 螺纹钢 线材 黄金 白银 天然橡胶	一般月份合约在该套期保值所涉合约交割月份前第 2 个月的最后 1 个交易日之前提出； 临近交割月份合约在该套期保值所涉合约交割月份前第 3 个月的第 1 个交易日至交割月前第 1 个月的最后 1 个交易日之间提出	在套期保值合约最后交易日前第 3 个交易日收市之前建仓	自交割月份第 1 个交易日起
	燃料油	一般月份套期保值交易头寸的申请应当在该套期保值所涉合约交割月份前第 3 个月的最后 1 个交易日之前提出； 临近交割月份合约在该套期保值所涉合约交割月份前第 4 个月的第 1 个交易日至交割月份前第 2 个月的最后 1 个交易日之间提出		自交割月份前第 1 个月的第 1 个交易日起
大连商品交易所	黄大豆 1 号 黄大豆 2 号 豆粕 玉米 豆油 线型低密度聚乙烯 LLDPE 棕榈油 聚氯乙烯 PVC	在套期保值合约交割月份前第 1 个月的第 1 个交易日之前提出	在套期保值合约交割月份前第 1 个月的第 10 个交易日之前建仓	自交割月份前第 1 个月的第 1 个交易日起
	焦炭	一般月份套期保值持仓额度的申请应当在套期保值合约交割月份前第 2 个月的第 1 个交易日之前提出； 临近交割月份套期保值持仓额度的申请应当在套期保值合约交割月份前第 2 个月的第 1 个交易日至倒数第 10 个交易日之间提出	一般月份合约在套期保值合约交割月份前第 1 个月的第 10 个交易日之前建仓； 临近交割月份合约在套期保值合约交割月份前第 1 个月最后 1 个交易日收市之前建仓	一般月份合约自进入交割月份前第 1 个月的第 1 个交易日起； 临近交割月份合约任何时候

续　表

交易所	品　种	套期保值申请期限	套期保值建仓期限	套期保值额度禁止重复使用的期限
郑州商品交易所	强麦 普麦 棉花 白糖 精对苯二甲酸PTA 菜籽油 早籼稻	在套期保值合约交割月份前第1月的第15个交易日之前提出(不含该交易日)	在套期保值合约交割月份前第1个月的最后1个交易日之前建仓	自交割月第1个交易日起(含该日)
	甲醇	一般月份合约,在套期保值合约交割月份前第2个月的第20个日历日之前的交易日提出; 临近交割月份合约,在套期保值合约交割月份前第2个月的第1～20个日历日之间的交易日提出	在套期保值合约交割月份前第1个月的最后1个交易日收市前建仓	
中国金融期货交易所	沪深300股指	首次申请的,可随时提出; 原套期保值额度期限届满后仍然需要进行套期保值业务的,在额度有效期到期前10个交易日提出	套期保值额度自获批之日起12个月内有效,有效期内可以重复使用; 在某一合约最后5个交易日内获批的新增套期保值额度不得在该合约上使用	无

三、风险监控

企业进行套期保值,可以规避现货市场价格波动的风险,但因为套期保值涉及期现两个市场的交易,操作较为复杂,因而企业做了套期保值并不意味着就没有了风险。套期保值企业必须清楚地认识到套期保值操作中可能遇到的各种风险,并制定相应的监控制度,做好事前、事中和事后的风险全程动态监控,尽可能优化套期保值效果。企业在套期保值持仓过程中的风险监控主要包括四个方面。

(一)投机风险

由于期货与现货交易方案的复杂性,可能会使企业缺乏有效的风险监控措施,导致企业出现过度套期保值,甚至以套期保值的名义进行投机活动,从而面临巨大的风险头寸,最终出现巨额亏损。

【案例13-3】　1998年湖南省株洲冶炼厂最初在伦敦金属交易所以套期保值名义操作赚取了一定的利润,后随着期货操盘手权力和欲望的不断膨胀,多次越过套期保值的安全

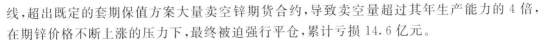

线,超出既定的套期保值方案大量卖空锌期货合约,导致卖空量超过其年生产能力的 4 倍,在期锌价格不断上涨的压力下,最终被迫强行平仓,累计亏损 14.6 亿元。

【案例 13-4】　云南罗平锌电股份有限公司主营有色金属冶炼,作为锌材料的生产企业,应在期货市场进行卖出套期保值,但公司没能坚守套期保值的原则,而是试图以其对锌价走势的判断进行投机获利,在 2011 年大量买入锌期货合约,将套期保值操作变为投机交易,放大了风险,最终导致亏损 1285 万元。

投机风险是企业在套期保值操作过程中较易出现的风险。发生风险事件的企业通常在初期是以保值为目的,但操作一段时间后会越来越追逐投机赢利,于是开始把套期保值转变为投机操作,把对冲品做成了投资品。规避投机风险,首先企业要明确套期保值只是生产经营中的一个正常环节,而非专门的投资工具;其次是要健全组织结构,完善套期保值的相关制度,规范业务操作流程体系,在套期保值方案的制定、执行、反馈等环节规定不同的人员与措施,明确权责;最后就是要严格遵守套期保值的规则,严格执行相关监控规定,根据现货规模开立对应的套期保值头寸,在其套期保值头寸额度内不可为获取短期投机利润而频繁进行开平仓交易,不可超出承受范围进行过度套期保值,更不要做与现货经营无关的期货操作。

(二)基差风险

影响套期保值效果的最主要风险来自期货与现货的价格差异,即基差风险。理论上基差具有收敛性,随着到期日的临近,现货价格与期货价格渐趋一致。如果被保值的现货资产与期货标的资产是一致的,则在期货合约到期时基差为 0。但是,由于套期保值资产与所用期货合约不完全一样,使得套期保值存在基差,并面临着因基差变动的不确定性所引起的基差风险。基差风险主要包括:套保交易时期货价格对现货价格的基差水平及未来收敛情况的变化;影响持有成本因素的变化;期货价格与现货价格的随机扰动;被套保的风险资产与套保的期货合约标的资产的不匹配。如果基差走强,意味着现货价格涨幅大于期货(或者现货价格跌幅小于期货),对卖出套期保值有利,对买入套期保值则不利;如果基差走弱,意味着现货价格涨幅小于期货(或现货价格跌幅大于期货),对卖出套期保值不利,对买入套期保值则有利。

如中盛粮油工业控股有限公司作为一家专业从事食用油产品的分提、精炼、仓储、销售和贸易的国际化内地企业,首先需要向国际供货商采购大豆毛油作为原料,接着再转售或对毛油进行精炼加工,然后将大豆油产品销往内地市场。由于原材料和产品分属两个市场,为减少价格波动带来的经营风险,基于 CBOT 豆油期货价格与国内豆油价格相关性较高,两者价格波动趋同,基差比较稳定,中盛粮油便利用 CBOT 豆油期货合约进行套期保值,即在国际市场上采购大豆毛油后,同时在 CBOT 卖出豆油期货合约。2005 年,国际国内市场环境的变化,导致 CBOT 豆油期货价格与国内豆油现货价格的相关度骤然减弱,基差出现异常波动,CBOT 豆油期货价格与国内豆油现货价格走势出现背离,导致中盛粮油套期保值亏损 21373.8 万港元。

基差风险在套期保值交易中是无法回避的,为尽可能减小套期保值中的基差风险,套期保值企业首先要加强对基差风险的认识,制定严格的程序化的套期保值风险评估与管理制度,通过观察基差的变化动态调整套期保值数量,建立严格的止损计划,在基差变动不利且浮动亏损超过原设定计划时,应当机立断选择平仓止损,以避免亏损幅度进一步扩大,从而保障正常的经营资金流动。

（三）保证金风险

由于期货交易实行保证金制度和每日无负债结算制度,持有的期货头寸需要每天计算可用资金。在套期保值期间,期货合约的价格始终处于波动状态,有时市场可能会朝不利的方向行进,并且保证金的比例也可能面临调整,因而对保证金的要求也是变化的。当套期保值账户上的保证金余额不足时,如没有足够保证金追加,其持有的期货避险头寸就会面临被迫强行平仓的风险。强行平仓不仅意味着被套期保值的现货风险重新暴露,对冲失败,而且还意味着套期保值期货被迫以更不理想的价位平仓出市,从而进一步扩大亏损。

【案例 13-5】 国内最大的甜菜糖生产企业中粮屯河股份有限公司,从 2007 年年初就在郑州商品交易所开展白糖套期保值业务,到 2011 年其白糖期货空单量达 20 万吨。2010 年糖价飞涨,导致期货账户浮亏过亿元,为了保证公司食糖套期保值业务的正常实施,中粮屯河先后于 2010 年 1 月通过了"将食糖期货业务保值资金由 2 亿元增加至 4 亿元"的决议,9 个月后"决定将原批准的 4 亿元保值资金增加至 6 亿元",2011 年 1 月通过了"白糖期货业务操作资金由 6 亿元翻番增至 12 亿元"的决议。如果中粮屯河没有准备足够的保证金,早就被迫强行平仓了。

因此,即使在套期保值交易中,企业也应该做好资金管理,必须保有一定数量的高流动性资产(如现金、国债、银行票据等)或者拥有很强的短期融资能力,以备不时的保证金追加需求。在现金流不够充裕的情况下,企业还应结合自身的财力和资金筹措能力,分析期货套期保值的资金需求,合理设计套期保值的规模,避免因无法追加保证金而强制平仓的风险。

（四）展期风险

展期即延展套期保值期限的交易,是指在平仓近月合约头寸的同时建立远月合约头寸,用远月合约调换近月合约,将持仓移到远月合约的交易行为。在套期保值交易中,期货合约月份不匹配或期货合约流动性不足等原因,都可能引致展期行为。一般情况下,套期保值者应结合期货合约的到期月份及流动性来综合考虑所选用的套期保值合约,通常会选择流动性较高的近月主力合约进行套期保值。当近月期货合约即将到期时,再向下一个近月主力合约不断进行滚动展期。展期交易的理论依据是,同一品种的期货合约,越是临近交割月的,在涨跌方向和涨跌幅度上越有较强的相关性,其价差会相对稳定。但在实际情况中,这种相关性并不是绝对的,有时候同一品种两个月份的期货合约会因不同的影响因素而产生较大的价差波动,当价差不利于套期保值头寸方向时,就会产生展期损失。如在卖出套期保值操作的展期中,如果下一个近月合约的价格低于交割月份合约的价格,由于需要买入平仓交割月份合约、卖出开仓下一个近月合约,在买高卖低中就出现了价差损失。此外,展期需要多次买卖操作才能完成一次套期保值,势必会增加交易成本,从而降低套期保值的效果。表 13-8 为郑州商品交易所套期保值业务流程。

展期风险本质上属于价差交易,所以,在进行展期交易之前,企业需要研究各个月份期货合约的价差关系和历史规律,密切关注近远期期货合约升贴水结构的变化,尽量在距离持仓合约到期仍有一段时间且下一个近月合约已有流动性的时候进行展期,也可以选定合适的基差区间分批进行展期。

套期保值成功与否,与套期保值方案的制定、执行和风险监控密不可分,对

问题思考

这些风险点进行实时动态监控,是保证套期保值方案规避企业风险的有效措施。

表 13-8　郑州商品交易所套期保值业务流程

区分	交易所		期货公司	非期货公司	客　户
	套期保值审核委员会	市场监察部			
节点	A	B	C	D	E
1					开始
2			辅导客户准备申请材料,审核材料后,代为向交易所办理申报手续		具备与套保品种相关的生产经营资格的企业法人,根据实际需求在交割月份前第1个月的第15个交易日(不含该交易日)之前提交申请,并提交相关材料
3	5个交易日内审批	受理、审核套保申请材料		直接向交易所办理申报手续	
4		通知期货公司审批结果	通知客户		建仓期限:最迟至套期保值合约交割月份前第1个月的最后1个交易日 额度使用:自交割月份第1个交易日起(含该日),套期保值额度不得重复使用
5		每日结算后在交易所网站上公布套保持仓			
6		跟踪评价套保额度使用情况			
7		结束			

第五节　套期保值效果评价

套期保值为现货商企业提供了一种锁定成本和利润、降低风险的手段,是一种事前保值的方法。套期保值是企业重要的风险管理手段,以规避风险而非赢利为目的,其评价标准不应是期货市场头寸是否赢利,而应看是否实现了企业现货经营风险的对冲和转移。因此,企业对套期保值的效果进行评价时,要走出片面追求赢利的误区,不应将精力放在套期保值业务获得的利润上,而应重点关注可能的风险损失上。在某些情况下,套期保值交易结束时期货头寸是亏损的,但这并不代表套期保值是失败的,关键是通过套期保值操作,企业确定了投资风险的大小,从而为整个投资操作或生产经营提供正确的决策参考。

对于套期保值操作中出现的亏损,应把期货和现货两个市场结合起来看,将期货市场上的损益和现货市场上的损益相对应,从期现两个市场盈亏相抵后的净值来判断是否达到了原定的要求和目标。对于原材料买入者来说,套期保值成功的标准就是原材料买入价格低于市场平均价格,原材料买入价格比市场平均价格越低,说明套期保值越成功,否则越失败;对于产品卖出者来说,套期保值成功的标准则是商品卖出价格高于市场平均价格,商品卖出价格比市场平均价格越高,说明套期保值越成功,否则越失败。通过这个标准,套期保值并不一定能完全保证企业在任何情况下都赢利,但对于买方来讲,只要其买价比市场均价低,对于卖方来讲,其卖价比市场均价高,就可以在行业中处于有利地位,因此在市场情况不太好的时候,即使亏损也要进行套期保值交易,因为套期保值操作可以最大限度地减少损失,这就是套期保值的目的。

此外,企业在评价套期保值的效果时,还可参考以下几个方面:①套期保值计划和方案是否制定完善,宏观价格预测是否准确,出现预计偏差有无应变计划;②参与期货套期保值的各部门、各员工是否严格执行公司套期保值制度,有无系统性风险;③期货交易操作是否严格、准确、高效;④风险预警及风险控制制度是否有效。

对套期保值效果的评价通常是在套期保值结束之后进行的,经常不断地总结经验教训,对于提高企业套期保值业务的能力和水平非常有益。套期保值不仅仅是一种风险管理手段,能有效避免价格波动对生产经营活动的冲击,它更是一种经营理念,对于企业来说套期保值业务是一个持续的经营过程。只要企业还在经营,贸易还在继续,现货还在运转,相应的风险控制和套期保值就应该一直是持续的,无论期货持仓是赢利还是亏损。套期保值必须有一个持续的过程,并从较长时间段评价套期保值的效果,这对一个企业尤其是一个大型企业来说意义非常重大。

问题思考

【项目结论】

1.套期保值交易适合有上市品种经营背景的现货商,他们参与套期保值的目的为"两锁一降",即锁定原材料成本、锁定产品销售利润,降低原材料或产品的库存成本和风险。

2.不同企业的风险敞口会出现在生产和流通的不同环节:

(1)下游敞口/上游闭口企业的风险点集中在下游,主要风险是产品价格的下跌,即销售风险和产品库存风险。

(2)上游敞口/下游闭口企业的风险点集中在上游,主要风险是原材料价格的上涨,即采购风险和原材料补库风险。

(3)双边敞口企业的风险点集中在两端,主要风险是原材料价格的上涨和产品价格的下跌,即采购风险、销售风险、产品库存风险和原材料补库风险。

3.企业确定套期保值策略的流程为:确定企业的套期保值需求——确定对应的套期保值方向——选择合适的套期保值合约——确定最优的套期保值数量——确定合理的套期保

值区间——选择有利的套期保值时机。

4.期货交易所实行套期保值头寸审批制度,凡需进行套期保值交易的,必须办理申报手续。

5.获批套期保值持仓额度的会员和客户,应在规定的期限之前建仓,规定期限内未建仓的,视为自动放弃套期保值持仓额度,可采取单一目标价位建仓、分级目标价位建仓两种建仓方式。

6.企业在套期保值持仓过程中的风险监控包括投机风险、基差风险、保证金风险和展期风险。

7.套期保值是企业重要的风险管理手段,以规避风险而非赢利为目的,其评价标准不应是期货市场头寸是否赢利,而应看是否实现了企业现货经营风险的对冲和转移。

【项目训练】

1.请以我国上市期货合约中的任何一个品种为例,介绍我国期货套期保值的基本流程和相关规定。

2.从生产商或加工商的角度,任选一个期货品种设计套期保值方案,进行模拟套期保值交易,并如实记录交易操作。

3.假设你是某期货公司的市场部经理。经了解,某钢材加工商的产品均出口国外,并以远期合同方式销售,企业面临着较大的价格风险。现公司安排你拜访该加工商,发展该客户,总经理刘某已同意见面,会谈时间为20分钟。该加工商未从事过期货交易,对期货知识了解甚少,请你为本次会谈做一个书面拜访计划并进行实战演练。

项目延伸

4.举例说明基差变化对套期保值效果的影响。

第十四章 套 利

【知识目标】 了解套期保值对企业的意义和作用,掌握企业通过套期保值回避价格波动风险的原理;了解企业的生产经营流程,熟悉企业在不同环节可能出现的风险敞口;掌握制定企业套期保值方案的原则和要求;了解企业套期保值需求的确定,掌握企业套期保值方向、合约、数量、价格、入场出场时机的选择和确定要求;了解企业申请套期保值交易的条件和审批流程;熟悉单一目标价位建仓和分级目标价位建仓的操作和区别;了解国内各期货品种的套期保值申请期限、套期保值头寸建仓期限和套期保值额度禁止重复使用的期限;掌握企业在套期保值持仓过程中遇到的投机风险、基差风险、保证金风险、展期风险出现的原因及防范措施;了解企业在评价套期保值效果时的正确理念和评价标准。

【技能目标】 掌握企业通过套期保值回避价格波动风险的原理;熟练分析典型企业在经营过程中的各项风险,了解企业套期保值的目的;掌握企业申请进行套期保值业务的流程及相关管理规定,能够根据企业实际情况和市场状况制定套期保值方案;掌握企业套期保值操作的过程监控及效果评价。

【案例导入】

中国海关 2014 年 7 月公布的数据显示,2014 年上半年中国累计进口大豆 3420.9 万吨,同比增加 24.3%;进口金额累计达到 202.35 亿美元,同比增加 21.3%。由于中国超额进口大豆,造成美国大豆库存紧缺,美国芝加哥期货价格在上半年有较大幅度的上升,造成国内加工企业原材料采购成本和套保费用大幅增加。2014 年 1 月,中国进口大豆的价格为 568.06 美元/吨,到 5 月份则上涨至 607.14 美元/吨。另一方面,由于中国超额进口大豆,导致国内大豆加工产品的供应量大幅增长,同时下游饲料、养殖、餐饮等行业均不景气,导致市场对豆粕和豆油的需求持续低迷,价格大幅下跌。中国大豆加工行业原材料采购与成品销售价格出现严重倒挂,导致上半年全行业压榨利润出现严重亏损。其中,8 月 19 日东凌粮油发布中期业绩报告,2014 年上半年公司亏损 3.41 亿元,较上年同期(赢利 3027.63 万元)减少 1225.25%,每股亏损 0.84 元;8 月 27 日,中国粮油控股发布中期业绩报告,2014 年上半年公司亏损 2.902 亿港元,较上年同期(赢利 7.068 亿港元)减少 141.06%,每股亏损 0.06 港元。

第一节 套利交易的赢利逻辑

套利，是指利用期货市场上暂时存在的不合理价格关系，在买入某种期货合约的同时卖出相关的另一种期货合约，并在未来某一时间同时平仓或交割的交易方式。进行套利交易时，套利者关心和研究的不是期货合约的绝对价格水平，而是不同期货合约价格之间的相互变动关系，买进自认为是"便宜的"期货合约，同时卖出那些"高价的"期货合约，利用不同期货合约彼此之间的价差变动来套取无风险或低风险收益。这里的期货合约可以是同一品种的不同交割月份（跨期套利），也可以是相互关联的两种不同标的（跨商品套利），还可以是不同市场的同种标的（跨市场套利）。

期货套利交易赢利的逻辑原理都是基于以下四个方面：

（1）在正常市场中，同种商品不同交割月份的期货合约价格之间、相关商品的期货合约价格之间、同种商品在不同交易所的价格之间、商品的现货价格与期货价格之间对应都存在一个合理稳定的价差。

（2）不同合约或商品在同一市场因素的作用下，其价格变化不同，由于价格的波动性，价差经常出现不合理。

（3）在各种力量（投机者、套期保值者和套利者）的作用下，不合理的价差最终会趋于合理。

（4）不合理价差回归合理价差的这部分价格区间就是套利的赢利区间。

套利正是利用期货市场中有关合约的价差暂时失真的机会，并预测价差最终会回归合理范围，从而套取低风险利润，套利的潜在利润不是基于商品价格的上涨或下跌，而是基于套利合约之间的价差扩大或缩小。所以，套利者要做的就是寻找导致目前价格关系过分背离的原因，分析未来能够纠正价格关系恢复的内在因素，并根据价差的历史统计数据，当价差出现扭曲时及时捕捉机会，在价差的历史高位或低位区域建立套利头寸，等待价差向均值回归后，赚取这部分利润。

套利作为期货市场中一种重要的交易策略，能够纠正期货合约之间不合理的偏差，有助于扭曲的市场价格体系重新恢复正常，对期货市场的正常运行起着非常重要的作用。由于套利具有比单边交易风险更低、收益更稳定的特点，所以往往成为国外大型基金或投资机构参与期货市场的主要投资方式。随着我国期货市场逐渐规范，交易规模不断扩大，国内很多期货交易品种不仅具有跨期套利机会，而且各品种各市场之间也具有很强的相关性，大大地推动了我国期货套利交易的发展。目前，国内期货市场上适合进行套利操作的有各类活跃交易品种的跨期套利、各类相关品种的跨品种套利、各类相关市场的跨市套利，具体见表14-1。

问题思考

表 14-1　当前部分适合套利操作的组合

套利类型		品　种
跨期套利		各交易所各类品种不同交割月份之间
跨品种套利	豆类	大豆—豆油、大豆—豆粕、豆粕—豆油
	谷物类	小麦—早籼稻、小麦—玉米、玉米—早籼稻
	油脂类	豆油—棕榈油、豆油—菜籽油、棕榈油—菜籽油
	化工类	塑料—PTA、塑料—PVC、PTA—PVC
	有色金属类	铜—锌、铝—锌、铅—锌
跨市套利		沪铜—伦铜、郑棉—美棉、连豆—CBOT 豆

第二节　套利交易的优势和风险

一、套利交易的优势

（一）更低的波动率和风险

期货套利是同时买卖两个高度相关的期货合约，利用不同期货合约之间的价差变动来获利。相对于单一合约来说，套利交易对冲了部分影响价格变动的不确定因素，因此在一般情况下，合约之间价差的变化比单一合约的价格变化要小得多。正是因为价差更低的波动率，使得判断价差趋势也更为容易，因此套利者所面临的风险更低。

（二）有限的风险

对于那些有对应现货运行机制的套利，其获利机会和风险大小较易估算，能做到有限风险甚至理论上无风险。例如在跨期套利中，由于可储存的商品具有相对固定的持有成本，价差会围绕持有成本而上下波动，一般很少出现价差偏离持有成本太远的情形。因此套利者可以通过分析价差的历史数据，谨慎选择有限价差波动两端的极端机会，并估算出所要承担的风险水平，待价差恢复到正常水平时分别对冲平仓，即便出现意外，也可以通过到期交割或向后延期等方法来抑制亏损。

（三）更具吸引力的风险/收益比率

由于价差具有更低波动率、更低风险和有限风险的特性，期货套利交易的成功率较高。长期而言，做单边投机交易赢利的只占少数，而做套利交易赢利的比例却很高，套利头寸可以为投资者提供一个比单边投机头寸更具有吸引力的风险/收益比率，从而更适合大资金的运作。

二、套利交易的风险

期货套利交易能为套利者提供稳健的收益，这就容易让人误以为套利是无风险的。实际上，套利交易同样也会面临各种各样的风险，只是相对于单边投机来说其风险是有限的，因而在进行套利交易时一定要设置相应的止损。

(一)合约差异风险

套利是同时在品种/交割期/交易所不同的两个合约上开立反向头寸。不同商品/月份/交易所的合约,其涨跌停板幅度、保证金比例、交割规则、交易时间、报价单位等方面的规定都可能有所不同,合约之间的差异在一定程度上会给套利操作带来风险。

例如,大连豆一和豆粕之间的跨品种套利,豆一是国产非转基因大豆,而豆粕主要是进口转基因大豆的下游产品——转基因豆粕,这就决定了大连豆类系列的跨品种套利关系并不是严格意义上的压榨关系,交割品种的差异无疑会增加套利的风险。

又如,在沪铜和伦铜之间进行跨市场套利,沪铜的涨跌停板幅度为±6%,而伦铜没有限制涨跌停板幅度,当伦铜超出±6%的涨跌幅时,沪铜最多只能以±6%涨跌停板报收,两者之间的套利就会面临较大风险;不仅如此,上期所和LME的交易时间也不同,交易时差的存在无法使套利建仓和套利对冲做到完全同步,在市场出现剧烈波动的情况下,就有可能会因某一市场休市而无法建仓或来不及对冲市场波动带来的风险;此外,沪铜以人民币计价,而伦铜以美元计价,汇率波动有时会使赢利的一边因货币贬值引起赢利缩水,而亏损的一边因货币升值导致亏损放大,如进行买沪铜/卖伦铜套利交易,当遇到美元贬值时,伦铜的赢利因美元贬值而不明显,沪铜的亏损则因人民币升值而更亏了,最终的结果就是造成整个套利出现亏损。

(二)交易风险

根据历史数据统计得出的套利机会在大多数情况下是能够赢利的,但在市场行情剧烈变化时,价格起伏波动太快,一些原本空间不大的套利在开平仓时随时都有可能出现价格或持仓数量的失误,导致整个套利操作的混乱,直接影响和改变套利的结果。尤其是当市场出现单边行情的时候,价格偏差将进一步扭曲,期货合约之间的强弱关系往往在短期内保持"强者恒强,弱者恒弱"的态势,此时历史数据就会暂时失去参考价值,从而使套利交易遭受暂时的亏损风险。从长期来看,尽管这种价格偏差最终会被纠正,但对于套利交易这种追求稳健收益且仓位较重的投资方式来说,短期内暂时的亏损就极有可能超出其风险承受范围,使套利者无法熬过亏损期,从而被迫止损出场。如参照2010年10月19日之前的有效历史交易数据,白糖SR1105/SR1109合约的价差均值为153.2点,最大值为364点,最小值为51点。2010年10月19日,SR1109/SR1105合约的收盘价价差缩小到50点,达到历史最小值,理论上这是一个很好的入场时机。但此后白糖期价连创新高,SR1109/SR1105价差非但没有扩大,反而一路缩小到2010年10月27日的-18点,在此期间套利者就要承担高价买入近期合约的风险。况且,如果做空的合约遭遇逼空冲击且持续到该合约交割,则价格偏差将无法纠正,套利交易必以失败告终。

(三)套利成本风险

套利成本是决定套利成败的关键因素之一,只有当价差高于套利成本时才能获得套利收益,因此,套利者必须时刻关注套利过程中的成本变化。在期货套利中,涉及的成本主要包括以下几个方面。

1.交易成本

交易成本,即套利建仓和平仓时产生的交易手续费。如果手续费按成交手数来收取,则交易成本相对固定,与投资者的交易技巧、交易习惯没有直接关系。但是,如果交易手续费按成交金额的一定比例来收取,那么交易成本在很大程度上受制于投资者的交易水平和最终的交易量,尤其是当投资者买卖的合约流动性较差时,因较大的买卖价差而支付的交易成本可能会非常高,这样即使套利成功了,过高的交易成本也会吞噬套利利润,甚至导致套利出现亏损。

2.资金成本

资金成本,即套利头寸的保证金、预留的风险保证金、购买现货所需的资金等资金占用所产生的时间成本,通常按银行对企业的贷款利率计算。不同期货公司、不同期货合约收取的保证金比例不同,不同风险管理的套利者预留的风险保证金不同,其占用的资金及其利息成本也有所不同。

3.冲击成本

冲击成本,即投资者为完成套利交易而付出的价差损失,冲击成本＝交易数量×交易时价格变化。在套利交易中,冲击成本源于交易中的成交价差,由期货合约的流动性决定。按市场最新价格开仓或平仓对于小投资者来说很容易实现,因为他所需要交易的量与市场总成交量相比是非常小的。但对于套利者来说,由于交易量较大,想迅速完成大规模交易,有时就不能按预定价位成交,从而不得不多支付冲击成本,否则就只能延长完成套利的时间。但是,随着时间的推移,期货合约价格产生变化,套利者的出价有可能会无法成交,从而影响套利操作的实施。

4.交割成本

当市场出现套利机会且投资者进场后,如果在合约到期之前价差仍没有恢复到正常水平,套利者一般会采取对冲平仓的方式来了结套利操作。但在期现套利交易中,套利者就不得不通过到期交割的方式来了结套利,由此产生相应的现货交割风险。在现货交割操作中,套利者需要支付一定的交割成本,主要包括交割整理成本、运输费、质检费、入库出库费、仓储费、交割手续费、增值税、过户费等,其中变动较大的是交割整理成本和增值税。

(1)交割整理成本。期货合约中规定的交割商品必须符合一定的交割标准,用于交割的现货只有在满足交易所的交割标准时才能入库并注册成为标准仓单,否则就不能用于交割,因此一般需要对现货市场的商品进行相应的除杂、烘干等加工整理,现货企业在注册仓单时必须充分考虑交割整理成本。如郑商所交割细则中对早籼稻入库时的品质要求是整精米率≥50％,杂质≤1.0,水分≤13.5％,对于水分在 13.5％～14.5％的,以 13.5％为基准,水分每超 0.1％,扣量 0.2％(仅用于江西、湖南、湖北等主产区)。

(2)增值税。在现货交割操作中,卖方需要向买方开具增值税发票。根据我国税务法规,期货交割中的计税依据是期货交割结算价,而不是期货交易时的交易价格,增值税＝$\frac{\text{交割结算价－买入价格}}{1＋\text{增值税税率}}×\text{增值税税率}$。交割结算价因受市场行情变化而具有不确定性,这是套利方案开始时无法预估的,因此增值税是现货交割持有成本中最大的不确定因素。如郑商所全部品种的交割结算价为合约配对日前 10 个交易日(含配对日)交易结算价的算术平均价,在此期间一旦合约价格持续上涨,将大大提高商品的交割结算价,这样套利者就需要支付更多的增值税额,从而引起套利利润缩水。表 14-2 为郑商所棉花交割的相关费用情况。

表 14-2　郑商所棉花交割相关费用

项　目	费用标准	备　注
仓储费(元/吨/天)	0.6	—
交割手续费(元/吨)	4	—
仓单转让、期转现手续费(元/吨)	2	—
入库检验费(元/吨)	25	公证检验不收检验费，只收配合公检费

出入库费用	运输方式	汽车	火车	1. 汽车运输(含卸/装车、搬运、码/拆垛等) 2. 火车运输(含卸/装车、搬库内运输、铁路代转、码/下垛等)
	入库(元/吨)	15	28(小包) 38(大包)	
	出库(元/吨)	15	30(小包) 40(大包)	

复检费用	入库复检费(元/吨)	15	发生复检时才收取复检费，由最终责任方承担
	出库复检费(元/吨)	15	
	出库复检的搬倒、抽样费(元/吨)	25	

注：①不委托交易所结算的仓单转让和期转现免收手续费，委托交易所结算的仓单转让和期转现按原标准收取手续费；同一客户编码的仓单转让和期转现免收手续费。

②仓储费收取节点：自标准仓单注册之日起至交易所开出提货通知单前1日止，交易所代交割仓库收取仓储费，交易所在每月第1个交易日按月计算划转上个月发生的仓储费；交易所代收之外的费用，交割仓库直接向货主收取。

(四)政策风险

政策风险也称系统性风险，主要是指国家对有关商品进出口政策、关税及其他税收政策、汇率政策等进行重大调整后，使得现货商品及期货合约的价格出现波动，从而影响套利交易，政策风险对跨市套利的影响最大。如当国家大幅调整出口退税率时，就会使国内主要出口商品如铝的价格面临重新定位的问题，与之相关的跨市套利交易也要重新进行评估。又如当人民币大幅贬值或升值时，国内外商品的比价关系也必须重新定位，已经建立的跨市套利头寸也就面临巨大风险；同时一些涉及外盘操作的套利操作，以人民币折价作为其套利头寸的保证金或结算盈亏，当外汇政策出现变化时，这些资金无疑会面临相当大的汇兑风险。

问题思考

第三节　确定套利方案

一、选择套利对象

实施套利的第一个步骤是选择经过市场有效性检验的、有较强相关性的套利对象，确定套利追踪的目标。实践表明，适合实施套利操作的期货合约应该满足以下条件。

1.期货合约的历史价差变化必须具备一定规律

在大多数情况下,期货合约之间的价差变化会在一个区间内波动,极少出现价差突破其上下边界的情况。当价差扩大或缩小到一定程度后,价差会朝相反的方向波动。从历史数据来看,这也就意味着期货合约之间的价差在一定范围内来回波动是一个大概率事件。

2.期货合约之间必须具备较强的相关性和联动性

因为只有期货合约之间的价格波动受制于相同的影响因素,价差才有可能从异常走向正常,套利才能成功。如果把两个期货合约每天的收盘价作为一个离散型随机变量,假设某期货合约的收盘价为变量 X,另一个期货合约的收盘价为变量 Y,则这两个期货合约价格波动的相关性系数 $Z = \dfrac{\sum (X_i - X')(Y_i - Y')}{S_X \times S_Y}$,其中 X' 为变量 X 的样本均值,Y' 为变量 Y 的样本均值,S_X 为 X 的样本方差,S_Y 为 Y 的样本方差。期货合约之间的相关性大小,会影响套利的收益率与风险的高低。如果相关性过高,套利的风险很小,但套利空间小,收益率较低;如果相关性过低,套利空间会明显加大,收益率显著提高,但风险也大大增加。实践经验表明,相关系数在 0.7~0.95 的期货品种套利效果比较好。

3.期货合约应有足够的流动性和容量

在套利操作中,除了关注期货合约之间的价差和相关性,还要关注市场的流动性和容量,检验市场环境是否适合套利操作。拟套利期货合约交易量和持仓量的匹配度在很大程度上决定了套利操作的可行性。在实施套利操作前,应考虑套利是否存在意外的市场风险,主要考察两个方面的因素:①所选择的套利对象交易是否活跃,是否有利于资金出入;②是否存在逼仓风险。如两个期货合约之间的价差达到某一极端水平,很符合套利的要求,但如果其中一个期货合约的交易量和持仓量都很小,就极有可能导致无法建立理想数量的套利头寸,或者建仓后无法顺利地对冲出局。为了规避特殊情况下出现的逼仓风险和资金出入障碍,一般不选择近期合约作为套利对象,且期货合约的持仓量在拟套利头寸数量的 10 倍以上比较理想,否则不便于套利盘出入,从而影响套利效果。

二、寻找套利机会

在进行套利交易时,应综合考虑影响商品价格的各种因素,分析期货合约之间的内在关系,确定当前是否存在套利机会。根据商品价差关系的变化性质以及套利机制的差异,期货套利可分为两种类型:基于持有成本分析的无风险套利、基于价差波动率分析的投机性套利。

(一)基于持有成本分析的无风险套利

在某一特定的时间和条件下,各种期货合约都有一个相对稳定的、无套利机会的价格,即期货合约的理论价格。根据持有成本理论,期货合约的理论价格等于现货价格加上持有成本,持有成本是指投资者持有现货至期货合约到期日必须支付的净成本,主要包括仓储费、资金占用利息、交割手续费和增值税等。在完全市场条件下,当某一期货合约的市场价格与理论价格不相等,或者两个期货合约之间的市场价差与理论价差不相等时,就会出现无风险套利操作的机会。

但在实际的市场环境下,交易成本的存在会使期货合约的价格关系中出现一个无套利机会的区间。考虑了市场因素后的期货无套利区间为(理论价格或价差-交易成本,理论价格或价差+交易成本)。当市场价格或价差位于该区间的上下边界之间时,无法进行套利操作。只有当市场价格或价差超出该区间的上下边界时,才会出现真正的无风险套利机会,即当市场价格或价差高于上边界时进行正向套利,当市场价格或价差低于下边界时则进行反向套利。关于套利成本的计算,可借助于各大期货交易所的套利计算器,如表 14-3 所示。

表 14-3 郑商所棉花套利计算器

棉 花	画线处供投资者根据实际情况自行填入数字,空格下方有文字提示。		
近月合约买入价	21300		
远月合约卖出价	21600		
费 用	1. 交易手续费	12 输入每手手续费		￥4.80 = $\dfrac{12 \times 2}{5}$
	2. 持仓期间保证金占用利息	0.00002542 = $\dfrac{15\% \times 6.1\%}{360}$ 按 15% 保证金计算	30 输入从建仓起到近月合约交割止的天数	￥16.36 = $(21300 + 21600) \times$ $\dfrac{0.00002542 \times 30}{2}$
	3. 近月合约交割后持有利息	0.00513333 = $\dfrac{6.16\%}{12}$	4 输入从近月合约交割起到远月合约交割止的月数	￥437.36 = $21300 \times 0.00513333 \times 4$
	4. 仓储费	0.6 内地(除新疆)仓库按一天 0.6 元/吨计;新疆仓库按一天 0.5 元/吨计	20 输入存储天数	￥12.00 = 0.6×20
	5. 交割手续费	8 输入每吨交割手续费		￥16.00 = 8×2
	6. 增值税	17% 输入增值税税率		￥43.59 = $\dfrac{21600 - 21300}{1 + 17\%} \times 17\%$
总 计	￥530.11		

注:① 利息统一按央行最新 6 个月贷款利率 6.16% 计算;
② 郑商所对套利只收取单边保证金。

(二)基于价差波动率分析的投机性套利

基于持有成本分析进行无风险套利时,由于套利成本的确定和计算比较麻烦,实践中很多套利者更倾向于对价差波动进行概率或趋势分析,基于价差出现的概率或价差趋势进行套利操作。

1. 基于价差概率分析的投机性套利

对于两个期货合约的价格关系,可以用价格差(价格比)来表示,得到一张差价(比价)走势图,以历史差价(比价)作为进行套利分析的依据。基于价差概率分析的投机性套利相对简单,首先通过观察差价(比价)的长期波动情况,对差价(比价)的历史数据进行数理统计分析,然后导入当前差价(比价),以判断当前差价(比价)偏离历史差价(比价)区间的程度,从而寻找套利机会。为了更好地反映两个期货合约之间的价格关系,通常需要计算较长时间的历史数据。因为采用的数据年限越长,从统计学的角度看,可将大概率事件全部囊括其中,由此显示的套利区间的有效性就越好,可靠性也越高。

以沪铜与伦铜为例,从沪铜与伦铜的历史比价图可知上期所 3 月期铜与 LME 3 月期铜的比价大多在 9.5～10.5 波动,中轴在 10.0。从统计学角度来看,上期所与 LME 3 月期铜的比价在 9.5～10.5 波动应是一个大概率事件,因此其套利区间为 9.5～10.5。

2.基于价差趋势分析的投机性套利

有些期货合约之间虽然没有必然的内在约束,但其价格有时会受相同因素的影响而使价差变化遵循一定的规律,有时则因期货市场上的资金推动而使价差变化呈现一种惯性趋势,价差的这类变化无法运用数理统计概率来分析,这就需要通过价差趋势分析进行套利。基于价差趋势分析的投机性套利更为直观,其基本步骤是通过对比分析商品的基本供求关系,判断套利对象之间的相对强弱关系,然后买进供求关系相对紧张且价格处于相对低谷的品种,同时卖出供求关系相对宽裕且价格处于相对高点的品种,实际上是通过追逐价差趋势进行"买强卖弱"的一个投机交易对冲。

例如小麦和玉米,一方面,小麦、玉米同属大宗性农产品,且都是下游饲料产品的主要构成物,其价格会随饲料价格统一波动,两者之间存在着历史悠久的价差关系;另一方面,小麦和玉米的价差变化具有明显的季节性,在新小麦上市的 6—7 月小麦的价格相对较低,在新玉米上市的 11—12 月,玉米的价格会相对较低,所以通常从 7 月开始小麦和玉米的价差会逐渐扩大,可建立买进玉米卖出小麦套利仓位。

问题思考

第四节　套利操作实施

一、建　仓

当套利对象的套利区间被确立,且当前的市场状态又显示存在套利机会时,就可以实施套利操作了。

(一)套利操作的基本原则

在进行套利操作时,套利者一般应遵循以下基本原则。

1.买卖方向对称原则

套利是用两条腿走路,需要在相反的头寸上同时建立仓位,即在建立多头头寸(买仓)时必须同时建立空头头寸(卖仓),而不能只建立买仓或只建立卖仓的瘸腿头寸。

2.买卖数量相等原则

在建立一定数量买仓的同时要建立同等数量的卖仓,如果多空数量不相配,就会出现净多头或净空头的现象,从而使套利面临头寸暴露的风险。

3.同时建仓原则

套利是利用两个合约之间的价格偏差来获利,一般来说,多空头寸的建立要在同一时间进行。由于期货价格的波动性,套利机会稍纵即逝,如不能在某一时间同时完成建仓,合约之间的价差有可能变得不利于套利,从而失去套利机会。为避免这种现象,大商所和郑商所分别推出了适用于某些合约的套利交易指令。

4.同时对冲原则

套利头寸建立后,经过一段时间的波动,如果价差恢复到正常水平,预期的利润目标已经达到,此时就需要通过对冲平仓来了结套利。与建仓一样,套利的对冲操作也要同时进行。如果对冲不及时,很可能使本来可以取得的价差利润立刻消失,当然也可以通过使用套利交易指令来加以避免。

5.合约相关性原则

套利交易的赢利逻辑决定了套利必须在两个相关性和联动性较强的期货合约之间进行,而不是所有的期货合约之间都可以实施套利。因为只有期货合约之间具有较强的相关性和联动性,价格变化受制于相同的影响因素,暂时失真的价差才会最终回归理性状态,这样才有套利的基础。否则,在两个没有任何关联的合约上进行套利,无异于在两个不同的合约上分别进行单边投机交易。

(二)套利交易指令的运用

为了方便套利者捕捉市场机会并进行套利操作,郑商所、大商所分别从2005年8月、2007年6月开始陆续推出了跨期及跨品种套利指令。套利者可以通过向交易所申请远程单机版软件直接通过交易所下达指令,也可以利用第三方软件商开发的支持交易所套利交易功能的交易软件下达指令。套利交易指令只能在连续交易期间申报,开盘集合竞价阶段不得申报;当行情出现单方无报价时,也不得下达套利交易指令。套利交易的最小变动价位、每笔有效委托数量,与其合约规定的最小变动价位和每笔有效委托数量一致。

套利交易指令以价差形式报入交易所系统,不必对两边的各成分合约单独进行委托报价。套利交易指令的有效报价上限为"前一合约涨停板价-后一合约跌停板价",有效报价下限为"前一合约跌停板价-后一合约涨停板价"。撮合成交时,按照价差优先、时间优先的原则,以匹配交易的方式使指令内各成分合约按规定比例同时成交,各成分合约成交价之差不劣于报入的价差,如果数量不相等,交易就无法成交,从而大大提高了套利交易的成功率。如某投资者认为C1307合约与C1309合约价差将会超过-100元/吨,则可以-100元/吨的价格申报5手SP C1307&C1309买委托,表示买入5手C1307合约的同时卖出相同数量的5手C1309合约,此时不必单独给出C1307合约的申买价和C1309合约的申卖价。根据交易系统定价原则,如果C1307合约以1588元/吨的价格成交了3手买持仓,则同时C1309合约必定以1688元/吨的价格成交3手卖持仓。套利交易指令既可用于开仓,也可用于平仓,但投资者在任一成分合约无持仓时,则不能申报套利交易平仓指令。表14-4为大商所套利交易指令具体内容。

表 14-4　大商所套利交易指令具体内容

名　称	交易方式(从买方角度)	报价方式
同品种跨期套利交易指令(SP)	买入近月份合约,卖出同等数量远月份合约	买(卖)套利价格=近月合约买(卖)申报价格－远月合约卖(买)申报价格
两个品种间套利交易指令(SPC)	买入某品种某月份合约,卖出另一品种相同或不同月份合约	买(卖)套利价格=第一品种买(卖)申报价格－第二品种卖(买)申报价格
压榨利润套利交易指令	卖出大豆合约,买入相同月份或不同月份豆粕和豆油合约	买(卖)套利价格=豆粕合约买(卖)申报价格＋豆油合约买(卖)申报价格－大豆合约卖(买)申报价格

二、风险监控

相对于单边投机而言,期货套利具有较低的风险,同时又能获得稳定的收入,是一种相对稳健的交易方式。虽然套利交易有锁仓的意思,但套利并不像许多人认为的完全无风险,套利仍是一种投机行为,只要套利头寸没有全部对冲,就存在着一定的风险,因此在套利操作时必须进行有效的资金管理和动态的风险监控。

(一)切忌满仓操作

过分相信套利无风险,容易使套利者不分时间、不分品种、不分合约地滥用套利,增加套利的盲目性和失误的概率。与此同时,认为套利无风险,便忽视了资金管理,往往是满仓或接近满仓操作。套利风险虽小,但仍忌满仓操作,因为一旦行情不利,再无后备资金,只得对冲部分套利头寸来缓解保证金的不足,这样就会使套利浮亏部分转化为实亏,大大增加后期赢利的难度。因此,套利交易中的资金管理至关重要,一般用半仓或三分之一以下的仓位进行操作比较合适。此外,还要考虑市场的流动性,单次套利操作的仓位不能过大,尤其是在跨期套利中。因为跨期套利一般只有一个合约是主力合约,而另一个合约往往流动性很弱,单次套利的交易量太大,会对不活跃合约的市场价格产生影响,以至于失去最有利的套利价差,产生较大的冲击成本。

(二)树立止损理念

由于坚信价差最后总能回归理性状态,很多套利者根本没有止损的概念,对套利过程中已经出现的亏损置之不理,而只是一味等待价差朝好的方向波动,结果造成无可挽回的损失。一方面,套利也与单向投机一样会出现万一的情况,一旦价差变化超出了预定范围,就应重新检验套利时机是否成熟,套利操作是否合理,并及时纠正,否则极有可能出现重大亏损。另一方面,即使价差最终能恢复正常,但这个时间可能是 1 天、1 个月,也可能是半年、1年,甚至更长,如果把浮亏头寸保留这么长时间,无论最终的结果是赢利还是亏损,这也是一次不成功的套利交易,因为在资金被套的这段时间里丧失了许多更好的机会。因此,对于套利头寸也要像单边投机头寸那样,实行动态跟踪,并树立止损理念,根据价差点数、价差图形态、单次亏损限制、整体亏损限制等,合理设置止损盘。

问题思考

【项目结论】

1.期货套利交易赢利的逻辑原理基于四个方面。

(1)在正常市场中,同种商品不同交割月份的期货合约价格之间、相关商品的期货合约价格之间、同种商品在不同交易所的价格之间、商品的现货价格与期货价格之间对应都存在一个合理稳定的价差。

(2)不同合约或商品在同一市场因素的作用下,其价格变化不同,由于价格的波动性,价差经常出现不合理。

(3)在各种力量的作用下,不合理的价差最终会趋于合理。

(4)不合理价差回归合理价差的这部分价格区间就是套利的赢利区间。

2.套利交易的优势:更低的波动率和风险、有限的风险和更具吸引力的风险/收益比率。

3.套利交易的风险:合约差异风险、交易风险、套利成本风险和政策风险。

4.适合实施套利操作的期货合约应该满足以下条件:期货合约的历史价差变化必须具备一定规律,期货合约之间必须具备较强的相关性和联动性,期货合约应有足够的流动性和容量。

5.在进行套利交易时,应综合考虑影响商品价格的各种因素,分析期货合约之间的内在关系,确定当前是否存在套利机会。根据商品价差关系的变化性质以及套利机制的差异,期货套利可分为两种类型:基于持有成本分析的无风险套利和基于价差波动率分析的投机性套利。

6.套利操作应遵循的基本原则:买卖方向对称原则、买卖数量相等原则、同时建仓原则、同时对冲原则和合约相关性原则。

7.虽然套利交易有锁仓的意思,但套利并不像许多人认为的完全无风险,套利仍是一种投机行为,只要套利头寸没有全部对冲,就存在着一定的风险,因此在套利操作时必须进行有效的资金管理和动态的风险监控,切忌满仓操作,树立止损理念。

【项目训练】

项目延伸

1.任选一个期货品种,观察其期货价格走势,分析计算两个相邻交割月份合约自合约上市以来的市场价差,并完成表14-5。

表14-5 价差分析

平均价差:　　　　　　　　最大价差:　　　　　　　　最小价差:

日　期	____合约	____合约	价　差

2.根据第1项任务,设计一个跨期套利方案,进行模拟套利交易,并如实记录交易操作。

项目训练答案

第二章　期货市场的组织结构

一、填空题

1.公司制　2.期货交易所;期货业协会　3.3000万元　4.会员制

二、论述题

要点:

1.计算交易盈亏。

2.担保交易履约。

3.控制市场风险。

第三章　期货交易制度与期货交易流程

一、填空题

1.沪深300指数　2.规避风险;价格发现　3.保证金　4.连续竞价制;一节一价制

5.集中交割;滚动交割　6.市价指令　7.价格优先;时间优先

二、名词解释

1.风险准备金制度,指期货交易所从自己收取的会员交易手续费中提取一定比例的资金,作为确保交易所担保履约的备付金的制度。

2.滚动交割,指除了在交割月份的最后交易日过后对所有到期合约全部配对交割外,在交割月第一个交易日至最后交易日之间的规定时间也可以进行交割的交割方式。

第四章　期货交易的主要业务

一、填空题

1.多头套期保值;空头套期保值　2.标准仓单;非标准仓单　3.买入;卖出;价差扩大

4.等于　5.卖出;买入;价差缩小　6.相关商品;原料与成品

二、名词解释

1.基差,是指某一特定时间和地点的现货价格与该商品在期货市场的期货价格之差。

2.跨商品套利,是指利用两种不同的,但是相互关联的商品之间的期货价格的差异进行套利,即买进(卖出)某一交割月份某一商品的期货合约,而同时卖出(买入)另一种相同交割月份和数量的另一关联商品的期货合约。

3.基差交易,是指以某月份的期货价格为计价基础,以期货价格加上或减去双方协商同意的基差来确定双方买卖现货商品的价格的交易方式。

4.跨市场套利,是指在某个交易所买入(卖出)某一交割月份的某种商品合约同时,在另一个交易所卖出(买入)同一交割月份的相同数量同种商品合约,以期在有利时机分别在两个交易所对冲平仓获利。

5.期转现交易,是指持有同一交割月份合约的多空双方之间达成现货买卖协议后,变期货部位为现货部位的交易。

三、简答题

1.交易方向相反原则、商品种类相同原则、商品数量相同原则、月份相同或相近原则。

2.有利于形成合理的期货价格关系;有利于抑制过度投机;有利于市场流动性的提高;有利于分散投机风险。

3.购买大豆期货合约的同时卖出豆油和豆粕的期货合约,并将这些期货交易头寸一直保持到现货市场上购入大豆或将成品最终销售时才分别予以对冲。

4.买卖方向对应原则;买卖数量相等原则;同时建仓原则;同时对冲原则;合约相关性原则。

5.好处主要有:可以防范价格上涨带来的风险;可以提高套期保值企业资金的使用效率;对需要库存的商品来说,节约了一定的仓储、保险费用和损耗费;缩短现货合同的签订周期。弊端主要是:一旦采取了套期保值策略,就失去了由于价格变动而可能得到的获利机会。

第七章 外汇期货与利率期货

一、单项选择题

1.B 2.C 3.C 4.D 5.B 6.D 7.B 8.C 9.A 10.B

二、多项选择题

1.ABC 2.ABCD 3.BCD 4.ABCD 5.AB 6.ABCD 7.ABD 8.ABC 9.ABCD 10.ABCD

三、判断题

1.× 2.√ 3.× 4.× 5.√ 6.× 7.× 8.√ 9.× 10.×

四、案例分析题

1.答:根据题目材料Ⅰ所述内容,瑞士法郎的汇价仍然存在高估,为了促进本国经济的持续稳定增长,瑞士央行将捍卫瑞士法郎兑欧元汇率波动的1∶20上限。但是,基于欧债危机下的避险资金流动问题,汇价又不能下浮太多,所以,预期瑞士法郎兑欧元的汇价将在小幅度范围内下浮。根据题目材料Ⅱ所述内容,欧洲中央银行可能再度推出货币刺激的政策措施,市场预期使欧元兑美元汇率大幅下跌。结合材料Ⅰ与材料Ⅱ所述内容,瑞士法郎兑美元的汇价将下跌,这时,交易者可以选择空头套期保值与空头投机交易,另外,还可以择机进行外汇期货的跨期套利交易、跨市套利、跨币种套利。

空头套期保值是指处于现货多头地位的人,即持有外汇资产的人,为防止将来汇价贬值,在期货市场上,当前做一笔相应的卖出交易(当前卖,将来买)。外汇期货套利交易是指交易者同时买进和卖出两种相关的外汇期货合约,然后再将其手中合约同时对冲,从两种合约的相对价格变化中获利的交易行为,赚取差价策略是根据两种期货价格(相对价格)关系的变动来赚取利润。

2.答:根据题目材料所述内容,尽管以往公债收益率常作为美联储政策走向的"晴雨表",但是美国公债收益率上升并不能完全说明其货币政策转向偏紧。欧洲美元利率期货2014 年合约并未反映借款成本升高的预期,因此,这也反映了美联储政策将保持稳定。国内某一金融机构交易者预计境外美元,其借款成本将主要取决于 LIBOR 的基本走势,而 1个月 LIBOR 行情波动幅度较大,因此,采用利率期货套期保值工具可以规避利率风险损失。根据下表的计算,由于期货市价行情波动幅度远远小于现货市价行情,因此,套期保值操作无法弥补现货交易的损失。这时,该交易者应考虑投机套利操作,又因为 2013 年 3 月交割与 6 月交割的 1 个月期欧洲美元利率期货的市价波动幅度接近(没有跨期套利的机会),所以,投机交易操作是唯一的选择。在 2013 年 1 月 15 日,该交易者买入 5000 份 1 个月期欧洲美元利率期货合约(99.79 点);在 2013 年 2 月 15 日,再卖出 5000 份 1 个月期欧洲美元利率期货合约(99.80 点)。在整个交易中,获利 12.5 万美元,这样就弥补了现货市场交易的损失(提示:当现货价格与期货价格之间的波动幅度相差较大时,交易者应调整套期保值的交易规模)。

多头利率期货套期保值的盈亏表

日　　期	现货市场	期货市场
1 月 15 日	借入现货 5000 万美元	买入 50 份 1 个月期欧洲美元利率期货标准合约
	利率:0.2048%	成交价:99.79 点
2 月 15 日	借入现货 5000 万美元	卖出 50 份 1 个月期欧洲美元利率期货标准合约
	利率:0.2084%	成交价:99.80 点
	亏损:1.5 万美元 $\dfrac{5000\times(0.2048\%-0.2084\%)\times1}{12}$	获利:0.125 万美元 $\dfrac{50\times\dfrac{99.80-99.79}{0.01}\times25}{10000}$

参考文献

[1] 彼得·布兰德. 期货狙击手[M]. 文怡, 译. 太原: 山西人民出版社, 2016.

[2] 江恩. 如何从商品期货交易中获利[M]. 李国平, 译. 北京: 机械工业出版社, 2010.

[3] 克罗. 期货交易策略[M]. 陈瑞华, 译. 太原: 山西人民出版社, 2013.

[4] 克罗. 职业期货交易者[M]. 陈瑞华, 译. 太原: 山西人民出版社, 2013.

[5] 罗孝玲. 期货与期权(第2版)[M]. 北京: 高等教育出版社, 2011.

[6] 门明. 金融衍生工具原理与应用(第2版)[M]. 北京: 对外经济贸易大学出版社, 2008.

[7] 期货从业人员资格考试命题组. 期货法律法规[M]. 成都: 西南财经大学出版社, 2018.

[8] 期货从业人员资格考试命题组. 期货及衍生品基础(期货基础知识)[M]. 成都: 西南财经大学出版社, 2018.

[9] 投资赢天下. 期货交易实战[M]. 北京: 人民邮电出版社, 2018.

[10] 涂永红. 外汇风险管理[M]. 北京: 中国人民大学出版社, 2004.

[11] 汪昌云. 金融衍生工具[M]. 北京: 中国人民大学出版社, 2009.

[12] 一阳. 期货[M]. 北京: 地震出版社, 2018.

[13] 于长福. 金融衍生工具基础[M]. 哈尔滨: 哈尔滨工业大学出版社, 2012.

[14] 张亮等. 期货交易入门与进阶[M]. 北京: 电子工业出版社, 2017.

[15] 郑勇. 金融期货与期权教程[M]. 北京: 中国统计出版社, 2010.

[16] 中国期货业协会. 期货市场教程(第6版)[M]. 北京: 中国财政经济出版社, 2009.

[17] 中国期货业协会. 期货市场教程(第8版)[M]. 北京: 中国财政经济出版社, 2013.

[18] 中国期货业协会. 期货投资分析(第2版)[M]. 北京: 中国财政经济出版社, 2012.

[19] 周翔. 期货交易核心技术实战精髓[M]. 北京: 地震出版社, 2013.

图书在版编目(CIP)数据

期货投资基础与实训 / 李义龙编. —杭州:浙江大学
出版社,2019.7

ISBN 978-7-308-19169-2

Ⅰ.①期… Ⅱ.①李… Ⅲ.①期货交易 Ⅳ.①F830.9

中国版本图书馆 CIP 数据核字(2019)第 100809 号

期货投资基础与实训

李义龙　编

策划编辑	马海城
责任编辑	陈丽勋
责任校对	高士吟　汪　潇
封面设计	春天书装
出版发行	浙江大学出版社
	(杭州市天目山路 148 号　邮政编码 310007)
	(网址:http://www.zjupress.com)
排　　版	浙江时代出版服务有限公司
印　　刷	绍兴市越生彩印有限公司
开　　本	787mm×1092mm　1/16
印　　张	20.75
字　　数	505 千
版 印 次	2019 年 7 月第 1 版　2019 年 7 月第 1 次印刷
书　　号	ISBN 978-7-308-19169-2
定　　价	65.00 元